이자견 爾者見

狙者見 저자견

국립중앙도서관 출판예정도서목록(CIP)

이자견 저자견 : 정치·경제·사회·문화로 보는 중용 / 지
은이: 이운묵. — 서울 : 인문의 숲, 2014
    p. ;   cm. — (인문의 숲 고전 ; 004)

한자표제: 闕者見 狙者見
표제관련정보: You see the same people who also like to s
ee the monkey
ISBN 979-11-86069-00-4 03150 : ₩23500

중용[中庸]

148.2-KDC5
181.11-DDC21   CIP2014028645

이자견 爾者見
저자견
狙者見

정치·경제·사회·문화로보는『중용』

이운묵 편저

△ 인문의 숲

변화가 곧 문명창달의 시발

오늘날 인류의 문명창달은 참으로 눈부시다. 그러나 눈부신 문명창달의 그늘 뒤엔 현대인의 삶이 그다지 행복하지 못하다. 그것은 우리의 삶에 근간인 정치, 경제, 사회, 문화가 제 역할과 기능을 다하지 못하고 있기 때문이다. 그렇게 된 결과에 정치, 경제, 사회, 문화 중 가장 큰 책임은 정치이다. 한마디로 말하면 정치가 바로 서야 세상이 즐겁고 행복하기 때문이다.

그런데 현대사회 속에 정치는 말이 정치지 정치가 아니다. 정치가 아닌 정치 속에서 국가경제가 제대로 돌아갈 일이 없고, 가정경제 역시 제대로 돌아갈 일이 없다. 가정경제, 국가경제가 제대로 돌아가지 못하니 우리의 사회가 불안불안 하고 위태위태하다. 이런 상태에선 사회적 갈등이 높게 파도치는 것은 당연하다. 그러니 그런 사회 속에서 잉태되는 문화 역시 향기롭지 못한 것도 당연하다. 그러니 한국정치에게 죄를 묻는다면 중형에 처해도 마땅하겠다.

말을 해놓고 보니 정치를 너무 몰아세운 것 같다. 하지만 이렇게 해도 한국의 정치는 바뀔까 말까이다. 그럼에도 불구하고 정치가 이런 상태에서 변화되지 않고 바뀌지 않으면 안 되겠기에 하는 말이다. 어느 시대이건 정치의 오류는 있을 수 있다. 하지만 그 오류를 최소화 하는 방법도 또 하나의 변화이고 최선의 방법이 될 수 있다.

우리 주변에는 배움은 이루었지만 직업을 이루지 못한 청춘들이 너무 많다. 직업을 이루지 못했으니 부자를 이루기도 어렵고 따라서 행복도 이루기가 여간 쉽지가 않다. 행복을 이루는 것에는 무엇보다도 배움만큼 중요한 것도 없다. 배움을 이루고 크게 성공하면 다음은 부자도 된다. 그러나 부자를 이루었다고 해서 반드시 모든 사람이 행복을 이루는 것은 아니다.

행복을 이루는 과정은 사람에 따라서 다르다. 또한 행복이 반드시 배움을 이루고, 직업을 이루고, 부를 이룬 사람들의 전유물 또한 아니다. 행복은 우리 모두에 것이다. 그리고 어려운 가운데서도 하나하나 뜻을 세우고 이루어가는 과정이 우리의 삶이다. 그러나 오늘날 인류의 문명창달이 이렇게 눈부신데도 우리 모두의 그 행복은 어디로 가고 없는지 행방이 묘연하다. 그 잃어버린 행복을 다시 찾을 수는 있을까?

삶에는 당연히 각자 자기의 삶을 풀어가는 방식이 다르다. 그것은 환경과 여건, 그리고 추구하는 삶의 가치관과 방식에 따라 달라진다. 또한 잃어버린 행복을 무조건 찾아 나선다고 찾아지는 것도 아니다. 그 행복을 찾기 위해서는 무엇보다도 중요한 것은 자기 자신의 중심(가운데 마음=참마음)이다. 자기 자신의 중심이 무엇인지 바로 보고 어느 방향으로 진행할 것인지를 판단하는 것이다. 하지만 그 또한 쉽지 않다. 그러나 그러한 삶의 교차로에서 이정표를 알게 하는 학문이 바로 "중용"의 생활사상이요 실천철학이다. 지금까지는 중용을 '명사'라고 하지만 중용은 이제 명사가 아닌 '동사'로 거듭나서 생기 충천하여 사람을 비롯한 모든 관계와 관계 속에서 중화를 이루고 우리의 삶에 희망을 만들어가야 한다. 우리의 삶이 관계와 관계를 맺고 동사적으로 활달한 작용을 이룰 때 우리는 각자가 지향하는 행복의 목표와 뜻을 이룰 수 있기 때문이다.

요즘 같이 개인 혹은 개별적 특정집단의 이익만을 추구하고 우선시하게 되는 이기주의와 포퓰리즘이 만연한 사회적 풍조 속에서 무엇이 협력이고, 배려고, 공정이고, 행복인가를 한시도 생각하지 않을 수 없는 것이 오늘의 현실이다. 세상은 1분 1초가 숨 가쁘게 맞물려 돌아가고 있다. 인류가 창달한 문명의 수레바퀴는 우리의 미래를 향해 무제한적 질주 본능으로 달려가고 있다. 그 속에서 우리 인간의 삶은 까닭도 모르는 채 그 질주의 대열에서 함께 달려가지만 결국은 방향감각과 목적지를 잃어버리고 만다. 그리고 특별히 선택된 몇 명을 빼고는 대부분은 모두 그 대열에서 이탈되거나 낙오가 되기가 십상이다. 잘못 달려간 것을 뒤늦게 깨닫고 인생의 오류를 후회하지만 이미 때는 늦고 어찌할 방도가 없는 곳에 다다라 통한의 눈물을 쏟는 일이 비일비재하다.

우리사회에 이런 젊음이 많으면 많을수록 우리의 미래는 암울하다. 그러나 결코 행복이란 포기할 수 없는 숙명적 과제이고 반드시 문제엔 답이 있게 마련이라는 것을 깨닫지 않으면 안 된다. 다소 문제가 어렵거나 난이도는 있을 수 있지만 어렵다고 해서 전혀 답이 없는 것은 절대 아니다. 어떻게 해서든 함께 공생공영(共生共榮)의 공통분모를 찾아내고 답을 구하는 것이 무엇보다도 중요한 과제이다.

옛 교훈에 "멈추지 않는 자에게는 늘 다다르는 곳이 있고, 끊임없이 일하는 자에게는 늘 이루어짐이 있다(行者常至, 爲者常成)"라는 교훈이 있다. 현대인의 삶이 이처럼 어렵고 힘든 삶이지만 목표를 갖고 행하다보면 다다르는 곳이 있고, 이룰 바가 있을 것이라는 희망과 믿음이다. 하지만 한치 앞을 내다 볼 수 없는 것이 21세기 현대인들의 삶이다.

그러나 우리가 당면한 현실은 우리의 믿음과 희망처럼 그렇게 밝지만은 않다. 멈추지 않고 길을 가고 싶어도 내 앞을 가로막는 장애물들이 앞뒤, 좌우 도처에서 마치 진을 치듯 하고 있다. 그러니 멈추지 않고 길을 간다는 것은 그리 간단치가 않고 여간 애쓰지 않고는 불가능한 일일 수밖에 없다. 그래서 우리는 가다말다를 반복하게 된다. 그렇게 많은 사람들이 곳곳에서 멈춰 서서 미래를 향해 힘차게 달려가지 못하고 있고 그 무엇을 이루기 위해 부단한 노력을 하지만 이룸에 행복을 누리는 사람보다는 그 행복을 이루지 못하고 포기할 수밖에 없는 사람들이 절대 다수다.

그것은 우리사회에 행복한 사람들 보다는 불행한 사람들이 더욱 많다는 반증이기도 하다. 우리가 사는 이 아름다운 세상에 얼마나 많은 사람들이 얼마나 더 불행해야 하는가? 얼마나 많은 사람들이 슬픔과 고통의 생에서 절망해야 하는가? 이런 것들에 정치가 제 역할을 해야 한다. 우린 지금 당장의 행복이 아니라도 먼 훗날에 행복을 이룰 수 있다는 믿음과 희망 하나를 갖기 위함이다. 때문에 힘들어도 참고 견디면서 그 고통과 슬픔을 희망으로 바꾸기 위해 모든 고통과 난관을 극복해 간다.

그러나 정치지도자들의 위민정신과 철학이 부재한 나라의 정치 그리고 미래사회의 불확실성이 점점 우리의 간절한 희망을 안개 속으로 내몰고 있다. 찬연한 과학문명이 해를 거듭할수록 눈부시게 빛을 발하지만 그 또한 현대사회의 우리에게 행복을 담보하지 못하고 있다. 인류의 찬연한 문명이 높으면 높을수록, 빛나면 빛날수록 행복과 불행의 괴리는 더욱 깊고 어둡다. 그것은 '균형과 조화'를 이루지 못하는 문명사회의 이기주의와 배타적 교만과 탐욕·욕망 때문이리라. 그것은 균형과 조화를 잃은 현대사회의 갈등구조와 사회양극화가 가져다주는 부조화의 현상들 때문이다.

하지만 어쩌랴. 불평불만과 비탄만 하고 있을 수는 없다. 이젠 다른 사람의 입장에서 생각하고 마음의 문을 열어가는 역지사지가 필요하다. 그리고 어질고 너그러운 삶의 방식과 태도를 갖는 전제가 필요하다. 중용(中庸)의 인문정신에 가치관과 덕목으로서 우리의 일상을 살펴 실천하고 편협한 인간관계에서 관용(寬容)과 용서(容恕)의 아름다운 꽃을 피워야 한다.

이런 휴머니즘적 향기가 우리 인간사회의 균형(均衡)과 조화(調和)를 이루어 낼 것이라는 기대와 희망이다. 하지만 우리는 이런 기대와 희망에서 점점 지쳐가고 무감각해지고 있다. 그것은 어느 한 방향으로만 무섭게 달려가는 것들에 대한 두려움과 불안 때문이다. 정치는 정치대로, 권력은 권력대로, 강자는 강자대로, 약자는 약자대로 마치 물과 기름의 부조화 같은 것들이다.

특히 이 지구상에 일어나고 있는 대립적인 이념과 사상, 종교적 갈등들은 날로 더욱 심화되고 있다. 기독교, 유대교, 이슬람교는 하늘을 숭상하는 천도(天道=하늘의 뜻)의 한 뿌리를 가지고도 일천년이 넘게 극심한 대립과 갈등 속에 있다. 각 종파의 종교지도자들은 자기들만의 종파적 명분만을 내세우고 타종교의 입장을 관심 있게 배려하는 모습은 없어 보인다. 자기들의 이념은 최선이고, 상대의 이념은 최악이라고 서로 비판한다.

이렇게 자기의 주장만 옳다고 한다면 바로 그 자체가 천도에 부합하지 못하는 오만과 독선, 교만이다. 그것은 바로 종교가 종교의 본질과 모습을 제대로 보이지 못하는 행위의 결과로 볼 때 종교답지 못하다. 상대의 입장을 전혀 고려하지 않고, 배려하지 않는 상태에서 이것이 최선이고, 저것이 최악이라는 흑백의 이분법적 논리야말로 공생과 융합의 여지가 전혀 없는 극단적 '에고이즘'이다. 이런 상태에서는 우리 인간의 삶에 행복은 없다. 즉, "균형과 조화"가 배제된 배타적 관계일 뿐이다.

이제 우리의 미래에 장애물로 놓여 있던 것들을 똑바로 보자. 정치, 경제, 사회, 문화가 제자리를 잡을 수 있도록 먼저 나 자신부터 그 중심을 잃지 말고 균형과 조화롭게 그 중심을 지켜야 한다. 그러기 위해서는 먼저 바른 위치에 서서 문제의 실체를 똑바로 보아야 한다. 서로가 엇갈려서 양극화로 치닫던 감정과 격화된 분노들을 삭히고 합리적 관점과 중심에서 문제의 실체를 똑바로 바르게 보는 훈련이 필요하다. 또 나와 다른 상대의 이념과 관습을 이해하고 인정하는 것이다. 서로가 서로에게 굳게 닫혔던 마음의 문을 활짝 열어 제치고 모두가 함께 숨 쉬며 "균형과 조화"에 공명을 만들어 가는 것이다.

　이제 문명과 문화의 확실한 창달에 바탕을 이루는 "중용의 사상"을 재인식할 때이다. 이는 양극양단으로 갈라진 이념의 높은 장벽 위에서 미래 세계를 향하여 빛을 발할 수 있는 화해(和諧)의 등불이요 진리다. 이 불은 이 문명의 시대를 사는 현대인들에게 더더욱 큰 꿈과 희망이 될 수 있는 유일한 행복과 희망의 등불이 될 수 있다. 인류의 행복과 그 근원의 가치가 무엇인지, 그 가치는 어디에서 어떻게 작용하고 있는지, 그 중심을 바로보자. 그 중심을 바로보고 바로 세울 때에 보다 조화롭고 아름다운 우리의 '행복한 삶'이 미래를 담보할 수 있기 때문이다.

편저　이운묵

21세기 문명사회에서 「중용」과 인문학의 의미

중용(中庸)은 제1장에서 제33장으로 되어있다. 본래는 예기(禮記)의 속한 한 편(篇)이었던 것을 핵심내용만 별도로 뽑아내어 따로 중용으로 독립시킨 것이다. 원문은 공자(BC 551~479)가 편찬했으나 공자의 손자인 자사(子思)가 할아버지가 지은 것을 정리 · 보완한 것으로 단정하고 있다. 자사는 이 중용에서 할아버지의 애인애천(愛人愛天)의 사상과 '천지우주관의 생명정신'을 인간의 삶에 가장 모범적인 사상의 개념으로 확고히 정립시켜 놓았다.

그 후 1190년경 성리학파에 한사람인 주희(朱熹)가 〈예기〉에 속해 있던 대학 · 중용 2편을 각각 별개의 독립된 경전으로 편찬하였고 이를 토대로 '유교경전'인 사서(四書=논어 · 맹자 · 중용 · 대학)로 불리게 되었다. 그 후 오늘날 까지 고전으로 전해지면서 '유교경전'의 입문서로 널리 활용되었다. 이처럼 '중용'의 인문학적 사상은 21세기 인류문명사의 발전과 더불어 그 맥을 함께 해온 아주 귀중한 인문정신 고양에 가치를 지닌 고전이 되었다.

그런데 오늘날 '중용'은 과학문명이 발달하고 서구사회의 물질문명에 밀려 안타깝게도 우리의 관심 밖으로 밀려나 퇴화된 학문처럼 인식되어버렸다. 그것은 어찌 보면 이미 케케묵어 아무짝에도 쓸모가 없는 무가치한 구시대적 산물정도로 치부하고 말았던 시대착오적 무지의 탓이 더 큰 원인일 수 있다. 그리고 우린 이미 서구사회의 물질문명 소용돌이 물결 속에서 깊게 물들고 길들여진 탓도 있다. 이에 대한 현대사회 병리적 현상과 부작용이 오늘날 심각하게 모든 분야에서 점점 더 확장되고 심화되어 가고 있는 안타까운 현실이다.

그럼 이제부터 우리의 삶에 근간을 이루는 정치, 경제, 사회, 문화를 토대로 우리의 일상에서 일어나는 그 현상들을 오늘이라는 중용적 관점에서 현실의 창을 통해 살펴보자. 그리고 '우리가 추구해야 할 미래의 가치는 어떤 것인가'라는 질문을 해보자. 이런 물음에 과연 명쾌한 답은 있을까? 또 현대문명사회의 가치와 인류가 지향하는 행복추구에 가치가 어떻게 미래 우리의 삶에 부합할 수 있을까 고민해보자.

지구상에 인류가 그토록 갈구하고 지향하며 추구하는 문명창달의 궁극적 목적이 무엇인지? 우주자연만물을 창조하신 신과 현대인들의 관계는 어떤 것이고, 21세기 현대사회와 먼 미래에선 어떻게 정립되어야할 것인지, 인류가 창달한 과학문명과 자연과의 관계는 어떻게 병립되어야할 것인지, 우리사회의 '불균형과 부조화'의 현상들을 어떻게 인식하고 대처할 것인지에 대하여 함께 고민해보자. 인류가 이룩한 찬연한 문명 속에서 과연 '인간의 행복'을 어떻게 지켜갈 수 있을 것인지에 대한 절실하고 진지한 고민을 함께해보자. 그리고 미래를 살아가야할 현대사회의 창창한 젊은이들에게 오늘의 과학문명은 어떤 의미이고 무엇이 미래비전과 희망을 담보하고 있는지. 그들이 풀어가야 할 당면한 과제와 미래의 남겨질 문제는 무엇인지. 그들에게 물려줄 기성세대의 정신적 가치와 희망엔 어떤 것들이 있는지. 또 행복의 가치들은 어디서 어떻게 찾을 것인가에 대한 함의를 이 중용적 가치에서 그 답을 구해보자.

물질은 풍요롭고 넘쳐나는데 부와 빈의 간극은 줄지 않고 강(强)과 약(弱)의 사이에 불평등과 불공정은 더욱 심화되고 좌우 대립의 갈등과 부조화의 현상은 우리사회의 곳곳에 '양극화'라는 이질적 행태로 광범위하게 터를 잡고 있다. 양극화라는 괴리의 꽃은 공포와 표독에 미소로 만발하여 인간이 누려야 할 '행복에 아름다운 꽃밭'을 점령하고 우리의 삶에 불안을 조성하고 교활하게 양극화의 영역을 더욱 확장 증폭시켜가고 있다.

때문에 21세기 미래 인류문명사회의 번영과 비전을 간직해야 할 우리사회의 '참 가치'들이 바람 부는 날에 나무들처럼 그 중심을 잃고 마구 흔들리고 있다. 우리 인류가 지향하는 행복추구의 궁극적 가치도 이미 방향을 잃고 표류한지 오래다. 이러한 오늘에 현실 앞에서 우리는 과연 어디를 향해 어떻게 가야하는지를 알게 하는 이정표가 '중용의 인문정신'이라고 할 수 있다.

바로 이러한 이치를 일상을 통해 깨닫는 것이 '중용'의 인문정신이고 이에 부합하는 도리가 실천적 행동이다. 그러나 이 처럼 훌륭한 학문이 정말 어려워서 가까이 할 수 없다면 이는 우리 인간의 삶을 위한 학문이 아니다. '도(道=사람이 가야할 길)'가 사람에게서 멀리 있다면 그것은 도(道)라고 말할 수 없다. 그렇듯이 사람을 위한 학문적 이치가 우리에게서 멀리 있고 가까이 할 수 없다면 이 또한 무용한 학문적 이론에 불과하다.

현재 우리사회의 지도층인사에서 중용에서 말하는 '군자지도(君子之道)'에 가장 잘 부합되고 가까운 적임자는 과연 누구일까? 궁금하다. 이에 해당하는 사회지도층인사가 많으면 많을수록 우리 사회는 희망이 크다. 그러나 현실은 그렇지 못하다. 지금까지는 보수와 진보의 대립적 관계 속에서 '중도적 가치'를 양단(보수와 진보)이 철저히 무시해온 결과이다.

보수는 진보를 인정하지 않으려 했고, 진보는 보수를 인정하려 하지 않은 데서 비롯된 결과이다. 하지만 이 양단이 간과하는 것이 있다. 양단은 중단(中端=中央)이 존재할 때만 비로소 존재하게 된다. 즉 중단이 없는 양단은 존재할 수 가 없다. 그럼에도 좌우 양단에서는 중단 같은 것에는 안중에도 없다. 상대뿐만이 아니라 제삼자도 있음을 인식해야 한다. 하지만 분명 우리사회의 가치는 변화하고 있다. 그 변화의 중심에 놓인 것이 양단을 아우르는 중단의 중도 · 중용의 가치들이다.

때문에 오늘날 정치적 지형이 많이 변화하고 있다. 그것은 양극 양단의 가치를 가장 정확히 잘 이해하고 실천적 철학을 보여주고 있는 구심체가 존재하고 그 정체성이 작용하고 있기 때문이다. 그 것은 바로 흔들리지 않는 중도적 균형과 조화의 중심적 위치에서 양단을 모두 관장하고 있기 때문이다. 이처럼 '중도와 중용'은 공정하고 균형 잡힌 합리적사고의 기준이 되고 있다.

이제 우린 그것을 알기 위해서 나를 똑바로 세우는 방법과 기술이 이 '중용'의 도리에 있음을 새롭게 인식해야 한다. 그리고 그 도리를 실천해야 한다. 실천하지 않는 의식은 무의식이다. 이러한 문제들에 대해서 진지한 고민과 해답을 구하고자할 때 나 자신은 물론 우리와 그들을 포함한 모두가 사람다움의 삶과 행복의 길을 찾을 수 있다고 확신할 수 있다.

그러나 이러한 문제의 해법과 답을 구하는 데는 '문명사회의 배려와 동의'가 전제되어야만 가능하다. 그것은 이미 인간의 힘으로 통제되지 못하는 강력한 존재 '힘' 때문이다. 다시 말해 인류가 과학문명의 힘을 빌려 문명을 창조하고 창달했지만 이미 인간은 그 문명의 지배하에 세상을 살아가고 있기 때문이다.

그러나 아직 희망은 있다. 우리인류는 문명의 지배와 억압으로부터 흔들리지 않고 균형을 잡을 수 있는 지혜가 있다. 자전거를 탈 때 아무리 굴곡진 길이라도 균형을 잘 잡으면 절대 쓰러지지 않는다. 그러나 운동장 같이 평탄한 길이라도 그 중심과 균형을 잡지 못하면 앞으로 전진은커녕 곧 쓰러지고 만다. 나의 중심과 균형이 우리사회의 중심이고 균형이다. 우리사회의 중심과 균형이 나라의 중심이고 균형이다. 나라의 중심과 균형·조화가 우리의 삶에 행복을 싹트게 하는 옥토가 될 수 있기 때문이다.

아직은 희미하지만 분명이 이에 비답이 있을 것이라는 확신이다. 앞으로 미래의 문명사회에선 '중용'의 인문정신과 사상이 아니고서는 자기의 힘과 능력(신자본주의+권력)만을 믿고 내달리는 미래의 문명사회를 효과적으로 통제하고 제어할 학문은 별로 없어 보인다. 현대문명의 학문이론에선 불가능할 수밖에 없다. 그것은 현대사회의 모든 학문이 '자본과 과학'을 바탕으로 한 문명창달의 이론 때문이다. 자본과 과학의 속성은 뒤를 돌아보지 못하는 속성이 있다. 그 이론의 내밀함 속엔 본능처럼 제어되지 않는 강자(정치와 권력)들의 탐욕과 물욕주의가 현대사회의 모든 이즘(ism)에 가치를 힘으로 뿌리째 무력화하고 세상을 지배하고 있기 때문이다.

최근 '동반성장위원회'가 추진하고 있는 일들에 대하여 대기업들에 미지근한 참여도와 위원회가 평가한 '동반 성장지수'의 낙제점만 보아도 얼마나 대기업들이 자기중심적이고 '4.0자본주의' 이론처럼 '사회적 책임과 다 같이 행복한 성장'을 중시하고 지향하는 '따뜻한 자본주의' 정신에 걸맞게 상대를 배려하고 있는가에 대한 견해는 매우 실망이다. 대기업의 비협조와 부정적 정서가 이를 뒷받침하듯 의문은 여전하다. 한마디로 생각이 다른 '동상이몽'이다.

이러한 생각들은 우리사회의 곳곳에서 심화되고 있는 '사회양극화를 제대로 제어하고 잡아낼 수 있는 대안'이라고 믿기가 어렵다. 이러한 문제들에 대해서 진즉 고민했어야할 자본과 그 자본의 주역들이 과거 이런 문제들에 대하여 아무런 해법과 대안을 불행하게도 제시하지 못했다. 대안을 제시하기는커녕 오히려 탐욕에 눈이 멀어 세상을 지탱하고 있는 '중도적 가치'마저도 외면하고 무시한 것이 결국은 세계경제의 침체를 불러온 화근이 되었다.

지구상에 인류가 어떻게 하면 함께 행복할 수 있는지에 대한 진지한 고민도 없었다. 오로지 물질만능의 독선적 힘에 편승해서 화려하게 빛나는 문명의 허상만 찬연히 꽃피우면 된다는 식이었다.

인간의 지고지순한 향기는 없어도 표독스런 문명의 꽃만 일방적으로 잘 피우면 된다는 식이다. 함께 나누고, 함께 누리려는 것이 아니라 나만 소유하고 만족하면 된다는 식이다.

때문에 물질만능주의가 만들어내는 '사이보그' 또는 아바타 같은 현대인의 삶이 탄생된 것이다. 우리의 현실이 이대로라면 미래의 희망은 없다. 그냥 문명의 노예가 될 뿐이다. 강자는 그나마 문명과 벗하며 살 수 있을지는 몰라도 그러나 결국 강자도 문명의 노예이기는 마찬가지다.

약자를 보호하고 책임지지 않는 강자는 진정한 강자가 아니다. 강자에게 강자의 능력이 부여된 것은 약자를 보호하고 책임져야 한다는 '인애의 사상'과 당위성이 전제된 것이다. 그리고 함께 추구해야할 가치를 공유하는 '인문정신'이 부여된 것이다. 이것이 인류가 지향하고 포기할 수 없는 미래지향성의 '중도적 가치'이다. '중용'의 도리에 따라 어느 한쪽으로 기울지 않고 평형(균형)을 이루도록 한 것이 현대사회가 강자들에게 부여한 힘의 암묵적 덕목이다. 만일 약자를 배려하지 않고 책임지지 않는 강자의 무도(morality)한 행태에 대해서는 비도덕적 폭거로 규정되고 비판받아 마땅하다.

그러나 문제는 앞에서도 언급했지만 모든 이즘(ism)의 선봉에 선 문명창달에 주체인 자본의 주역들에겐 그런 인문정신에 통찰력과 약자를 보호하고 책임지는 진정한 강을 기대할 수 없다는 것이 오늘 날 문명사회의 슬픈 현실이다. 그것은 안전속도를 지킬 줄 모르는 문명의 '힘(power)' 속성 때문이다. 문명의 힘은 반드시 '인문정신이 응축되어진 가치'에서 발현되어야 한다. 그러나 현대사회의 힘은 '재화(돈)와 권력의 융합'에서 직조되고 가공된다. 즉 재화와 권력을 거머쥔 문명의 주역들이 현대사회의 강자로 군림하고 문명의 도로위에서 원칙과 제 규정을 무시하고 마구 과속을 하고 있는 것은 힘에 기반을 둔 독선적 행태 때문이다.

이제 미래의 트렌드는 '변화 속에 균형과 조화'이다. 중용의 중심적 가치가 그 중심을 잃고 표류하고 있는 우리사회의 모든 이즘에 가치와 인간이 지향하고 추구하는 삶의 '참 가치들에 균형 잡기'를 하게 될 것이기 때문이다. 그렇게 해서 잃어버린 나의 중심을 되찾고, 흔들리는 가정의 중심을 튼튼히 하고, 흩어진 사회의 중심과 역량을 모아서 '합리적 균형과 조화'를 이룰 수만 있다면 바로 그것이 인류의 평화를 이룩할 또 하나의 대안으로서 한 방법이 될 수 있다는 믿음 때문이다.

따라서 본 책 중용시리즈(1권~4권)에서 독자들에게 전하려는 메시지의 키워드(key word)는 크게 세 가지이다. 첫째는 미래의 '균형과 조화(Balance and harmony)'에 대한 핵심적 가치를 인식시키려는 의도이다. 둘째는 새로운 행복(New happiness)의 가치추구이다. 첫 번째의 가치가 실현되고 나면 우리의 궁극적 목표인 행복이 보다 많은 사람들에게 주어질 수 있기 때문이다. 셋째는 변화의 가치(Value of change)이다. 이제 미래사회의 트렌드는 어떠한 변화와 상황 속에서도 그 중심(中心=中道,中庸)을 잃지 않고 균형과 조화를 이루어내는 가치가 우선시 되어야 하기 때문이다.

'중용'에선 균형과 조화의 가치와 행복추구의 가치 말고도 더더욱 많은 가치를 총체적으로 담고 있다. 그러나 일단 우리가 이

'중용'을 통해서 알게 된 '균형과 조화'의 보편적가치만 제대로 이해하고 잘 실천할 수 있어도 절반은 성공이다. 중용은 정치 · 경제 · 사회 · 문화 모두를 망라해서 중심적 균형과 조화로써 미래사회의 문명을 창달하라는 인문정신의 메시지이다. 이는 인간의 삶에 근본적 원리기 때문이다.

따라서 이제부터 중용은 더 이상의 학문을 위한 명사적 고전이어서는 안 된다. 현대인의 일상적 삶에서 동사적 개념의 생활실천 영역의 개념으로 전환이 필요하다. 중용은 한시도 인간의 삶을 떠나 있었던 적이 없는 생활 속에 실용사상이기 때문이다.

'중용'은 학문만을 위한 고전이어서는 안 된다. '중용'이라는 고유명사에서 벗어나 하루빨리 현대인들에 일상으로 들어와 실천되어지는 '동사적 학문'으로 거듭나야 한다. 그것은 모든 움직임의 현상 속에서 인간의 삶이 새롭게 창조되어지고 우리 인간이 추구하는 쾌락이나 행복도 명사가 아닌 구체적 '동사'에서 만들어지기 때문이다.

제아무리 훌륭한 학문이라도 인간의 삶에 행복을 주지 못한다면 그것은 형식의 불과한 학문이고 무미건조한 철학일 뿐이다. 시대가 다르다 해서 삶과 행복의 근원이 바뀌는 것 또한 결코 아니다. 현대를 사는 우리가 21세기 미래의 주역인 문명인들이라고는 하지만 우리는 알 수 없는 문명과잉시대의 증후군과 같은 중병을 앓고 있다. 때문에 삶의 가치가 흔들리게 되고 '중심과 균형'을 잃게 되는 한 원인이 된다. 따라서 이제부터라도 우리의 '중심잡기'와 '행복 찾기'에 지침이 될 수 있는 진지한 학문에 관심을 기울일 필요가 있다.

21세기 현대인들의 생활은 모두가 관계와 관계 속에 이루어지는 현상과 작용의 결과이다. 그 결과는 생각하고 실천하는 원인으로부터 조성되어 맺어진 삶의 열매이다. 그 원인이 좋으면 결과가 좋다. 그리고 이를 실천하는 중심(中心=중용적 사고)은 결국 존재하는 나로부터의 시작이다. 이것이 '원인 불변의 법칙'이다.

　　일상에서 스스로 실천하고, 스스로 깨닫고, 스스로 쌓아 가는 것이 우리가 완성시켜가야 할 덕성(德性)의 가치이다. 최상의 덕은 바로 인(仁)에 근본이라고 한다. 이런 인문정신의 완성이 '행복의 삶'을 실현하는 궁극에 가치가 되어야한다. 이것은 세상의 관계 속에서 나의 중심(中心)을 찾는 것이고 제대로 된 나의 삶을 실현해 가는 중도적 중용의 도리(道理)이다. 그 속에서 우리의 삶이 '균형과 조화'를 이룸으로서 모두가 행복할 수 있기 때문이다.

한권의 에세이를 읽듯이
술술 읽히는 『중용』의 이야기

이 책에서는 남녀노소 누구나 쉽게 읽고, 쉽게 이해하고, 쉽게 알게 하기 위한 목적에서 꼭 필요한 부분만 발췌 인용하여 중용의 이해를 돕고자한 것이 특징이다.

특히 책의 구성에 있어서도 중용 각장의 원문형식에 맞춰 원문의 번역과 요지를 해석하는 방식을 과감히 탈피하고 원문은 책의 뒤편에 두어 꼭 읽지 않아도 되게 하였다. 그것은 본 책의 내용이 자칫 학문을 위한 학문적 이론에 치우치게 될 우려를 범하지 않기 위해서다. 일반 대다수의 독자들은 깊은 학문적 이론에 접근을 하지 않고도 일상에서 보고, 느끼고, 생각하는 데에 전혀 불편함이 없이 충분한 이해를 할 수 있기 때문이다.

독자들로 하여금 마치 학문적 이론에 능통해야만 이 '중용'을 잘 이해하고, 잘 알아야 실천할 수 있다는 독자들의 편견이나 오해를 예방하기 위해서다. 너무 지나치게 학문적 이론에 사로잡히게 되면 더더욱 어려워질 수 있다. 따라서 개략적 이해와 해석이 좋고 그것만으로도 '중용'을 현대인들이 일상에서 충분히 이해하고 중용적 도리를 실천함에 있어서도 별 문제가 되지 않기 때문이다.

필자가 학문적 원문 해석에 초점을 두었어야했다면 그것은 굳이 이 책이 아니라도 좋다. 그것은 이미 많은 학자들의 조밀한 이론을 바탕으로 한 훌륭한 저술서가 서점에 많이 나와 있다. 하지만 그것은 깊은 학문적 이해가 필요하지 않은 일반 독자들이 읽기에는 너무 어렵기 때문에 보다 많은 독자들에게 중용의 학문을 읽히고 인문정신을 고양시키는 목적에는 부적절하다는 판단이다.

■ 인문의 숲 "중용시리즈"의 구성과 각권의 내용을 보면 다음과 같다.

인문의 숲 고전 001 고사성어로 읽는 중용 『인문의 시소를 타고 놀아보자』에서는 우리의 삶에 지혜가 될 수 있는 고사성어를 통해 중용의 참 뜻을 이해하고 중심적 사고와 합리적 균형이 어떻게 인간관계에서 이해되고 작용될 수 있는지를 설명하고 있다.

인문의 숲 고전 002 인문정신의 눈 중용 『잠든 명사를 깨워 놀아보자』에서는 중용의 이해와 근본적 개념을 각각의 주제와 내용에 따라 포괄적 내용으로 담았으며 인용문에 맞춰서 주석을 달았다. '중용의 이해'와 관련하여 현대적 감각과 정서로 필자의 중심적 개념을 정의하고 '중심의 중(中)'과 '중용의 중(中)' 사이에서의 연관성을 찾아 동의적 개념으로 설득하고 있다. 결국은 '중심의 중'이나 '중용의 중'이나 같은 뜻임을 설명함으로써 중용에서 이해하기 어려운 '중'을 알기 쉽게 설명하였다. 그리고 그 중심이 모든 사물의 작용과 현상에서 어떻게 '균형과 조화'를 이루는 근거가 되는지 짚어 보았다.

인문의 숲 고전 003 중용은 균형과 조화『희망을 잉태한 동사와 놀아보자』에서는 우리의 일상과 삶에서 일어나는 현상들과 사회의 현상들에서 문제시 되는 '불균형적 요소'들을 찾아내어 균형과 조화의 합리적 작용에 대한 사례를 들어 중용에서 말하는 실천적, 실용적 사상의 이해를 알기 쉽게 기술했다.

인문의 숲 고전 004 정치 · 경제 · 사회 · 문화로 읽는 중용『이자견 저자견』에서는 현대인의 일상적 삶의 근간이고 대명사라 할 수 있는 정치 · 경제 · 사회 · 문화를 각각의 테마로 분류하고 그 각각의 테마에서 중시되는 사회적 기능과 작용에 대해서 분석하고 중용의 도리와 이론이 어떻게 중심과 균형을 이루고 조화롭게 작용할 수 있는지에 대한 사례와 어떻게 실용적, 실천적, 생활사상으로 우리의 일상에서 작용할 수 있는지를 기술하였다. 그렇게 함으로써 대중적으로 중용의 인문정신을 고양시키는 것에 큰 목적을 두었다.

본 중용 시리즈에서는 기존 '중용' 관련 책들의 형식에 얽매이지 않고 필요한 것만 선별적으로 기술한 것이 본서의 특징이라 할 수 있다. 그것은 이 책의 키워드가 '균형과 조화'에 맞춰 있었기 때문이다. 따라서 '균형과 조화'에 핵심적인 부분만 선별적 취사를 했다. 각권 말미마다 중용 제1장에서 제33장까지 '중용원문'을 실어 보다 깊은 학문적 이해와 폭넓은 견해를 구하는 독자를 위해 각장의 내용을 의역이 아닌 직역에 가깝게 해석한 것은 독자들이 중용을 이해하는데 편의를 도모하기 위함이었다. 각각의 원문에 맞게 별도의 토를 달고 원문과 해석이 간결하게 함으로써 중용에 기초가 없는 독자들의 독해를 쉽게 한 것도 이 책의 특징이다.

'중용'과 공자의 사상은 개략적으로 보면 천명과 경천사상에 뿌리를 둔 인문학적 이론체계이다. 인간의 본성으로부터 인간의 삶속에서 이루어지는 자연의 이치, 도리, 근본, 사물의 작용과 현상, 관계와 관계를 비롯해서 인간의 삶에 모든 존재와 가치들에 대한 인문정신의 내용이다.

이자견 저자견 爾者見 狙者見

정치 · 경제 · 사회 · 문화로 읽는 중용

제목의 뜻 : 당신 같은 사람도 보이고, 원숭이 같은 사람도 보이네.

■ 차 례 ■

정치

행복의 정치
The politics of happiness

언론은 우리 사회의 스승이어야
The media in our society to be a mentor

권력의 균형과 조화
The balance and harmony of the power

현대정치의 덕목
The virtues of modern politics

글로벌 정치의 균형과 조화
The balance and harmony of the global politics

행복의 정치
The politics of happiness

정치는 국민을 행복하게 해야 한다. 정치가 바로 서야 국민이 행복할 수 있다. 그래야 행복을 찾아 고국을 떠나는 사람도 없고 나라가 더욱 부강할 수 있다. 그러나 잘나고, 똑똑하고 약삭빠른 사람들은 고국이 아니더라도 행복할 수 있다고 고국을 잘도 떠난다. 그러고 보니 갑자기 생각나는 말이 있다. "못생긴 나무가 산을 지킨다"라는 말이 있었다. 이 말은 필자도 오래전부터 잘 아는 출판사에서 출간 된 교양서의 책제목이다. 이 책의 제목에서 암시하는 나무처럼 미끈하게 잘생긴 나무들은 쓸모가 많아 이리 뽑혀가고, 저리 뽑혀가고 인기가 좋아 비싸게 잘도 사고 팔린다. 그러나 천년만면 이 하늘, 이 땅을 무심히 지켜내는 것은 별로 쓸모도 없고 못생긴 나무들이 우리의 팔도강산을 지켜왔듯이 마찬가지로 못난 사람들이 이 나라를 지키는 것은 당연한 것이고 이것은 하늘의 뜻인가 보다.

이유야 어떻든 자신의 행복을 위해 찾아 떠나는 사람들을 탓할 수야 없다. 실력도 있고 타고난 재능이 많으니 세상 밖으로 나가서 자신의 행복도 찾고 국위선양도하면 일거양득이니 나쁠 거야 없다. 하기야 재주가 없고 못나서 못 떠나는 것이지 누가 불행을 떠안고 살라고 강요한 사람은 없다. 하지만 이미 행복을 찾아 떠난 사람들은 어쩔 수 없고 남은 과제는 사람들이 더 이상 고국을 등지지 않게 하는 일이다. 이 나라를 떠나는 이유 중 가장 큰 이유는 행복할 수 있다는 미래의 보장과 희망이 없다고 생각하기 때문이다. 이 나라에 자신의 행복이 있다면 굳이 머나먼 타국으로 삶의 터전을 옮길 이유야 없다. 어쨌든 실력이 있으니 국가에 도움이 없이도 행복하게 잘살 수 있는 사람들이야 정말 살만한 세상이다.

그러나 고국을 떠난 일부 이민자들의 행복이 문제가 아니다. 좋

도표 1-정치의 안정과 불안정의 상태

정치안정이 확대되면 국민의 행복지수가 높아지고, 정치불안이 확대되면 불행지수가 높아진다. 따라서 국가는 반드시 정치, 경제, 사회, 문화에 있어서 사회안정은 물론 정치의 균형발전을 꾀하여야 한다.

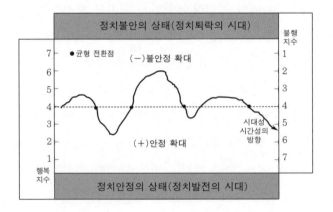

든 싫든 이 나라에서 뿌리를 내리고 살아가는 대다수의 국민들이 행복해야 국가가 부흥할 수 있다. 이것은 백성들에 삶과 행복을 책임지고 있는 정치가 풀어야할 과제이다. 더 이상 도시의 빌딩 숲에서 행복을 못 찾아 방황하는 불행한 사람들이 정치를 원망하고, 고국을 원망하지 않게 해야 한다. 이들은 잘나지도 못하고 잘 생기지도 못해서 마음대로 이 나라를 떠날 수 있는 사람들도 아니다. 결국은 이들이 죽든지 살든지 이 나라를 지켜갈 사람들이란 것을 안다면 이들이 더 이상 불행하지 않고 행복을 느낄 수 있도록 정치가 똑 바로서서 백성들에게 희망을 주어야 한다. 희망이 보여야 삶의 의욕도 생기고 신바람이 난다.

중국 역사에서 요순시대(堯舜時代 B.C.2700-B.C.2,300)의 정치는 중국 역사상 가장 이상적 본보기로서 동양인이 꿈꾸었던 태평성대의 대명사이다. 이처럼 요순시대의 태평성대가 백성들을 행복하게 했던 것은 잘난 사람, 못난 사람들을 모두 가리지 않고 아끼고 사랑한 군주의 인애사상과 통치철학 때문이다. 바로 이것이 모두가 행복할 수 있었던 근본적 바탕이고 그것이 중용에서 강조되고 있는 '균형과 조화' 의 사상이다. 때문에 요순시대의 역사가 태평성대를 이루었던 것이다. 그것은 군주를 중심으로 한 정치가 바로 섰기 때문이다. 그 중심에 중용의 인문학적사상과 그 실천적 철학이 그 시대성에 동사적으로 작용하여 합리적 중화(中和)[1]를 이루었기 때문이다.

---

1) 중화(中和)- 중화는 항상 변화, 변동하는 현상 속에서 가장 안정된 위치를 찾아 움직이는 중(中)을 말하는 것으로 중화는 일종의 자기조절기능과 같은 형평의 원리로서 균형과 조화를 포괄하는 의미이다. 김충열,「김충열교수의 중용대학강의」, 예문서원, 2007,p,107 참고인용.

공자께서 말씀하시길 '순임금(舜)께서는 참으로 위대한 지혜를 지니신 분입니다! 순임금께서는 백성들에게 묻기를 좋아하셨고 대수롭지 않은 것에도 관심으로 백성들을 살펴서 옳지 않은 것과 옳은 것을 구분하고 옳은 것은 세상에 널리 밝혀서 많은 백성이 알게 하셨지요. 백성들 사이에 상충하는 말은 그 양쪽의 말을 다 듣고 이를 절충하여 백성들이 중도(中道)를 가도록 하셨는데 바로 이런 것이 순임금의 도리였습니다(子曰, 舜其大知也與, 舜好問而好察邇言, 隱惡而揚善, 執其兩端, 用其中於民, 其斯以爲舜乎)' 라고 말씀하셨다. 이는 중용 제6장 원문에 말씀이다. 순임금께서 백성들을 보살피심에 관심과 배려, 통찰과 포용으로 극진히 아끼고 사랑함에 백성들 또한 순임금의 정치지도력에 감복하여 법도를 잘 따랐다는 말씀이다.

여기서 잠간 '혹 달린 요임금의 왕비 이야기' [2] 를 잠간하고 넘어가자.

어느 날 요임금께서 민정시찰을 하게 되었다. 그러니 만백성이 요임금이 지나는 거리에 부복하여 왕의 행차행렬에 박수를 보내고 마음으로 왕에게 무한한 존경심과 복종의 뜻을 보이고 있었다 한다. 그런데 길가 뽕밭에서 뽕잎을 따던 처녀가 부복은커녕 한 번도 뒤돌아보지도 않고 열심히 뽕잎만 따고 있었다 한다. 그것을 의야 하게 여긴 요임금이 어가를 멈추도록 명했다. 뽕잎을 따던 처녀는 한 마디로 왕의 권위 따윈 알 바 없다는 듯이 불충한 태도로 일관하였다. 왕명에 따라 천지를 흔들던 악대도 음악을 중단했

---

2) 출처: cafe.daum.net/kic3, 요순시대, 행복의 비결, 황혼의 낙원, 참고인용.

고 화려한 왕의 행렬이 모두 제자리에 섰다.

　그리고 요임금이 호위대장에게 "무엇을 하는 자인가?"하고 물으니 호위대장이 말하기를 "아마도 촌구석에서 뽕잎이나 따는 무지한 처녀인 듯하옵니다."라고 고했다. 그러나 왕의 눈에는 뽕잎을 따는 처녀치고는 예사롭게 보이지가 않았다. 뒤에서 보는 처녀의 자태가 너무나 아름답고 고왔다 한다. 요임금은 "선녀가 아니고서야 어찌 저리도 곱고 매혹적일 수가 있단 말인가?"하고 마음 속으로 감탄을 했다. 그런데 왕의 행렬을 보고도 모르는 체 하는 태도가 불손하기도 했지만 그런 행동은 뭔가 부족한 사람이 아니고는 할 수 없는 행동이었다. 그리하여 잠시 쉬었다갈 요량으로 어가에서 내려 요임금이 직접 뽕잎을 따는 처녀에게로 가게 되었는데 왕이 가까이 다가서도 처녀는 돌아보지도 않고 뽕잎만 따고 있으니 요임금은 은근히 자존심이 상했다. 그리하여 처녀에게 말하기를 "너는 나의 백성이 아니란 말이냐? 왕이 너를 찾아왔다"라고 말을 건네니 그때서야 이 처녀가 몸을 돌려 정중히 목례를 했다. 그렇게 간단히 목례만 할 뿐 처녀는 아무 말 없이 다시 하던 일을 하려는데 그 순간 요임금은 너무 놀라셨다고 한다. 그리고 크게 실망을 했다 한다. 그것은 다름 아닌 처녀의 얼굴엔 보기에도 민망한 혹이 달려있었기 때문이다. 예기치 않은 상황에 잠시 놀란 요임금은 마음을 진정시키셨는데 어찌 된 연유인지도 궁금하시고 슬그머니 객기가 발동하여 처녀에게 말하기를 "그래, 만백성이 짐을 우러러 경의를 표하고 땅에 부복하여 순종의 뜻을 보이거늘 어찌 너는 부복은커녕 아예 오불관언(吾不關焉) 한단 말이냐?"라고 그 연유를 물으니 그때서야 뽕잎만 따고 있던 처녀가

입을 여는데 "하늘 아래 임금님의 땅이 아닌 곳이 없고, 땅 끝까지 임금님의 신하 아닌 자가 없습니다. 어지신 임금님에겐 동서남북 어느 백성이고 심복치 않은 자가없나이다. 그리고 만백성의 어버이에게 부복하는 일만이 경의가 아니고, 부모님의 뜻에 따라 맡은바 소임에 충실함이 더 충성스러운 일이 아니겠사옵니까?(普天之下 莫非王土 莫非王臣, 東西南北無思不服)"라고 답했다 한다. 그리하여 요임금께서 재차 "부모가 무엇이 그리 대단한가?"하고 물으니 처녀가 이에 답하기를 "그 은혜가 무한함에 자손은 영구히 받들어야 하고, 효는 만행의 근본이며 선행 중에 으뜸인데 군왕께서 마땅히 그 모범을 보이셔야하거늘 어찌 이를 탓하려 하시옵니까?(孝卽 萬行之本,惠我無疆 子孫保之, 百善爲孝先)"라고 했다 한다.

이에 요임금께서는 감탄하여 절로 미소가 피어올랐다 한다. 하여 요임금께서 다시 질문을 하기로 했다. "헌데 넌 얼굴에 혹이 달려있어 창피하지 않으냐?"라고 물으니 그 처녀가 말하기를 "신체발부는 하늘이 부모님을 통해 주신 은사이오며, 하늘의 뜻은 삼라만상을 다스리는 것이 온데, 이 나라에 어버이인 왕께서 어쩐 연고로 소녀의 이 생김새를 조롱하시옵니까? 인간의 도리로써 사람을 다스려야(以人治人) 하고 겉모습보다는 내면의 진실을 존중해야하는 줄 아옵니다."라고 답하니 이에 요임금은 더욱 놀라웠다. 신하 중에 이런 어질고 현명한 신하가 많았으면 얼마나 좋을까하고 생각했다 한다.

그리하여 요임금은 내친 김에 엉뚱한 질문 한 개를 더 해보았다. "내 너를 나의왕비로 삼고 싶으니 날 따라오겠느냐"하고 말하니 처녀는 이에 조용한 음성으로 단호하게 말했다. '백성들에게 학문보다는 예를 먼저 가르치셔야 하고, 재리(財利)보다는 도리(道理)를 먼저 가르치시는 것이 군왕의 도리라고 생각하옵니다. 군왕께서 그럴 뜻이 있으시면 나라의 질서를 지키고 예도를 가르치시기 위해 당연히 먼저 양친의 동의를 구한 다음 절차에 따라 혼서를 보내시고 예법이 정한 바에 따라 가장 모범이 되는 절차를 준행함이 마땅한 줄 아옵니다만 어이하여 미천한 소녀를 노상납치하려 하시옵니까?"라고 하니 이에 요임금은 뽕잎을 따던 처녀의 지혜와 용기에 크게 감복하고 말았다 한다.

누가 감히 왕인 나에게 저렇게 의롭고 지혜로운 도리를 당당하게 말해 줄 수 있단 말인가? 그런 의인이 내 곁에 있다면 얼마나 좋을까? 생각하면서 민정시찰을 마쳤다 한다. 그 후에 요임금은 예법과 절차에 따라 청혼을 하고 혼서를 보내서 결혼을 했다. 결혼 날 왕비의 가마가 왕궁에 도착하고 수많은 신하들과 궁녀들이 흥분하여 왕비가 얼마나 아름다운 미인일까 하고 모두 그 궁금해했다. 그런데 막상 가마가 도착하여 문이 열리고 왕비가 가마에서 내렸는데 왕비를 처음 보는 궁녀들은 놀라고 여기저기에서 조소의 수군거림이 파문을 일으키고 있었다 한다. 그러나 가마에서 내린 왕비는 무수한 시종들 앞에서 팔소매를 걷어 올리고 수라간으로 들어갔는데 궁녀들이 이를 비웃으며 말리자 왕비는 "난 왕의 아내다. 내 손으로 진지를 해드리는 것이 도리이니 저리 비켜라."라고 했다한다. 그렇게 왕의 수라상을 준비하고 난 다음 사치스러운 궁녀들의 복장과 경박한 행동을 지적하고 호령을 하는데 "오늘부턴 백성들보다 사치한 자는 그냥 두지 않겠다. 농어촌의 선량한 부인들보다 잘 먹거나 더 게으른 자도 용서하지 않겠다. 백성들의 어버이인 왕을 섬기는 자들이 백성들보다 예의와 도리가 모자라면 어떻게 왕께서 바른 정치를 하실 수 있단 말이냐?" 하고 왕비의 엄숙하고 단호한 자세로 질책을 하였다 한다. 왕비의 추상같은 꾸지람을 들은 궁녀들의 입이 모두 놀란 조개들처럼 굳게 다물어 졌다고 한다.

그리하여 그날부터 나라의 질서와 도덕이 하루가 다르게 바로 섰고 예절이 다시 꽃피기 시작하여 궁중이 달라지고 대신들이 달라졌다. 그렇게 나라의 공직자가 달라지니 백성들이 차츰 달라져서 나라엔 도둑이 없어지고 세상인심이 어딜 가나 풍요로워 졌다 한다. 이렇게 뽕잎이나 따고 보잘 것 없던 한 여인의 위대함으로 말미암아 요순시대의 태평성대가 창조되고 인문학적사상과 역사를 빛낸 불가사의의 기적적인 역사가 만들어진 것은 결국 우연이 아닌 요임금의 인애사상과 통치철학 때문이 아니었을까 짐작된다.

그리하여 왕으로부터 촌부까지 모든 백성은 하나같이 바른 사고와 예의를 지켰고 온 천지가 높은 수준의 도덕사회를 이루게 되었다한다. 먼 훗날 국모인 왕비가 돌아가자 온 나라의 백성들과 왕은 그 안타까움과 슬픔에 크게 목 놓아 울었다고 한다. 어린아이에서부터 호호백발의 노인들까지, 높은 신하에서부터 저 눈먼 땅의 무지한 노동자들까지 모든 백성이 땅을 치며 통곡을 했다한다.

오늘 날 우리의 현실은 어떤가? 또한 대통령과 그를 보좌하는 고관대작들이나 공직자들은 어떠한가? 또 우리사회의 지도층 인사들과 그 부인들은 어떤 모습으로 살고 있는가? 달라도 너무 다르다. 이런 세상에서 백성들의 행복은 결코 이룰 수가 없는 꿈이다. 그러나 허망한 꿈이 아니길… 간절히 기원한다.

　이렇게 요순시대에는 정치의 도리가 바로 세워짐으로 백성들은
임금에게 충성하고　임금은 백성들이 행복할 수 있는 태평성대를

도표 2-사회의 불균형적 원인에 따라 변화되는 국민의 행복과 불행.

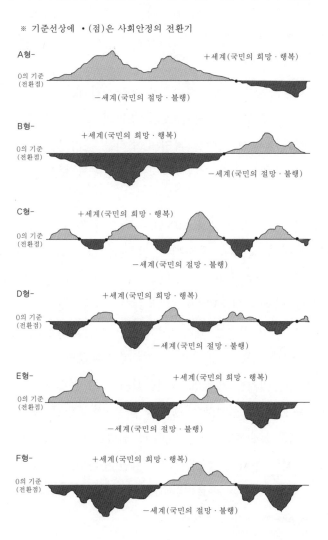

※ 기준선상에 ·(점)은 사회안정의 전환기

A형-
0의 기준
(전환점)
+세계(국민의 희망·행복)
−세계(국민의 절망·불행)

B형-
+세계(국민의 희망·행복)
0의 기준
(전환점)
−세계(국민의 절망·불행)

C형-
+세계(국민의 희망·행복)
0의 기준
(전환점)
−세계(국민의 절망·불행)

D형-
+세계(국민의 희망·행복)
0의 기준
(전환점)
−세계(국민의 절망·불행)

E형-
0의 기준
(전환점)
+세계(국민의 희망·행복)
−세계(국민의 절망·불행)

F형-
+세계(국민의 희망·행복)
0의 기준
(전환점)
−세계(국민의 절망·불행)

열었던 것이리라. 그러나 오늘날 정치현실은 답답하기 그지없다. 정치가 바로서지 못하니 이 나라의 국민들은 언제나 행복할 수 있을지 미지수다. 정치가 그렇다고 국민들마저 이 나라의 미래를 손 놓고 있을 수는 없는 일. 정치의 근본은 국민을 행복하게 하는 것이다. 어떤 경우라도 국민의 안녕과 행복을 책임져야하는 것이 정치인의 사명이다. 그런 정치가 국민을 사회적 미아로 만들고 방황하게 해서는 곤란하다.

정치가 군자다움의 본연지성으로 돌아가지 않으면 절대로 국민은 행복할 수가 없다. 희망을 찾아 행복의 노래를 부를 수 없다. 구태의 깊은 늪에서 벗어나 국민의 소리를 듣지 못한다면 정치는 절대 바로 설수가 없다. 그런 정치는 국민에게 희망과 행복을 안겨줄 수 없다.

그렇다면 정치가 어떻게 서야할지 짐작이 간다. 애공이 공자께 정치에 대하여 물었다. 공자께서 말씀하시길 '정치는 문왕과 무왕의 방책으로 잘 정리되어 문헌에 기록되어 있다. 뒷날에 이것을 실천할 인재가 나오면 곧 그 정치가 실현될 것이고 그런 인재가 없으면 곧 그 정치는 사라지고 말 것이다(哀公問政. 子曰, 文武之政, 布在方策, 其人存則其政擧, 其人亡則其政息).' [3] 라고 말씀하셨다. 이것은 마치 오늘날에 정치현실을 두고 하신 말씀 같다. 사실 정치는 있으나 정치다운 정치를 하는 정치인(君子)은 없어 보인다. 요임금과 순임금의 인애사상과 철학을 닮은 정치인은 없다. 오로지 자신의 부와 영달을 위한 목적인 듯하다.

중용 제20장에서는 주로 정치(政治)의 근본적 도리와 중요성에

---

3) 중용 제20장 원문 첫머리에 말씀이다.

대한 말씀들이다. 이 장에서는 크게 나누어서 군자의 수신하는 방법과 조건, 정치지도자의 수신과 자질, 국가를 통치하는 준칙 등에 대한 말씀으로 이루어졌다. 그리고 올바른 정치를 위해서는 반드시 인의예지와 인륜과 천륜, 지도자의 자질과 덕목, 인간의 도리와 품성 등이 전제되고 있음을 알 수 있다.

⇒ **정치(政治)의 중요성**: 정치를 함에 있어 정치지도자의 덕목과 자질에 대한 이치를 말하고 정치를 하기에 앞서 수신제가하고 부모에게 효도의 도리를 다하지 않으면 인륜과 천륜의 도리에 어긋난다는 말씀을 하고 있다.

그러므로 정치란 것은 인재에 달려 있고, 인재를 취하는 것은 자신의 수양에 달렸으며, 자신을 수양하는 것은 이 도리에 있고, 이 도리를 실천하는 것은 인(仁)에 있다.(故爲政在人, 取人以身, 脩身以道, 脩道以仁)

인이라 함은 사람다운 것이며, 가장 가까운 일가친척부터 사랑하는 것이 중요하다. 의(義)라는 것은 마땅한 것이며, 어진 사람을 존경하는 것이 가장 중요하다. 일가친척을 사랑함에 있어 가깝고 멀게 원근(遠近)을 두고 어진 이를 구분하는 것은 여기에도 예절이 생기게 하기 위함이다.(仁者人也, 親親爲大, 義者宜也, 尊賢爲大. 親親之殺, 尊賢之等, 禮所生也)

따라서 군자는 수신하지 않을 수가 없는 것이고, 수신을 하려면 부모부터 잘 섬기지 않을 수가 없고, 부모를 잘 섬기려한다면, 인륜(人倫)을 알지 않을 수가 없고, 인륜을 알려면, 천륜(天倫)을 모르면 안 되는 것이다.(故君子, 不可以不脩身. 思脩身, 不可以不事

親. 思事親, 不可以不知人. 思知人, 不可以不知天)

⫸ 사람의 도리(人道): 사람과 사람의 관계에서 책임과 의무를 다하는 것이 인도이다. 세상에 통용되는 도리는 다섯이고, 이것을 행하는 자는 셋이다.(天下之達道五, 所以行之者三) 이른바, 임금과 신하, 부모와 자식, 남편과 아내, 형과 동생, 벗과 벗들 사이의 관계이다. 이 다섯 가지가 천하에 통용되는 도리이다. 지·인·용(知·仁·勇) 삼자는 세상에서 사람이 마땅히 지녀야 할 품성인 것이며, 이것을 행하는 도리는 모두가 같은 것이다.(曰 君臣也, 父子也, 夫婦也, 昆弟也, 朋友之交也, 五者天下之達道也. 知仁勇三者, 天下之達德也. 所以行之者一也)

⫸ 군자의 수신하는 방법과 조건: 지혜(智慧), 인애(仁愛), 용기(勇氣)에 대하여 공자께서 말씀하시길 '배움을 좋아하면 지혜(智慧)에 가까워질 수 있으며, 힘써서 행하면 인애(仁愛)함에 가까워질 수 있고, 부끄러움이 무엇인지 알면 참된 용기(勇氣)에 가까워질 수 있다.'라고 말씀 하셨다.(子曰 好學近乎知, 力行近乎仁, 知恥近乎勇) 이 세 가지를 아는 자는, 곧 수신(修身)하는 바를 알고, 이렇게 수신하는 방법을 알면, 곧 사람을 다스리는 방법을 알게 되는 것이고, 사람을 다스리는 방법을 알게 되면, 곧 세상에서 국가를 다스리는 방법을 알게 된다.(知斯三者, 則知所以脩身, 知所以脩神, 則知所以治人, 知所以治人, 則知所以治天下國家矣)

⫸ 정치지도자의 9가지 덕목과 원칙: 무릇 천하의 국가를 다스리

는 데에는 아홉 가지 원칙이 있다. 곧 자신을 수양하는 수신과, 현인을 존중하는 것과, 친족들이 화목한 것과, 대신들을 공경하는 것과, 군신을 내 몸처럼 돌보아주는 것과, 백성을 자식처럼 사랑하는 것과, 기공을 위로하는 것과, 멀리 있는 사람을 잘 대해주는 것과, 제후들을 달래주는 것이다.(曰 脩身也, 尊賢也, 親親也, 敬大臣也, 體群臣也, 子庶民也, 來百工也, 柔遠人也, 懷諸侯也)

수신을 함으로써 곧 도리를 세울 수 있고, 현인을 존경함으로써 곧 미혹함에 빠져들지 않는다. 친척을 사랑함으로써 곧 백부·숙부·형제들로부터 원망을 듣지 않는다. 대신을 공경함으로써 곧 침침하지 않고, 중신을 돌봄으로써 사(士)와 신하들이 열심히 보답하는 것이며, 백성들을 자식처럼 사랑함으로써 곧 백성은 더욱 부지런히 일하며, 기공을 위로함으로써 곧 재물이 풍족해진다. 멀리 있는 사람을 환대함으로써 곧 사방에 사람들이 다시 돌아올 것이며, 제후들을 달래줌으로써 곧 천하 제후들이 경외(敬畏)스런 마음을 갖게 된다.(脩身則道立, 尊賢則不惑, 親親則諸父昆弟不怨, 敬大臣則不眩. 體群臣則士之報禮重, 子庶民則百姓勸, 來百工則財用足, 柔遠人則四方歸之, 懷諸侯則天下畏之)

⋙ 정치지도자의 수신: 목욕재계 후 의관을 단정히 갖추며, 경거망동으로 예절에 어긋나지 않도록 수신한다. 험담을 듣지 않으며 여색을 멀리하고 재물을 탐욕하지 않고 덕을 귀하게 여기는 것이 현인을 닮는 방법이다. 작위를 높여 주고, 봉록을 후하게 주며, 고락을 함께하는 것이, 친인척을 사랑하는 방법이다. 관리를 많이 임용하는 것이 대신을 닮는 방법이다. 신의가 있고 충성하는 사람

에게 봉록을 많이 주는 것이 사(士)와 중신들을 격려하는 방법이다. 사역(使役)은 알맞은 때에 하고, 세금을 감해주는 것이 백성을 사랑하는 방법이다. 매일 살피고 매월 시험하여, 그 성과에 상응하는 보수를 주는 것이 기공들을 격려하는 방법이다. 오가는 사람을 기쁘게 하며, 잘 한 것은 격려해주고 능력이 부족하여 모르고한 짓을 용서하는 것이 먼 곳에 있는 사람을 다시 모이게 하는 방법이다. 대가 끊어졌으면 후사를 잇게 해주고, 피폐한 나라를 일으켜 세우고, 혼란을 막아 위기를 돕고, 때맞추어 조빙(朝聘)함에 갈 때는 후하게 하고 올 때는 가볍게 하는 것이 제후들을 격려하고 달래주는 방법이다.(齊明盛服, 非禮不動, 所以脩身也. 去讒遠色, 賤貨而貴德, 所以勸賢也. 尊其位. 重其祿, 同其好惡, 所以勸親親也. 官盛任使, 所以勸大臣也. 忠信重祿, 所以勸士也, 時使薄斂, 所以勸百姓也. 日省月試, 旣稟稱事, 所以百工也. 送往迎來, 嘉善而矜不能, 所以柔遠人也. 繼絶世, 擧廢國, 治亂持危, 朝聘以時, 厚往而薄來, 所以懷諸侯也)

▶ 국가를 통치하는 9가지 준칙: 국가를 통치하는 데는 9가지 준칙을 통해서 가능하고 그러기 위해서는 수신제가(修身齊家), 지효지성(至孝至誠)해야 한다. 무릇 천하의 국가를 다스리기 위해서는 아홉 가지 준칙이 있는데, 그것을 실행하는 방법은 모두가 같은 도리이다. 모든 일에 미리 준비되어 있어야 실패가 없다. 말도 사전에 준비되어 있어야 실언하지 않게 되고, 일도 사전에 계획되어 있으면 난관에 부딪치지 않게 되고, 행위를 함에 있어서도 미리 순서와 안배가 있으면 낭패가 없게 되며, 해야 하는 도리에도

사전준비가 있으면 곤궁에 빠지지 않는다. 아랫사람이 상부의 신임을 얻지 못하고서는, 백성을 원만하게 다스릴 수 없다. 윗사람의 신임을 얻는 방법에 있어서는, 먼저 친구의 신뢰를 받아야 윗사람의 신임도 받을 수가 있다. 친구의 신뢰를 얻는 방법에 있어서, 부모를 잘 섬기지 못하면, 친구로부터의 신뢰도 얻지 못한다. 부모에게 효순 하는 방법이 있는데, 자신을 돌아보아서 만일 지극정성이 아니면, 부모에게 효순(孝順)한다고 할 수가 없다.(凡爲天下國家有九經, 所以行之者一也. 凡事豫則立, 不豫則廢. 言前定則不跲, 事前定則不困, 行前定則不疚, 道前定則不窮. 在下位不獲乎上, 民不可得而治矣. 獲乎上有道, 不信乎朋友, 不獲乎上矣. 信乎朋友有道, 不順乎親, 不信乎朋友矣. 順乎親有道, 反諸身不誠, 不順乎親矣)

자신의 마음가짐에 지성을 간직하는 방법이 있는데, 지선(至善)하지 못하면, 자신 속에 지성(至誠)이 있다고 볼 수가 없다.(誠身有道, 不明乎善, 不誠乎身矣!) 성(誠)은 하늘의 도리(道理)인데, 성(誠)을 이루는 과정은 사람의 도리이다.(誠者天之道也, 誠之者人之道也) 성(誠)은 힘쓰지 않아도 마음속에 있고, 생각하지 않아도 얻어지며, 자연스럽게 중용의 삶을 사는 사람을 성인이라 한다. 성(誠)을 행하려는 사람은 성으로 가는 가장 좋은 길을 선택하여 그것을 굳게 밀고 나가는 것이다.(誠者不勉而中, 不思而得, 從容中道, 聖人也. 誠之者, 擇善而固執之者也)

이처럼 중용 제20장에서는 주로 정치(政治)의 근본적 도리에 대한 말씀들이다. 크게 나누어서 군자가 수신하는 방법과 조건, 정치지도자의 수신과 자질, 국가를 통치하는 준칙 등이다. 올바른 정치를 위해서는 반드시 인의예지, 인륜과 천륜, 지도자의 자질과 덕목, 인간의 도리와 품성 등이 중요하게 전제되고 있음을 알 수 있다. (여기에서는 독자들의 이해를 견고히 하기 위해 발췌된 중용 원문에 맞추어 의역이 아닌 직역에 가깝게 기술했음을 인지하기 바람.)

이처럼 현대문명사회에선 더욱 정치가 매우 중요한 요건이 된다. 모든 사회적 관계가 이런 정치적 작용을 거쳐서 우리의 삶(희로애락)에 신경세포처럼 감정(느낌)이 전달되기 때문이다.

중용의 덕목은 행함(실천)에 있다. 이 실천적 덕목에서 시중(時中)[4]은 바로 합리적 시간의 절대성을 갖는다. 즉 이것은 알맞은 때에 알맞게라는 뜻으로서 시간성의 '균형과 조화'이다. 이 시대를 사는 현대인들은 시대성의 급변과정에서 시간성의 '균형과 중심'을 자꾸 놓치고 있다. 이는 다원적 문화구조 속에서 개개인의 시간성에 파고가 매우 높아졌기 때문이다. 이러한 시간성에 유효적절하게 대응하기란 쉽지가 않다. 따라서 정치도 마찬가지다. 정치하는 사람들이 정치를 두고 생물(生物)이라 한다. 말 그대로 정치는 살아 있는 생물과 같다는 말이다. 또 정치가 죽어서는 안 된다는 의미이기도 하다. 정치가 죽으면 경제·사회·문화가 모두 죽을 수 있기 때문이다. 그러나 정치가 생물이라 해놓고 생물을 살리는 일엔 등한시하고 생물을 잡아 제배만 불린다. 살아 있는

---

4) 시중(時中)– 君子之中庸也, 君子而時中은 중용 제2장 원문의 말씀이다. 이는 '군자가 중용을 잘 지킬 수 있는 것은 군자는 알맞은 때를 가려 유효적절하게 일을 하기 때문이다.'라는 말씀의 뜻이다.

생명들에겐 태어나는 순간부터 생을 마감하는 순간까지 시간성에 의존되어 있다. 이처럼 시간성이 주는 의미는 매우 밀접한 절대성을 갖는다. 모든 행동에서 그 상황에 딱 들어맞는 적시적합(適時適合)이 이루어져야 하기 때문이다.

그러나 세상에서 국가를 다스리는 일이 가장 어려운 것이다(天下國家可均也)[5] 라고 했다. 중용 제20장은 정치에 있어서 마땅히 군자가 행함에 대한 실천적 내용을 모두 다루고 있다. 이런 내용들이 시중(時中)에 의해 이루어져야 하고 그렇게 되어 질 때 합리적 '균형과 조화'가 이루어지게 된다.

이제 한국정치의 근본을 세우자. 어떤 경우라도 정치는 국민을 행복하게 해야 한다. 어떤 경우라도 국민의 안녕과 행복을 책임져야하는 것이 정치인의 사명이고 군자의 도리이다. 정치가 군자다움의 본연지성으로 돌아가서 이 땅에 행복의 향기가 가득한 희망의 꽃이 피도록 정치가 새롭게 변화되었으면 좋겠다.

---

5) 중용 제9장 원문에 말씀이다. 天下國家可均也, 爵祿可辭也, 白刃可蹈也, 中庸不可能也. 이는 '국가를 다스리는 일이 가장 어렵다'는 말씀이다. '벼슬이나 녹봉도 물리칠 수가 있고, 시퍼런 칼날도 때에 따라서는 밟을 수가 있으나 중용의 옳은 것만큼은 절대 물리쳐서는 안 된다'는 말씀이다.

언론은 우리 사회의 스승이어야
The media in our society to be a mentor

권력 앞에 당당하고 역사에 충언하는 언론이길

현대사회에서 언론은 과연 무엇인가? 말이나 글로 자기의 사상이나 생각을 매체를 통해서 발표하는 일, 또는 그 말이나 글 외에 매체를 통해 어떤 사실을 알리거나 밝히는 것 등이 언론이 갖는 사전적 의미가 전부일가? 또한 언론이 갖는 사회적 의미와 기능이야말로 우리의 일상적 삶에서도 가장 중심이 되는 역할이다. 이를 일컫는 여러 가지 말이 있다. 언론은 우리사회의 '거울이니, 소금이니, 촛불이니' 하며 칭송하여 말하기도 하지만 또 '혹자들은 정권(정치)에 시녀'라고 깐죽대거나 혹평을 하기도 한다. 그것은 언론이 갖는 대 사회적 기능과 역할이 매우 중요하기 때문이다.

언론의 본질은 그 태생적 성질부터가 비판주의(Criticism attention)이다. 그리고 모든 사회의 반정의, 불공정 그리고 권력과 늘 대립각을 세우는 것이어야 한다. 언론의 중요한 기능 중에 하나가 견제와 감시기능이다. 절대 권력은 부패하기 쉽다. 그런 명제 하에 부패한 것은 도려내고 더 부패하지 않게 감시하고 도려낸 상처에 빨리 새살이 돋아나게 하는 항생제 역할까지를 기대해야 하기 때문이다. 본시 범죄와 부패를 도려내고 치유하는 것은 법이 해야 한다. 그런데 그 법의 주체들을 신뢰하기 어렵고 언론 또한 권력의 근저에 있기 때문이다. 하여 마지막 기댈 곳은 언론뿐이라는 생각이다. 그렇게 해서 사회의 왜곡된 부분을 바로잡아 세우고 더 이상 굴절된 현상들이 우리사회에 넝쿨처럼 뻗어나가지 않도록 하는 일이다. 그것이 언론의 참모습이고 역사 앞에 당당한 시대정신일 것이다. 그래서 때로는 목숨 건 투쟁도 불사해야 하는 것이 언론이 갖는 특별한 사회적 고유의 정신이요, 사명이다.

언론은 정론이나 정도를 목숨보다 소중히 여겨야하고 어느 한쪽으로 치우침이 없어야 한다. 가장 객관적이고 투명한 눈으로 세상을 투영하는 우리사회의 빛이어야 한다. 마치 반쪽이 하나인양 호도하거나 잘못된 여론을 정략적으로 이끌어 가서는 진정한 언론의 정도가 아니다. 이것은 대중을 위한 대인의 처사가 아니라 소인을 위한 소인의 처사이다. 따라서 언론은 모든 권력으로부터 자유로워야 한다. 언론에 자유를 주는 것은 그 어떠한 권력에도 당당히 독립하고 특정 집단에 예속되지 않고 자유로워야한다는 목적이다. 고대 그리스의 철학자 디오게네스는 "이 세상에서 가장 아름다운 것은 무엇인가. 언론의 자유."라 했고, O.W.홈스는 "언론의 자유라 해도 만원인 극장에서 '불이야' 라고 거짓으로 고함치는 권리를 인간에게 주고 있는 것은 아니다."라고 했다. 이처럼 언론은 아름다움의 진정성을 보여야 하고 참의 영역을 벗어나서도 안 된다. 사회로부터 자유로워야하고 부와 탐욕으로부터 초연해야한다. 다만 펜 끝으로만 그 사명을 다하여야한다.

그것은 곧 언론이 권력이기 때문이다. 하나의 커다란 권력이 또다른 권력과 결탁하여 합치면 권력의 속성상 자발적 제어가 불가능하다. 그렇게 되면 과중한 권력이 어디에 어떻게 부정적으로 작용할지 아무도 예측할 수가 없다. 그렇게 되면 그 어떤 사회적 기능도 그에 대항할 수가 없기 때문이다. 그것은 견고해야할 우리사회의 '중심과 균형'의 틀이 깨지는 결과를 초래하기 때문이다.

세상 사람들이 이와 같은 것을 모를 리야 없다. 이렇게 당연함에도 불구하고 새삼 거론하는 것은 언론이 이런 언론의 목적과 원칙에 과연 얼마나 충실하고 있는가 하는 의구심 때문이다. 신문이나 방송에서 누가 뭐를 이랬다더라, 저랬다더라 하면 그것을 보고 듣는 국민의 대부분은 마치 사실인양 믿고 생각할 수밖에 없다. 이렇듯 언론은 우리사회의 공공성이 매우 강하고 그 미치는 영향이 지대한 점을 감안하면 그 역할에 당위성과 그 중요성에 대해선 아무리 강조해도 이론이 있을 수 없다.

중용 제1장 원문 첫머리에 말씀이다. '천명지위성, 솔성지위도, 수도지위교(天命之謂性, 率性之謂道, 修道之謂教)' [1] 라 했다. 이는 '하늘로부터 받은 생명이 성(性)이고, 그 성(性)에 따라 살아가는

---

1) '天命之謂性, 率性之謂道, 修道之謂教' 이는 '하늘로부터 받은 생명이 성(性)이고, 그 성(性)에 따라 살아가는 것이 사람의 길(道)이고, 그 길(道)에 부합하도록 가르치는 것을 교(教)라 한다.' 라는 말씀으로 중용 제1장 원문 첫머리에 말씀이다.

것이 사람의 길(道)이고, 그 길(道)에 부합하도록 가르치는 것을
교(敎)라 한다.'라는 말씀이다. 이는 우리사회를 지탱하고 지속적
으로 유지케 하는 근본적 사회기능이 교육이기 때문이다. 교육이
란 학생들에게만 이루어지는 것이 아니다. 여러 사회적 기능과 역
할이 우리 인류의 문명창달과 삶의 궁극적 목표와 가치에 부합하
도록 육성하고 조절해내는 것이 교육적가치의 본질이다. 그렇다고
볼 때 언론이 갖는 고유의 기능과 역할은 우리사회의 기틀을 바르
고 튼실하게 지탱할 수 있는 마지막 보루인 셈이다.

　때문에 '언론은 우리사회의 거울이고 본이며 스승이어야' 한다.
있으면 있는 대로, 없으면 없는 대로 사실을 사실답게 굴절 없이
비추어야 한다. 그래서 우리사회의 눈ㆍ귀이고, 가슴이고, 발이고,
책임 있는 입일 때만 우리는 바로 된 현실을 비로소 정확히 볼 수
있기 때문이다. 그래서 우리사회가 이 현실을 바로 보고 세상의
소리를 바로 듣게 해야 한다. 그리고 상하좌우를 배려하고 잘 살
펴서 어느 한쪽 가슴에서 피멍들지 않게 해야 한다. 그래서 우리
사회의 오장육부가 제대로 작동할 수 있어야 한다. 또한 코미디
같은 말장난으로 말만 나불나불 하는 말이어서도 안 되고 펜이 잘
써진다고 마구마구 휘갈겨서 알아볼 수 없게 해서는 안 된다. 우
리사회의 구성원 모두가 보고 들어서 코미디가 아니라 어느 것이
참이고, 어느 것이 진실인가 판단할 수 있는 말과 글로써 책임 있
는 행동으로 실천에 옮길 때 비로소 언론다운 언론, 정론다운 정
론으로 우리사회의 건강한 언론으로서 존재하며 진정한 언론의
주역이 될 수 있는 것이리라.

　때문에 언론은 우리사회의 학교처럼 교육과 모범의 장이어

야 한다. 따라서 언론에 논설위원(editorialist)이나 칼럼니스트(columnist)들은 우리사회의 교장선생님과 같은 것이다. 우리사회의 학생들이 선생님의 말씀을 귀담아 듣고 현실을 바로 보고 세상의 혼돈을 초래하지 않도록 적극 도와야 할 책임이 있는 것이리라. 따라서 글에 요지가 분명해야 하고 그 글을 대하는 국민의 감정과 정서에 부합되어서 국민의 정신적 스트레스가 발생하지 않고 불가피한 경우라도 그것에 대한 부작용을 최소화되도록 노력해야 한다.

중용 제1장 원문 일부의 말씀이다. '시고, 군자계신호기소불도, 공구호기소불문(是故, 君子戒愼乎其所不睹, 恐懼乎其所不聞)[2] 이라' 했다. 이 말씀은 '사람에겐 삶에 길이 있는데 잠시라도 그 길에서 떨어질 수가 없고 그 길에서 벗어난 삶은 길이 아니다.' 라는 말씀이다. 사람에겐 사람 된 도리(道理)를 말하며, 기업에겐 기업이 지켜야할 기업의 윤리를 말함이다. 그리고 언론처럼 우리사회의 공공성이 절대적인 사회의 기능적 작용에 대해서는 신중한 정도(正道)와 원칙에 충실하지 않으면 안 된다는 경종이다. 따라서 '군자는 삶에 대하여 더욱 경계하고 신중하여 들리지 않는 것에 대해서도 두려워한다.' 는 말씀이다. 언론은 학문과 지식의 수준이 높고 깊은 엘리트사회집단으로서 더욱 우리사회의 큰 책임과 사명이 요구되고 있음은 당연하다. 그리고 공공성이 강조되는 우리

---

2) '道也者, 不可須臾離也,可離非道也. 是故, 君子戒愼乎其所不睹, 恐懼乎其所不聞' 이는 '삶에는 길이 있는데 잠시라도 그 길에서 떨어질 수가 없고 그 길에서 벗어난 삶은 길이 아니다. 때문에 군자는 삶에 대하여 더욱 경계하고 신중하여 들리지 않는 것에 대해서도 두려워해야한다.' 라는 말씀으로 중용 제1장 원문의 말씀이다.

사회의 대변자격인 조직체이다. 이런 집단의 간판격인 논설위원이나 칼럼니스트들은 그래서 불의나 부정으로부터 더욱 경계하고 신중하여야하며 아주 작은 목소리에도 귀 기울이고, 아주 보잘 것 없이 하찮은 것에도 두려움을 갖는 것이 군자다움의 도리로서 이에 맞게 행하여야한다고 하는 말씀이다.

대화보단 손이 먼저 가는 학생에게 학교나 선생님이 "네 놈은 깡패냐"라고 지칭하면 되겠는가? 좀 말썽을 피운다고 낙인찍어 불량학생, 나쁜 학생이라고 공공연하게 핀잔을 주거나 책망을 하면 결국 그 학생은 사실과 다르게 나쁜 학생의 명찰을 가슴에 부치게 된다. 결국 그런 학생이 되고 마는 것은 자명한 일이다. 학교에선 우(優)든, 열(劣)이든 모두가 학생이고 선생님의 제자이다. 모든 학생은 선생님의 가르침과 교육 속에서 학생의 권리와 신분을 충실하게 보장받을 수 있어야 하고 나아가 우리사회의 튼실한 구성원으로 성장하고 가꾸어지는 것이다. 그것이 학교가 할 일이고, 선생님의 소임이며 이 시대의 존경스런 선생님이 수도지위교(修道之謂敎)의 정신과 도리에 부합하도록 이끌어가야 할 교육적 가치가 부여된 길이다. 그렇듯 '언론은 우리사회의 중심에 선 스승'이어야 한다.

언론의 역할과 그 책임은 한 나라의 흥망성쇠를 좌우할 수 있는 중차대한 일임을 깊이 인식해야 한다. 어떻게 미래 사회의 밝은 거울이 될 것인지 고민하고 때가 끼지 않도록 닦아야 한다. 이러한 언론의 근본적 철학과 역할은 그 본분의 있어서 선택의 여지가 더 이상 없는 것이리라.

그럼에도 불구하고 과거 우리에 언론은 어떠했는가? 좌우의 합리적 균형과 조화를 이루고 그 중심을 잘 잡고 있는가? 약자를 이해하고 배려하는 사려 깊은 선생님의 모습이었는가?

우리 언론에 모습에선 참다운 스승의 면모는 더 이상 보이질 않는다. 걸핏하면 국가와 민족의 미래를 위한 정론을 운운하고 있지만 부와 권력의 시녀가 되어 알아볼 수 가 없는 필체로 폼만 잡고 일필휘지하고 있지는 않았는가? 그리고 정부조직 요소요소에서 악화를 구축하고 있는 '관피아', '정피아'들과 내통하지는 않았는가? 말도 안 되는 글발로 갖은 폼을 잡지만 정작 해야 할 말엔 침묵하고 하지 말아야 할 말엔 시시콜콜 딴죽을 걸고, 감나라 배나라 여론몰이 하며 횡설수설하지는 않았는가? 그런 식으로 우리사회의 학생들을 더욱 혼란스럽게만 했으니 과거 그것이 미치는 우리 사회의 악영향은 실로 막대했다. 그러니 우리사회를 책임지고 건강한 사회로 이끌어야 할 언론선생님의 책임 또한 없다할 수 없다.

그런 점에서 한국사회의 언론은 사명과 책임에 대하여 그 망각의 책임을 통감해야 하리라. 언론은 우리사회 다수의 선량한 학생들을 불량학생 쯤으로 보아서도 안 되고 사리분별 못하는 유치원생 정도로 치부해서도 안 되고 언론에 어둡다고 해서 얕잡아 봐서도 안 된다.

과거 정치권과 사회의 일각에서 세종시 문제와 관련하여 매우 첨예한 논란이 가속화 되고 있을 때였다. 2009년 11월 11일자 모 일간지 석간에 MB 앞에 놓인 '세종시 숙명'이란 제목에 논설을 본 대다수의 국민들은 어쩜 숨이 멎고 기가 막힐 지경이었을지도 모른다. 논설 첫 머리에 "이건 공멸의 길! 세종시 문제가 이대로 꼬여 가면 충남 공주·연기는 유령도시가 아니라 동물들만 뛰노는 '유령들판'이 되고 만다."라고 제목을 달고 우리의 언론은 말도 안 되는 공포의 호들갑을 떨었다. 과연 그럴까? 그럼 그로부터 현재 5년여의 긴 시간이 흘렀다. 그 때의 논설이 우려했던 것처럼 세종시는 유령의 들판이 되고 공멸의 유령도시가 되지 않았다. 실로 그렇게 되었다고 가정하면 정말 큰일이 아닐 수 없다.

하지만 그것은 지나친 기우를 넘어선 망론에 불과했다. 또 그렇다면 왜? 세종시법을 여야가 국회에서 통과를 시켰을까? 그때 그 주역들은 대한민국 어디에서 과연 무엇을 하고 있었을까? 왜, 그때 언론은 우국충정의 간언을 나라와 국민에게 못했을까? 그땐 그때의 사정이고 지금은 지금의 사정 때문이란 말인가? 그때의 많은 전문가, 식자, 언론들은 국민을 상대로 한 우리사회의 공교육 정상화를 위해서 무엇을 했나. 어떤 우국충정의 정신과 사명으로 우리 국가와 민족의 미래를 위해 기필코 책임진다는 자세를 왜 보이지 않았었나? 따져 묻지 않을 수 없다.

또 그 논설의 다음 논조를 보자. "대통령 이명박을 향해 묻는다. 세종시, 누가 세우려 했나? 노무현 아닌가. 왜 만들려 했나? 행정수도 이전이라는 국가 백년지계 대사를 2002년 대선 때 재미 보려는 제물로 삼은 대국민 기만극, 집권해서는 기득권 세력에 대한 분노에 휩싸여 대한민국을 갈아엎을 요량으로 천도(遷都)를 궁리한 끝에 내놓은 기형도시. 명백하다! -중략- 대통령 이명박과 한나라당은 노무현이 파놓은 '세종시 함정'에서 헤어날 수 없다. -중략- 노무현의 대국민 사기극을 백지화하고 그가 판 함정을 무너뜨려야 한다. 대한민국을 뒤엎으려 했던 노무현보다 몇 십 배,

몇 백배 강한 열정과 기백으로!" 라고 끝을 맺고 있는데 이미 고인이 되어 이 땅에 안 계신 국가지도자 전직대통령을 대상으로 한 표현인 점을 감안한다면 이것은 대통령이 아니라 흔히 말하는 빨갱이나 공공사회질서를 무너뜨리는 폭도 정도로 인식하고 지목하여 한 말과 같다. 아니면 개인적 감정이 많았거나 직위를 이용해 속된 말로 옴팍 피박을 씌워 그간 잘못한 세종시법에 대하여 지지와 극찬을 했던 본인들의 면죄부를 받으려는 술책과 의도가 아니고서야 어찌 그런 막말에 조폭과 같은 치졸한 수준이란 말인가. 이는 막말 정도가 아니라 칼 대신 펜을 든 언론막가파나 다름없는 저질스러운 시대착오적 언론의 작태였다.

어찌 정직하고 아름다워야 할 펜의 정신과 사명을 천연덕스레 흉내 내고 있었단 말인가. 이것이 어찌 우리사회의 참 언론인 스승의 모습이라고 할 수 있단 말인가. 정직하고 아름다운 펜의 정신과 사명은 보이질 않고 온갖 증오와 적개심으로 가득 찬 어이없는 표현들이 정론이라고 자처했던 한국의 언론들은 실로 부끄럽지 않단 말인가. 왜 그런 부끄러움을 자초하는 것인지 그 의도를 도무지 알 수가 없었다.

언론은 우리사회의 선생님 격이고 논설위원하면 독자들로부터 최고의 존경을 받는 위치이다. 그럼에도 불구하고 비상식적이고, 객관적이지 못한 편견으로 어찌 우리사회의 존경 받는 논설위원의 명패를 달고 이 땅에서 폼 잡고 거리를 활보할 수 있었는지 개탄할 일이다. 그것은 우리사회를 이끄는 지도층의 말이라고 믿기에는 참으로 어이가 없는 표현이다. 마치 작심하고 달려드는 패거리싸움꾼의 모습 그대로다. 참으로 우리 언론의 수준과 품격이 이 정도인 것인지 실로 개탄스럽고 답답하기가 그지없는 패도적 행태다.

치받치는 감정을 억누르고 다시 생각해보건대 아마도 그 노설의 요지는 이런 것 같다. 당면한 세종시의 해법을 놓고 찬반이 첨예하게 대립 되고 있는 가운데 이것을 지혜롭게 잘 풀어내야 국가의 미래가 잘 보장될 수 있다는 그런 요지인 것 같다. 그리고 그 방법에 있어서 문제가 되고 있는 현안과 핵심을 지적하고 MB에게 도움이 될 수 있는 내용으로 애정 어린 훈수를 하는 듯하다.

그렇다면 전직 대통령을 걸지 않고도 얼마든지 충언을 할 수 있지 않았을까? 더군다나 유명을 달리한 전직대통령에게 소름끼치는 괴변으로 욕보이지 않아도 되지 않았을까? 마치 그 글을 읽고 난후 국민들은 한 나라의 대통령이었던 노무현이 국가와 민족을 위해 일한 그간에 공은 하나도 없고 나라를 망국으로 몰아가는 데만 몰두한 것 같은 착각에 빠지게 했다. 이것이야말로 이 시대의 지자라고 하는 사회의 지도층인 언론이 정론이란 미명하에 선량한 국민을 상대로 자행한 대국민 선동적 사기극의 논설일 뿐이라고 생각된다.

그렇게라도 하지 않으면 권력에 앞장서서 충성할 방법이 없어서였단 말인가? 그런 논설의 논조가 아니면 국민이 논설위원의 훌륭한 말을 알아듣지 못하는 염려 때문에 라고 해야 옳을까? 참으로 이해하기 어려운 논조였다. 다들 다리 쭉 뻗고 잠 잘잘 때 국가운영을 책임지고 있는 최고지도자의 자리에서 제나라, 제 국민을 상대로 사기나 치며 논밭 갈아엎듯 나라 갈아엎을 궁리만 하고 있었을 국가지도자를 우리의 손으로 뽑았단 말인가. 이 지구상에 과연 그런 대통령이 있었을까? 이것은 믿고 있던 언론이 국민을 상대로 진실을 은폐하고 호도하려는 억지나 마찬가지다. 아마 모르면 몰라도 미루어 짐작컨대 그 누구보다도 노심초사 잠 못 이루고 백야 같은 길고 긴 밤을 애끓 이는 심정으로 보내지 않았을까 생각된다.

역대 모든 국가지도자들처럼 국가와 민족의 백년지계를 고민하고 염려하신 분도 바로 그 분이 아니었을까. 그러기에 남들이 용기내지 못한 것을 애국애민의 진심으로 균형과 조화를 이루려는 용단에서 노무현 바보대통령은 함께 행복할 수 있는 꿈을 꾼 것이 아니었을까? 라고 역사는 기록한다.

이 시대를 이끄는 사회지도층의 자존심답게 언론은 그런 줏대 있는 자존심으로 우리사회의 진정한 스승이 되어주고 좀 더 그런 너그러움을 가질 순 없었을까? 그렇게 생각하지 못하는 이유는 과연 뭘까? 우리들은 한 언론에 선생님이 우리사회의 학생과 국민의 학생들을 향해 시대적 사명감과 정신을 망각하고 마구마구 독설을 퍼붓고 있음이 실로 매우 안타까웠다. 이미 우리사회의 스승이고 존경받는 선생님의 품격과 정신은 오간데 없고 우등생과 열등생으로 편 갈라 나눈 교실에서 우등생의 편만 들어 열등생을 나무라는 격이다.

마치 나는 MB의 정권에 사람이고, MB의 팬이며 MB가 아니면 절대 안 된다는 식으로 우리사회의 학생들에게 강요하고 다그친 형국처럼 들리는 것이 오히려 매우 안쓰럽다. 그래가지고는 정상적인 교육과 가르침의 분위기가 조성될 리가 없다. 오히려 우등생과 열등생간의 갈등과 반목만 증폭시키는 결과이다. 우리사회의 선생님이 아닌 이해집단에서 힘줄깨나 쓰는 대표가 나선 연설자의 모습과 흡사할 뿐이다.

이처럼 언론은 사실이 아닌 것을 사실처럼, 사실인 것을 마치 사실이 아닌 것처럼 호도해서는 안 된다. 그 내용의 핵심과 본질을 제대로 이해하고 살려서 전달해야 한다. 문제의 핵심을 흐리고 헷갈리게 해서는 안 된다. 언론마다 그 성향과 추구하는 방향성에 따라 조금은 다를 것이고 언론의 속성상 완벽할 순 없겠지만 그것을 최소화해야 한다. 그러나 그것이 어떤 상황과 정치적 배경에 의해 의도적으로 호도되고 왜곡되어질 때 정론에 의한 정의사회 구현은 실로 요원할 뿐만 아니라 대한민국 역사에 진실을 왜곡 사장시키는 대죄가 될 것이다.

과연 이 나라의 진정한 언론의 정신은 존재하는 것인가. 이 나라의 참 언론에 배는 어디를 향해 가고 있는 것인가. 언제 돈과 권력의 영향력과 강압에서 초연해질 수 있을까? 언론이 언제 진정한 우리사회의 존경받는 스승의 모습으로 역사 앞에 자신의 참모습을 보여 나갈지 자꾸 의구심이 드는 것은 나만의 생각일까. 정말 나만의 생각이었으면 좋겠다.

권력의 균형과 조화
The balance and harmony of the power

2011년 6.2지방선거 패배이후 MB정부가 약50여일 고심 끝에 내놓은 정부정책의 기조와 청와대 쇄신방안이 각 매스컴에 보도되고 발표됐다. 어느 정부든 국민으로부터 확고히 신뢰받고 있다고 자신하는 바이지만 6.2지방선거에서 정부는 확실히 국민의 뜻이 무엇인지 헤아리지 못했다는 사실이 선거를 통해서 명확히 입증됐다. 때문에 여당과 MB정부는 적지 않은 충격을 받았었다. 마치 아버지가 자식들에게 나를 믿을 거라고 확신을 하고 물었는데 믿지 못하겠다는 답변을 자식들에게 들었다면 아버지의 그 참담한 심정이야 오죽했겠는가. 아마 대통령의 심정이 그러했으리라. 그래서 결자해지 차원에서 단죄의 칼을 빼어들었다.

우선 청와대 운영방식이 확 달라질 것으로 전망했었다. 새로 임명된 대통령실장이 제시한 청와대 참모진 제3기 체제 운영방식의 변화 때문이다. 그리고 집권후반 4대 키워드로 요약된 방안을 보면 첫째, 분권과 속도다. 둘째, 선택과 집중이다. 셋째, 형식의 대파괴이다. 넷째, 쌍방향 소통으로 그 기능이나 형식은 대폭 강화될 것이라는 것이 충분히 예견되는 분석이었다. 이렇게 참모진의 개편과 쇄신을 통해서 집권 후반기의 국정운영을 뒷받침하고 변화를 꾀하려는 발상과 방법론이었다.

MB는 '서민을 위한', '소통의 의한', '미래의 비전'을 향후 집권 후반기 국정운용의 핵심기조로 삼고 있었다. 이것은 청와대 내부에서부터 실질적 분권을 꾀하려는 새로운 실험 중 하나로 평가되는 부분이다. 향후 총리의 권한 강화를 뼈대로 한 '책임총리제' 구상과도 맞닿아 있었다. 2011년 6.2 지방선거패배 이후 이러한 청와대의 쇄신방안은 그 동안 집권전반 중심을 잃은 국정운영을 바로 잡아 세우고 심하게 흐트러진 국정시스템의 균형을 잡아보겠다는 임기 내 마지막 희망을 건 의지의 조치이기도하다.

이것은 어떤 사안에 대하여 지지부진한 의사결정과 관료주의적 사고방식으로 인해 정책이나 시스템이 제때 제대로 작동되고 시행되지 못하면 어려운 서민층이 실질적 피해를 보게 되는데 이런 폐단을 줄여보자는 차원이 아니었을까? 합리적 분권과 안전한 속도 속에서 신속한 의사결정을 도모하고 이에 대한 책임을 크게 강화해 보겠다는 필수불가결한 조치이다.

다음은 선택과 집중이었다. 청와대가 명실상부하게 국정의 사령탑 역할을 하겠다는 확고한 의지였다. 같은 국정의 주제를 놓고 정부부처와 청와대 수석실 간에도 중복해서 일을 추진하는 방식을 지양하고 청와대는 부처 간 조정역할에 더욱 집중하겠다는 의미이기도 했다. 청와대 수석들은 대통령의 결단이 필요한 국정현

안에 대하여 시간을 끌지 않고 신속한 선제적 대응이 필요한 과제들에 그 역량을 집중할 방침이라고 했다.

이러한 국정운영의 기조를 궤도 수정하게 된 배경은 집권 전반기에 청와대가 부처 간 갈등 현안에 대하여 조정에 역할을 등한시했다는 평가 때문이다. 그로인해 국정에 오류와 시행착오적 비판들에 대한 일련의 궤도 수정을 통해서 '균형과 조화'를 이루기 위한 조치들이다. 이젠 새 국책사업을 벌이는 대신에 정부가 이것 하나만큼은 제대로 개혁했다는 평가를 받는 과제에 대해 집중적으로 주력을 하겠다는 뜻이기도 했다.

일반 국정현안은 정부 부처에 맡기고 형식의 파괴는 대통령이 주도적으로 분위기를 이끌겠다는 계획이다. 그리고 청와대 내 위아래 칸 벽을 허물어서 언제, 어디서든 빠른 소통이 이루어지도록 하고 참모들이 자유롭게 드나들며 국정현안에 대하여 치열하게 토론하는 방식으로 갈 것을 크게 기대했었다. 그렇게 해서 쌍방향 소통이 원활하게 이루어지도록 강화하고 회의 방식도 과거 권위주의적 형식이 파괴된 브레인스토밍 방식으로 진행될 전망이라고 했다.

아무튼 국정운영에 난맥상과 진일보한 정책의 궤도 수정임을 감안한다면 늦은 감은 있으나 새롭게 '중심과 균형'을 잡을 수 있다는 희망과 기대에서 참 다행이라 해야겠다. 하지만 이미 반년이 지났음에도 이에 대한 조치들에 가시적 효과는 크게 들어나지 않고 있고 앞으로도 남은 정권말기에 얼마나 그에 대한 실효를 걷을 수 있을지는 두고 볼 일이었다.

이미 BM정부의 레임덕은 여러 곳곳에서 진행되고 있는 상태였다. 그런 것들은 차치하고라도 MB정부 초기 국정운영의 방향설정이 오류를 범했고 상당기간 많은 시행착오를 범했기 때문이다. 이러한 것들이 이미 큰 성과를 거둘 수 없었던 가장 큰 원인에 대해서는 적시적합(適時適合)¹⁾의 때를 놓쳤었기 때문이다.

따지고 보면 그동안 얼마나 권위적이고 형식의 얽매었었는지. 얼마나 소통이 불가능 했었는지. 청와대가 국민과의 소통에서 얼마나 귀를 꽉 막고 있었는지. 얼마나 '권력의 균형과 조화'를 이루지 못했는지. 미루어 짐작이 가는 부분이다. 종당은 국민에게 호된 회초리를 맞고서야 뒤늦게 국민이 무섭다는 것을 알았기 때문이다. 그것은 진정한 군자지도가 아니다. 국정 전반기부터 진즉 그랬어야 한다. 덕이 들어가 있지 않은 군자지도는 진정으로 국민을 행복하게 할 수 없다.

중용 제2장 원문에 말씀이다. '군자지중용야, 군자이시중, 소인지(반)중용야, 소인이무기탄야(君子之中庸也, 君子而時中, 小人之(反)中庸也, 小人而無忌憚也).'이라 했다. 이는 '군자가 중용을 지킴은 군자는 알맞은 때를 가려 일을 하고 견지하기 때문이다. 소인이 중용을 지키지 못함은 소인은 일을 함에 거리낌 없이 자기 생각대로 하기 때문이다.'이다.

이처럼 군자는 어떤 일을 함에 있어 알맞은 때에 알맞게 일을 처리한다는 것이다. 그래서 중용의 도리를 다할 수 있었다는 의미

---

1) 적시적합(適時適合)- 중용 제2장 원문에 말씀이다. 仲尼曰, 君子中庸, 小人反中庸. 君子之中庸也, 君子而時中, 小人之(反)中庸也, 小人而無忌憚也. 공자께서 말씀하시길, 군자는 중용을 지기고, 소인은 중용을 못 지킨다. 군자가 중용을 지킴은 군자는 알맞은 때를 가려 일을 하고 견지하기 때문이다. 소인이 중용을 지키지 못함은 소인은 일을 함에 거리낌 없이 자기 생각대로 하기 때문이다.

이다. 이렇게 군자는 군자다움을 마땅히 지키고 잃지 않아야함이 전제된 것이다. 만일 중용의 도리를 못했다면 그것은 군자가 아니기 때문이다. 오늘날 이 시대의 군자들은 그 군자다움을 과연 얼마나 간직할 수 있었을까? 그 의심의 여지를 갖지 않을 수 없다.

21세기 국가의 미래비전을 이루려면 반드시 전제되어야 할 몇 가지가 조건이 있다. 우선 '대기업과 중소기업의 합리적 균형과 조화요, 서민층과 중상층의 균형과 조화요, 진보와 보수의 균형과 조화'가 전제되어야 한다. 이것은 어느 시대 누구이건 포기할 수 없는 군자의 정치적 철학에 가치이다.

이 나라의 대통령은 진보나, 상류층이나, 대기업만을 위한 대통령이 아니다. 우리 모두의 대통령이요 이 나라의 군자다움의 어른이어야 하기 때문이다. 어느 한 쪽만 행복을 느끼는 사회, 국가라면 그 어떤 정책과 발전으로 치적을 이룬다 해도 그것은 절반의 성공일 따름이다. 행복을 느끼는 사람이 많아지는 사회가 되도록 해야 함은 이 시대의 군자와 위정자들이 마땅히 지향해야 할 궁극의 목표이고 사명이 아닌가.

현대정치의 덕목
The virtues of modern politics

민심과 천심을 헤아리는 정치의 덕목

2014년 6월 4일 지방선거가 있었다. 현행 우리나라의 선거제도는 크게 대선과 총선 그리고 지방선거가 따로 치러지고 있다. 대선은 대통령을 직선제로 뽑고, 총선에서는 국민을 대표해서 일할 국회의원을 선출해서 의회정치를 구현한다. 다음 지방선거에서는 기초지방자치단체장들을 뽑는 선거제도이다. 이런 선거제도들은 모두 정치인들의 정치행위의 심판을 내리기 위한 목적이고 이 선거결과를 통해서 나라와 국민을 대표하는 일꾼들이 등장하게 된다. 그리고 나라의 정치발전과 국가의 부국융성, 문명창달을 통해 인류의 역사를 만들어간다.

그러나 정치가 제대로 서지 않고는 정치발전을 이룰 수가 없다. 자칫 부국융성은커녕 망국의 나락으로 추락하여 국민의 행복은 물론 국가와 국민을 도탄에 빠트리고 국민의 삶을 불행하게 할 수 있는 것이 정치이기도 하다. 때문에 정치는 국가의 흥망성쇠를 쥐고 있는 가장 중요한 열쇠이다. 하여 옛 성인군자들은 하나 같이 정치의 근본을 세우는 것이 나라를 일으켜 세우는 최고의 덕목으로 여겼다. 그리고 먼저 수신제가하고 다음에 치국할 수 있는 정치의 도(道)를 논의했다.

이번 6·4 지방선거에서도 과거와 같이 많은 아쉬움이 남는다. 지방선거의 목적은 지방정부의 주민자치를 위한 선거제도이다. 그러나 지나친 중앙정부의 개입과 정치권의 과도한 권력투쟁이 내실 있는 지방선거와 공직선거법 목적에서 정의하고 있는 취지를 훼손한 점은 없는지 따져볼 일이다.

공직선거법 제1조(목적)에 보면 '이 법은「대한민국헌법」과「지방자치법」에 의한 선거가 국민의 자유로운 의사와 민주적인 절차에 의하여 공정히 행하여지도록 하고, 선거와 관련한 부정을 방지함으로써 민주정치의 발전에 기여함을 목적으로 한다.'고 되어 있다.

그러나 지방자치와 주민자치를 위한 선거에서 지나친 중앙정부의 개입과 여야의 난장판 힘겨루기 권력투쟁은 이미 그 숭고한 목적에 흠결을 남긴 선거가 되고 말았다는 생각이다. 그것은 어느 지역에서 어떤 정당에 일꾼이 당선되고 어떻게 일을 하던 그 지역 주민들과 자치를 위해 헌신하고 지역발전에 기여하면 될 일이다. 지역사회가 발전하고 지역경제가 부흥하면 당연 국가의 미래도 밝게 빛날 수 있기 때문이다.

그러나 중앙정부와 중앙당의 당리당략과 이해관계에 따라 중앙정부가 지나치게 간섭하고 개입해서 지방자치의 자율성과 효율성을 크게 훼손하고 온갖 불합리한 장애와 영향을 끼친 것은 그 목적과 정의에도 맞지 않고 옳지 않은 중앙정부의 월권적 일탈의 행위라고 볼 수 있기 때문이다.

그것은 중앙정부가 또 다른 지역주의를 조장하고 지역주의와 편 가르기가 재현한 결과이다. 이런 정치풍토에선 영·호남에 지역주의 타파는 요원한 것이 되고 말 것이다. 그런 상태에서 어디에서 누가 어떻게 당선이 되고 여당에 승리였네, 야당에 승리였네 운운 하는 것은 아전인수 격이요 별로 아무런 의미가 없는 정치적 수사 이고 아무 생각이 없는 정치평론에 불과한 내용이다.

어찌 되었든 현대사회에서 정치·경제·사회·문화는 현대인의 삶과 일상에서 떼어낼 수 없는 필수적 요건이다. 이 4가지 필수 요건에서도 정치가 갖는 의미는 매우 중요하다. 그것은 경제·사회·문화가 정치의 바탕과 토양 위에서 국민 개개인에게 희망의 싹이 트고 삶과 누림의 성장을 그리고 행복을 실현해갈 수 있기 때문이다. 이처럼 정치가 우리의 삶에 미치는 영향이 모든 분야에 절대적 영향을 끼치기 때문에 정치가 제일 먼저 언급되는 것은 매우 당연하다. 정치의 근본적 목적은 국민의 꿈과 행복을 싣고 미래세계의 바다로 안전한 항해를 위한 것이다.

이번 6·4 지방선거에서도 그러한 국민의 열망과 희망 속에 치러졌다. 그러나 여전히 국민의 눈높이를 맞추지 못한 정치의 실망과 행태에 국민은 또 다시 준엄한 민심과 천심이 담긴 경고장을 보냈다. 예부터 민심은 천심이고 천심은 곧 민심이라 했다. 그런 민심과 천심의 의미를 정치를 하겠다고 하는 그들은 과연 얼마나 깊게 이해하고 국민의 속내를 헤아리고 있을까?

이번 선거 결과 17개 시도지사 중 여당인 새누리당이 8곳에서 승리를 했고 야당인 새정치연합이 나머지 9곳에 승리를 이끌었다. 선거결과의 8대9 단순 비교로만 보면 새정치연합인 야당의 승리로 볼 수 있다. 이번 정치심판시험에서 여당인 새누리당은 100점 만점에 47점이고 야당인 새정치연합은 100점 만점에 53점을 받은 결과이다. 그러나 여러 가지 해석과 정치적 분석을 보면 유권자인 국민은 어느 쪽에도 완전한 승리를 주지 않았다.

그것은 어떤 의미를 내포하고 있는 것일까? 정부와 여당은 세월호 참사의 초대형범국가적사건을 맞아 그와 관련한 정부의 대처능력에 무능, 무책임 그리고 우리사회 곳곳에서 만연하고 있는 부정부패와 결탁한 민관유착의 온갖 실체들(모피아, 관(官)피아, 정(政)피아 등)이 하나하나 세상 밖으로 들어나면서 적지 않은 국민적 실망과 분노를 안겼다. 하여 참패가 예상됐던 것에 비하면 1곳 적은 선거결과의 차이는 매우 잘한 선전한 결과라고 자평하고 있는 태도이다.

그러나 중앙정부와 집권 여당은 자랑스럽게 떠벌릴 일이 아니다. 마치 자기네들이 정치를 잘해서 그런 결과가 나왔다고 폼 쟬 일은 더더욱 아니다. 또한 국민이 절대 잘 한다고 지지한 것도 아니다. 이제부터라도 겸허하게 민심을 헤아리고 국정에 방향과 비전을 조용히 모색하는 것이 국가와 국민을 위한 정치의 기본임을 알아야 한다.

그런 점에서 본다면 야당인 새정치연합의 승리도 승리라고 볼수가 없다. 물론 그 동안에 있었던 총선과 대선 그리고 크고 작은 보궐선거에서 잇단 패배이후 형편없는 국민적 지지도를 감안한다면 이번 선거결과는 매우 고무된 결과이고 당연히 예상된 승리이다. 하지만 국민의 신뢰는 그리 높지 않다. 만일 국민적 신뢰가 높았다면 겨우 보통(미) 수준인 턱거리 승리가 아니라 매우 잘한(수·우) 수준에 완승을 받았어야만 한다. 그러나 완승을 못하고 보통(미)에 성적표를 받은 것은 국민에게 매우 부끄럽게 생각해야 할 부분이다.

그것은 세월호 참사 사건을 선거에 십분 활용하고 현 정권의 무능, 무책임 그리고 우리사회 곳곳에서 만연하고 있는 부정부패의 정권 심판론을 내세웠으나 큰 기대에 못 미쳤기 때문이다. 그 동안 대안세력으로서의 가능성을 입증하지 못했고, 새 정치의 아이콘인 안철수 의원까지 끌어들여 새롭게 거듭나서 새 정치의 참모습과 비전을 꿈꿔왔지만 포장만 달라졌지 내용은 별반 달라지지 않았다는 것이 정확한 지적이다. 그것은 이전 민주당 그대로라는 평이기도 하다. 이대로라면 새정치연합의 미래는 그리 밝지 않다는 것이 전문가들에 분석이다. 정부의 부정부패를 척결하고 국가 개조를 요구하기 이전에 새 정치를 표방하는 자신들의 내부개조와 쇄신이 먼저라는 국민의 요구(민심과 천심)를 아직 모르기 때문이라는 평이다.

그러나 여·야 모두 이제부터는 국민을 위한 국민의 정치를 해야 한다. 이번 6·4 지방선거에서는 미래의 바다에 멋지고 힘찬 항해를 할 대한민국호라는 거대 희망의 함선에 위험천만하게 소실된 평형수(平衡水)를 채우기 위한 준엄한 국민의 의사결정이었음을 알아야한다. 균형을 잃고 좌초될 위기의 정치실종에 다시 국민들이 꿈과 희망으로 평형수를 채워준 의미를 정치는 빨리 깨달아야 한다. 정치가 세차게 몰아치는 세상의 파고에 다소 흔들릴 수는 있으나 어떤 경우라도 절대 선채의 균형과 중심을 잃어서는 안 된다. 균형을 잃으면 그것은 세월호처럼 영영 깊고 깊은 바다 속으로 침몰할 수밖에 없다.

이번 6·4 지방선거는 무엇을 어떻게 해야 할지 모르고 우왕좌왕 갈팡질팡하는 정치권에 민심과 천심이 담긴 애증의 해답지를 지방선거라는 명분하에 슬쩍 건넸다. 그러나 정치권은 그 해답지를 건네받았다고 해서 절대 안심해서는 곤란하다. 이제부터 정치가 국가와 민족을 위해 무엇을 어떻게 해야 할지를 진지하게 고민해야 한다. 초심으로 돌아가서 자신들의 기득권부터 국민 앞에 모두 내려놓아야 한다. 그 진지한 고민이란? 정치의 기본과 근본으로 다시 돌아가는 자세이다. 그리고 정치의 도리와 사명을 다시 되짚어 보는 것이다.

잘못된 국정을 보고도 침묵하거나 그냥 흘러가도록 내버려두는 것은 정치인의 도리가 아니다. 그런 것을 보고도 국정의 발목을 잡지 않는 야당은 비겁한 직무유기이다. 그런 야당은 진정한 야당이 아니다. 야당은 삐뚤어진 국정의 발목을 제대로 잡아서 더 이상 잘못된 길로 나가지 못하게 하고, 그것을 시정시키고 더 이상 국가의 손실이 발생하지 않도록 예방하거나 최소화해야 한다. 단, 반대를 위한 반대를 하지 말아야 한다.

그리고 정부나 집권여당은 야당에 국정의 발목을 잡히지 말아야 한다. 다시 말해 야당에게 발목 잡힐 짓을 하지 말아야 하고 만일 잡혔다면 합리적으로 조속히 풀어서 국력 에너지의 소실과 낭비를 막아야 한다.

또한 새누리당은 집권여당으로서 정부의 잘못된 국정에 더 큰 책임을 갖아야 한다. 새누리당에 아무리 거물 정치인이 많으면 뭘 하는가? 국가와 국민을 위한 정치가 바로 서지 못하면 아무 소용 없는 일. 세월호 참사 이후 정부와 여당은 근본적으로 달라진 것이 없다. 아무런 전략도 비전도 보여주지 못했다.

그리고 위기를 맞을 때마다 박근혜 대통령의 인기에 매달려서 "대통령을 살려 달라"고 국민에게 호소하는 작태는 수권정당의 모습도, 공당의 모습도 아니다. 마치 어린애가 갖고 싶은 것을 갖기 위해 부모에게 떼쓰는 어리광이다. 그런데 참으로 신기한 것이 그 어리광이 먹혔다. 그렇게 떼쓰고 억지라도 부리면 들어줄 거라는 것을 어떻게 알았을까. 그것은 한 없이 인자한 엄마의 마음을 교묘히 이용한 영악스러움이다. 그러나 엄마가 참는 것에도 한계가 있다.

지금 대한민국의 정당과 국회는 가장 신뢰도가 낮고 불신 받는 정치 집단이다. 정치권이 가장 크게 신뢰받는 집단이 되기 위해서는 하루 빨리 무능의 정치를 끝내야 한다. 그 무능의 정치가 있기에 무능의 관료가 존재한다. 그 동안 정치인은 상습적인 직무유기와 직무이탈을 해왔다. 19대 국회에서 2년 동안이나 국회선진화법이라는 브레이크에 걸려 많은 입법기능이 사실상 무력화되고 있다. 우리사회의 원칙과 법을 만드는 곳이 국회이지만 정치인 스스로가 법에 질서를 경시하고 무시하는 것은 참으로 이해하기 어렵다.

또한 그들 스스로 모든 특권을 내려놓겠다고 호언장담했지만 아무것도 달라진 것은 아직 없다. 앞으로 그와 같은 것들을 바로 세우기 위해서는 역시 정치지도(政治之道)의 근본을 일깨우고 기본으로 돌아가는 것이다. 기본에 충실하지 못하거나 감량미달인 정치인은 입법의 역량을 다시 키운 연후에 국회입성을 해야 한다. 그래야만 정치발전에 걸림이 없다. 그래야만 국가가 발전할 수 있고 국민이 행복할 수 있다.

그럼 정치에 있어서 민심과 천심이 어떤 것인가? 고전 중용에서 유가의 정치철학의 기조와 지혜를 잠시 살펴보자. 중용 제9장 원문의 말씀이다. 자왈, 천하국가가균야, 작녹가사야, 백인가도야, 중용불가능야.(子曰, 天下國家可均也, 爵祿可辭也, 白刃可蹈也, 中庸不可能也) 이 말씀은 "공자께서 말씀하시길, 세상이나 국가도 고루 다스릴 수도 있고, 벼슬과 녹봉도 사양할 수 있으며, 시퍼렇게 날선 칼날도 밟을 수 있다. 그러나 중용의 길은 능히(마땅히) 가지 않으면 안 된다."라고 직역할 수 있다.

여기에서 균(均)은 다스림이요, 사(辭)는 자기의 욕망과 부귀영화에 거절이요, 도(蹈)는 피하지 않음에 뜻이다. 이는 순임금과 같은 지(知)요, 안회의 청고함 같은 인(仁)이요, 자로의 용맹함 같은 용(勇)으로서 지극히 해내기 어려운 일들이라는 뜻이다. 이것은 세상에서 국가를 다스리는 일이 가장 어렵고 힘든 일이라는 말이다. 하여 이렇게 어려운 일을 하기 위해서는 피 끓는 열정이나 용맹만 갖고는 정치를 할 수가 없지 않았을까?

공자를 비롯한 성인군자들은 정치를 하기에 앞서 정치의 도리를 먼저 깨달았다. 정치의 도리란 인본을 갖추고 행하는 일이다. 다시 말해 정치가 먼저가 아니라 군자다움의 자질을 갖추는 일이 먼저라야 한다. 유가의 정치철학과 사상의 기조는 덕치(德治)이다.

위로는 천도(天道), 천명(天命), 천덕(天德)에 근원을 두었으며 그 것을 부여받은 도덕적 지각과 성실한 솔성(率性)과 수도(修道)의 일체적 행위가 정치[1] 라고 본 것이다.

유가의 정치사상은 세상에 일어나는 모든 일들과 성패의 책임은 제일 먼저 통치에서 비롯되고 그 계급에 있다고 보았다. 하여 올바른 통치를 위하여 육덕(六德)[2] 과 육위(六位)[3] 그리고 그 안에 육직(六職)[4] 에 근본을 두었고 육덕이 정치에서 실현되도록 하였다. 덕을 높이고 인륜을 밝혀서 어두운 마음을 깨우치고 옳고 그름을 판단해서 국민들이 서로 잘 이해하고 함께 살아가기를 즐겁게 하는 것은 윗사람 된 자의 책무요, 지도력이다. 국민을 감동케 하고 움직이는 데는 먼저 민심에 따라야 한다. 곧 민심은 천심(天心=恒心)을 간직하고 있기 때문이다. 다만 그들은 천심만 있을 뿐 그 것을 북돋아 가꾸고 세워서 결실을 맺게 할 줄은 모르기 때문이다.

---

1) 정치- 김충열, 김충열 교수의 중용대학강의, 예문서원, 2007, p, 161 참고인용.

2) 육덕(六德)-『논어』에서는 육덕을 육언(六言)이라 했다. 육덕에는 인·지·신·직·용·강(仁·知·信·直·勇·剛)이다. 그러나 이 육덕은 폐단이 생길 수 있는 덕으로 호학(호학)을 통해서만이 그 폐단을 막을 수 있다고 하였다. 김충열,「김충열 교수의 중용대학강의」,예문서원, 2007, p,59 참고인용.

3) 육위(六位)- 인간관계의 정의와 핵심요소에는 육위(六位)와 육직(六職)이 있다. 육위(六位)는 부부(부부), 부자(부자), 군신(군신)으로서 사람의 관계와 인륜관계의 기본이다. 이 중에서 부부와 부자처럼 4위는 가정의 중심에서 창출되는 인간관계의 핵심요소이다. 김충열,「김충열 교수의 중용대학강의」,예문서원, 2007, p,60 참고인용.

4) 육직(六職)- 육직(六職)에는 사람을 거느리는 자, 사람의 따르는 자, 사람을 부리는 자, 사람에게 부림을 받는 자, 사람을 가르치는 자, 사람에게서 배우는 자로 구분되어 있다. 육직은 각기 육위에 속한다. 김충열,「김충열 교수의 중용대학강의」,예문서원, 2007, p,60 참고인용.

하여 우리사회의 정치지도자나 다스림을 갖고 있는 치자(治者)들은 민심과 천심을 도와 마음을 길러야(인간의 본성) 하는데 마음을 기르는 것은 바로 의(義)를 중시하고 도리를 이루는 도덕수행이다. 따라서 옛 성인 군자들은 백성을 거느리고 다스림에 덕(德)을 최고의 덕목으로 삼았다. 덕이라는 연못에 물이 백성이라는 들판으로 퍼져 흘러감은 그 속도가 역마보다 빠르다고 하였다. 오늘날 현대사회는 그 민심의 덕이 문명의 이기를 통해 더욱 몇십 배나 더 빠르게 전파 될 수 있음을 이 시대의 정치지도자들은 깨달아야 한다.

중용 제20장 원문엔 정치의 중요성과 사람의 도리, 군자가 수신하는 방법과 조건, 정치지도자의 덕목, 정치지도자의 수신, 국가를 통치하는 준칙과 철학과 같은 말씀이 주류를 이룬다.[5] '성(誠)은 힘쓰지 않아도 마음속에 있고, 생각하지 않아도 얻어지며, 자연스럽게 중용의 삶을 사는 사람을 성인이라 한다. 성(誠)을 행하려는 사람은 성으로 가는 가장 좋은 길을 선택하여 그것을 굳게 밀고 나가는 자이다.'

도심은 곧 성(性)이고, 성(誠)이다. 이것은 본성이고, 지극함이다. 이것이 잠깐이라도 중단 없이 심에서 뜨겁게 열성으로 작용함이다. 이것은 선(善)으로 나타나는 결과이다. 이 모든 것이 결국은 자신의 수신에서 비롯되는 결과임을 알아야 한다.

정치가 이토록 하기 어려운 일임에도 우리 한국사회에서 정치를

---

5) 중용 제20장 원문과 해석- 이운묵,「잠든 명사를 깨워 놀아보자」, 인문의 숲, 2013, pp, 290~300 참고인용. 이기동,「대학·중용강설」, 성균관대학교 출판부, 2012, pp,183~210 참고인용.

하겠다고 하는 사람들이 이토록 많은 것은 참으로 다행한 일이라 하지 않을 수가 없다. 만일 정치가 어려워서 너도 나도 정치를 모두 못하겠다거나, 안하겠다고 하면 이 또한 큰일이기 때문이다. 그러나 중요한 것은 국회의원이나 정치인의 숫자가 중요한 것은 아니다. 앞에 내용과 같이 사람의 도리, 군자가 수신하는 방법과 조건, 정치지도자의 덕목, 정치지도자의 수신, 국가를 통치하는 준칙과 철학과 같은 지도력을 갖춘 정치인이 하늘의 도리에 역행하지 않고 시대의 정신에 맞게 진정으로 위민, 위국할 정치지도자가 필요한 때이다. 하늘의 도리(道理)로써 성(誠)을 이루고 사람의 도리로써 성을 이룰 이 시대의 성인군자가 한국정치사에도 출현할 날을 손꼽아 기대해 보리라.

글로벌 정치의 균형과 조화
The balance and harmony of the global politics

우리 속담에 "뱁새가 황새를 쫓아가다가는 가랑이가 찢어진다." 는 말이 있다. 또 "중소기업이 대기업을 따라가다가는 망한다."라 는 말도 있다. 하지만 한국의 국가적 위상이나 국가경쟁력은 과 거 70년대, 80년대에 비하면 지금은 비약적 발전을 했다. 그리고 앞으로도 더 빠르게 글로벌국제사회에서 자타가 공인하는 국가로 발돋움 하리라는 전망과 기대이다.

하지만 그런 기대와 전망 속에서도 그렇게 희망적으로 낙관만할 수 없다는 분석이다. 한 마디로 얽히고설킨 동북아외교이다. 이런 상태에서 한국 외교안보 전략의 좌표를 세우는 일은 복잡다단하 다. 박근혜 정부의 양대 대외정책 구상은 '한반도 신뢰 프로세스' 와 '동북아평화협력 구상'이다. 이 구상의 전체 개념을 보면 '3대 전제조건'과 '3대 추진 목표'가 있고 그 아래 '5대 프로젝트'가 있다. 이것은 향후 동북아평화협력구상의 구체적 실천방안이다.

그러나 다른 협력체와 그것을 주도하는 중국과 미국의 입장을 비교하면 양국의 외교정책의 기조가 너무 다르다. 따라서 한국은 이와 관련해서는 어느 쪽도 수용하고 찬성할 수 없는 상태이다. 하여 중국의 입장도 아닌, 미국의 입장도 아닌 한국 우리만의 입장에서 국익이 뭔지 따져보아야 하는 문제이다. 그러나 돌아가는 국제정세와 우리의 현실을 직시해 볼 때 우린 매우 불안정한 상태이다. 박근혜 정부가 남북, 동북아, 유라시아를 상대로 제안한 외교정책의 기조가 모두 중국의 정책과 연계된 내용들이다. 또 한반도 신뢰프로세스에 대한 열쇠도 사실상 중국이 쥐고 있는 것이나 마찬가지이다.

이런 국제정세 속에서 정치적 역량도 그렇고 글로벌경제 속에서도 자신만만하게 앞서갈 수 있는 처지와 입장도 아니다. 이런 상태에서 선진국대열이니 세계의 중심을 잡느니 하는 말들은 정확한 실현 가능성이 희박한 분석이고 언어도단이다. 그러나 그런 말들은 우리에게 큰 희망과 자신감을 갖게 한다.

한국이 글로벌정치에서 균형과 조화를 이루려면 어떻게 해야 할까? 그것은 한국이 냉엄한 국제사회와 강대국의 틈바구니에서 매우 약자의 처지에 있음에도 살아남을 수 있는 유일한 가능성과 희망의 통로이다. 그러나 균형과 조화를 이룰 수 있는 위치는 어떤 형태로든 영향력을 발휘할 수 있는 힘이 있어야 한다. 영향력을 발휘한다는 것은 국가 대 국가라는 관계 속에서 작용하는 힘겨루기이다.

중국은 한국을 대미정책의 완충지대로 삼고 정북경남(政北經南=정치는 북한, 경제는 남한)을 지향하고 있다. 그렇다면 한국은 정미경중(政美經中)으로 안보는 미국에서, 경제는 중국에 의존하여 균형 찾기를 모색하는 것이 순리이다. 그것이 한국이 살아남는 방법이 될 수 있다. 또 시진핑의 '新실크로드' 정책을 주도하고 있는 유라시아 이니셔티브조차도 중국과 공조를 하고 그것을 발판으로 유라시아 대륙을 하나의 경제공동체로 묶고 북한을 개혁개방으로 유도해서 남북통일의 기반을 조성할 수만 있다면 확고한 균형자(強者)의 입지가 확립될 수 있다는 전망이다.

중용 제10장 원문의 말씀이다. 고군자화이불류, 강재교, 중립이불의, 강재교.(故君子和而不流, 强哉矯, 中立而不倚, 强哉矯.) 이 말씀은 '군자는 너그러움과 강함과도 잘 어울리나 속된 것에 휩쓸리지 않으니 이것이 강함을 바로잡아 세우는 것이요, 중용의 도리에 따라 어느 한쪽으로도 기울지 않으니 이것이야말로 진정한 강이니라.' 이다.

이것은 사람과 사람의 관계에서 혹은 국가 대 국가관계에서 적용되는 말씀이다. 국제사회에서 한국이 약하다거나, 만만하다거나 하는 생각을 갖지 못하도록 해야 한다. 특히 한일관계가 그렇고 한중관계에서도 그렇다. 때론 너그럽고, 때론 강해야 한다. 그것은 관계 속에 어울림이다. 그렇게 잘 어울리다가도 간교하고 속된 것에 휩쓸지 않는다면 그것이 진정한 강자의 모습이다. 또 강한 어느 쪽에도 기울지 않고 내 중심을 지켜간다면 그것이 우리의 진정한 강한 모습을 보여주는 균형자의 역할이다. 그것이 관계 속에 균형과 조화를 이루는 국가적 위상이요, 당당함이다. 이렇게 정치적, 군사적, 경제적으로 국가안보를 튼실하게 이룰 때 국가는 국민의 행복을 수호할 수 있다.

도표 3-글로벌 정세 속에 튼실한 국가안보와 국민행복의 시대

　국가의 안보가 튼실하면 국민의 '행복지수'는 높아진다. 그러나 국가가 쇠락하고 안보가 불안하면 국민의 불행지수는 높아진다. 따라서 국가는 반드시 글로벌 정세 속에 균형과 조화로써 정치, 경제, 사회, 문화를 안정시킴은 물론 국가의 안보를 튼실히 해야 한다.

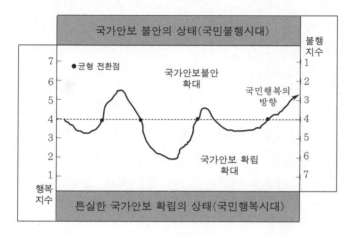

　그러나 과연 우리에게 어떤 국가적 힘이 있을까라고 구체적으로 반문해 본다면 별로 내세울만한 힘이란 것은 별로 없다. 인구가 많으니 수출이 줄더라도 내수경제가 받쳐주는 것도 아니요, 그렇다고 풍부한 노동력이 있는 것도 아니다. 큰 나라들처럼 지하자원과 산업자원이 풍부하여 국가경제 곡간이 든든한 것도 아니다. 모든 산업이 안정적이지도 않다.

　모든 산업의 에너지원인 석유가 충분히 매장되어 있는 것도 아니다. 모든 산업에서 필요로 하는 에너지원을 전량 수입에 의존하고 있는 실정이다. 그렇게 자본재를 전량수입하고 가공과 생산과정을 거쳐 완제품을 다시 수출을 해야 만이 겨우 먹고 살 수 있는 환경에 경제구조이다. 그나마 반도체와 IT, 자동차산업이 국가경

제를 힘들게 받치고 있어 다행이 아닐 수 없지만 그것도 경쟁력과 지속성엔 담보되지 않는 불확실성이다. 그리고 강대국들과 비합리적 불공정 FTA협정으로 상호 경쟁력에서 늘 밀릴 수밖에 없는 교역구조를 안고 있다.

만일 세계적 식량공황이 온다면 과연 우리에게 돌아올 식량이 있을까? 이것을 극단적인 예라고 할 수도 있지만 이미 우리의 농업정책과 농촌 현실은 국가의 식량을 자급자족 할 수 없는 상태이다. 이미 농업기반이 무너진 진지는 오래이다. 엄청난 돈을 주고도 세계의 곡물시장에서 식량을 조달하지 못하면 휴대폰을 씹어 먹고 살 것인가? 자동차를 뜯어 먹고 살 것인가? 그렇다고 글로벌 정치적 입지와 영향력도 매우 취약하다. 이렇게 정치적으로도 그렇고, 경제적으로도 믿을만한 구석이라고는 단 한 곳도 없다. 그렇다. 단, 하나 미국에 동맹국이라는 것과 그들이 보고만 있지는 않을 것이란 막연하고 불확실한 희망이 유일한 대안이고 위안을 줄 뿐이다. 이렇게 우린 선진국도, 강대국도 아닌 개발도상국인 약소국의 불과하다.

그렇다면 우리가 살길은 명약관화해졌다. 초등학생이 대학생을 힘으로 이길 수는 없다. 대학생반열에 끼워 준다고 해도 무조건 좋아할 일만도 아니다. 그러나 또 그들이 아무나 끼워주는 것도 아니다. 즉 눈치가 있고 말이라도 잘 듣고, 시켜먹기 좋고 이용가치가 있어야만 그것도 가능한 일이다. 그러니 정말 초등학생이 대학생 엉아들 틈바구니에서 함께 놀라면 정신 똑바로 차리지 않으면 안 된다. 어느 한 쪽에 미움을 사도, 어느 한 쪽에 지나치게 기울어도 자칫 잘못하면 이쪽 엉아한테 한 방 터지고 또 저쪽

엉아들한테도 한 방 터지고 그러다 돌림방이라도 되는 날이면 얻
어맞은 한국만 억울하다. 그렇다면 국가의 불행을 막는 길은 요원
하고 없는가?

하지만 방법이 아주 없는 것은 아니다. 그 불행을 막는 유일한
길은 모두 내편을 만드는 길이다. 강대국 어느 한 쪽에도 미움을
사지 않는 거다. 아니 더 나아가 국가대 국가의 관계에서 인정을
받는 거다. 하지만 우리의 뜻대로 조건 없이 모두 내편이 된다는
보장은 없다. 그렇다면 우리는 어떻게 해야 할까? 고민이 될 수밖
에 없는 상황이다. 나라와 나라 사이에 관계라고 하는 것은 정치
적으로만 풀어갈 수 있는 것이 절대 아니다. 여기에도 정치를 비
롯해서 경제, 사회, 문화 그리고 이념까지 포함한다면 매우 복잡
미묘한 관계이다. 더욱이 한반도는 지정학적 위치에 접한 북한,
중국, 러시아, 일본과의 복잡한 이해관계 속에 존재하고 있다.

이런 관계 속에서 상호간 공통분모를 만들고 상호 윈윈(win-
win) 하겠다는 우호적 관계라고 하는 것은 지극히 교과서적인 발
상이다. 말은 우호적이고 협력관계라고 하지만 긍정적으로 말하
면 선의에 경쟁관계이고 부정적으로 말하면 반드시 수단과 방법
을 가리지 않고 싸워서 이겨야하는 상대들일 뿐이다. 이처럼 우리
의 주변은 이런 각자의 속내를 감추고 승자의 위치에 서려고 온갖
전략을 획책하고 있는 상황이다.

우선 한반도를 중심으로 일본, 중국, 러시아, 북한과 같은 주변
국을 살펴보자. 우리에게 호락호락 자국에 이해관계를 선의 적으
로 양보하고 베풀어줄 나라는 없다. 오히려 틈만 나면 우리에게
교묘히 위해를 가하려 한다. 그러나 다행이도 중국과의 관계가 나

쁘지 않아 참 다행이다. 그러나 중국은 우리와의 관계가 좋더라도 그들의 기본전략엔 과거와 크게 변함이 없다. 그것은 북한과의 동맹관계가 우선시 되는 자국의 글로벌 정치의 영향력 때문이다. 그러나 문제는 그런 중국을 그 어떤 나라도 쉽게 견제할 수 없다는 데에 그 문제의 심각성이 있다.

하여 우리의 혈맹인 미국은 우리에게 얄미운 일본을 통해서 중국을 견제하려는 전략이고 그것을 알고 있는 일본은 미국을 이용한 자국의 영향력을 극대화하고 있고 그런 전략의 이면에 가장 큰 피해자는 바로 우리 한국이다. 그러다보니 한·미간의 관계에 있어서도 미묘한 갈등과 양국 국제공조와 전략에도 적지 않은 문제가 발생하고 왠지 기분이 나쁘다. 하지만 어쩌랴. 그것을 모를 리 없는 우리의 혈맹 미국이다. 미국은 최근 급부상하고 있는 중국과의 갈등문제, 아베 신조 일본 총리의 반한 역사인식, 환태평양경제동반자협정(TPP), 남북한 정세 등등이 한미동맹관계에서 해결되어야할 문제이고 숙제들이다. 그러나 결국 미국도 국익을 우선시 하는 큰형의 입장에서 먼저 생각한다.

이렇게 글로벌 정치(Global politics)의 현실은 매우 냉철하고 불안정한 상황이다. 하지만 이럴 때일수록 우린 우리의 중심을 잃으면 안 된다. 국제정세의 휘몰아치는 격랑의 소용돌이 속에서도 반드시 우린 균형을 잃지 않아야 살아남을 수 있다. 균형을 잡고 글로벌 관계의 소용돌이 속에서 중심을 확고히 지켜나가려면 우린 약자의 입장에 있기 때문에 반드시 그 어떤 비장에 무기와 카드가 필요하다.

북한이 매우 어려운 국제사회의 질서 속에서 버텨내는 것도 핵이라고 하는 카드를 양손에 쥐고 있기 때문이다. 그것은 꼭 핵으로 어떻게 무엇을 하겠다는 의도가 아니라 해도 이미 핵 그 자체로 협상에서 히든카드가 되기 때문이다. 그러나 안타깝게도 그 비장에 마스터키 같은 히든카드가 우리의 손안엔 없다. 그런 우리의 약점과 상황을 잘 알고 있는 주변국들이다. 그래서 우린 억울해도 치받치는 감정을 억누르고 속으로 삭이며 자제한다. 그것은 결론적으로 군사적, 물리적으로 약자의 입장에 있기 때문이다.

말이 좋아 국제연합(United Nations)[1] 이지 늘 강자들의 틈바구니에서 약자들은 손해를 보게 마련이다. 그래서 국제사회의 분쟁은 그칠 줄 모른다. 강자들은 자기가 당하면 언제고 어떤 형태로든 상대국에 대하여 군사적, 물리적, 경제적 보복을 가할 수 있다. 그렇다면 국력을 튼튼히 할 수 밖에 없다. 국력은 군사적, 경제적, 문화적, 사회적 모든 가치에서 나온다. 그러나 약자가 국력을 키우는 데에도 한계가 있다. 그래서 우리 한국은 국제사회의 일원으로서 더욱 더 '글로벌 정치의 균형과 조화'를 이룰 필요가 있다.

---

1) 국제연합(United Nations)- 제2차 세계대전 후인 1945년에 평화와 안전의 유지, 국제 우호 관계의 증진, 경제적, 사회적, 문화적, 인도적 문제에 관한 국제 협력을 목적으로 창설된 국제기구이다. 주요 기관으로는 총회, 안전 보장 이사회, 사무국 등이 있으며, 우리나라는 1991년 9월 18일에 북한과 동시 가입되었다. 국제연합헌장 제1조는 국제연합의 목적이 국제평화와 안전의 유지에 있음을 밝힌다. 유엔은 국가 간의 평등 및 민족자결 원칙에 입각하여 상호우호 증진에 힘쓰며 국제협력을 통하여 경제적·사회적·문화적·인도적 제반문제를 해결한다. 국제연합은 이와 같은 공동목표의 실현을 위하여 개별국가의 활동을 조화시키는 역할을 수행한다. 제2조는 다음과 같은 기본원칙을 언급하고 있다. 국제연합은 회원국들의 주권평등을 바탕으로 분쟁의 평화적인 해결을 모색한다. 회원국은 국제연합의 목적에 반하는 무력 위협 및 사용이 금지되며 헌장에 의한 제반활동에서 국제연합을 지원해야 한다.

글로벌 정치에서 '균형과 조화(Balance and harmony)'[2]란? 사람과 사람의 관계성이다. 국가 대 국가의 관계이다. 그리고 관계와 관계성에서 일어나는 현상과 작용에 합리적 조화로움이다. 또 합리적 조화로움이란 상호 대립의 문제에서 양보와 배려가 담긴 결정체의 구심점이다. 따라서 물리적이지 않고, 억압적이지 않다. 타율적이지 않고, 자율적이다. 부자연스러움을 자연스러움으로 변화시켜가는 과정이다. 불균형의 흐트러진 중심축을 균형의 중심축으로 조절하여 바로잡아 지속성을 유지해 가는 상호 관계성의 과정이다.

한반도와 글로벌 정치에서 제일 먼저 생각해야할 대상은 중국이다. 중국을 빼고 글로벌 정치와 미래를 논한다는 것은 별로 큰 의미가 없다. 그것은 그만큼 중국은 국제사회에서 이미 어쩔 수 없이 커져버린 영향력 때문이다. 아니 절대적이라고 해야 한다. 중국의 비약적인 부상에 따라 한국에서는 중국에 대한 기대도 크다. 최근 중국이 과거에는 없었던 큰 성의를 보이면서 위안부 자료, 항일 관련 역사문제에 관해 한국과 긴밀한 공조를 하고 있어 반가운 일이다.

그러나 한편 위험론도 교차하고 있다. 고구려를 자신들의 역사에 편입하려는 동북공정은 더욱 심각한 역사왜곡이기 때문이다. 또 무엇보다도 북한이 중국과 동맹관계에 있기 때문이다. 그뿐이

---

2) '균형과 조화(均衡, 調和)' - 인간과 인간의 관계, 인간과 만물의 관계성이다. 이것을 실천하고 행하는 주체의 중심은 인간이다. 세상엔 하늘과 땅, 인간 삼재가 있으나 사람의 도가 그 중심에 있다. 만물을 만들고 길러서 문명창달을 이루고 조화롭게 하는 것도 사람들이 해야 할 몫이다.「잠든 명사를 깨워 놀아보자」, 인문의 숲, 2013, p, 90 참고 재인용.

아니다. 한국의 혈맹인 미국의 입장에서 보면 한국이 중국과에 가까운 관계도 매우 껄끄러운 부분일 것이다.

그것은 중국에 성장이 곧 미국에 위협이 될 것이란 전망과 우려에서다. 미국의 '아시아 회귀(Pivot to Asia)' 정책 또는 '재균형(Rebalancing)' 정책은 부상하는 중국을 의식해 기존 미국의 이익을 지키기 위한 글로벌 정치의 전략이다. 그것은 미국이 세계경제에서 차지하는 아시아의 비중이 매우 커졌기 때문이란 분석이다. 때문에 정치, 경제, 군사적으로 중국을 견제하는 것이 자국과 자국의 동맹국에게 유익할 것이란 치밀한 계산에서다.

이렇게 미국의 동북아정책은 미일과 한미동맹관계에 기초한 강력한 군사적 억지력을 바탕으로 중국의 부상을 견제하려는 의도이다. 또 미국은 일본의 증강된 방위력이 주일 미군의 작전반경을 확대하는 것에 큰 도움이 될 것이란 계산이다.

하지만 우린 먼저 '중국의 부상'에 대한 중국 지식인의 정서적 감상과 국제관계에 대한 논쟁을 이해하고 이를 바탕으로 중국에 대한 우리의 인식을 진지하게 평가해야할 때이다. 이런 것은 한·중 간 상호 이해의 폭을 넓히고 남북한의 문제뿐만이 아니라 동아시아의 평화를 모색하는 실마리가 될 수도 있기 때문이다.

우리가 중국과의 관계에서 늘 간과해서는 안 되는 것이 미국과의 관계설정이다. 혹여 우리의 진의와는 다르게 미국의 입장을 어렵게 할 수 있다는 것과 혹여 혈맹과의 신의를 저버리고 변절한 나라가 되는 것은 아닌지 하는 우려와 오해 또는 착각이다. 그래서 친미 또는 반미 같은 그런 논쟁의 중심에서 정부는 늘 힘들어한다. 정부가 반미라서 중국과의 친밀한 관계를 맺는 것은 아니라고 굳이 설명할 필요는 없다. 다만 국익이 무엇인가를 생각하는 것이고, 글로벌 정치에서 불균형을 해소하고 우리의 주체적 중심을 잡아가야하는 의도 때문이다.

현재 한국이 처한 글로벌 정치에서 미국에게만 전폭적 의존하는 것은 옳지 않다. 제일 좋은 것은 불편불의(不偏不倚)[3] 하여 어느 편에도 치우치지도 않고, 무엇에도 의지하지 않는 것이다. 우리 스스로 자강하여 어느 쪽 강대국에게도 기대지 않는 것이다. 그러나 지금과 같은 개발도상국의 위치에서는 어느 나라건 의존해야 한다면 그 의존도를 다원화하여 분산하는 것이 가장 안전하고 제일 좋다.

그런 점에서 미국에만 의존도를 높이기보다는 오히려 그 의존도를 조금 낮추는 것이 미국도 좋고 우리도 상대적 위험부담을 감소할 수가 있어서 서로 좋다. 또 다른 글로벌국가들과의 협력관계도 중요하기 때문이다. 국제사회에서 혹여 있을지도 모를 한국은 미국밖에 모른다고 하는 비판과 여론에도 신경써야할 부분이다. 이것이 불균형에 의존도 중심축을 중심 의 위치로 이동시켜 의존도의 균형을 잡는 방법이다.

글로벌 정치에서 '균형과 조화(Balance and harmony)'의 정확한 개념은 단순히 안정과 조화가 아니다. 이것은 상호 불균형적

---

3) 불편불의(不偏不倚)- 중용(中庸)의 중(中)이라는 의미는 정이(程頤)가 '불편불의(不偏不倚)'라 하고 주희(朱熹)가 '무과불급(無過不及)'이라 하여 미발(未發)과 기발(旣發)을 달리 해석한 것 같지만 정이는 미발과 기발을 함께 말하되 미발의 측면에서 말하고 주희는 정자의 말을 보충하여 기발의 중(旣發之中)의 입장에서 해석했다고 했으며 중이란 둘을 겸한 것이라 하여 이(理)로 표현했다. 어느 한 편에 치우치지도 않고, 어느 무엇에 의지하지도 않으며, 육근동작을 바르게 하는 것. 곧 중도행·원만행을 말한다.

요소와 문제들을 제거하고 상호 긍적적으로 작용하여 보다 더욱 새롭게 변화 발전하는 과정이다. 불협화음에서 하모니를 이루고 화합하는 것이다. 그러나 여러 나라 전체가 화합을 이루기는 쉽지가 않다.

우리 한반도를 둘러싼 인접국 모두가 다 소중하다. 그리고 다 특별한 관계 속에 있다. 결국 너는 너, 나는 나가 될 수 없는 관계이다. 그러나 당장에 처한 현실이 다른 관계로 좀처럼 화합과 협력을 이루기가 어렵다. 그렇다면 제일 안정감이 있고 비중이 큰 중국을 상대로 합리적 관계의 균형과 조화를 이루면 다른 여타의 관계들도 가닥이 잡힘으로 문제는 한결 쉬워질 수 있다. 하여 현 시점에서 중국과의 관계개선과 정치·경제·사회·문화적 협력을 도모하고 극대화 하는 것은 매우 바람직한 글로벌 정치의 방향성 (directivity)이라 할 수 있다.

그런 점에서 한국이 중국을 상대로 글로벌 정치의 '균형과 조화(Balance and harmony)'를 이루기 위해서는 좀 더 구체적 개념의 정리가 필요하다. 첫째는 한국이 글로벌 환경에서 무리 없이 살아남는 나라의 구현이다. 둘째는 글로벌 문명의 소용돌이 속에서 타국과 균형과 조화를 이루는 관계개선이다. 셋째는 자문·자경·자강(自文·自經·自强)[4] 하여 타국에 피해를 초래하지 않는 글로벌 정치의 구현이다. 넷째는 21세기 인류의 역사를 아름답게 빛낸다. 이와 같은 균형과 조화의 방향성과 정신이면 '글로벌 정치'의 비전을 확신할 수 있다.

---

4) 자문·자경·자강(自文·自經·自强)- 스스로 인류문명에 창달하고, 스스로 국가경제를 이루고, 스스로 국가적 역량을 키워 강해져야 한다는 뜻.

과거 중국은 문화대혁명과 톈안먼 사태를 경험했다. 이제 글로벌화 시대의 중국이 외교적 변화와 전망에 대한 중국의 발전전략과 새로운 안전보장 구축에 대한 화두가 무엇인지 면밀히 검토해 볼 필요가 있다. 그런 중국의 글로벌 정치의 핵심전략과 방향성이 어떤 것인지 집어보자.

첫째는 글로벌화 시대를 맞아 국제안전보장이 강조되는 상황에서 중국은 세계와 공존할 수 있는 외교정책을 펼칠 수 있는가. 그 새로운 협력의 틀은 '앵글로색슨(Anglo-Saxon) 위주'의 틀을 벗어나 인류 모두에게 공평할 수 있는가이다. 둘째는 탈냉전 시기를 맞아 미국과 전략적 동반자 관계를 맺을 수 있는가에 대한 의문이다. 또 국내정치의 선진화와 더불어 국제기구에서의 적극적 활동을 통해 세계 최대 인구와 생산력을 보유한 국가로서 선의의 경쟁자적 면모를 보여줄 수가 있는가에 대한 의문이다. 셋째, 대만·한반도·인도·파키스탄·중앙아시아·동남아시아·러시아 등과의 관계를 새롭게 정립할 수 있는가이다. 이것은 우리 한국이 지향하는 글로벌 정치에서 매우 민감하게 작용할 수 있는 문제들이다. 이런 문제를 해결함으로써 아시아·태평양 전체의 안전보장 체제가 구축될 수 있기 때문이다.

중국에 금융위기가 닥치지 않았다고 해서 중국에 문제가 없다고 할 수는 없다. 반대로 생각하면 중국에 위기가 닥치지 않았던 이유는 금융시장개방이 충분하지 않았고 국제화 정도가 높지 않았기 때문이다. 그러나 경제의 글로벌화는 중국이라고 해서 피할 수 있는 것이 아니다. 따라서 중국의 금융시스템과 시장경제 메커니즘은 많은 위험에 대비해야 한다. 그것은 단순히 중국의 문제뿐만

이아니라 대 중국과의 관계국에도 매우 중요하게 영향을 받는 문제이기 때문이다.

중국이 다극화[5]를 추진하는 단기적인 이유는 국제관계에서 미국의 독주를 막는 것이 목적이라고 한다. 중기적으로는 주요국의 힘이 상대적으로 균형을 이루었다는 전제에 세계 각국이 평화적 발전을 향해 나아가는 것이다. 이를 바탕으로 번영하는 사회주의 중국을 수립하는 동시에 국제사회를 더욱 높은 수준으로 한 단계 더 진전시키는 목표가 가능한가이다.

오늘날 국제관계 메커니즘은 미국과 서구에 유리하다. 따라서 그것에는 본질적으로 많은 불합리성과 불공정한 요인들이 존재한다. 그렇다고 해도 중국은 그 체제의 모든 것을 배척하고 부정할 수가 없다. 특히 중국이 주장하고 있는 다극화는 반드시 현존 질서를 부정하고 반대를 목표로 하고 있지 않음을 우리와 국제사회에 보여야 한다. 그리고 평화와 발전이라는 대국적(大局的) 견지에서 책임 있는 자세로서 글로벌 정치 경제구조에 발맞추어 나갈 수 있는가에 대한 정치적 소신과 의지이다.

중국이 과거 오랜 기간 고도성장을 지속했다. 이를 지켜본 많은 국가들은 중국의 잠재력에 놀라고 있다. 하지만 동시에 적지 않은 우려도 갖고 있다. 특히 대만 문제는 매우 민감한 사안이다. 앞으

---

5) 다극화- 중국 외교에 수단으로 다극화전략은 1990년대 초 냉전의 종식과 함께 등장하였다. 다극화 전략은 세계 제2차 대전의 종결 이후 45년 동안 국제질서를 지배해 왔던 양극체제에 대해 새롭게 국제사회를 평화체제로 이끌기 위한 하나의 대안으로 자리매김했다. 이러한 흐름은 전통적인 시각에서 벗어나 다극체제와 일극체제에 대한 체제안정성 여부를 검토하고, 일극체제와 다극체제가 공존하고 있는 21세기 국제체제의 지향성을 합리적으로 추구하는 전략이다.

로도 중국 외교의 난관이 될 가능성이 크다. 중국이 다자외교에 참여하는 수단은 한정되어 있고, 중국이 가입하지 않은 국제기구도 있다. 중국의 인구·국토면적·종합적 국력을 고려하면 이런 상황은 어울리지 않는다. 중요한 국제 메커니즘(유엔안전보장이사회 등)에서 활동은 기대만큼 활발하지 않고 국제평화유지 활동에 참여도 상대적으로 낮다. 중국의 유엔분담금도 여전히 낮은 편이다.

앞에서 열거한 내용들처럼 글로벌 정치에서 중국이 지향해야할 목표가 있다. 그 첫째는 개혁·개방과 발전·안정의 목표를 끊임없이 추진해야 한다. 둘째는 영토보전과 점진적인 평화통일의 실현을 위해 노력하는 것이다. 셋째는 아시아·태평양 지역 등 더나아가 글로벌한 위치에서 책임 있는 영향력과 인류문명사에 사명감을 발휘해야 한다. 중국은 미·일·러 등의 국가와 전략적 관계, 아세안 각국과 동북아시아 각국과의 조화로운 관계, 홍콩과 대만과의 유대를 증진시키고 중시해야 한다. 중국은 합리적이며 안정적인 국제 시스템의 출현에 동참할 수 있어야 한다.

바로 중국의 이런 글로벌 정치의 문제들을 합리적으로 해결하고 국제사회의 일원으로 또는 영향력 있는 국가로 중심 잡을 수 있다면 한국을 비롯한 글로벌 정치의 균형과 조화를 함께 이루어 나갈 수 있을 것이란 기대와 전망이다.

그러나 문제는 일본이다. 정말 가깝고도 먼 나라, 아무리 가까워지고 싶어도 가까워질 수 없는 나라, 참 아이러니하다. 어쩜 양국이 서로 바라보는 시각과 인식이 그렇게 다를 수 있을까? 일본은 과거 세계를 지배했던 패권국가 의식 그리고 세계 3위의 경제대국을 이룬 우월과 자존 같은 것. 한국은 과거 처절하게 당했던 역사의식에 반감 그리고 이제는 더 이상 당할 수만은 없다는 정당성의 자존적 대응이라고 해야 할까?

일본의 아베 총리를 생각하면 중용 제28장의 말씀이 떠오른다. '자왈 우이호자용, 천이호자전. 생호금지세, 반고지도. 여차자, 재급기신자야.(子曰 愚而好自用, 賤而好自專. 生乎今之世, 反古之道. 如此者, 災(烖)及其身者也.)' 이 말씀은 '공자께서 말씀하시길, 우매한 사람은 꼭 자기주장이 옳다하고, 비천한 사람은 제 멋대로 행동하는 것을 좋아하며, 현세에 살면서도 예부터 전해져오는 도리를 거스를 때가 있는데 이와 같은 자들은 그 화가 자신에게 미치게 됨을 알아야 한다.' 이다.

최근 들어 일본은 더 극에 달한 과격한 양상이다. 과연 아베 총리의 막무가내 역사인식 속에 감춰진 진정성과 의도는 무엇일까 궁금하다. 추측컨대 아마도 그것은 전후체제의 탈피, 자학사관으로부터의 해방, 거추장스런 샌프란시스코협정의 불인정, 태평양전쟁에서 패배한 분노와 보복심의 작용현상일지 모른다는 생각이 든다. 그러나 그것은 어디까지나 우리의 생각이고 좀 더 냉철하고 이성적인 시각과 지각이 필요하다. 좀 더 큰 틀에서 일본을 조망해 볼 필요가 있다는 생각이다.

미국이 일본에 대한 역사인식과 제반 정치적, 경제적 현안들을 분리 대응하는 것도 그런 맥락의 자세에서 글로벌 정치의 '균형과 조화'를 실현하려는 태도 같다. 그래서 집단적 자위권을 행사할 수 있도록 하고, 방위력증대를 추진하는 아베 총리의 입장을 반대하지 않는가 보다. 그리고 일본을 끌어들여 TPP협정을 적극 추진한 것도 그런 배경이란 생각이다. 아무튼 우리 한국의 입장에서 동북아 평화를 위해 미·중·일이 대 한국 삼각관계의 구도에서 균형도 중요하지만 그보다 먼저 우리 한국은 스스로 자문·자경·자강(自文·自經·自强)을 이루고 그것을 통해서 그 중심을 지키고 글로벌 정치의 현실에서 그들에게 무시당하지 않고 살아남을 수 있는 '균형과 조화'를 이루어내는 민족적 자긍과 웅지를 기대해 본다.

경제

자본주의의 과속은 금물
Capitalism's speeding up is dangerous

금융자본 자유화에 따른 시장의 개방과 전략
Market opening and strategy under the financial capital
liberalization

선물시장과 현물시장의 상관관계
The correlation between futures market and spot market

출구전략은 국가경제운용의 '균형 잡기'
An exit strategy is 'the balance' of national economic
management

통화전쟁의 소용돌이
A Maelstrom of currency war

무서운 국제금융자본의 실체
A terrifying international finance capital of the entity

두 얼굴의 국제금융자본
Two faces of international financial capital

세계경제를 위험에 빠트린 미국
United States put the world economy at risk

자본주의 4.0에 기대는 희망
The hope and expectation of the capitalism 4.0

자본주의의 과속은 금물
Capitalism's speeding up is dangerous

현대사회에는 다양한 주의(ism)가 공존하고 있다. 예컨대 민주주의(democracy), 사회주의(socialism),민족주의(nationalism), 고전주의(classicism),감각주의(sensationalism),평화주의(pacifism),평등주의(egalitarianism),합리주의(rationalism), 낭만주의(romanticism),객관주의(objectivism),자기중심주의(egocentrism),인간중심주의(anthropocentricism),신자유주의(neoliberalism),이념주의(ideologyism),자본주의(capitalism), 신자본주의(newcapitalism),공리주의(utilitarianism),강권주의(authoritarianism), 개발주의(Developmentalism), 구성주의(Constructivism), 노라이즘(Noraism), 지역이기주의(地域利己主義), 가족이기주의(家族利己主義) 등과 같은 주의(ism)들이 과거와 현재 안에 공존하고 있다. 이밖에도 부셔이즘(←부숴+ism), 얼쑤이즘(←earth+ism), 네타티즘 (←네탓+ism),오노이즘

(←Ohno+ism), 미이즘(me-ism), 현대이즘(Hyundaiism)과 같이 합성신조어주의도 현대사회에서 많이 생겨났다.

이처럼 많은 주의(主義,ism)가 있는 것은 현대사회의 다원화와 다양성 그리고 다변화의 현상에서 기인한 주의들이다. 이것은 여러 유형의 사람들이 여러 유형의 가치를 각각 추구하고 있지만 함께 한 공간, 한 현실에서 나란히 공존의 관계를 이루고 존재하고 있다는 반증이기도 하다. 다만 많고 적음의 차이와 발생의 시기만 다를 뿐이다.

주의는 어떤 신념을 굳게 지키는 주장이나 방침 혹은 체계화된 이론이나 학설이다. 온갖 주의는 인류문명의 역사라는 고속화도로에서 나름의 창조와 미래발전을 위한 거침없는 질주를 앞서거니 뒤서거니 하며 미래를 향해 달려간다. 그리고 앞으로도 새로운 주의가 창조에 창조를 거듭하면서 그 기존 이즘의 대열에 동참하고 새로운 인류의 역사를 만들어 가리라는 예측이다.

그러나 이들의 많은 주의가 있지만 이들에 대부분은 다른 주의와 보조를 같이 하거나 융합하여 또 다른 주의를 창조하기도 한다. 그리고 체력을 다하는 주의는 조용히 역사의 뒤안길에서 한때의 영예를 추억으로 회상하며 안식하게 된다. 어떻든 간에 많은 주의가 공존하고 있는 현실에서 어떻게 하나로 통합된 주의로 아우를 수가 있을 것인가? 하는 것이 최대의 관건이다. 그러나 그것은 불가능하다. 단, 통합된 주의처럼 역지사지(易地思之)의 의식으로 사회적 합의를 유도하여 부분적으로나마 합리적인 트렌드(trend)를 돌출해낼 필요성이 있다.

그것은 현대사회의 다원화와 다양성 그리고 다변화의 현상에 대하여 어떤 특정 주의에 과도한 편중을 억제하고 제어시킴으로써 우리사회의 중심(中心)[1]을 지나치게 흩뜨리지 않고 급변으로 인한 '사회적 갈등과 불균형'을 최소화하면서 균형과 조화를 이루어 내는 노력과 방법의 하나가 될 수 있다.

그러나 오랜 시간 속에서도 지치지 않고 그 막강한 힘을 과시하는 주의가 있다. 그것이 바로 '자본주의(capitalism)'의 일방적 독주다. 유독 이 자본주의만큼은 인류의 문명이 빛나면 빛날수록 더욱 그 힘이 강해진다.

1961년 창설된 경제협력개발기구(OECD)에서 자본이동에 관한 제한을 철폐하도록 촉구함에 따라 가맹국들이 자본거래에 관한 제한을 점진적으로 철폐하고 이것을 '자본자유화조치'라 명명하면서 '자본주의'의 개념이 유래되었다.[2] 인류사에 있어서 자본(capital)이란? 기업이 생기고 경영이 시작되면서부터 자본이란 용

---

1) 중심(中心)- "인심은 위태롭고 도심은 은미하므로 오로지 정일(精一)하게 하여 진실로 그 중심을 잡아야 한다.(人心惟危, 道心惟微, 惟精惟一, 允執厥中)" '윤집궐중'이란? 요임금이 순임금에게 나라를 넘길 때 나라를 다스리는 법에 대하여 그 핵심 정치이념의 사상을 전하는 말이다. 즉, 사사로운데 동요하지 말고 그 가운데 중이 가장 중하다는 뜻이다. 그러나 중을 잡는다는 것은 매우 어렵다는 뜻이다. 예컨대 이편도 아니고 저편도 아닌 것의 입장이지만 뒤집어 생각하면 이편도 맞고 저편도 맞는다는 것이다. 양쪽이 다 맞는 말인데 그 중 어느 것을 틀렸다고 하겠는가. 또한 너무 보수적인 것도 아니고 너무 개혁적인 것도 아닌 그 중간적 입장에서 보수와 개혁을 하나로 아우르는 사상이다. 김충열,「김충열 교수의 중용대학강의」, 예문서원, 207, p, 84 참고인용.
2) 자본자유화(liberalization of capital transaction)- 국가 간의 자본거래에 있어서 직접투자 또는 간접투자를 가리지 않고 자본이 외국에서 들어오는 것과 외국으로 나가는 것을 허용하며, 나아가 동(同)자본의 원금뿐만 아니라 이자에 대한 송금을 보장하는 경제적 조치이다. 여기서 자본거래는 원료나 기계와 같은 자본재의 이동을 의미하는 것이 아니라 화폐형태의 자본, 즉 화폐자본의 이동을 의미한다. 자본자유화라는 용어는 1961년 창설된 경제협력개발기구(OECD)에서

어가 사용되었다.[3] 그러나 이 자본의 단순개념이 '자본주의'의 개념으로 새롭게 정의 되고 점차 확산되게 된 계기는 역시 OECD 가 출범하면서 일반화 된 개념이다.

그것을 계기로 자본은 자본주의의 새 옷으로 갈아입고 산업화의 도로를 질주하여 지금은 속도를 제한하기 어려운 신자본주의[4] 라는

자본이동에 관한 제한을 철폐하도록 촉구함에 따라 가맹국들이 자본거래에 관한 제한을 점진적으로 철폐하고 이것을 자유화조치라 명명한 것에서 유래되었다. 자본자유화는 국민경제차원에서 자본배분의 적정화, 자본 · 기술 · 자원의 효율적 배분, 금융 · 자본 시장의 효율성, 물가 · 금리 · 외환의 가격구조 선진화 등의 긍정적 효과를 가져 오는 반면 국민경제의 종속과 국제수지 교란 등의 부정적 효과를 가져 올 수도 있다. 기업의 측면에서도 자본조달의 저렴화와 다양화, 해외에 대한 직접 · 간접 투자를 통해 이익의 극대화 등의 긍정적 효과가 있는 반면에 외국인에 의한 국내기업 지배, 외국인에 의한 국내기업시장 잠식 등의 부정적 효과를 동시에 가져올 수도 있다. 따라서 상대국과 비슷한 수준의 경제력 기반의 구축, 무역 및 외환자유화, 국제수지의 안정, 기업의 국제경쟁력의 강화, 금융 · 증권 시장의 시장기능 정착 등의 전제조건이 형성되지 않은 상태에서의 자본자유화는 선진국 자본에 의한 여러 가지 부정적인 영향을 끼친다. 출처: 브리태니커, 경제, 참고인용.

3) 자본(capital, 資本)- 자본이란 재화의 집합이라 정의할 수 있다. 회계학에서 자본을 자산(資産) · 부채(負債)와 대조되는 개념으로, 기업의 총자산가치액에서 총부채액을 공제한 잔액으로 자본금과 잉여금을 의미한다. 자본이란 소유주 지분 또는 주주지분이라고도 하는 것으로 자산에서 부채를 차감한 잔여지분이다. 기업회계기준상 자본은 자본금, 자본잉여금, 이익잉여금으로 구성되어 있다. 자본금은 기업의 소유자가 사업의 밑천으로 기업에 제공한 돈이다. 주식회사의 경우 발행주식의 액면 총액을 의미한다. 자본잉여금은 회사가 영업 이외의 활동으로 얻은 이익금이다. 출처: 경제용어사전, 참고인용.

4) 신자본주의(neo-capitalism, 新資本主義): 국제적인 금융시장과 금융상품의 폭발적 성장을 특징으로 하는 자본주의 경제에 새로운 형태로서 금융시장의 급팽창과 새로운 상품 출현이 글로벌 경제를 바탕으로 새로운 형태의 자본주의 경제를 만들어간다는 의미에서 '신자본주의' 라는 용어가 경제사적인 분류가 아닌 미디어적인 용어로 사용되었다. 〈파이낸셜 타임스〉는 신자본주의는 금융자산의 급격한 팽창, 빨라진 금융거래 속도, 새로운 금융상품의 등장, 헤지펀드와 사모펀드의 성장, 각국 금융시장에서 외국인 비중의 확대가 신자본주의를 이끄는 동

무제한 고속화도로를 질주하고 있다. 도로 위를 달리는 사람이나, 자동차는 속도보다는 '안전'이 제일 '우선'시 되어야 한다. 문명의 고속도로에서도 마찬가지이다. 안전이 담보되지 않는 도로는 도로로서의 기능과 역할을 제대로 기대할 수가 없다.

자동차는 인류가 창조해낸 문명의 이기 가운데 대표적 상징물이다. 그러나 그러한 문명의 이기가 안전속도를 지키지 않고 자본의 본성대로 질주를 위한 질주로 과속을 한다면 함께 주행을 하고 있는 여타의 많은 주의(ism)들이 그 위협에 제대로 안전한 주행을 할 수가 없는 것은 자명하다. 도로 위를 주행할 때에 안전한 속도

도표 4-자본주의와 여타주의의 균형과 안전성

자본주의의 불안전속도가 확대되면 위험지수가 높아지고, 여타주의의 안전속도가 확대되면 안전지수가 높아진다. 따라서 자본주의는 여타주의를 배려하면서 전체 문명사회의 주의가 균형과 조화를 이룰 수 있도록 할 필요가 있다.

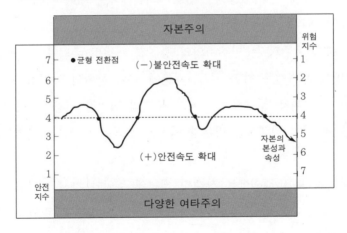

력이라고 평가했다. 신자본주의에 대한 개념은 학문적으로 정확히 규정된 바 없어 혹자는 '수정자본주의'나 '신자유주의'와 비슷한 동의어로 사용하기도 한다.
출처: 백과사전, 참고인용.

와 나름대로의 제어기능을 갖추고 주행하는 것은 주행의 기본원리요, 규칙이다. 과속을 한다는 것은 규정위반이고 반칙이다. 반칙은 위험한 사고를 부르게 마련이다. 도로에서 안전속도를 위반하고 무분별한 과속을 하는 순간 그것은 도로 위에 자본주의가 아니라 도로의 무법주의요 달리는 흉기가 되고 마는 것이다.

그럼 도로 위를 달리는 다른 주의들은 안전주행을 하고 있는데 왜, 그 자본주의는 안전주행을 하지 않고 과속을 하게 되는 것일까? 그 이유는 자본의 '본성과 속성' 때문이다. 자본의 성질은 하나는 둘이고 싶고, 둘은 또 셋, 넷이고 싶어 한다. 또한 자기보다 덩치가 작은 것은 힘으로 눌러버리는 폭력성을 가지고 있다. 그렇게 물리적 팽창의 성질은 마치 강력한 자석과 같은 성질이다. 자본의 성질은 작은 것, 큰 것 가리지 않고 무조건 빨아드려 집어삼키는 '포식성'이다. 그러나 여타 주의들에게는 과속이 될 때 그것을 제어해주는 자동 제어적 시스템이 작동한다.

가령 '민주주의'는 민주주의의 상대적 개념의 주의가 늘 존재하고 방어적 견제를 하고 있다. 때문에 어느 한쪽의 일방적 독주가 어렵다. 그리고 상대적 주의에게 공격의 빌미를 제공하거나 비난을 받지 않기 위해서는 명분과 원칙을 스스로 잘 지켜야하기 때문이다.

이처럼 모든 주의에는 상대적 개념의 주의와 경쟁 그리고 견제가 이루어지고 있다. 따라서 각각의 주의가 상대적 주의와 균형과 조화를 이루지 않으면 스스로 자멸할 수도 있다는 위기의식 때문에 절대 무리수를 두지 않는다. 특별한 경우가 아니면 무분별한 과속은 절대 할 수가 없다. 때문에 다른 주의들과 보조를 함께 하면서 경쟁을 한다. 가급적이면 공생공존 할 수 있는 원원의 전략주의라고 해야할 것이다. 그러나 자본주의의 대한 상대적 주의는 없다. 있다면 그것은 비자본주의인데 이 주의는 사실상 있다고 해도 없는 것과 같다. 비자본주의는 전혀 영향력을 발휘할 수 없는 식물주의(비영향력)에 불과하다. 그러니 자본주의는 비자본주의 원칙과 규칙을 적당히 무시하고 외면하면 그만이기 때문이다.

자본주의의 독선적 과속은 각각의 주의에 많은 폐해를 낳는다. 그것은 자본이 가지고 있는 '자본의 독선적 본성' 때문이다. 자본의 본성은 매우 단순하다. 자본의 본성은 그렇게 인자한 품성이 못된다. 오로지 자본의 생리적 본능일 뿐이다. 만일자본이 과속하지 않고 안전속도를 지킨다면 곧 그것이 바로 자본의 중용화(中庸化)이다.

그러나 중용적 자본이 속도의 경계를 넘어서서 과속하는 순간 자본주의는 더 이상의 자본주의가 아니다. 도로 위에서 자본의 탈을 쓴 위험한 무법주의가 될 뿐이다. 즉, 순기능적 얼굴에서 역기능적 얼굴로 바뀌게 되는 이중의 양면성 얼굴이다. 이렇게 되면 자본주의의 참신성과 정체성은 사라지고 양화의 기능이 악화의 기능으로 돌변하게 된다. 따라서 우리사회의 여타 주의 전체를 마구 흔들고 그 중심을 잃게 하는 한 원인으로 작용한다. 그리고 나아가서 미래사회 인류의 행복도 위협하게 된다.

그렇다면 우리가 어떻게 자본주의의 본성을 제어하고 무분별한 과속과 질주를 예방하고 견제할 수 있을 것인가? 우선 자본주의의 본성과 속성을 잘 이해할 필요가 있다. 무조건 자본주의를 부정하고 비판하는 것은 옳지 않다. 자본주의의 동물적 본성에 공격과 야성의 성질을 어떻게 이해하는가에 달렸다. 이제부터 자본의 본성과 속성을 긍정하고 인류문명창달에 어떻게 활용할 것인가를 사려 깊게 고민해야할 부분이다. 그것이 자본을 손에 틀어쥐고 이리 왈, 저리 왈 하는 주체들의 몫이고 사명이다. 그리고 자본이 자본의 본성을 뛰어넘어 여타 주의들과 균형과 조화를 이룰 수 있는 명분을 제공해주어야 한다. 사실상 21세기 현대인류사회는 자본이 아니면 그 어떤 문명의 꽃도 피워낼 수가 없었다. 자본은 영악스럽게도 이런 시대적 상황을 정확히 꿰뚫어 보고 있다.

여타 주의들이 자본의 도덕성과 진정성만을 문제 삼아 불신하고 밉게 생각하여 진정한 협력관계에 동반자로서 동참시키지 않고 따돌린다면 자본은 더욱 자본의 포악한 본성과 성질로 무분별한 도로 위에 무법주의가 될 것이다. 따라서 여타 주의들은 자본의 참신성과 긍정적 활동에 찬사를 보내야한다. 자본이 이룩한 혁혁한 문명의 노고에 큰 격려와 박수를 보내야한다.

그렇게 함으로써 자본은 자본으로서의 책임과 그 정체성을 스스로 인식하게 될 것이다. 여타 주의가 지나치게 자본주의에 기대고 의존하는 것은 별로 좋은 모습이 아니다. 어차피 자본이란 것도 여타 주의를 위해 생성되고 존재하는 당위성의 범주와 실체를 벗어날 수는 없다. 단 자본주의의 속성상 여타 주의를 배려하는 정신이 부족하고 그 성질이 매우 자기중심적 에고이즘(egoism)이 강하게 작용하는 데서 생겨나는 탐욕적 부작용들이다. 그 부작용의 행태가 도로상의 제반 규정과 규칙을 무시하고 과속하는 본성이다.

이런 상황에서 자본에 빌붙거나 지나치게 의존하는 것은 여타

주의의 다양성과 정체성에 존립을 더욱 약화시키는 결과만 키우게 된다. 자본주의에 기대면 기댈수록 자본주의 행태는 더욱 오만하고 교만한 자본주의가 될 것이라는 우려다. 그러면 여타 주의의 다양성은 존립할 수 없고 결국은 자본주의의 종속아래 황금만능주의 의 문명만이 활개를 치는 격이 되고 모든 여타 주의는 자본의 위세에 눌려 결국 여타 주의들은 고유의 색깔과 본성의 가치를 계승, 발전시키지 못하고 자본의 노예로 전락하고 말 것이란 추론이다.

그렇다면 여타 주의들은 어떻게 자본과의 '균형과 조화'를 이루고 합리적 관계를 이룰 것인가를 스스로 생각하게 해야 한다. 그런 고민은 자본의 책임이 아니라 여타 주의들에 책임이고 몫이다. 자본을 끈질기게 설득하고 유도하여 스스로 도로 위에 진정한 동반자가 되도록 조언을 해야 할 것이다. 그렇게 함으로써 자본주의는 넘치는 힘의 남용을 자제하고 여타 주의에 사려 깊은 후원자가 될 것이다.

이런 자본주의는 여타 주의와에 동행을 위한 '합리적 속도조절'을 하고 균형과 조화를 이룸으로써 모든 주의가 지향하는 색깔은 달라도 삶의 가치와 행복추구가 다양성과 함께 실현될 것이라는 생각이다. 그렇게 혼자 강한 것보다 전체가 강할 수 있다면 그것이 더 미래인류사회의 긍정적 발전이 될 것이다. 소수만이 행복한 사회가 아니라 다수가 함께 더 많이 행복할 수 있는 다양성이 조화롭게 존재하는 사회여야 한다.

이제 미래의 세상은 '혼자만 잘라고 혼자만 똑똑해서 되는 것은 아무것도 없다.' 뿐만 아니라 그것은 인류미래의 창조적 희망을 가로막는 장애일 뿐이다. 그것은 공동의 번영에 독선적 훼방꾼일 뿐이다. 그럼 신자본주의란 과연 무엇을 의미하는 것일까? 이것은 자본주의에서 한 단계 더 높아진 단계이다. 자본주의가 확 트인 고속도로를 달리는 것이라면 신자본주의는 경계와 경계를 뛰어넘는 개념이다. 즉 땅 위에 도로가 아닌 허공에 길로 경계 없이 넘나드는 자본을 일컫는다. 즉 관계와 관계 속에 경계가 없는 허공에 도로이다.

이처럼 21세기 신자본주의가 다니는 길은 과거 자본주의가 달리던 고속화도로가 아니다. 모든 경계를 초월하는 비상(flying)의 개념이다. 이제 신자본주의는 지구촌 어디를 막론하고 저고도비행이 가능한 개념이다. 도로가 좁거나 넓거나 하는 문제는 하등에 문제가 되질 않는다. 그 어떤 주의가 막으려고 한다고 해서 막아지는 것도 아니다.

신자본주의가 어떤 목적을 가지고 그 길로 가고자 하면 목적지에 가고 마는 강자의 속성이다. 그렇다면 이제 21세기 문명사회는 이에 대하여 신자본주의에 고삐를 꽉 틀어 쥘 대안이 있어야 한다. 그런데 현재로선 별로 뾰족한 대안이 있어 보이지 않는 것이 더 큰 고민이다. 많은 경제학자들이 이 부분에 대해서 책임 있게 고민하지 않으면 안 되는 이유다. 또한 이 문제에 대해선 경제학자만의 몫이 아니다. 정치, 경제, 사회, 문화 모든 분야의 학자 및 전문가들은 신자본주의의 행태에 수수방관하고 보신주의에 빠지거나 어부지리를 생각해서는 곤란하다.

이것은 어느 한 개인이나, 어느 일부 단체에 국한 된 사안이 아니다. 범국민적, 국가적 차원의 문제요 더 나아가서는 글로벌시대가 당면한 여러 과제 중 제일 중대한 문제라 아니할 수가 없다. 이런 문제에 적극적이고 능동적으로 대처하지 않으면 지구상의 인류는 자본에 무분별한 과속으로 인해서 더 큰 불행을 자초할 수도 있다는 것을 인식해야 한다.

금융자본 자유화에 따른 시장의 개방과 전략
Market opening and strategy under the financial capital liberalization

　세계의 금융시장 개방과 국제화[1]는 기업의 자금조달에서 자금 운용 등에 관한 획기적인 변화를 수반하고 있다. 따라서 긍정적 효과를 극대화하는 동시에 부정적 효과는 최소화하는 방향이 최 상의 대응전략이다. 특히 외부로부터의 충격과 치열한 경쟁 속에 서 국내 금융시장의 경쟁력을 키운다는 개방의 기대효과는 국내 금융시장 수용능력이 일정 수준에 도달해 있는 것을 전제로 가능 하다.

---

1) 세계의 금융시장개방과 국제화- 금융시장개방과 국제화란? 복합적 의미를 가 지는 것으로 여러 가지로 사용되나 일반적으로 다음과 같은 뜻으로 사용된다. 금융의 국제화란 ① 금융기관이 외국환 및 국제 금융 업무를 보다 많이 취급하 는 것을 의미하며 ② 내외국 금융기관이 상호 진출을 많이 하는 것을 의미하며 ③ 국내 금융시장이 국제 금융시장과 관련이 많아지는 것을 의미하고 ④ 국내통 화가 국제통화가 되어 그 사용범위가 넓어지는 것을 의미하며 ⑤ 국내시장이 개 방되는 것을 의미한다. 출처:경제용어사전, 금융국제화(internationalization of banking) 참고인용.

금융시장의 체질강화와 함께 자본거래와 외환자유화의 통화[2] 공급의 영향력 확대 그리고 국제수지조절용으로 환율정책을 활용할 수 없는 상황 등의 개방시대에 불가피하게 충돌 될 보완대책도 반드시 뒤따라야 할 과제이다. 이것은 정부 뿐 아니라 모든 기업경영의 측면에서도 충격흡수를 위한 체질개선의 노력과 적극적인 자세로 글로벌경제의 폭넓은 이해와 안목으로 개방화 시대에 당당히 맞서는 능력을 갖추어야 한다.

시장개방의 준비가 충분히 갖추어지지 않은 상태에서 급격한 금융시장개방 및 금리자유화는 국내 경제에 부정적인 영향을 미칠 수밖에 없다. 따라서 금융정책 당국은 정책목표의 우선순위에 따라 금융자율화 및 개방정책의 속도를 균형 있게 조절해야 한다. 일단 금융시장이 개방되고 난 후에는 만일에 사태에 정책적 선택의 여지가 매우 제한적이기 때문이다.

시장의 금리는 환율과 통화량에 따라 국내 금융시장이 국제금융시장과 연계되어 국내금리와 환율이 변하기 때문에 총 통화량뿐만이 아니라 금리와 환율의 변동범위의 한계를 설정해둘 필요성이 있다. 금리변동에 따른 경상수지 및 국제수지를 위해 통화 공급의 변화와 통화량이 효과적으로 관리 되어야하기 때문이다. 또

---

2) 통화(通貨)- 대한민국 현행 통화(通貨)는 유통화폐(流通貨幣)의 준말로, 유통수단이나 지불수단으로서 기능하는 교환수단이다. 국가가 공식적 지정하여 쓰는 돈, 다시 말해 지불 및 상업적 유통 단위를 뜻한다. 모든 국가가 고유의 통화를 갖고 있지는 않다. 드물게 다른 이웃 나라의 통화를 빌려 쓰는 경우도 있다. 일반적으로 한 국가의 통화는 경제적으로 고유의 가치를 갖고 있을 뿐만 아니라 또한 나름대로의 이름을 갖고 있다. 이를 화폐 단위로도 부른다. 결과적으로 통화량은 귀금속의 공급량에 의해서가 아니라 정부나 중앙은행의 정책에 의해 결정된다. 출처: 한국어 위키백과, 통화(currency) 참고인용.

한 국제간의 금리격차는 자본의 유출입을 유발함과 동시에 환율의 변화를 급격히 초래하게 된다. 이와 같은 환율변동에 대해서는 무역수지, 물가, 고용 및 통화량 중시의 정책에 앞서 금리 및 환율 중시의 정책이 더욱 바람직할 수 있다.

자본자유화[3]의 진전과 가속에 따라 환율의 가격기능이 제고되어야 하는 문제가 예상 될 수 있다. 이렇게 예상되는 통화목표와 환율목표의 상충문제를 조화롭게 해결해야 한다. 그렇게 하기위해서는 환율변화의 추이를 예측하고 그에 따른 통화량변동을 사전에 감지하여 일정범위의 통화증가율 목표를 설정해서 신축적인 통화정책의 운용과 공개시장조작[4]과 같은 조치의 간접규제방법이 필수적이다.

---

3) 자본자유화(capital transaction, liberalization of)- 자본자유화는 국가 간의 자본거래에 있어서 직접투자 또는 간접투자를 가리지 않고 자본이 외국에서 들어오는 것과 외국으로 나가는 것을 허용하며, 나아가 동(同)자본의 원금뿐만 아니라 이자에 대한 송금을 보장하는 경제적 조치. 여기서 자본거래는 원료나 기계와 같은 자본재의 이동을 의미하는 것이 아니라 화폐형태의 자본, 즉 화폐자본의 이동을 의미한다. 자본자유화라는 용어는 1961년 창설된 경제협력개발기구(OECD)에서 자본이동에 관한 제한을 철폐하도록 촉구함에 따라 가맹국들이 자본거래에 관한 제한을 점진적으로 철폐하고 이것을 자유화조치라 명명한 것에서 유래되었다. 자본자유화는 국민경제차원에서 자본배분의 적정화, 자본·기술·자원의 효율적 배분, 금융·자본 시장의 효율성, 물가·금리·외환의 가격구조 선진화 등의 긍정적 효과를 가져 오는 반면 국민경제의 종속과 국제수지 교란 등의 부정적 효과를 가져 올 수도 있다. 기업의 측면에서도 자본조달의 저렴화와 다양화, 해외에 대한 직접·간접 투자를 통해 이익의 극대화 등의 긍정적 효과가 있는 반면에 외국인에 의한 국내기업 지배, 외국인에 의한 국내기업시장 잠식 등의 부정적 효과도 동시에 가져올 수 있다. 출처: 브리태니커, 자본자유화(capital transaction, liberalization of) 참고인용.
4) 공개시장조작(open-market operation)- 중앙은행이 정부발행증권 또는 상업어음을 매매해 화폐공급과 신용조건을 지속적으로 규제하는 정책. 공개시장조작은 또한 정부증권의 가격을 안정시키는 장치로 활용될 수 있는데, 이럴 경우 때

금융자율화방안의 구체화를 통해 국민저축을 유도 증대시킴으로써 자본이동에 따른 외부적 충격흡수의 기능과 능력제고가 물가불안요인을 억제하고 해소할 수 있다. 과도한 국부유출방지를 위해서는 해외투자자의 투자원금이 국내에 재투자될 수 있도록 제도적 장치를 마련하는 것도 시급하다. 외부의 투기자본에 의해 일어날 수 있는 국내 자본시장의 교란 방지 시스템도 필수다. 시장의 안정을 위해서는 기관투자가의 비중 확대는 물론, 감독제도의 정비, 예금보험제도의 확립과 같은 증권시장 기반 확충을 위한 금융제도 개혁이 마련되어야 한다.

　이렇게 글로벌 자본자유화와 금융시장의 개방화 및 자유화는 자칫 잘못하면 막대한 국부유출은 물론 환리스크[5] 및 금리리스크의

때로 중앙은행의 신용정책과 마찰을 빚는다. 중앙은행이 공개시장에서 유가증권을 매입할 경우 다음과 같은 효과들이 나타난다. 첫째, 시중은행들이 대출과 투자를 확대하기 위해 준비금을 증대시키게 되며, 둘째, 정부증권 가격이 상승되어 마치 그 이자율을 인하한 것과 같은 효과가 발생한다. 셋째, 전체 금리가 낮아져 기업투자를 장려하는 결과를 가져올 수 있다. 반면에 중앙은행이 유가증권을 매각할 경우 이와 반대의 효과들이 나타난다. 공개시장조작에는 관례상 단기(短期)의 정부증권이 그 매매대상으로 이용된다. 이것으로 시중의 자금량을 늘리거나 줄일 수가 있어 금융정책 및 지급준비율 조정과 아울러 중앙은행의 유효한 금리정책의 수단이 된다. 자금이 시장에서 과잉상태에 있을 때(통화량이 지나치게 많을 때)에는 중앙은행이 보유증권을 매각해서 자금을 시장에서 거둬들이고(매각 오퍼레이션), 반대로 시장에서 돈의 유통이 잘 안될 때에는 시중에서 증권을 사들여서 자금을 방출한다(매입 오퍼레이션). 우리나라의 경우 유가증권 시장의 미발달로 본격적인 공개시장조작은 이루어지지 못하고 있으나 금융기관을 대상으로 한국은행 통화안정증권 및 국공채 매매조작과 통화안정증권의 일반매출이 실시되고 있다. 출처: 브리태니커, 공개시장조작(open-market operation) 참고인용.
5) 환리스크(exchange risk)- 환율이 변동함에 따라 자국의 통화가 아닌 다른 통화를 보유하거나 결제에 사용할 때 발생하는 위험을 말한다. 즉, 환리스크는 장래의 예기치 못한 환율변동의 발생으로 인해 경제적 주체의 가치 변동가능성을 의미한다. 기본적으로 외환포지션의 보유형태와 규모, 장래의 환율 변동방향

증대, 주가변동성의 확대 같은 것을 초래함으로써 투자위험은 커지고 언제나 금융위기를 불러올 가능성이 상존하게 된다. 이에 따라서 국내 우리 금융기관들은 자기상품 및 고객의 자산을 효율적으로 운용하고 주가지수선물거래 등 금융선물거래시의 외국 기관투자가와 충분한 경쟁력을 높임은 물론 국내투자가의 해외 증권투자시 안정적 투자와 효율적인 중개 내지 자문기능도 강화되어야 한다.

이를 위해서는 전문 인력의 양성은 물론 자산관리, 포트폴리오 구성, 자산배분, 투자평가, 투자리스크와 같은 고객관리의 각종 측정 및 통제, 리스크 헤징(Hedging), 금융신상품 개발 등의 과학화와 선진화를 위한 파이낸셜 엔지니어링(Financial Engineering)의 도입에 좀 더 적극적인 투자를 확대발전시켜야 한다. 그러면서도 어떤 원칙과 그 원칙에 일관성을 유지하는 정부정책의 거시적 금융정책이 절실히 요구되는 대목이다.

그렇게 해서 정부정책과 경제의 주체들이 예측이 가능하도록 하고 어떤 돌발적 상황과 불확실성에 적절히 대응을 할 수 있어야 한다. 그런데 오늘날 21세기 한국경제의 현실은 어떤가? 정부가 바뀔 때마다, 정부정책의 책임자가 바뀌고 정책도 그 때마다 손바닥 뒤집히듯이 수시로 바뀐다. 그런 상황은 힘과 힘에 대결과 대립 속에서 일희일비 하고 정책의 본질도 없어지고, 목적도 없어지

과 변동폭에 따라 결정된다. 예를 들어 수출계약을 체결한 국내 수출업자가 상품을 제조·출하하는 동안 원화가치가 오르는 환율 하락이 발생해 원화로 환산한 수출대금을 당초 계획만큼 받지 못하는 경우가 발생될 수 있다. 이처럼 대외거래에서는 계약하고 이행하는 사이의 기간에 환율이 변동하는 것에 따른 위험도를 말한다. 출처:시사상식사전, 환리스크(exchange risk) 참고인용.

고 용두사미가 되고 만다.

국민적 합의에 의해 돌출 된 미래의 거시적 국가경제정책은 정부가 바뀌어도, 책임자가 바뀌어도 그 방향과 목적은 지속성을 갖고 계승되어야 한다. 그런 점에서 다원화, 다변화하는 글로벌경제 속에서도 잘 나가고 있는 중국 경제정책의 국가적 철학과 마인드가 좋은 본보기가 되는 실천적 방법의 예이다. 그렇게 해서 흔들리지 않는 국가경제정책의 '중심'을 잡고 국제사회에서 '균형과 조화'를 추구하는 현상은 진정한 인류사회의 비전이 될 수 있다.

이처럼 금융정책은 물론 글로벌금융시장의 개방에 있어서도 우리나라가 어떤 외풍에도 흔들리지 않는 '중심 잡힌 금융안정과 균형'이 요구되고 있다. 그러나 말처럼 쉽지는 않다. 오늘날 글로벌금융시장의 개방과 국제화는 긍정적이고 좋은 순기능만 있는 것은 아니다. 그것은 모든 기업의 많은 변화를 수반하게 된다. 기업의 자금조달방식에서 자금운용방식 전반에 작용하는 체질을 강화해야 함은 물론 금융정책 당국은 정책목표의 우선순위에 따라 개방정책의 '운용과 속도'를 균형 있게 조절할 수 있어야 한다. 이것이 중용에서 언급하는 시중(時中)이다. 이것은 타이밍을 놓치지 않고 '가장 알맞은 때에 알맞게' 조절할 수 있어야 한다.

또한 환율과 금리변동에 따른 경상수지 및 국제수지의 통화 공급의 변화에도 효과적으로 대응 관리하여야 하는데 이것이 금융시장의 '시스템적 균형'이다. 이 시스템적 균형을 자칫 이루지 못하면 글로벌 자본자유화와 금융시장개방 및 자유화는 막대한 국부유출은 물론 환리스크, 금리리스크 증가, 주가변동성의 확대 같은 위험이 초래하여 언제나 또다시 금융위기를 부를 가능성이 상존한다는 것을 잊지 말아야 한다. 그러나 이런 위험들로부터 완전한 100% 대비책은 없다. 늘 글로벌 금융자본과 시장은 항시 유동적이고, 역동적인 변동성이 높은 환경에 노출되어 있기 때문이다.

이렇게 변화하는 상황에서 '균형과 조화'란? 첫째는 늘 기본원칙에 충실한 것이 최대의 방어책이다. 둘째는 편법을 만들지 않는 것이다. 편법은 임시방편적일 뿐 문제의 근본적 대안은 될 수 없다. 한가지의 편법을 쓰면 다음은 두 가지, 세 가지의 또 다른 편법이 동원되어야하기 때문이다. 그것은 자칫 근본인 뿌리째 흔들릴 위험성이 매우 크다. 곁가지의 중심을 잡으려다 '기둥의 중심'마저 잃게 되는 시행착오를 가져올 수도 있다.

물가를 안정시키기 위해서는 수요와 공급의 균형을 과학적이고 합리적으로 조절해 나가는 것이 기본원리이다. 그럴 때에 시장이 지속적으로 안정화를 이룰 수 있다. 지나친 금융정책의 과유불급(過猶不及)[6]은 근본을 훼손할 수가 있다. 이것은 '정도가 지나침은 미치지 못한 것과 같다.'고 《논어》의 〈선진편〉에 나오는 말로써 '중용'의 중요성을 이르는 말이다. '중용'은 좌우 작용과 현상적 쓰임에 과도한 치우침이 없이 '균형과 조화'를 이룸에 대한 뜻이다.

---

6) 과유불급(過猶不及)- 어느 날 자공(子貢)이 스승인 공자(孔子)에게 "자장(子張)과 자하(子夏) 두 사람을 비교하면 누가 더 현명합니까?" 하고 물었다. 이 두 사람을 비교해 달라는 자공의 말에 공자는 "자장은 매사에 지나치고, 자하는 못 미친다." 하였다. 그러면 자장이 더 나은 것입니까? 하니 공자께서는 "아니다. 지나침은 못 미치는 것과 마찬가지다."라고 했다. 바로 과유불급(過猶不及)이란? 여기에서 유래된 말이다.

선물시장과 현물시장의 상관관계
The correlation between futures market and spot market

선물(先物-Futures)은[1] 파생상품의 한 종류이다. 품질, 수량, 규격 등이 표준화되어 있는 상품 또는 금융상품을 미리 결정된 가격으로 미래의 일정 시점에 인도·인수할 것을 약정하여 이루어지는 거래를 말한다. 이런 표준화 된 상품, 자산은 정해진 시장을 통해서만 거래가 가능하도록 되어 있다. 이런 파생상품(派生商品)

---

1) 선물시장(future market)- 상품이나 금리·통화·주가지수 등에 대한 선물 거래가 이루어지는 시장. 시카고의 CME가 대표적인 선물시장이다. 선물거래란? 장래의 어느 시기에 상품을 일정한 가격으로 매도하기로 하는 계약을 교환하는 것이다. 통상적으로 상품상환인도 시기까지 반대매매를 해서 당초 계약액과의 차액만을 결제한다. 선물시장은 가격하락의 위험전가 기능, 미래의 가격을 예측하는 예시기능, 상품출하 시기를 조절하여 자원을 배분하는 효율적인 자원분배 기능을 가지고 있다. 외환의 경우 선행시세의 상황, 자금계획, 수출입의 전망 등을 고려하여 단기의 것으로는 2, 3일 장기의 것으로는 6개월 내지 1년의 선물매매를 예약한다. 은행과 은행 간 거래와 은행 대 고객의 거래 두 가지로 선물시장은 대변된다. 선물시장의 큰 기능 중 하나는 현물거래에서 발생할지도 모르는 위험을 선물거래로 분산시켜 주는 것이다. 출처: 브리태니커, 선물시장, 참고인용.

은 주식과 채권 같은 전통적인 금유상품을 기초자산으로 하여 새로운 현금흐름을 가져다주는 증권을 말한다.

기초자산은 금융상품이 아닌 일반상품 등도 가능하며 대표적인 파생상품으로는 선도거래, 선물, 옵션, 스왑 등이 있다. 파생상품의 주요 목적은 위험을 감소시키는 헤지(Hedge)기능이나 레버리지(Leverage)기능, 파생상품을 합성하여 새로운 금융상품을 만들어내는 신금융상품을 창조하는 기능들이다.

현물(現物-spot)은[2] 일반적으로 거래의 시점과 대금결재 시점이 동일한 시장을 말한다. 외환현물시장에서의 결재는 거래일로부터 제2영업일에 이루어지는 것이 보통이며 넓은 의미에서 1주일까지의 선물거래를 현물시장의 범주에 넣기도 한다. 현물시장에는 외환현물시장 뿐 아니라 원유를 포함한 1차산품의 현물시장도 있다.

증권시장에서 매매되는 전체 또는 일부 주식의 가격수준인 주가지수를 매매대상으로 하는 선물거래는 다수의 회사 주식을 하나로 묶어 가중 평균해 산출한 주가지수를 매매하는 선물거래로 주가지수선물 1단위당 거래금액이 표준적으로 정해져 있다. 따라서 전체 주식을 대상으로 산출하는 지수를 거래하는 경우 시장 전체의 주식을 거래하는 것과 같은 효과가 있으며 소수 종목으로 구성된 지수를 거래하는 경우 그 종목들을 거래하는 것과 같은 경제적

---

2) 현물시장 [現物市場, spot market]- 일반적으로 거래의 시점과 대금결제 시점이 동일한 시장을 말한다. 외환현물 시장에서의 결제는 거래일로 부터 제2영업일에 이루어지는 것이 보통이며 넓은 의미에서 1주일까지의 선물거래를 현물시장의 범주에 넣기도 한다. 현물 시장에는 외환현물시장 뿐 아니라 원유를 포함한 1차산품의 현물시장도 있다. 출처: 경제용어사전, 현물시장, 참고인용.

효과가 있다.

우리나라의 주가지수선물거래제도는 주가변동성의 증대와 주식 투자의 기관화 현상 심화 등으로 인해 주가지수가 위험에 빠질 수 있다. 따라서 주가위험을 회피할 수단을 제공할 필요성이 있고 날로 그 현상이 커짐에 따라서 1995년 5월부터 주가지수선물거래시장이 공식적으로 개설되었다.

선물거래대상은 200개 우량종목 주가를 기준으로 산출한 '한국 주가지수(KOSPI) 200'이며 결재시점에 따라 3월물, 6월물, 9월물, 12월물 등 4종류가 거래되고 있고 매매단위는 5000만원이다. 예를 들어 9월에 대금결재가 이뤄지는 KOSPI 200지수 9월물을 거래한다고 할 때, 현재 KOSPI 200지수가 100인데 9월에 110으로 오를 것으로 예상하는 경우 현시점에서 110이나 그보다 싼 값에 KOSPI 200지수를 매입하는 것이 바로 선물거래방식이다.

이런 선물거래의 표준이 되는 코스피200[3] 지수의 탄생 배경은

---

3) 코스피 200(KOSPI200, Korea Stock Price Index 200) 지수는 1996년 5월 3일 시작된 코스피200 주가지수 선물 거래와 1997년 7월 7일 시작된 코스피200 주가지수 옵션 거래를 위해 한국거래소(KRX)에서 산출과 함께 발표한 주가지수이다. 통합 거래소 출범 전에는 옛 한국증권거래소가 코스피200 지수를 산출 및 발표했다. 코스피 200 지수의 채용종목 범위를 더 좁힌 코스피 100 지수와 코스피 50지수도 있다. 코스피200 지수의 탄생 배경은 다음과 같다. 주가지수선물거래를 하려면 거래의 근거가 되는 모(母)지수가 필요한데, 기존의 코스피지수(종합주가지수)를 선물 거래의 모(母)지수로 삼으려니 여러 문제가 있었다. 코스피 지수(종합주가지수)는 유가증권시장에 상장된 전체 종목을 포괄하는 지수이다 보니 선물 거래의 지표로 삼기엔 시장 대표성이 떨어졌던 것이다. 또한 소형주 등 거래량이 적은 종목에서는 수급 문제 때문에 현물과 선물의 가격차가 크게 나서 시장이 왜곡될 수 있는 난점도 있었다. 그래서 앞선 문제점들을 상쇄시킬 수 있는 주가지수 선물거래의 모(母)지수를 새로 정해야할 필요가 있었고, 그래서 코스피 200 지수가 나온 것이다. 출처: 한국어위키백과, 코스피200, 참고인용.

다음과 같다. 주가지수선물거래를 하려면 거래의 근거가 되는 모(母)지수가 필요한데 기존의 코스피지수(종합주가지수)를 선물거래의 모(母)지수로 삼자니 여러 가지의 문제가 제기되었다. 코스피지수(종합주가지수)는 유가증권시장에 상장된 전체 종목을 포괄하는 지수다보니 선물거래지표로 삼기엔 시장의 대표성이 너무 떨어져서 불가능했다. 또한 소형주 등 거래량이 적은 종목에서는 수급문제 때문에 현물과 선물의 가격차가 크게 나서 시장이 왜곡될 수있는 부조화의 난점도 있었기 때문이다. 그래서 앞선 문제점들을 상쇄시킬 수 있는 주가지수 선물거래의 모(母)지수를 새로 정해야했었고 그래서 코스피 200지수가 만들어지게 된 근본적 배경이다.

이처럼 당초 선물거래의 취지는 현물거래시장에서 생겨나는 가격변동의 리스크를 제어하고 회피할 기능과 목적이었던 것이다. 현물시장은 본래 몸통에 해당되는 것이다. 그런데 현물시장의 몸통이꼬리에 해당하는 선물시장에 몸통의 자리를 내어주고 말았다. 그것은 선물시장이 현물시장에 비해 상대적으로 낮은 수수료와 양방향수익추구가 가능한 구조 등으로 인해 선물시장의 규모가 개장 이래 지속적으로 빠르게 매년 늘었다. 최근 몇 년 사이 폭발적으로거래가 신장되고 성장되면서 문제가 발생하게 되었는데 이런 현상이 꼬리가 몸통을 흔든다는 '웨더독(Wag The Dog)[4] 현상' 이다.

---

4) 웨더독(wag the dog)- 기형적으로 커진 선물시장이 현물시장을 뒤흔드는 현상으로, 거래대금이 늘어나면서 프로그램 매매 비중이 감소해야 사라진다. '꼬리가 몸통을 흔들다' 라는 의미로, 주객(主客)이 바뀌었음을 뜻한다. 경제에서는 선물(先物: 꼬리)이 현물(現物:몸통) 주식시장을 흔드는 현상을 의미한다. 주식시장에서 선물거래는 현물시장에서 미래에 발생할 위험을 줄이기 위해(리스크 헷징) 생겨난 금융거래임에 따라, 현물시장(몸통)의 주가 예상에 의해 선물시장(꼬리)의 거래가 이루어진다. 출처: 시사상식사전, 웨더독(wag the dog), 참고인용.

최근 들어 한국시장에서 현물과 선물의 거래대금 차이는 무려 약 5배 정도다. 가령 현물거래대금이 1조원이라면 선물의 거래대금은 무려 5조원이나 된다는 얘기다. 그래서 이렇게 주객이 전도된 선물의 시장은 비대해질 대로 비대해져서 자주 현물시장의 흐름을 왜곡시키고 있다. 이렇게 시장의 흐름을 방해하고 왜곡시키다보면 자금시장의 전체 가격변동 폭이 심화되고 그에 따르는 리스크 또한 확대될 수 있기 때문이다.

이 때문에 문제의 심각성이 드러나게 되었고 이에 대한 대책이 절실하게 필요했다. 그것은 주로 외국인투자가들이 이 주가선물시장을 주도하고 있다. 그들은 앞선 트레이딩 노하우와 풍부한 자금력을 무기로 국내 주가지수선물시장을 완전히 장악해서 주도하고 있는 상황이다. 특히 그들은 현물의 상승은 별로 관심이 없다. 그 이유는 투자에 대부분 수익이 양방향투자가 가능한 선물투자 등 파생상품 거래를 통해서 벌어들이기 때문이다.

선물투자에 있어서 '제로 섬 게임(Zero sum game)'이란 말이 있다. 그것은 어느 한쪽이 이익을 보면 그 다른 한쪽은 반드시 손해를 보게 된다는 말이다. 그렇듯이 외국인투자가들은 우리의 선물시장개방 이후 국내 주식시장에서 천문학적 막대한 수익을 챙겼고 그 반대편에 있는 우리 투자가의 손해와 고통은 엄청나게 컸을 것이라고 충분히 예상된다. 때문에 국가 간 경계가 없어진 현재의 금융거래시장에선 당연히 외국인의 승리가 이어지고 있고 우리 한국경제의 살림살이는 더욱 어려워지는 결과가 되고 있다.

그러니 당초 선물거래의 취지와 현물거래시장에서 생겨나는 가격변동의 리스크를 제어하고 회피할 기능과 목적은 이루지 못하고 오히려 시장구조의 왜곡과 불균형만이 심화시키고 있는 시점에서 어떻게 금융거래의 불균형을 해소하고 바로잡을 수 있지 심각한 고민과 성찰이 있어야 한다. 그래야 이 냉엄한 돈 내고 돈 먹기의 게임에서 다수의 선량한 투자자들이 기분 좋게 살아남을 수 있다.

 그것은 자본의 절대적 힘에 대응할 수 있는 금융거래의 균형 잡힌 시스템과 운용방식에 따라 좌우될 수 있는 문제이다. 따라서 투자의 주체들은 과욕을 버리고 제대로 된 투자의 원칙과 운용으로 시행착오를 최소화하는 투자의 중심을 잃지 말아야 한다. 이렇게 되면 외국투자가들의 위협이 문제가 아니다. 자칫 균형을 잃고 '중심'을 잡지 못하면 나 하나가 망하는 것이 아니라 더 나아가서는 국가경제의 위기를 방어하지 못하고 결국 국가 존폐의 위기를 부를 수도 있다는 것은 막연한 우려가 아님을 인식해야 한다.

 2008년 월가 '서브프라임 모기지론'[5]이 불러온 미국발 금융위기가 바로 이것이다. 그럼 서브프라임 모기지론은 무엇이 문제였었는지 잠시 살펴보자. 금융위기가 터지기 전 2000년 초반 미국은 IT버블 붕괴와 9·11테러를 겪었다.

 그에 따른 경기침체를 우려했던 미국은 저금리 정책을 견지하여

---

5) 서브프라임 모기지론(subprime mortgage loan)- 우리말로는 '비우량 주택담보대출' 정도로 해석할 수 있다. 비우량은 신용등급이 낮아 채무상환의 위험이 높은 사람들을 가리킨다. 모기지론은 주택을 담보로 장기간 대출해주는 제도이다. 쉽게 말씀 드리면, 서브프라임 모기지론은 서민들이 20년이나 30년 동안 장기로 대출금을 갚아나가는 형식의 장기대출제도이다. 이때 대출자가 구입하는 집을 담보로 설정하는 시스템으로 만약 대출자가 원리금을 상환하지 못하면 모기지 업체는 담보로 잡아둔 대출자의 집을 매각함으로써 대출금 회수에 대한 위험을 최소화(헤지, hedge)할 수 있는 대출제도이다.

당시 미국의 연방기금금리(Federal Fund Rate)를 2000년 6.5%에서 2004년 1.0%대까지 꾸준히 줄여 낮게 유지하기로 하였다. 미국 연방준비제도이사회(FRB=Federal Reserve Board)는 낮은 금리로 대출과 신용창조의 활성화를 통해서 경기침체를 방어하려 했다. 물론 이러한 FRB의 경기확장정책은 의도했던 소기에 성과를 얻었다.

2000년대 초 미국경제는 매우 낙관적이었고 가계의 소비나 기업의 설비투자도 모두 활발했다. 따라서 2003년 3분기엔 경제성장률이 무려 7%대를 넘어섰고 그 이후로도 3% 안팎 수준의 안정적인 성장률을 유지했다. 하지만 이러한 FRB의 저금리 기조는 결국 대출의 과잉으로 이어졌고 낮은 금리에 대출자들의 이자부담이 경감되면서 모기지 대출이 급증했다. 이런 현상은 모기지 업체 사이의 과도한 경쟁으로 이어졌고 급기야 서브프라임 등급에게도 충분한 심사절차를 생략한 채 무분별 대출이 이어졌다. 따라서 묻지도 따지지도 않는 무분별한 대출로 인해 과잉유동성은 부동산을 비롯한 자산의 가격상승과 부동산경기의 거품(bubble)을 크게 발생시켰다.

그렇게 부동산 버블은 점점 커져만 갔다. 급기야 2004년 6월, FRB는 버블의 조짐을 인지하기 시작했다. 따라서 그 동안의 저금리 정책을 포기하고 이후 2년간 FRB는 무려 17차례에 걸쳐 연방기금금리를 1.0%에서 5.25%까지 대폭 상향 올렸다. 하지만 문제는 바로 이때부터 서브프라임 모기지론의 부실화 문제가 본격적으로 발생하기 시작했다. 따라서 모기지론과 같은 장기대출 시중금리가 높아지면서 그 상환액이 큰 폭으로 증가하게 되었다. 그리고 부동산 거품이 급속하게 꺼져가게 되고 대출자로서는 매월 갚아야 할 원리금만 늘어가는 상태로 결국 이러한 이자의 막대한 부담은 대출자의 연체와 파산으로 이어졌다.

그리고 2006년 말 서브프라임 모기지론의 연체율은 14%에 육박하게 되고 이러한 연체의 증가는 모기지 업체의 경영악화로 이어졌다. 수많은 모기지 업체가 폐업하게 되고 2007년 4월에는 미국 2위 모기지 업체인 뉴 센트리 파이낸셜(New Century Financial)이 파산을 신청을 하기에 이르렀다.

이것은 결여된 '과유불급'의 경제철학과 부도덕의 자본이 합작으로 만들어낸 파생상품의 과도한 판매가 바로 세계경제금융위기의 주원인이 되었다. 그것은 탐욕을 떨치지 못한 월가의 자본과 경제의 주체들이 경제의 원칙과 중심을 마구 흔들어 균형을 잃게 했기 때문이다.

미국 사람들은 주택을 마련할 때 주택을 담보로 집을 먼저 받은 후에 대출금의 원리금을 장기간에 걸쳐 상환하는 모기지론을 주로 이용하는 제도이다. 미국의 주택구매자는 신용도에 따라서 프라임(prime), 알트-에이(Alt-A), 서브프라임(sub-prime)으로 등급이 나뉘어져 있다. 서브프라임 등급이 대출을 받을 때는 낮은 신용 때문에 프라임 등급보다 대출금리가 3%정도 높다.

서브프라임 모기지론 부실화 문제로 글로벌금융위기가 발생했고 또 그 파급효과는 전 세계로 퍼져나가 세계 각국마다 매우 가공할 경제위기의 공포와 위협적 타격을 입었다. 이런 충격은 '대미의존도'가 높은 한국도 피해갈 수가 없었다. 때문에 한국의 주식시장은 2007년 11월 2,000대를 상회하던 코스피지수가 1년 뒤인 2008년 11월엔 890대 수준까지 폭락했고, 달러당 환율은 930원 선을 유지하다 1,500원까지 치솟았다. 멀쩡하던 중소기업들이 하루아침에 연쇄부도와 연쇄도산 하는 사태가 발생했다. 대기업들, 중소기업들 모두 구조조정으로 많은 실업자가 양산하게 되었고 이러한 과정에서 경제위기를 극복하지 못한 국민과 가정들이 가정경제의 파산으로 가족이 해체되는 아픔을 겪었다.

이처럼 몇몇 사람들의 의해서 만들어진 금융상품이 전 세계의 인류를 대상으로 악영향을 미칠 줄은 그 누구도 예견하지 못했다. 그것은 '자본의 부도덕'과 경제의 주체들이 탐욕에 빠져들었기 때문이다. 그로인해서 개인의 경제가 중심을 잃고, 사회의 경제가 중심을 잃고, 국가의 경제가 중심을 잃게 되었다. 이 때문에 글로벌경제의 '균형과 조화'가 깨지게 된 원인의 배경이 되었다.

때문에 우린 국가경제의 운용에 있어서도 튼실한 시스템은 물론 운용에 있어서 균형과 조화를 잃지 않는 과유불급(過猶不及)[6]의 중용적 인문정신과 지혜가 필요하다. 그랬을 때에 선물시장과 현

---

6) 과유불급(過猶不及)- 모든 사물(事物)이 정도(程度)를 지나치면 도리어 안한 것만 못함이라는 뜻으로, 중용적(中庸的) 사고를 가리키는 말이다. 과유불급(過猶不及) -고사유래 : 子貢(자공)이 공자(孔子)에게 "子張(자장)과 子夏(자하) 중, 누가 현명합니까?" 하고 물은 적이 있다. 어느 날, 자장이 공자에게 "士(사)로서 어떻게 하면 達(달)이라 할 수 있겠습니까?" 공자는 도리어 자장에게 반문하기를 "그대가 말하는 達(달)이란 무엇인가?" "제후를 섬겨도 반드시 그 이름이 높아지고, 경대부(卿大夫)의 신하가 되어도 또한 그 이름이 나는 것을 말합니다." "그것은 聞(문)이지 達(달)이 아니다. 본성이 곧아 의를 좋아하고 말과 얼굴빛으로 상대방의 마음을 알며 신중히 생각하여 남에게 겸손하며 그렇게 함으로써 제후를 섬기거나 경대부의 신하가 되어도 그릇되는 일을 하지 않는 사람이라야 達(달)이라 할 수 있다." 하고 공자는 자장의 허영심을 은근히 나무랐다. 한편 자하에게는 이렇게 타이른 적이 있다. "군자유(君子儒)가 되고, 소인유(小人儒)가 되지 말라."(군자유란? 자신의 수양을 본의로 하는 구도자, 소인유란? 지식을 얻

물시장에서의 불균형을 예방하고 목적과 취지에 맞게 시장의 순기능이 작동하고 불순한 시장의 왜곡으로부터 대피하여 안전하게 시장을 지켜갈 수 있기 때문이다. 결국 경제 논리에 있어서도 '중용적 사상과 철학의 정신'을 배재할 수 없다는 얘기다. 때문에 국가경제의 주체들은 그 어느 때 보다도 더욱 그런 정신을 공고히 해야 한다.

미국 주류 경제학의 아버지인 폴 새뮤얼슨(Paul A. Samuelson) MIT 석좌교수는 2008년 9월 28일 모 언론사와의 인터뷰에서 이렇게 말했다. 폴 새뮤얼슨 교수도 월스트리트 금융위기의 원인에 대해서 미국의 금융규제시스템을 가장 큰 문제점으로 지적했다. 이는 그 '문제의 중심(中心=核心)에서 그 문제의 중심을 바로 보고, 바로 인식해야 한다는 지적'이다. 그는 '미국경제가 80년대 이후 지나치게 우(右)편향돼 규제가 과도하게 풀렸다.'고 진단하고 최근 위기에는 여러 가지 원인이 있겠지만 그 중 무분별한 규제 철폐가 가장 큰 문제였다고 지적했다.

는 일에만 급급한 학자) 이 두 사람을 비교해 달라는 자공의 말에 "자장은 지나쳤고, 자하는 미치지 못하였다."하니 "그러면 자장이 나은 것입니까?" 아니다. "지나침은 못 미침과 같으니라(過猶不及;과유불급)." 출처: 한자사전, 과유불급, 참고인용.
1. 지나치거나 모자라지도 아니하고 한쪽으로 치우치지도 아니한, 떳떳하며 변함이 없는 상태나 정도. 중용을 지키다.
2.[철학] 사서의 하나인《중용》은 동양 철학의 기본 개념으로 도덕의 이론체계이다. 지나치거나 모자람이 없이 도리에 맞는 것이 '중(中)'이며, 평상적이고 불변적인 것이 '용(庸)'이다. 정도를 지나침은 미치지 못함과 같다는 뜻으로 중용(中庸)을 이르고《논어》의 선진편(先進篇)에 나오는 말씀이다.
3.[철학] 아리스토 텔레스의 덕론(德論)의 중심 개념. 이성으로 욕망을 통제하고, 지견(智見)에 의하여 과대와 과소가 아닌 올바른 중간을 정하는 것을 이른다.
김충열, 김충열 교수의 중용대학강의, 예문서원, 2007, pp.101~102 참고인용.

또한 폴 새뮤얼슨 교수는 "나는 70년 동안 경제학과 경제사를 연구했으며 세계 대공황과 제2차 세계대전도 체험했다. 이를 바탕으로 내린 결론은 경제에 대한 정부의 역할이 넘치지도, 모자라지도 않는 '중도주의(中道主義)'가 최상이라는 것이다."라고 말하고 "경제운용을 오른쪽에서 중앙으로 옮기는 것이다. 경제행위자 간의 '견제와 균형'이 복원돼야 한다. 지금의 자유방임주의를 그대로 둘 수 없다. 지나치게 확대된 로비스트들의 영향력도 축소해야 한다."라고 지적하고 자본과 경제정책의 '균형과 조화'를 강조했다.

폴 새뮤얼슨 교수가 '경제운용을 오른쪽에서 중앙으로 옮기는 것이다.'라고 한 말은 편중된 경제운용의 중심축(中心軸)을 합리적 위치로 이동시킴으로써 좌우의 불균형적 요소를 사전 차단 내지는 조율하여 '균형과 조화'를 이루고 어떠한 부작용과 외세의 영향력에 의해서도 그 흔들리지 않는 중심(中心=中道)지키기의 경제이론에 방향성을 제시하고 있는 것이다. 이것을 '중용적 경제이론'이라 할 수 있다.

출구전략은 국가경제운용의 '균형 잡기'
An exit strategy is 'the balance' of national economic management

2008년 미국 발 금융위기 이후 한국의 국가경제는 혹독한 경제적 시련을 극복하고 2013년 현재는 늘어난 재화의 유동성과 통화의 팽창을 걱정해야하는 고민에 차있다. 아직 글로벌경제와 세계는 중국, 한국을 비롯한 동아시아 몇 나라를 제외하곤 아직도 그 금융위기의 불안이 완전히 가시지 않고 있다.

유럽과 EU 대부분의 국가들은 그 때의 충격과 위기에서 쉽게 벗어나지 못하고 있고 엎친 데 덮친 격으로 새로운 국가부도 위기와 같은 불안한 상태가 여전히 지속되고 있다. 그러고 보면 우린 참으로 다행이고 행복한 고민을 하고 있는 것이 아닌가 하는 생각이 든다. 그러나 마음 놓고 행복해하기엔 아직 이르다. 우리가 남들보다 한발 앞서 위기를 극복했다고는 하지만 그것은 착시다. 억수 같은 비가 잠시 멈추고 구름과 구름 사이로 비추는 햇살에 찬연한 무지개가 잠시 보였을 뿐이다. 문제는 계속해서 따스한 햇살이 비춘다는 보장도 없고 언제 어느 때 EU나 유럽, 또 다른 국가 경제의 먹구름이 우리의 상공을 뒤덮을 지는 아무도 모르는 일이다. 우리는 그 때를 대비해야 한다.

최근 우리처럼 좀 나아진 인도, 호주 등 몇 나라가 금리인상을 단행했다고 한다. 그리고 G20 재무장관회의에서 금리인상과 같은 출구전략은 각국의 여건과 사정에 따라 개별적 시행하기로 합의가 이루어졌다. 한국도 경제성장의 호조에 따라 금리인상과 재정지출축소를 포함한 출구전략에 대해서 분분한 논의가 제기되고 있는 상황이고 그 배경 또한 복잡하고 간단치 않은 상황이다.

출구전략(出口戰略, exit strategy)[1]에 사전적 의미는 대개 좋지 못한 상황에서 벗어나는 수단을 일컫는다. 경기 침체나 위기가 끝나고 회복되는 시점에서 경기 부양을 위해 펼쳤던 정책을 경제에 미치는 영향을 최소화하면서 거둬들이는 전략적 경제정책이다. 출구전략이란 한마디로 '유동성 회수정책'이다. 경기부양을 위해서 내 놓았던 각종 정책들을 경제의 큰 부작용 없이 서서히 거두어들이는 전략이다. 너무 빠르면 그 효과가 발생하기 전에 철회하는 것이 되어 전혀 효과가 없을 수 있고 너무 늦으면 부작용이 커질 수가 있다. 이때도 중용의 '시중(時中)'적 이론이 요구된다.

---

1) 출구전략(Exit Stategy)- 원래 임무를 완수한 군대의 퇴각 시나리오를 지칭한 데서 유래되었다. 베트남 전쟁 때 미국방부 부서 내에서 처음 사용된 것을 계기로 이제는 다방면에서 폭넓게 사용되고 있는 용어이다. 그 후로도 패세 혹은 손실이 심각한 상황이 지속될 때 인명이나 물자의 손실을 최소화하기 위해 군대를 철수시키려는 검토이고 그 시행에 대해서 출구전략이라는 용어가 사용되었다. 경제에서는 경제정책의 기조를 원상복구 하는 것을 의미하거나 시장 혹은 기업의 경영, 소유를 포기할 때 경제적 손실을 최소화하는 전략을 가리키기도 한다. 또한 투자한 자본을 최대한으로 조기에 회수하려는 전략도 출구전략이라고 부른다.

이처럼 정부에서의 출구전략이란? 국가경제의 위기가 왔을 때 그를 극복하기 위해 내렸던 금리 등의 형태로 나타난 과잉 유동성이나 각종 완화정책을 다시 경제에 큰 부담이 가지 않게 서서히 거두어들이는 경제적 전략을 일컫는 것으로서 정부가 취할 수 있는 경제적인 출구전략은 금리인상과 정부의 지출 축소 그리고 채권매각과 세원을 확대하는 정책의 실시 등이 있다. 그리고 규제를 강화하여 과잉 공급된 통화를 환수하는 것이 핵심이다.

특히 금리인상은 가장 빠르게 효과를 기대할 수 있는 정책 중 하나이이지만 경제에 미치는 영향을 고려해 신중하게 시행되어야 하는 대전제 속에 국가는 국가경제 전반에 직간접적으로 정책적 영향이 미치도록 조정해 나가야 한다. 이것은 완전한 '위기극복의 핵심전략'으로서 위기를 극복하고 탈출하는 전략이라기보다 일단 벗어난 위기의 초기 단계에서 다시 위기로 재 전락하는 것을 차단하고 예방하는 목적의 전략이라고 해야 할 것이다.

때문에 이때 자칫 '경제정책의 오류'와 출구전략의 '과도한 정책'을 범하게 되면 위기의 완전한 탈출이 아니라 애써 극복한 위기의 국면을 도루아미타불로 만들고 오히려 더욱 심각한 절망의 나락으로 추락할 수도 있는 상황이 될 수도 있다. 때문에 많은 사람들이 이에 대한 '출구전략'에 대하여 전문가적 확실한 진단과 분석을 요구하는 것이다.

이렇게 출구전략은 장기간의 경기침체로부터 경기회복의 조짐이 경제지표를 통해 나타날 때 검토되어지는 첫 번째 단계의 전략이므로 타이밍(timing=시중)을 잘 맞추어 시행해야하는 국가경제의 핵심전략으로서 다른 경제정책들과 마찬가지로 출구전략에도 일정 리스크와 부작용이 따를 수 있다. 예컨대 정부 당국이 유동성 증가를 위해 풀어놓은 돈이 효과를 발휘하기도 전에 출구전략을 사용하게 되면 경제회복정책이 유명무실하게 될 수 있고 너무 늦게 실시하면 더블 딥(Double Dip])[2]이나 버블, 인플레이션 등과 같은 부작용들이 발생할 우려가 있다.

때문에 무엇보다도 적절한 시기에 적절한 조치가 출구전략의 성공에 관건이 된다. 때문에 많은 전문가들, 경제학자들 사이에서도 지금이 적기라느니, 아니면 조금 이르다느니 각기 의견이 분분하기 마련이다. 이렇게 설왕설래 의견이 분분할 때 답답한 것은 정부 당국자와 국민들이다. 그것은 과연 누구에 말이 옳은지 명확한 선견을 점칠 수 없기 때문이다. 그렇다면 과연 어떻게 이 '출구전략'의 알맞은 때를 맞춰내어 성공을 할 수 있을까?

그러나 여기서 그 방향의 전환적 시기가 적시적합(適時適合)을 이루어야 경기부양 때처럼 출구전략도 성공할 수가 있다. 즉 터널을 들어갈 때는 잘 들어갔는데 나올 때도 별문제 없이 부작용 없이 안정적으로 잘 나와야 출구전략이 성공하게 되는 것이다. 만약 문제가 발생한다면 그것은 출구전략의 타이밍이 적절치 못한 것으

---

2) 더블딥 (Double Dip)- 경기침체 이후 일시적으로 경기가 회복되다가 다시 침체되는 이중침체 현상이다. 더블딥은 '두번(double) 내려가다(dip)'라는 뜻으로 경기가 하강하는 침체기를 두 번 거쳐 회복되기 때문에 'W자형' 경제구조라고도 한다. 경제가 2분기 연속으로 마이너스 성장을 보이는 경우를 경기침체라 하므로 더블딥은 2분기 연속 마이너스 성장을 보이던 경기가 잠시 회복되다가 다시 2분기 연속 마이너스 성장에 빠지는 것을 의미한다. 이것은 경기침체기에 기업들이 생산을 늘리면서 일시적 경기가 반등하는 것처럼 보이지만 실제로는 국민경제 악화로 수요 침체가 다시 악화되어 결국 경제가 다시 침체기에 빠지게 되는 것이다. 브리태니커, 참고인용.

로서 궤도수정이 잘못되었음을 의미한다. 그렇게 되면 오히려 경기부양정책 이전보다 부작용이 커지고 나라경제는 더 힘든 패닉(panic)의 상황을 초래할 수도 있음을 인식해야 한다. 그래서 출구전략에 있어서 가장 중요한 것은 적시적합에 의한 타이밍의 설정이다.

중용 제2장에 보면 '군자지중용야, 군자이시중 (君子之中庸也, 君子而時中)' [3] 이라 했다. 이것은 '군자는 일을 함에 있어 때에 알맞은 중도(中道)를 견지(堅持)하기 때문이다.'라는 뜻이다. 다시 말해서 군자는 중용의 도리를 잘 실천하는 원인은 적시(適時)에 적합(適合)한 행위를 하기 때문이다. 첫째는 알맞은 때의 선택으로 이르지도 않고 늦지도 않은 때를 바로 맞추기 때문이다. 둘째는 알맞은 행위의 선택이다. 그 당시의 모든 여건을 참작하여 모자라지도 않고 과도하지도 않으며, 어느 한쪽으로도 기울어지거나 치우침이 없도록 행위의 강약을 조절하기 때문이다. 이처럼 일에는 원칙만 가지고 되는 것도 아니고 어우러짐의 조화와 각도 조절의 유연성이 일에 적시, 적합을 도모할 수 있다.

이렇게 시의적절, 알맞은 때란? 일정한 기준, 조건, 정도 따위가 넘치거나 모자라지 아니한 것. 혹은 느리거나 빠르지 않은 때. 좋은 기회나 알맞은 시기와 같은 모든 것을 아우르는 말이다. 최

---

3) '君子而時中' – 중용 제2장 원문의 말씀으로서 '가장 알맞은 때에 알맞게'라는 뜻으로서 적시적합(適時適合)을 의미한다. 仲尼曰, 君子中庸, 小人反中庸. 君子之中庸也, 君子而時中, 小人之(反)中庸也, 小人而無忌憚也. 이는 '공자께서 말씀하시길, 군자는 중용을 지키고, 소인은 중용을 못 지킨다. 군자가 중용을 지킴은 군자는 알맞은 때를 가려 일을 하고 견지하기 때문이다. 소인이 중용을 지키지 못함은 소인은 일을 함에 거리낌 없이 자기 생각대로 하기 때문이다.'라는 말씀이다.

적의 기준과 시점이 어디가 좋은지 그 설정이 먼저 필요하다. 그것은 가장 객관화 된 데이터와 여러 가지 선행지표를 근거로 분석하고 접근해서 기준점(基準點=時中點)을 찾아내는 것이다. 그러면 반드시 최적의 중심점(中心點)이 보이게 된다. 그 중심점에 서서 일정한 조건은 갖추었는지, 넘치거나 모자람은 없는지, 너무 빠르거나 너무 느린 것은 아닌지를 판단하여 알맞은 것을 신중하게 택하여 목적을 이루기 위한 행위를 실행하면 된다.

이때에 정부정책입안자, 경제학자, 경제전문가들은 군자의 위치에서 군자다움으로 애국지심과 충정어린 자세로 일에 성심을 다해 임하고 군자로서의 그 책임과 몫을 다해야 한다. 너무 지나치게 인위적 조절이나 억제는 부자연스럽고 일에 부조화를 초래할 수 있다. 모든 경제지표를 토대로 정확한 분석과 예측이 가능하도록 점검하는 일이 선행되어야 한다. 전문가나 학자들 사이에서도 분석이 다르고 보는 관점이 다를 수 있다. 그러나 문제를 제대로 인식하고 문제를 제대로 볼 수 있다면 반드시 공통의 분모를 만들어낼 수 있다.

어쨌든 '출구전략'은 위기에서 벗어난 국가경제를 다시 위기에 빠지지 않도록 대비하고 성장으로 흐트러진 경제의 몸가짐에 대한 '국가경제의 균형 잡기'를 새롭게 해야 하는 국가의 경제정책이다.

통화전쟁의 소용돌이
A Maelstrom of currency war

통화는 무엇이고, 통화전쟁은 무엇인가?

통화(通貨)는 유통화폐(流通貨幣)의 준말이다. 유통화폐는 모든
유통 수단이나 지불 수단으로서 기능하는 화폐를 총칭한 말이다.
어느 나라건 국가가 공식적으로 지정하여 쓰는 돈으로써 다시 말
해 지불 및 상업적으로 유통되어지는 화폐의 단위를 뜻한다. 국제
사회의 모든 국가가 고유의 통화를 갖고 있는 것은 아니다. 간혹
다른 이웃 나라의 통화를 빌려 쓰는 나라도 있다. 그러나 일반적
으로 통화는 경제적 고유의 가치를 갖고 있기 때문에 세계의 통
화는 ISO 4217[1] 의 엄격한 규정에 따라 국제적 표준 이름(약칭)

---

1) ISO 4217- 각국의 환율.ISO 4217은 제정된 통화의 이름을 정의하기 위한 3
문자의 부호(통화 코드라고도 알려짐)를 기술하는 국제 표준화 기구 (ISO)가 정
의한 국제 기준이다. 이는 1973년에 ISO 기술 위원회 68은 무역, 상업, 은행업

을 갖고 있는 것이 일반적이다.

오늘날 화폐는 일반적인 유통수단이다. 세계 각국에서 사용되고 있고 통화는 그 외형상의 형태에 따라 크게 두 종류로 나누어 본다면 지폐와 동전이다. 지폐(紙幣)는 대개 은행권이며 일반적으로 큰 통화단위이고 동전(銅錢)이나 주화(鑄貨) 같은 것은 지폐의 보조 단위의 화폐로 사용되고 있는 것이 일반적이다. 재료로는 황금을 비롯하여 니켈에 이르기까지 다양하다. 화폐는 동서양을 막론하고 물건가치의 교환수단이 되었다.

현대사회에서의 통화정책이란? 화폐시장에서 유통 되어지는 화폐의 공급량을 중앙은행이 인위적으로 조절하여 의사를 결정하는 것을 말한다. 이것은 이자율이나 통화량의 관리를 통하여 경제활동에 영향을 주려는 정부의 주요 금융정책으로서 거시적, 미시적 경제정책에 일환이다. 할인율 조정, 공개시장조작, 지불준비율 조정 등이 이 통화정책의 기본적 운용방안이다.

이런 통화정책 또는 화폐정책은 정부와 중앙은행이 한 국가의 화폐 공급, 유용성, 화폐가치, 금리 등을 경제성장이나 안정성을 유지토록 하기 위한 수단으로 그것을 수행하는 일련의 조치를 일컫는 말이다. 화폐정책은 크게 보면 확대(팽창)적 화폐정책과 긴축(수축)적 화폐정책 둘로 규정하고 있다. 말 그대로 팽창을 꾀하는 정책은

에 적용하기 위한 통화, 기금을 대표할 코드를 개발하기로 결정하였다. 1978년 2월에 UN/ECE 전문가 그룹은 국제 표준 ISO 4217의 세 개의 알파벳 코드가 국제 무역에 적당하다는 데에 뜻을 모았다. 그 후 새로운 통화 코드가 만들어졌으며 오래된 통화 코드는 중단되었다. 정부가 새로 들어선다든지, 국가 간 통화 조약의 표준화 과정, 과도한 인플레이션에 따른 통화 재평가 등에 따라 이러한 일이 잦았다. 그 결과, 코드의 목록은 수시로 갱신되었다. ISO 4217 MA는 이 코드 목록을 관리할 책임을 진다. 위키백과, 참고인용.

화폐의 공급을 늘리는 것이고 수축정책은 반대의 개념이다.

화폐의 공급을 늘릴 시에는 금리는 내리고, 실질 율이 내려가도록 유도하고 여건을 조성하는 것을 말한다. 반대로 화폐 공급의 긴축은 화폐의 공급을 줄이고 금리나 이자율이 올라가서 인플레이션의 확대를 억제하도록 하는 정책이다. 따라서 화폐정책은 이렇게 자국의 국고 상황과는 대치되도록 운영되기도 하는데 이는 정부의 세입이나 여러 지출을 모두 고려해야하는 어려운 정책 중 하나이다.

따라서 화폐공급의 변화는 화폐정책에 따라서 그 유동성 효과와 소득증대 효과, 수학적, 통계적, 물가지수와 같은 피셔효과[2]를 시차적이고 점진적으로 금리상승이나 하락에 영향을 주며 나타난다. 이렇게 화폐정책은 국가경제활동과 경제의 축으로서 그 '중심'을 잡기 위한 경제정책의 절대적 수단이다.

경제활동에 영향력을 발휘하기 위해 정부가 취하는 통화정책을 '관리통화제도'[3] 라 한다. 특히 통화와 신용의 공급이나 이자율

---

2) 피셔효과(Fisher Effect)- 미국의 경제학자 어빙 피셔(Irving Fisher)의 이름을 딴 것으로 명목이자율과 실질이자율(인플레이션 조정 후 이자율) 그리고 기대인플레이션 사이에 발생하는 금리변화의 관계이론이다. 이는 시중금리와 인플레이션 기대심리와의 인플레이션이 예상되면 채권자들이 예상 인플레이션 율만큼 명목이자율을 높게 설정하게 되는 것을 말한다. 이러한 균형조정의 메커니즘은 차익거래에 의해 수행된다. 주식/증권용어 참고인용.

3) 관리통화제도(管理通貨制度)- 정부나 중앙은행의 통화 관리자가 물가안정과 고용증대를 위해 국내 통화 공급량을 인위적으로 관리·조정하는 제도이다. 이 제도는 1923년 영국의 경제학자인 J.M. 케인스에 의해 주창되었다. 관리통화제도의 목표는 합리적인 화폐공급을 통해 물가 및 외환시세의 안정과 고용증대를 꾀하는 데 있다. 통화량 조절수단으로는 지급준비율제도·금융정책·공개시장정책·발행고 조작 등이 있다. 브리태니커, 경제학, 관리통화제도(管理通貨制度) 참고인용.

등을 조작하는 방법을 말하는 것으로 금융정책은 어느 나라든지 중앙은행의 권한에 속하는 것이 일반적이다. 금융정책수단과 목표 간 관계에 대해서는 목표와 수단이 직접 연결되는 정책운영이 바람직하다는 주장도 있다. 정책수단의 변화가 목표 변수에 영향을 미치는 전달경로가 너무 길고 매우 불확실성이 크기 때문에 각국의 중앙은행은 보통 목표를 다시 최종목표와 운영목표(또는 중간목표)로 나눈다. 그리고 금융정책수단을 통해 운영목표를 통제하거나 조절하는 방식의 2단계 운영체계로 금융정책을 운영하고 있다.

즉 금융정책의 최종목표는 다른 경제정책과 마찬가지로 경제성장, 고용의 안정, 물가안정, 국제수지의 균형 등을 목표로 하는 것이 그 목적에 부합하는 의미이다. 이러한 최종목표를 중앙은행은 통화량과 금리운영목표로 삼아서 금융정책의 수단을 효과적으로 활용하게 된다.

이렇게 중앙은행의 금융정책수단은 금융제도의 구조적 문제와 현실에 따라서 금융시장의 발전, 정치체제, 경제발전 등에 정책적 수단이 다르다. 대부분의 선진국에서는 본원통화 또는 예금은행의 지급준비총액을 조절하는 정책수단을 통해 운영목표인 통화량이나 시중금리를 간접적으로 통제, 조절하는 간접규제방식을 사용하고 있다. 정책수단으로는 재할인정책, 공개시장조작, 지급준비율과 관련한 정책 등이 있다.

이런 간접규제방식은 본원통화와 총 통화량 간의 일정한 승수(乘數) 관계를 전제로 본원통화를 조절함으로써 본원통화와 총 통화량 간의 안정적 승수관계를 통해 총 통화량을 조절할 수 있다는 이론적 근거에 기초한 것이라고 해야 한다. 그러나 대다수의 개발도상국가에서는 대다수가 간접규제방식으로는 효과적 통화와 운영목표를 달성할 수 없는 여건이 지배적이며 본원통화나 통화의 공급경로별로 한도를 정하는 직접규제방식을 주로 사용하고 있다. 한국의 경우는 은행별 민간 여신한도를 규제하는 방법으로 통화의 억제와 안정을 꾀하고 있다.

전통적인 금융정책수단을 내용별로 살펴보면 다음과 같다. 재할인정책은 중앙은행이 예금은행들이 보유하고 있는 비 은행권 민간발행 부채증서를 사들이거나 예금은행이 지급준비자금을 대출함에 있어 중앙은행이 발행하는 상업어음의 재할인율이나 대출 금리를 변경함으로써 예금은행에 중앙은행으로부터의 차입 규모를 조절하거나 예금은행의 대출 금리에 영향을 끼치게 하는 정책적 수단이다. 예컨대 재할인율을 인상하는 경우 예금은행이 중앙은행으로부터의 자금조달비용이 높아짐으로써 예금은행으로 하여금 중앙은행 차입을 억제시키는 한편, 다른 은행으로부터의 차입이나 대형 양도성예금증서의 발행, 유동성증권의 매각 등의 방법으로 자금을 조달토록 함으로써 이러한 자금조달수단의 금리를 모두 높이게 하는 방법이다.

지급준비율정책은 예금은행이 고객의 예금인출에 대비하여 지불능력을 확보하기 위해 예금의 일정비율에 해당하는 금액을 중앙은행에 예치하여 일부 현금으로 보유하는 지급준비율을 변경시킴으로써 예금은행의 신용창출능력을 억제하고 규제하는 정책적 수단이다. 예컨대 지급준비율을 높일 경우 예금은행의 초과지급 준비규모가 감소됨으로써 신용창출능력이 저하되고 결과적으로 통화량이 감소하게 된다.

공개시장조작은 중앙은행이 증권시장에서 기관투자가나 민간을 대상으로 국·공채 등 유가증권을 매입하거나 또는 매각을 통해서 통화량을 직접 조절하는 동시에 증권수익에 영향을 끼쳐 시중금리를 조절하는 정책적 수단이다. 예컨대 중앙은행이 국·공채를 유통시장에서 매입하는 경우 시중의 유동성이 흡수되는 동시에 국·공채의 가격이 상승함으로써 수익률이 하락하여 시중금리를 하락시킨다.

이런 정책은 다른 정책수단보다 유동성조절이나 금리에 강력한 효과를 미칠 수 있지만 조작대상 증권이 다양해야하고 발달된 채권유통시장의 전제를 필요로 하게 되는 것이다. 이런 이유로 공개시장조작을 중심정책수단으로 사용하는 국가는 미국, 영국 등 일부 국가에 불과하다.

한국의 통화관리방식을 살펴보면, 1950년 6월부터 1965년 8월까지와 1978년부터 1981년 12월까지가 직접규제방식이었고 1965년 10월부터 1978년 8월까지와 1982년 1월 이래로 간접규제방식으로 전환 사용되고 있다. 그러나 그런 공개시장조작은 여건의 미성숙으로 사실상 쉽게 사용되지 못하고 있다. 재할인정책 등은 통화조절수단보다는 예금은행의 산업별 신용배분으로서 정부의 의도대로 유도하는 정책수단이다. 따라서 통화관리방식의 변경에도 불구하고 사실상 직접규제수단이 사용되고 있었으며 간접규제수단으로는 지급준비율정책 같은 것이 주로 사용되었다. 그러나 금융자유화 추진으로 우리나라도 간접규제방식의 전통적인 금융정책수단을 중심으로 한 금융정책의 운영이 시도되고 있으나 그것은 향후 점진적 정착이 이루어질 전망이다.

이렇게 세계경제는 각국 통화의 운용방식과 규제 속에 국가 간 교역과 상거래 질서를 형성하고 있다. 그러나 통화의 정책과 수단에 따라서 교역수지가 흑자수지 또는 적자수지가 되기도 한다. 그것이 일정 수준에 기준을 과도하게 넘어서게 되면 국가 화폐정책의 균형이 깨지고 통화의 중심을 잃게 된다.

1997년 11월 IMF 구제 금융을 받았을 때 외환금융위기 때가 그랬고, 2008년 9월 15일 세계 4위의 투자은행인 리먼 브라더서가 미국 뉴욕 맨해튼의 파산법원에 파산보호 신청을 하면서 발생한 미국 발 금융위기 때가 그랬다. 그 때문에 연쇄적으로 선진국을 비롯한 전 세계로 금융위기가 확산되었다. 그로인해 당사자국인 미국은 물론 전혀 상관이 없는 전 세계인 모두에 삶이 고난과 고통으로 바뀌게 되었었다.

그러나 세계의 금융위기는 그것으로 끝난 것이 아니다. 어느 나라건 한시도 마음 놓을 수 없고 세계 금융위기의 소용돌이와 태풍 속에서 자국의 유리한 통화정책이 무엇인지를 고민하지 않으면 안 되는 상황에서 전쟁과 다름없는 이른바 환율전쟁과 통화전쟁을 매일매일 숨 가쁘게 치루고 있는 상황이 지금 현재이다.

2013년 동아국제금융포럼이 있었는데 그때의 분위기가 "환율전쟁엔 동맹국도 없다"는 인식하에 선진국들이 자국 통화를 약세로 전환시켜 개발도상국 또는 신흥국의 희생을 발판삼아 경제회복을 꾀하고 있다는 분석이 있었다. 이렇게 환율전쟁이 가속화 되면 달러화 중심의 세계금융체제가 급격히 무너질 수가 있다는 우려도 있었다. 글로벌 환율전쟁은 이처럼 경제적 이해관계 그리고 정치적 역학까지 얽혀 있는 고도의 '머리싸움'으로 피도 눈물도 없다.

세계적인 베스트셀러 '화폐전쟁'의 저자 쑹훙빙은 통화정책의 세계 최고의 대표 전문가이다. 그는 "한국과 중국, 일본을 포함한 아시아 국가들은 지역 통화 공동체를 구축해 글로벌 변화에 대응해야 한다."고 주장한바 있다. 또 베스트셀러 '커런시 워(Currency Wars)의 저자 제임스 리카즈의 전망은 가장 비관적이다. 그는 "각국의 경쟁적인 양적완화와 저환율정책은 모두를 패자로 만들 것"이라고 경고했다. 그는 "미국이 한국의 동맹국이지만 환율전쟁에서는 한국 편을 들지 않을 것"이라고 말하고 "한국은 환율 영향에서 한층 자유로워지려면 기술혁신에 매진하는 수밖에 없다"고 했다.

그렇다. 환율은 국가를 지탱하는 원동력이다. 지금 한국 수출산업은 이미 빨간불이다. 원/달러 환율은 1010원대를 오르내리고 수출기업들은 실적과 환율 리스크에 울상이다. 좀 더 어려운 상황이 오면 따라서는 환율이 3자리 숫자로 바뀔 수도 있다는 부정적 전망도 있다.

이 통화전쟁의 중심에는 거대경제대국 중국이 있다. 그것은 이 중국에 통화정책이 어떤 방향이냐에 따라서 세계경제의 중심이 '잡히느냐, 흔들리느냐'에 문제가 심각하게 걸려있다고 볼 수 있다. 그것은 세계경제에 있어서 중국경제의 비중이 그만큼 크게 작용하고 있기 때문이다. 중국은 그 큰 경제의 에너지와 힘을 바탕으로 자국에 눈부신 경제발전을 가속화 하고 있다. 때문에 이렇게 막대한 중국 위안화의 통화팽창으로 미국을 비롯한 여타 경제선진국들에 적절한 통화정책적인 수단과 기능이 마비되고 그 효과를 상실함으로써 해당국의 국제교역수지는 더욱 악화되고 국가경제의 건전성이 심화됨으로써 글로벌 경제의 상황이 점점 위태로워지고 있다는 분석이다.

그러나 중국에 입장은 다르다. 자국경제의 이익을 덜어내야 하는 다른 나라의 요구에 쉽게 호응하기란 쉬운 것은 아니다. 그러다보니 자국의 이익을 위해서 국제사회의 요구에 강하게 버티는 것이고 또 그것에 맞서 국제사회는 더욱 강한 요구를 하게 되는데 이른바 그것이 '신플라자합의' [4] 이다. 그러나 반드시 중국 경제의 발전에 부정적 요소만 있는 것은 아니다. 중국 경제가 부흥하고 발전함에 있어 한국을 비롯한 아시아 신흥국들은 교역의 확대로 동반 성장하게 되는 긍정적 요소도 매우 크다. 그러나 경제발전의 과정에서 수반 되는 인플레이션 확대와 경제의 비정상적 거품 증가를 방치했다간 또 다른 아시아 경제의 위기를 맞을 수도 있는 것이다. 때문에 그 부작용에 대한 우려를 하지 않을 수 없다.

현재 우리가 직면하고 있는 '통화전쟁'의 그 중심에는 중국이 있고 G5(미국, 일본, 영국, 프랑스, 독일) 국가들은 중국을 상대로 '신플라자합의' 라고 하는 것을 강하게 요구하고 있다. '신플라자합의' 를 이해하기 위해서는 우선 '플라자합의' 는 무엇이고 그 배경은 무엇인지 살펴보자. 과거 미국을 중심으로 한 주요 선진국들

---

4) 신플라자합의- 국제금융시장의 불안요인으로 달러 상승작용을 막고자 선진국들이 인위적으로 달러화 매도에 개입하는 것을 말한다. 1985년 플라자합의는 엔화에 대한 달러 약세에 대한 합의이고 신플라자 합의는 위안화에 대한 달러 약세에 대한 것을 의미한다. 앞으로 신플라자합의가 도래할지는 중국의 태도에 달려 있다. 가능성은 매우 적지만 1985년과 같이 미국과 중국이 극적으로 신플라자합의가 될 경우 위안화에 대한 달러약세 국면은 상당기간 지속될 것으로 예상한다.

이 1973년 금본위제와 달러본위제를 폐지하고 새로이 '변동환율제'를 채택하게 되는데 이 '변동환율제'는 국제수지의 변동에 따라 환율이 자동으로 바뀌어 수지의 불균형을 해소하는 통화정책 시스템의 체제이다.

환율에 종류는 크게 세 가지로 나눌 수 있다. 첫째는 '변동환율제'로 한국을 비롯해 대부분의 국가들이 채택하고 있다. 둘째는 '관리변동환율제'로 중국이 대표적 국가이다. 이 제도는 국가가 직접 통화의 입출을 관리하고 있는 제도이다. 셋째는 '고정환율제'이다. 이것은 미국달러에 연동 되어 운용되는 제도로서 홍콩달러가 그 대표적 예이다. 이 '고정환율제'는 자국으로 외화자금이 유입되면 1:1로 반드시 대응해야 하며 신규통화발행도 자국이 보유한 외환보유고의 한도 내에서만 발행이 가능한 제도이다.

'변동환율제'는 환율변동에 따라 국제수지의 균형을 유지하고 잡아주는 것이 매우 중요하다. 때문에 경제대국들이 이루어낸 좋은 통화정책 합의체제이다. 그러나 각국에 산업경쟁력과 금리차이, 정부의 외환시장개입과 같은 현상들로 인해 이 '변동환율제'의 자율적 조정기능이 본래의 취지와 기능을 발휘하지 못하고 벽에 부딪치게 되었다. 그러자 결국 G5 국가들은 1985년 '관리플로트제(Managed Floating)'를 도입하게 된다.

이 '관리플로트제'는 G5 국가들이 외환시장에 협조적으로 개입해 환율을 적정수준으로 관리하기로 합의한 것으로서 이른바 이것이 '플라자합의'다. 이렇게 해서 오늘날 국제금융시장이 이 기틀아래서 20년 이상 운용되어 왔다. 이 '플라자합의'는 국제금융시장에서 마치 '환율 헌법'과도 같은 역할을 해왔고 운용되고 있으나 현재 중대한 위기에 봉착해 있다. 그것은 점점 사회주의의 붕괴와 중국경제의 눈부신 발흥으로 인해 그 '플라자합의'의 메커니즘과 운용 시스템에 중대한 교란적 요인이 발생하였기 때문이다. 특히 중국은 최근 아시아뿐만 아니라 글로벌경제의 경제대국으로 급격히 부상하면서 미국과 서유럽 국가들로부터 막대한 무역흑자를 올리고 있다.

때문에 중국에 통화정책과 위안화 절상이 바로 이 논란의 중심에 서 있다. 이로 인해서 EU를 비롯한 서방 선진국들이 중국과 함께 한자리에 모여서 1985년에 G5 국가들이 통화합의를 이끌어 냈던 것처럼 다시 한 번 새롭게 통화합의를 하자는 것이 소위 말하는 '신플라자합의'의 골자이다. 그렇기 때문에 중국으로서는 매우 신중할 수밖에 없다. 국제사회의 요구를 무조건 거절할 수도 없고 순순히 그 요구에 응하자니 자국의 경제적 이익을 감소해야 하는 난제에 직면하고 있기 때문이다.

이런 국제적 요구와 '신플라자합의'에 대한 중국의 입장은 매우 부정적이고 완강하다. 그것은 현행 국제금융질서가 미국과 같은 나라들에 패권주의적 산물이기 때문에 이를 경계해야 하는 것이 중국의 입장이라는 것이다. 과거 일본이 '플라자합의' 때에 미국의 엔화절상을 수용한 일본이 수출경쟁력이 급격히 떨어지고 약화되면서 80년대 이룩한 경제성장을 접고 90년대 잃어버린 10년을 경험한바 있다. 그 때문에 선뜻 '신플라자합의'를 요구하는 국제사회의 요구에 쉽게 나설 수 없는 것이 최근 크게 경제성장을 이루고 있는 중국의 분명한 입장이고 이것이 현재 첨예하게 대립되어 진행되고 있는 '통화전쟁'의 배경이라고 할 수 있다.

그렇다면 과연 어떻게 해야 할까? EU를 비롯한 서방들은 중국과의 관계에서 어떤 합의를 이룰 수 있을까. 합의를 이끌어내기 위해서는 부단한 노력과 설득력이 필요할 것이다. 또한 중국이 과연 자국의 이익을 포기하고 경제에 미칠 악영향에 대해 얼마만큼 양보가 가능할까? 그러나 그것은 아무도 모를 일이다. 그러기 때문에 이와 관련하여 모든 국가들이 중국의 위안화 문제에 대해 예의 주시하고 있다.

중국이 그렇게 국제사회의 집요한 요구에도 배짱 좋게 버팅 기는 것도 그럴만하다. 왜냐? 중국으로서는 서두를 일도 아니고 버틸수록 이익이기 때문이다. 또한 국제사회의 일방적 요구에 쉽게 굴복하지 않아도 될 만큼 중국은 이미 군사·경제면에서도 탄탄한 강성대국을 이루고 있다. 결국은 힘의 논리이다. 강자의 입장에서 약자들의 말에 호락호락할 필요가 없다는 계산이고 그 넘치는 국력이 있기 때문에 쉽게 합의가 이루어지지 못할 것 같다.

그렇다면 좀 더 근사한 조건과 선물이 제시 되어야하지 않을까? 막연하게 글로벌경제의 위기와 여러 나라의 어려움을 인식시키고 해소시키기 위한 일방적 양보와 감수해야 할 손해만 가지고는 설득이 무리일 것 같다. 여기에서 상호 진정한 역지사지가 필요한 것이라 생각된다. 그 역지사지란? 어떤 사물의 중심(中心·中庸·中道 =가운데 마음, 가운데 길, 가운데 쓰임)[5] 을 바로보기

---

5) '중(中)' – 치우치지도 않고, 기대지도 않으며, 지나치거나 못미치지도 않은 것. '용(庸)'은 평상적인 것을 말한다.' 이다. 김충열,「김충열교수의 중용대학강의」, 예문서원, 2007, p,96 참고인용. 中也者, 天下之大本也, 和也者, 天下之達道也. 중(中)은 세상에서 으뜸가는 근본이고, 화(和)는 세상에서 통용되는 일상의 도리(道理)이다.

위해 중심에 서서 좌우 양단을 헤아려보는 일이다.

자기가 선 지점에서 어디가 멀고 가까운지. 또는 무엇이 무겁고 가벼운지를 객관적으로 헤아려보는 지혜가 상대에 대한 배려이다. 이것이 입장 바꿔 생각해보는 이해심이다. 이것이 전제되지 않고는 어떤 대화의 균형점(均衡點=中心點)[6]을 찾기가 어렵고 합의 또한 이루기가 어렵다. 그것은 합리적 합의가 이루어져야하기 때문이다. 이 합리적 합의가 바로 균형과 조화[7]이다. 이 합리적 합의를 돌출하기 위해서는 어떤 문제의 중심에 내가 먼저 바르게 서야한다. 그래야 좌우 양단의 길고 짧음, 높고 낮음, 무겁고 가벼움을 인지할 수 있기 때문이다. 그런 연후에 그 기운 쪽으로 중심축을 서서히 이동시키면 좌우의 균형을 이룰 수가 있다.

그러나 중국은 미국과 서방 선진국들이 주도해온 국제통화기금(IMF)과 세계은행(WB) 중심 체제에 도전하는 신개발은행(NDB) 출범을 앞두고 중국이 앞장서고 있다. NDB의 출범은 국제금융 패러다임 재편의 신호탄이다. 금융과 정보통신기술(ICT)의 융합으로 스마트금융의 새 화폐시대가 금융시장의 혁신을 주도하면서 이른바 핀테크(Fin Tech) 시대가 열리고 있다. 앞으로 세계의 패권은

---

6) 균형점(均衡點=中心點)- 광범위한 인간관계와 사회질서 속에서 회통에 대한 중요성과 조화와 균형의 기준점이 되는 것을 말한다. 첫째는 자신의 도덕인격을 확립해야 하고, 둘째는 사람과 사람사이의 원만한 소통이고, 셋째는 천지만물과 함께 동참하여 균형과 조화로 중화(中和)를 이루어내야 하는 것. 김충열,「김충열 교수의 중용대학강의」, 예문서원, 2007, pp.123~124 참고인용.
7) 균형과 조화(均衡과 調和)- 어느 한쪽으로 기울거나 치우치지 아니하고 고른 상태이다. 그것은 동심을 태우고 오르내리는 시소와 같다. 그것은 저울대가 가장 알맞은 상태에 놓여 있을 때의 평일(平一)한 상태이다. 우주의 가장 건전한 운행은 형평이요, 가장 충실한 생성은 조화이다. 김충열,「김충열 교수의 중용대학강의」, 예문서원, 2007, pp.107, 112 참고인용.

금융통화 패권에 따라 좌우되고 미래 통화전쟁의 무기는 전자금융의 힘이 될 것이라는 전망이다.

이처럼 세계의 글로벌경제는 힘과 경제의 논리에 의해서 전쟁 아닌 전쟁의 소용돌이를 만들고 그 속에서 우리의 의도와는 무관하게 우리의 소중한 삶에 행복과 평화를 구현하는 것이 아니라 오히려 아무도 모르는 사이에 우리의 삶과 행복의 중심을 마구 흔들 수 있다. 이렇게 정부는 자국의 통화가치도 지켜내야 하고 미래 국민의 행복가치도 지켜내야 한다. 그러나 미래의 국민행복을 담보할 수 있는 것은 별로 그리 많아 보이지 않다.

이런 '힘과 힘(Strength and power)'의 소용돌이에서 우리의 미래를 확고히 지켜내기 위해서는 커다란 나무만 보지 말고 숲을 보는 지혜와 균형과 조화를 이루는 '중심보기와 중심세우기'가 절대적이다. 국가경제의 중심을 바로 세워야 국민적 미래사회의 행복이 보장될 수 있지 않을까? 그 어느 때 보다도 합리적이고 조화와 균형 잡힌 글로벌시대의 '국제금융시스템'의 합리적 체제가 만들어져서 어렵고 힘든 약소국들이 함께 경제성장을 이룰 수 있기를 간절히 기대하고 소망해 본다.

무서운 국제금융자본의 실체

A terrifying international finance capital of the entity

국제금융이란 무엇인가? 이것은 국제거래의 결과로 발생한 국가 간 결재를 비롯해 그 결제를 원활하게 하기 위한 목적으로 국제금융이 이루어지는 것을 말한다. 그것은 오늘날 뉴욕과 런던 금융시장이 그 대표적인 국제금융시장[1] 으로 자리 잡고 있다. 국제금융시장은 크게 '지불수단'이 거래되는 외환시장과 신용(Credit)이 거래되는 협의의 국제금융시장으로 나눌 수 있다. 그리고 외환

---

1) 국제금융시장(International Financial Market)- 국가 간에 이루어지는 무역, 해외투자 및 자본의 대차거래 등에 수반하여 금융자산의 거래가 국제적 차원에서 지속적으로 이루어지는 장소 또는 총체적인 거래 메커니즘을 말한다. 최근에는 각국의 금융시장이나 외환시장에 대한 규제가 크게 완화되고 통신기술이 급속히 발전함에 따라 금융시장의 범세계화가 가속화되고 있다. 이에 따라 국제금융시장은 거주성이나 장소적 구분을 초월하여 각 국의 금융시장이나 유로시장 및 외환시장을 총괄하는 총체적인 거래 메커니즘으로 이해되고 있다. 대표적인 국제금융시장으로는 런던금융시장, 뉴욕금융시장, 동경금융시장, 바레인금융시장, 싱가포르금융시장, 홍콩금융시장, 프랑크푸르트금융시장 및 스위스금융시장 등이 있다. 출처: 2011.8.13 인터넷 검색, 참고인용.

시장은 계약과 인도(引渡)의 시차를 기준으로 현물환시장(現物換市場)과 선물환시장(선물환시장)으로 구분된다. 신용시장은 장소에 따라 역내시장(域內市場)과 역외시장(域外市場)으로 구분한다. 역내·역외시장 모두 대부자와 차입자 중 한쪽이 외국인이거나 또는 금융 중개기관이 외국에 소재하는 형태이다. 그러나 역내시장은 자금의 대차(貸借)가 금융기관 소재국의 통화로 이루어지는 경우를 가리키며 역외시장은 금융기관 소재지가 아닌 타국통화표시로 자금의 대차가 이루어지는 형태이다.

또한 금융시장은 거래방식에 따라 직접 또는 간접금융시장으로 나눌 수 있다. 자금의 수요자인 기업이 발행한 채권을 자금의 공급자가 매입하는 형식을 통해 양자 직접적인 거래가 이루어지는 경우가 직접금융시장에 해당한다. 공급자가 금융기관에 예금 형태로 공급한 자금을 은행이 대부(貸付)하는 방식으로 최종수요자에게 전달하는 방식이 간접금융의 형태이다.

국제금융자본이 갖는 순기능과 목적이 있다. 국제금융자본의 '자본자유화'는[2] 1961년 발족된 국제기구로써 OECD가 그 주축

---

2) 자본자유화(capital transaction, liberalization of)- 국가 간의 자본거래에 있어서 직접투자 또는 간접투자를 가리지 않고 자본이 외국에서 들어오는 것과 외국으로 나가는 것을 허용하며, 나아가 동(同)자본의 원금뿐만 아니라 이자에 대한 송금을 보장하는 경제적 조치. 여기서 자본거래는 원료나 기계와 같은 자본재의 이동을 의미하는 것이 아니라 화폐형태의 자본, 즉 화폐자본의 이동을 의미한다. 자본자유화라는 용어는 1961년 창설된 경제협력개발기구(OECD)에서 자본이동에 관한 제한을 철폐하도록 촉구함에 따라 가맹국들이 자본거래에 관한 제한을 점진적으로 철폐하고 이것을 자유화조치라 명명한 것에서 유래되었다. 자본자유화는 국민경제차원에서 자본배분의 적정화, 자본·기술·자원의 효율적 배분, 금융·자본 시장의 효율성, 물가·금리·외환의 가격구조 선진화 등의 긍정적 효과를 가져 오는 반면 국민경제의 종속과 국제수지교란 등의 부정적 효과

이 되어 추진한 것이다. 이 '자본자유화'는 국제간의 자본대차와 자본투자를 비롯해서 기타 채권채무에 관한 거래 등 국제간에 이루어지는 자유로운 자본이동을 의미한다. 자본자유화는 무역 및 외환자유화가 상당히 진척된 상태로 이행되는 개방경제 체재의 마지막 단계이다. 그 구체적인 내용은 경영참가 목적의 기업출자를 의미하는 직접투자와 단순한 투자에 의한 이익목적의 증권투자를 의미하는 간접투자로 구분하게 된다. 통상 넓은 의미의 자본자유화는 자본시장의 국제화를 의미하는 것이고 외국 자본시장에 내국인의 참여까지를 포함하는 것이다.

이렇게 국제금융자본의 자유화를 위해서는 금융자본시장이 시장의 가격 메커니즘에 의해 움직여진다. 이를 전제로 국내 산업과 기업의 국제경쟁력 제고, 국제수지의 안정 기조 정착, 무역 및 외환자유화와 금리자유화 등의 제반여건이 성숙되어야만 진정한

를 가져 올 수도 있다. 기업의 측면에서도 자본조달의 저렴화와 다양화, 해외에 대한 직접·간접 투자를 통해 이익의 극대화 등의 긍정적 효과가 있는 반면에 외국인에 의한 국내기업 지배, 외국인에 의한 국내기업시장 잠식 등의 부정적 효과를 동시에 가져올 수 있다. 따라서 상대국과 비슷한 수준의 경제력 기반의 구축, 무역 및 외환자유화, 국제수지의 안정, 기업의 국제경쟁력의 강화, 금융·증권 시장의 시장기능 정착 등의 전제조건이 형성되지 않은 상태에서의 자본자유화는 선진국 자본에 의한 여러 가지 부정적인 영향을 끼친다(→ 자본수출). 한국의 경우 대내적으로 경제규모의 확대와 외자조달의 효율성 제고 및 증권시장의 활성화 측면에서 국내증권시장의 개방 필요성이 증가 하고 있으며, 대외적으로도 한국 경제규모가 양적·질적으로 성장함에 따라 자본자유화의 압력이 높아지고 있다. 한국에서의 자본자유화 단계별 추진내용을 보면 제1단계(수용태세 및 정비단계:1981~84)에 외국인 전용 수익증권발행 및 대한투자 신탁기금(Korea Fund) 설립, 외국 증권 국내 사무소 설립이 이루어졌고, 제2단계(1985경)에 외국인 전용 수익증권발행 확대, 해외 사채발행이 이루어 졌으며, 제3단계(1980년대 후반 이후)에는 외국인의 본격적인 투자 허용 및 국내 증권의 해외발행이 추진되고 있다. 출처: 브리태니커, 자본자유화 참고인용.

'자본자유화'가 가능하다. 이중에서도 금리자유화는 금리의 가격 기능 회복을 통해 자본자유화에 효과적으로 대응하고 국내 금융 기관의 경쟁력을 강화시킨다는 점에서 자본자유화에 선행되어야 할 필수 조건이고 풀어야할 과제이다. 또한 외환자유화는 대외거래의 활성화, 환율 및 국제수지 결정요인의 다변화 등을 유발하여 특히 원화환율이 평가절상(하락)될 경우 외국자본의 국내유입이 가속화하게 될 우려가 있다. 그럼에도 불구하고 한국정부의 이러한 금융자율화 및 개방노력은 국내 금융시장의 자본자유화의 효율성 제고와 선진화를 촉진시키고 금융기관의 경쟁력을 크게 강화시킬 수 있을 것이라는 예상이다. 뿐만 아니라 외국자본의 유입 촉진에 따라 국내 주식시장의 수요확충과 금리의 하향 안정을 가능하게 하는 결과를 만들게 될 것이라는 전망이기도 하다.

따라서 금융시장개방은 기업이 해외에서 저금리로 자금을 조달할 수 있다. 국내 투자가들이 적절한 포트폴리오 관리를 통해 환위험[3]을 효과적으로 관리할 수 있게 되는 긍정적 효과가 매우 크다. 그러나 반면에 금융시장 개방은 단기성 투기자금을 포함한 해

---

3) 환위험관리(Foreign Exchange Risk Management)- 환위험의 중요한 개념적 특징은 미래 '예상하지 못한' 환율변동으로 인한 경제적가치의 변동가능성이다. 환위험관리는 이러한 환율변동위험을 체계적으로, 계획적으로, 조직적으로 관리하여 위험을 없애거나 최소화하고 이익을 극대화하는 것을 의미한다. 환위험관리의 필요성은 1970년대 초 브레튼 우즈(Bretton Woods) 체제의 붕괴로 환율제도가 변동환율제도로 이행됨에 따라 주요국 통화환율의 변동 폭이 확대되면서 나타났다고 볼 수 있다. 환위험관리는 현실적으로 간단한 문제는 아니다. 어떤 위험을 어떻게 관리할 것인가? 이것이 결정되면 어느 정도까지는 관리가 가능할 것이다. 어떤 수단을 통해 관리할 것인가? 또한 누가 책임을 질 것인가? 등 많은 문제들을 결정해야 하기 때문이다. 출처: 경제용어사전, 환위험관리 (Foreign Exchange Risk Management) 참고인용.

외유동자금의 유입에 따른 통화관리상의 어려움이 뒤따르게 마련이다. 또한 국내 금융기관의 영업기반 약화와 국내경제의 환위험 노출 심화와 같은 매우 부정적 요인도 함께 수반됨으로서 외국의 음성적 자본에 공격을 언제나 받을 수도 있다는 위험한 요소와 문제가 상존한다는 것을 망각해서는 안 된다. 즉 우리가 뼈저리게 경험했던 IMF와 같은 외환 위기나 금융위기를 또 다시 초래할 수도 있기 때문이다.

결국 이런 문제는 우리의 의지와는 아무 상관이 없다. 즉 '외국의 음성적 자본의 타깃이 되느냐 안 되느냐' 하는 문제다. 그렇게 막강한 자본을 내세운 국제 음성적 자본에 먹잇감이 되지 않으려면 그것은 그들에게 약점과 허점을 보이지 말아야 한다. 그들에게 허점이나 약점이 노출되는 한 언제든지 무서운 포식자들에겐 매우 매혹적인 먹잇감이 된다는 것을 잊어서는 안 된다.

그럼 왜! 국제금융자본[4]이 무서운가? 국제금융자본의 실체에

---

4) 국제금융자본– 출처: 국제금융자본의 '한국 죽이기' 전모(시사저널 1998년 3월 19일) 세계 정치 및 경제의 중심지인 워싱턴. 80년대 말 냉전이 종식되면서 이곳에 자리 잡은 국제통화기금(IMF)과 세계은행(IBRD) 그리고 미국의 내로라 하는 두뇌집단들의 핵심 관계자들은 전 세계자본주의 체제를 재편하기 위한 새로운 고민을 시작했다. 바로 한국을 비롯한 개발도상국들을 상대로 어떻게 하면 시장개방을 핵심으로 하는 신자유주의적 경제구조조정 프로그램을 더 잘 관철할 수 있을까에 관한 고민이었다. 이 관계자들은 고민을 거듭하다가 90년대 초반에 '워싱턴 컨센서스(Washington Consensus)' 라는 합의에 도달했다. 워싱턴 컨센서스는 개발도상국 등 제3세계 국가들이 시행해야 할 구조조정 조처들을 담고 있다. 이 조처들은 정부예산 삭감, 자본시장 자유화, 외환시장개방, 관세인하, 국가기간산업 민영화, 외국자본에 의한 국내 우량기업 합병·매수 허용, 정부규제 축소, 재산권보호 여덟 가지다. 워싱턴 컨센서스는 대상 국가들에 이 같은 조처를 관철하기 위한 방법론을 담고 있다. 이 방법론은 정치적 조건들에 관한 것이다. 대개의 개도국 정부들은 구조 조정을 하려는 의지가 없거나, 재벌이나 노조

대해서 생각해보자. 2011년 8월 2일 한국증시의 코스피(COSPI)는 2200포인트를 목전에 두고 있었다. 그러나 미국의 신용평가사인 스탠더드 앤 푸어스(S&P)가 미국의 신용등급을 한 단계 강등되면서 촉발된 시장의 하락이 연속 6일 동안 무려 1700포인트인 공포의 500여 포인트가 하락했다. 이는 스탠더드 앤 푸어스(S&P)가 자국의 신용등급[5] 강등이 원인이기도 하지만 이를 빌미로 외국투자가들이 집중적으로 연속 매도를 쏟아낸 것이 더 큰 원인이다. 이를 국내 개인투자자들과 기관이 적극 방어에 나섰지만 이를 방어하기엔 역부족이었고 일시 진정되면서 상승하기도 했으나 무섭게 계속 쏟아내는 매도 공격에 밀려 다시 하락으로 반전했다.

그때 그로 인해 국내 주식시장의 시가 총액이 수조원이 허공으

등 이익 집단의 반발로 인해 구조조정이 불가능하기 십상이다. 워싱턴 컨센서스가, 개도국들이 어떠한 정치적 조건들을 갖추어야 이들 나라에서 구조 조정이 성공할 수 있는지에 관한 방법론을 내놓고 있는 까닭이 여기에 있다.
5) 국가신용등급(國家信用等級, country risk)- 한 국가가 국제금융시장으로부터 자금을 마련할 때 적용받는 신용도로 일반적으로 신용등급이 높을수록 낮은 금리를 적용하여 해외에서 채권을 발행하거나 차관을 들일 수 있다. 미국의 스탠더드 앤드 푸어스(S&P)와 무디스(MCO), 영국의 피치레이팅스(피치)가 국가의 신용등급을 평가하는 3대 신용평가기관이다. 이 기관에서 국가의 신용도를 평가하기 위해서 각국의 경제와 정치의 안정성과 돌발변수 등을 고려한다. 보통 신용등급은 16등급으로 구분되며, 등급을 표시하는 방법은 평가기관마다 차이가 있다. 무디스는 최고 등급을 Aaa로, 최하 등급을 B3으로 표시하며, S&P나 피치는 최고 등급을 AAA로, 최하 등급을 B-로 표시한다. 국가의 신용정도에 따라 16단계로 구분된 신용등급은 투자등급과 투기등급으로 구분되며, 투자위험이 크다고 판단되는 나라는 투기등급군으로 분류한다. 미국신용등급이 AAA에서 AA+로 한 단계 강등됐다. 국가신용등급 평가가 시 작된 1917년 이후 미국의 신용등급은 줄곧 트리플 A였지만, 94년 만에 처음으로 강등되면서 영국이나 독일보다 낮아지게 됐다. S&P는 미국이 부채상한 증액을 타결했지만 재정적자를 줄이는 데는 충분치 못한 결정이라고 평가해 신용등급을 강등했다고 설명했다. 출처: 시사상식사전, 국가신용등급(國家信用等級, country risk)

로 날아가 버렸다. 이는 코스피와 코스닥이 최단기간에 최대의 주식폭락을 기록한 전례 없는 기록이다. 이것은 국내 자본시장에 들어왔던 단기성 투기자본들이 미국의 신용평가 강등을 계기로 이익을 실현하고 자본이 대거 썰물처럼 국내시장에서 빠져나갔기 때문이다. 결국은 국내 건전한 투자자와 기관들만 엄청난 손해를 보았다. 이는 한국의 주식시장은 어딘가 약점이 있고 허점이 있었기 때문이다. 한국의 시장에서 외국의 자본비중은 약32%에 달한다. 이 32%의 자본이 국내 68%의 자본을 마구 흔들어댔고 이 68%는 자본시장의 중심을 잃고 외국 투기성 음성자본[6]에 의해 정신을 잃고 마구 휘둘릴 수밖에 없었던 가장 큰 이유는 무엇일까?

---

6) 투기성 음성자본- 이코노미스트가 중국에 엄청난 핫머니가 유입되고 있다고 경고하고 나섰다. 중국 외환보유고가 늘어나고 있는 것 이상으로 핫머니가 유입되고 있으며 중국 당국이 잘 관리하겠지만 환율조정이 필요하다는 내용이다. 강력한 자본 통제에도 불구하고 중국은 투기성 자본이 전례 없이 급증하고 있어 경제에 위협이 되고 있다. 이번 여름에 가장 관심 있는 이슈는 중국 경제에 유입되는 투기성 자본 또는 '핫 머니'가 과연 얼마나 될 것인가에 대한 관심일 것이다. 한 가지 힌트는 올해 중국의 무역흑자가 줄어들기는 했지만 외환보유고는 어느 때보다 빠른 속도로 증가하고 있다는 점이다. 핫머니는 다양한 통로를 통해 들어오고 있다. 중국 파트너를 통해 돈을 투입하는 헤지펀드들이 많다는 소문이 있기는 하지만 유동성을 고려하는 대형 서방 투자펀드들은 중국에 돈을 갖고 들어오기 쉽지 않다. 무역과 투자는 기업들에게 투자자금을 빼낼 수 있는 틈새 역할을 하고 있다. 엄청난 핫머니 유입은 중국 경제에 두 가지 관점에서 위협이 된다. 첫째는 1990년대 외환 위기처럼 자본이 갑자기 나갈 경우이다. 중국 경제는 현재 무역 흑자와 엄청난 외환보유고로 인해 이런 위험을 방지하고 있지만 은행 시스템은 갑작스런 예금인출에 타격을 입을 것이다. 더욱 긴급한 염려는 자본 유입이 인플레에 불을 붙인다는 점이다. 더 많은 외환 자본이 유입되면 은행은 위안화 환율을 유지하기 위해 달러를 더 사들여야 한다. 이는 더 많은 돈을 찍어야한다는 결론이다. 이로 인해 통화정책은 매우 복잡해질 수 있다. 중국의 이자율은 인플레율 보다 낮지만 중국 인민은행은 높은 이자율을 책정할 경우 더 많은 핫머니를 유입하게 되고 인플레 압력을 더욱 높일 것이라고 염려하고

그 주된 이유는 국내 자본시장의 환경과 시스템적 취약성 때문이다. 많은 신용평가사들이 한국을 가장 취약한 시장으로 평가하는 것도 이러한 이유에서이다.

IMF 구제금융 요청은 1997년 12월 3일 대한민국이 외환위기(국가부도위기)를 겪으며 국제통화기금에 자금지원 양해각서를 체결한 사건이다. 이때 제기 되었던 국제금융자본의 "한국 죽이기"에 대한 전모와 음모설(시사저널 1998. 3. 19자)에 대해 그 진실 여부를 떠나 그럴 가능성을 완전히 배제할 수 없는 것도 사실이다. 그것도 그럴 것이 만약 '워싱턴 컨센서스'에서 개발도상국들을 대상으로 은밀하고 내밀하게 진행된 음모가 사실이 있었다면 신자유주의적 국제금융자본 시스템은 글로벌 신자유주의 자본시장에서 또 하나의 위협으로 존재하는 '정글의 법칙'일 뿐이다. 그것은 개발도상국들을 그런 식으로 국가경제무장해제를 시켜서 이익을 취하는 수법이야말로 전형적인 강자(국제금융자본)의 무력적 횡포라 아니할 수 없다. 따라서 '국제금융자본'의 감춰진 내막과 두 얼굴을 살펴봄직하다.

있다. 중앙은행은 이에 따라 예상보다 빨리 달러화에 대한 위안화의 가치가 올라가는 것을 용인하고 있다. 올해 1분기에만 이미 달러화에 대한 위안화의 가치는 18%나 상승했다. 그러나 이로 인해 투자자들은 앞으로 더욱 위안화가 평가절상 될 것이라고 예상하고 자본 유입을 더욱 촉진시키는 역할을 하고 있다. 문제는 돈의 공급 증가가 아무런 제재 없이 폭발하고 있으며 이는 한계에 달하고 있다는 점이다. 돈을 찍어내 유동성을 조정하는 것은 중앙은행에게는 엄청난 비용을 부담하게 할 것이다. 핫머니 유입이 지속되고 이자율이 낮게 유지될수록 인플레에 대한 위험은 더욱 커질 것이다. 출처: 2011.8.14 인터넷검색, 위해청정 관광무역사, 부동산무역정보, 참고인용.

'워싱턴 컨센서스(Washington Consensus)'[7]가 한국에 어떤 조처들을 담고 요구했는지 그동안 제기 되었던 음모설의 전모 분석(출처:국제금융자본의 '한국 죽이기' 전모-시사저널 1998. 3. 19자) 참고인용.

⫸ 구조조정 성공을 위해 정권 교체를 필수로 은밀하게 벌인 계획

　이 방법론이 제시하는 정치적 조건 중 하나는 구조조정이 필요한 국가에 대선이나 총선 등 선거가 끼면 좋다. 구조조정 의지가 없는 정권에 대해 구조조정을 추진할 수 있는 대안 정치세력으로 대체하여 정권교체를 이룰 필요가 있다. 그 다음은 현 정권의 선거패배를 유도하기 위한 전술이다. 이 방법론은 그 같은 맥락에서 집권핵심세력이 연루된 부패 고리를 폭로해 정권을 무력화한다. 그럼에도 워싱턴 컨센서스는 이 두 가지 전술만으로 현 정권의 성공적 구조조정을 확신하기 어렵다고 판단하고 이 컨센서스를 주도하고 있는 존 윌리엄슨을 비롯한 신자유주의자들은 어떤 정치

---

7) 워싱턴 컨센서스(Washington Consensus)- 1990년 미국 국제경제연구소(IIE)가 남미 국가들의 경제위기 해법으로 제시한 세제개혁, 무역·투자 자유화, 탈규제화 등에 관해 10가지 정책으로 미국식 시장경제체제를 주 골자로 하고 있다. 미국의 정치경제학자인 존 윌리엄슨이 1989년 자신의 저서에서 제시한 남미 등 개도국에 대한 개혁처방을 '워싱턴 컨센서스'로 명명한 데서 유래되었다. 이후 1990년대 초 IMF와 세계은행, 미국 내 정치경제학자들, 행정부 관료들의 논의를 거쳐 '워싱턴 컨센서스'가 정립되었다. 이후 미국 주도 신자유주의의 대명사로서 워싱턴 컨센서스는 동구 사회주의국가 체제 전환과 1990년대 후반 아시아의 경제위기 극복 과정에서 주요 개혁정책으로 채택되었고 이는 미국의 이익을 극대화하기 위한 금융자본주의의 거대한 음모와 술수라는 비판을 받았다. 한경-경제용어, 참고인용.

세력이 정권을 대체함과 동시에 구조조정을 제대로 실행할 수 있는지를 심도 있게 고민한다.

그 결과 이들은 서로 다른 지지 계층과 기반을 갖춘 중도 성향의 2개 정당이 연합할 때 가장 이상적이라는 결론에 도달한다. 신자유주의자들이 두려워하는 점은, 재벌이나 노조 세력의 저항으로 워싱턴 컨센서스의 구조조정 프로그램이 좌절되거나 훼손되는 것이다. 이들이 서로 다른 지지계층과 기반을 갖춘 중도 성향의 정당 2개가 연합한 정권을 바라는 것도 구조조정에 따른 손실을 걱정하는 각종 이익 집단을 무마하기 위함이다. 이는 이익 집단들이 이 연립정권에 자기가 좋아하는 정당이 참여한다는 사실에 안심하고 구조조정을 지지할 것이라는 인식에 기초한 것이다.

이 같은 '국제금융자본'의 전략과 전술은 섬뜩한 전율을 느끼게 한다. 이것은 한국이 IMF 사태를 겪으면서 직면했던 일련의 정치 과정과 절묘하게 정확히 일치했다. 이는 대선이 있었다는 점, 국정운영에 깊숙이 개입한 김현철씨의 비리가 밝혀져 YS정부가 무력해졌다는 점, 야권에서 김대중씨의 국민회의와 김종필씨의 자민련이라는 상이한 지지 계층을 갖춘 중도정당 'DJP 연합'이 출범했다는 점 등에서 알 수 있다.

무서운 것은 워싱턴 컨센서스의 전략대로 DJP 공동 정권이 국제통화기금의 구조조정 프로그램을 수행하는 데 정확히 들어맞았다. 구조조정정책들이 이처럼 차질 없이 실행될 수 있게 된 배경은 무엇보다도 DJ와 JP의 지지기반이 서로 다른데 있었다. 이는 구조 조정에 따라 실질 임금이 삭감되어 가장 고통 받는 저소득층이 자기네가 지지하는 DJ가 결코 배신하지 않을 것이라는 기대감으로 구조조정을 지지한다는 데서 확인되고 있다. 이것이 과연 우연의 일치일까?

⫸ '워싱턴 컨센서스 음모' 단정할 수 없다는 견해

위와 같은 상황임에도 또 일각에서는 '워싱턴 컨센서스 음모설'을 단정할 수 없다고 부정했다. 그러나 워싱턴 컨센서스는 그해 전개되었던 한국의 정치상황을 사전에 미리 알고 수립한 듯 한 착각을 들게 한다. 우연의 일치라고 하기에는 신기할 정도로 상황이 착착 들어맞았다. 그해 갑작스럽게 닥친 외환 위기가 어떤 시나리오에 의한 것일 수 있다는 이른바 '음모론'이 퍼지고 있는 배경도 여기에 있다. 이 같은 음모론의 핵심은 지난 30년간 국가가 주도해 놀라운 경제성장을 이룩했으면서도 시장개방에 소극적인 한국에 외환위기의 징후가 보이기 시작하자 미국을 비롯한 선진 국가들이 이를 고의로 심화시켰다는 시각이다.

그렇다고 워싱턴 컨센서스 자체를 음모라고 단정할 수는 없다고 보는 시각이다. 그런 시각의 가장 큰 이유는 워싱턴 컨센서스가 구조조정 프로그램을 성공적으로 실행하기 위해 제시하고 있는 전략과 전술이 한국만을 겨냥한 것은 아니기 때문이다. 존 윌리엄슨 같은 신자유주의자들이 80년대 국제통화기금의 지원을 받아 구조조정 과정을 겪은 멕시코·칠레 등 남미국가들을 연구한 끝에 구조조정 프로그램을 대상 국가에 효율적으로 관철하기 위해 내놓은 것이 워싱턴 컨센서스의 전략과 전술인 것으로 분석한다. 하지만 외환 위기가 음모에 의한 것일지도 모른다는 의혹을 완전히 배제할 수만은 없다고 여지를 두었다.

그것은 그런 이면에 바로 워싱턴 컨센서스에는 구조조정이 필요한 국가에 외환 위기가 발생하면 이를 당장 돕지 않고 방치함으로써 구조조정 프로그램을 관철할 수 있는 절호의 기회로 활용해야 한다는 내용이 강하게 들어 있었기 때문이다. 따라서 그해 한국금융권의 단기외채 만기가 재연장되지 않은 배경에는 이 같은 전술이 적용되었을 가능성을 배제할 수 없다고 보았다.

실제로 석연치 않은 구석이 있다. 당시 김인호 전 청와대 경제수석은 〈시사저널〉과 가진 인터뷰에서 1997년 10월23일 홍콩증시 폭락의 여파가 4일 뒤 한국에 상륙할 줄은 미처 몰랐다고 증언했다. 즉 태국 바트화 폭락과 홍콩 증시 폭락에 따라 미국과 일본의 은행들이 동남아에서 투자액을 얼마나 회수할 것인가가 관심이었지, 이들이 설마 한국 금융권의 단기외채만기마저 재연장해주지 않을 줄은 정말 몰랐다는 내용이었다. 외국은행들의 처지에서는 한국기업들의 과다한 금융차입으로 부실채권이 양산되어 불안해하지 않을 수 없는 상황으로 인식했기 때문으로 보았다. 실제로 당시 한보와 기아를 비롯한 재벌들의 부도사태는 외국은행들의 불안감을 가중시키고 있었다. 따라서 재연장불가능사태를 근본적으로 막기 위해서는 외채를 전부 갚는 길밖에 없었다고 당시 김인호 전 청와대 경제수석은 인터부에서 말했다.

그럼에도 그해 1997년 11월 5일 '한국의 외화보유액이 20억 달러밖에 되지 않을 수 있다'고 미국의 경제통신 블룸버그가 보도한 배경에 여전히 의문은 남는다. 당시 한국은행의 외화보유액은 3백5억 달러에 달했다. 그런데도 이 통신이 한국금융권의 만기 재연장 불가능사태를 심하게 잘못된 보도를 한 배경에 매우 악의적인 음모가 도사리고 있지 않았겠느냐는 지적이기도 하다.

구조조정대상 국가가 지급불능사태에 돌입하면 돕지 않고 더욱 심화시킬 필요가 있다는 워싱턴 컨센서스의 전술과 관련해 주목할 또 다른 사실이 있다. 1997년 4월 외환위기 징후가 처음 나타났을 때 캉드쉬 국제통화기금 총재가 당시 강경식 부총리를 만나 필요하다면 구제금융을 제공하겠다고 운을 뗐다는 사실이다. 그의 말이 앞서의 전술에 부합한다고 볼 수 있는 이유이다. 그것은 한국 정부로 하여금 외환위기에 대해 조금 안심시키려는 저의를 숨겼을 가능성 때문이다.

⑨》 한국 정부 그렇게 안심시킨 뒤 사정없이 뒤통수 강타

윤소영 교수(한신대 · 국제경제학)도, 캉드쉬 총재가 '잘못되면 구제금융을 받으면 된다.'고 한국정부를 안심시켜 자연스럽게 외환위기 심화를 유도한 것이 아니냐는 의혹을 제기했다. 한국이 외환위기의 초기가 아닌 지급불능 지경에 까지 몰려 구제 금융을 신청해야 국제통화기금으로서는 한국에 워싱턴 컨센서스가 요구하는 구조 조정 프로그램을 쉽게 관철할 수 있다고 인식했다는 분석이다.

워싱턴 컨센서스의 치밀하게 계획된 무서움은 여기에서 그치지 않았다. DJP 연합이 대선에서 승리한 뒤 정권을 인수하는 과정에서 구조조정의 성공을 위해 워싱턴 컨센서스가 공식화한 몇 가지 전술이 대부분 관철되었다. 이 같은 전술 가운데 대표적인 것이 구조조정의 성공에 가장 걸림돌인 노조세력 무력화인데 DJP 연합은 이를 위해 노·사·정 대타협을 이루어 정리해고제를 도입하는 데 성공한다. 문제는 정리해고제가 워싱턴 컨센서스의 구조조정 프로그램에는 들어 있지 않았지만 그런데도 국제통화기금이 한국정부에 구제금융을 지원하는 전제조건 가운데 하나로 요구한 노동시장 유연성 제고는 노조세력 무력화가 워싱턴 컨센서스의 전술에 기인했다고 볼 수 있다.

캉드쉬 총재가 노·사·정 대타협 과정에서 굳이 한국을 방문해 한국노총과 민주노총 지도부에 정리해고제 도입을 수용하도록 설득했다는 것도 이 때문이란 분석이다. 캉드쉬총재는 이미 정해진 프로그램에 따라 노조 지도자들과 면담했다. DJP 연합이 정권을 인수하는 과정에서 관철된 또 다른 워싱턴 컨센서스의 전술은, 구조조정을 담당하게 된 정권이 국회라는 민주적 대의 기관을 통하지 않고도 구조 조정을 강력히 추진할 수 있게끔 대통령이 긴급명령권을 포함해 강력한 권한을 가져야 한다고 주장했던 것이다.

⫷ 워싱턴 컨센서스 요구 따르면 과연 경제가 살아날까

'워싱턴 컨센서스'는 왜 대통령의 강력한 권한으로 구조조정을 성공시킬 전술로 삼았을까. 워싱턴 컨센서스는 정부가 시장의 자율성을 믿고 개입을 최소화해야 한다는 통화주의를 신봉하는 신자유주의자들에 의해 수립된 국제협의체다. 그런데도 신자유주의자들이 이 전술을 채택하게 된 까닭은 남미의 구조조정이 시장에만 맡겨진 결과 실패하고 말았다는 분석 때문이다.

그래서 이들은 대통령의 권한 강화를 중요한 정치적 조건으로 삼았다. 그러나 가장 중요한 점은 워싱턴 컨센서스가 요구하는 대로 구조조정을 하면 '경제가 되살아날 수 있느냐'의 여부였다. 물론 이 컨센서스를 수립한 신자유주의자들과 이를 집행하는 국제통화기금은 분명히 그렇다고 주장했다. '구조조정으로 말미암아 일부는 즉각 집중적인 손실을 입지만 대다수는 앞으로 명확하지는 않지만 여러 가지 혜택을 누릴 것'이라고 말했다.

  실제로 한국의 경우 구조조정이 절대적으로 필요한 것은 사실이었다. 최근 경제위기의 원인을 고도경제성장의 견인차였던 중화학공업이 80년대 후반 들어 오히려 발전의 걸림돌이 되었다는 점이다. 무리하게 자본재를 수입하고 대규모 외채를 차입해 중화학공업을 육성했는데도 수익성에서 경쟁력 확보가 역부족이었다. 그것은 새로운 신기술과 자본에 부족 때문이다. 따라서 전문가들은 중화학공업 중에서도 경쟁력 있는 산업을 축으로 한 새로운 성장전략이 필요하다고 권고했다고 한다.

  윤소영 교수는 워싱턴 컨센서스를 초민족적 자본들이 개도국을 공략하기 위한 전략이라는 측면에서 보아야 할 필요가 있다고 주장했다. 이는 국제통화기금이 요구한 대로 구조조정을 하다가 남미의 경제가 오히려 악화했다는 점을 예로 들고 있다. 더욱이 구조조정을 겪는 나라의 경우 금융자산을 많이 가진 20%가 더 많은 소득을 얻고 그렇지 않은 80%는 더 나빠졌다는 남미의 구조조정 결과가 한국에서도 똑같이 높다는 것이 그의 예리한 분석이다.

  (*李教觀* 기자) 1999.10.16자 참고인용.

⑪ 자본주의 생산과정과 구조적 모순 고쳐야.

한국에 외환위기(국가부도) 사태는 달러화의 급격한 국외 유출로 국가자본주의적 축적구조 붕괴가 원인이다. 오늘날 금융자본은 19세기 말에서 20세기 초 독일경제의 경험을 바탕으로 한 힐퍼딩(R. Hiferding)이 정의했던 산업자본과 은행자본의 융합이라는 개념보다 마르크스가 '자본론'에서 제시했던 화폐자본의 공식 즉 'M-M'으로 더 잘 이해될 수 있다.

따라서 국제금융자본이란? 국제적 돈놀이 자본으로 규정할 수 있다. 국제금융자본은 월가+미국 재무성+IMF의 컴플렉스라는 방식으로 세계경제를 지배하고 있었다. 1970~80년대 이후 본격화된 신자유주의와 세계화를 주도하고 있는 것도 바로 이 국제금융자본이다. 그런 자본이 이윤율이 저하하는 생산부문에서 빠져 나와 금융부문으로 유입되면서 나타난 것이 바로 1970년대 이후 금융세계화다. 이윤율은 저하하는데 주가의 고공행진이 계속될 수 없다. 암스덴(A.Amsden), 웨이드(R.Wade) 같은 제도주의 혹은 케인즈주의 경제학자들은 이 같은 국제금융자본이 1997~1998년 한국경제위기의 주범이라고 주장한다.

한국경제의 '펀더멘탈(fundamental)'에는 문제가 없었는데, 국제금융자본에 놀아난 정권의 신자유주의적 세계화 정책과 금융규제 완화정책이 그 위기를 자초했다는 것이다. 1960~1980년대 박정희, 전두환, 노태우 정권의 '발전주의 국가'는 해외 차입을 규제했으며 민간자본 투자도 산업정책을 통해 조정했다. 그러나 1990년대 신자유주의 김영삼 정권은 민간부문의 해외차입에 대한 규제를 완화했고, 민간자본 투자에 대한 정부의 조정을 중단했다. 그 결과 1994년 500억 달러였던 외채가 1997년 1500억 달러로 급증했고 과잉투자 현상이 심화되었다.

그런데 1995년 이후 미국경제의 경쟁력 회복과 일본경제의 침체의 지속을 배경으로 달러화 강세와 엔화 약세 현상이 본격적으로 나타나자, 1985년 플라자(plaza) 합의(엔고) 이후 동아시아로 유입되었던 국제금융자본(주로 일본자본)의 유출이 시작되었고, 달러화에 고정된 동아시아 제국의 수출상품의 경쟁력이 약화되기 시작했다. 1997년 태국 바트화의 폭락을 발단으로 동아시아 금융위기 도미노가 시작되었다. 따라서 국제금융자본은 한국과 같은 채무국에 대부금 상환을 강하게 요구했고, 동아시아 통화가치가 폭락하는 악순환이 반복되었다. 이 과정에 1994년에서 1996년 사이에 동아시아에 유입되었던 국제금융자본이 한국 등에서 크게 배를 불리고 또 다른 좋은 먹잇감을 찾아 1997년 썰물처럼 빠져나갔다. 이러한 국제금융자본의 급격한 유출이 경제위기를 촉발시킨 요인이 되었음은 부인할 수 없다.

제도주의 혹은 케인즈 주의 경제학자들은 동아시아 경제위기는 원래 '펀더멘탈'의 위기, '지불불능의 위기(crisis of insolvency)'가 아니라 '유동성의 위기(crisis of liquidity)'일 뿐인데, 이것이 '지불불능의 위기'로 비화된 것은 동아시아 경제위기를 '펀더멘탈의 위기(정실자본주의론)'라고 잘못 진단한 IMF(국제구제금융)의 잘못된 처방(고금리긴축정책) 때문이라고 주장한다. 하지만 잘못된 진단이 아니라 어떤 숨겨진 목적 하에 정치적, 고의적 또는 악의적 의도가 숨겨있었는지는 그 저의를 완전히 배제할 수 없는 일이다.

　1990년대 중반 김영삼 정권이 추진했던 세계화는 이와 같은 한국경제의 구조적 위기에 대한 신자유주의적 대응이었지만 이러한 김영삼 정권의 신자유주의적 세계화는 이미 성숙되고 있던 위기를 도리어 악화시키고 말았다. 자본주의에서 호황과 불황은 유기체의 호흡처럼 필연적 관계의 현상이다. 경제위기의 근원은 시장, 국가가 아니라 자본주의 그 자체이다. 자본주의 그 자체를 문제시하는 것 없이 경제위기의 근본적 해결은 불가능하다는 지적이었다.(출처: 2011. 8. 13, 형설지공, 경제경영 참고인용)

　그러나 자본시장의 전면 개방이 우리경제에 가져다주는 장점과 단점은 과연 무엇일까? 그것은 우선 크게 금융시장의 개방이 주식, 채권의 수요 기반 확충에 기여한다는 것과 금융기관 사이에 경쟁으로 질 높은 금융서비스를 제공받을 수 있다는 장점이 있다. 그러나 해외부문 통화량 증가로 인한 물가상승 우려와 외화 유입 증대로 원화가 평가절상 되어 수출산업의 경쟁력 약화가 우려될 수 있고 해외시장과의 연계성 증대로 국제금리와 환율변동에 의해 투자자금 급변에 의한 국내 주식, 채권, 외환시장의 불안정과 악영향 같은 단점이 있을 수 있다.

　앞에서 참고인용 된 국제금융자본의 '한국 죽이기' 시사저널(1998.3.19자) 자료를 토대로 그동안 제기 되었던 음모설의 전모와 분석이 완벽할 수 없고 그 전모를 이해하는 데는 불충분하다. 하지만 '워싱턴 컨센서스'가 한국에 외환위기(국가부도)를 맞아 어떤 의도를 갖고 있었는지. 또 무엇이 문제였었는지를 필자는 중용의 인문학적 관점에서 접근해 보려했다.

개인에게는 개인의 도(道)가 있고, 나라에는 나라에 도가 있다. 나라에 도는 국가 대 국가 사이에서 신뢰를 전제로 취해지는 일련의 관계성이다. 이 관계성에는 강자와 약자의 입장이 상호 합리적으로 작용하여 화합된 균형과 조화를 이루어야 하는 대명제가 있다. 그럼에도 불구하고 강자가 약자의 입장을 이용하여 이익을 사취하는 음모적 행태는 진정한 강자의 모습이라 할 수 없다. 오로지 거대 금융자본의 탐욕적 행위에 불과하다.

우리 한국은 나라가 좀 어려울 때 미국으로부터 금융적 지원을 받는다는 구실과 명분하에 국가적 경제무장해제와 채무이행을 위해 너무 많은 대가를 치렀다. 미국은 한국금융권을 장악한 상태에서 건실한 기업들을 헐값에 매수하여 훗날 엄청난 자국의 이익을 챙겨갔었다. 이제 한국은 그런 국제금융자본에 더 이상 빚을 지지 말아야 하고 국민의 눈에서 피눈물 나오게 해서는 안 된다.

결과론적으로 미국이 동맹국으로서 한국을 돕고 싶어 도왔다기보다 함정에 빠지도록 유도하고 거대금융자본을 이용해 개발도상국들의 피와 땀을 갈취한 포식자의 탐욕적 방법으로 욕망을 채운 강자에 불과했다는 지적과 교훈이다. 이제 국가적 도가 없는 국가에는 대항하여 맞서야 한다. 그래야 금융자본 '정글의 법칙'과 같은 냉엄한 글로벌 경제체제에서 살아남을 수 있다. 이렇게 강자들은 국가나 개인이나 약자들을 자기네들 유리한 쪽으로 이용해 먹는 것이 오늘날 문명사회의 현실이다. 그것은 예나 지금이나 똑같고 방법만 교묘히 바뀐 내용이다.

이와 같이 우린 자본시장의 개방에 따른 크고 작은 변화에 유효 적절(중용의 시중적 적시적합)한 대응방안을 갖고 있었어야 한다. 그러나 잘못된 세계화와 금융자본시장의 개방으로 인해 많은 국가적 혼란과 시행착오를 겪었다. 이제는 확고한 대응방안을 갖고 있었어야 한다. 그것은 자본시장의 중심을 튼실하게 하는 자본시장의 시스템과 운용이다. 그러면서도 자본의 유동성과 시장운용의 유연성으로 균형과 조화[8]를 이루도록 하는 경제 운용의 주체들에 흔들리지 않는 중심적[9] 철학이 요구되는 이유다. 이것만이 무서운 국제금융자본의 실체를 정확히 보고 이해함으로써 이에 대응하여 살아남을 수 있을 것이라는 확신이다.

---

8) 균형과 조화- 만물 을 만들고 길러서 문화창조에 모두가 참여해야하는 광범위한 관계질서와 덕성의 회통이 중요하지만 이 모든 것에 중심점을 확보하는 데는 무엇보다도 인간과 인간관계의 화목이 우선한다. 이것이 조화와 균형을 이룸이다. 김충열, 김충열 교수의 중용대학강의, 예문서원, 2007, p, 123 참고인용.

9) 중심적- '중(中)'은 '가운데', '한복판', '알맞은 상태' 라는 뜻이다. "자아의 기본을 세우려면 반드시 중심이 어딘지를 알아야 한다. '중심(中心)' 이란? 나를 둘러싸고 있는 외변 주위를 먼저 파악하고서야 찾아진다." 중용(中庸)에 '중(中)'은 최고 경지 또는 최고윤리요, 모든 것의 근본(根本) · 정도(正道) · 정리(正理)이다. 중용 하면 항상 통하거나 이치에 맞는 뜻을 지닌다. 즉 원리 원칙적이라거나 근본적인 경지를 말하는 것으로 성(誠) 자체이기도 하다. 이는 우주론에서 보면 "고요하게 움직이지 않는(寂然不動)의 경지"이고, 인성론에서 보면 "사람이 태어나면서 지니는 고요한(人生而靜) 상태"이다. 유가의 논리는 무엇보다도 이 근본을 모든 행위의 기초 내지는 기점으로 삼는다. 이 "근본이 세워지면 도가 생겨난다(本立而道生)."거나 "자신을 닦아 다른 사람을 다스린다(修己治人)"거나 "사물에는 본말이 있고 일에는 시작과 끝이 있으니, 그 선후를 안다면 즉 도에 가깝다(物有本末, 事由終始, 知所先後則近道)"라고 하는 말들은 바로 세상의 모든 일에 성패가 당사자인 자신이 근본을 확립했는지의 여부로부터 결과가 좌우 된다. '중화(中和)'란? 항상 변동 속에서 가장 안정된 경지를 찾아 늘 움직인다. 이러한 의미에서 볼 때 중화는 곧 형평의 원리와도 같다. 저울대가 수평을 잃어 경사가 되거나 아예 수직이 되는 것도 불평(不平)을 표현하는 하나의 방식

여기서 분명히 짚고 넘어갈 것은 '워싱턴 컨센서스'가 반세계화주의자들에게 공연히 공격당하는 음모라고 변명할 수 있겠다. 하지만 한국을 돕겠다고 하면서 한국의 입장에서 먼저 생각하지 않았고 미국의 입장에서 미국의 방식으로 한국의 외환위기를 돕겠다는 플랜은 결국 자국의 이익에 더 큰 무게 중심을 갖고 불균형의 중심축(中心軸)을 자국으로 이동시켰다는 결론이다. 요행이 한국국민의 대찬 근성과 노력으로 IMF의 수렁에서 요행이도 벗어나 탈출을 했지만 자칫 더 큰 망국의 불행을 초래할 수도 있었다는 것을 자성해야 한다. 그것은 결과와 결론이 그렇기 때문이다. '워싱턴 컨센서스'에 대비되는 '베이징 컨센서스'가 그 좋은 예이다. 중국은 많은 그로벌 경제학자와 미래학자들의 부정적 우려에도 불구하고 놀라운 경제성장을 지속하고 있다.

앞으로 철학이 부재한 '워싱턴 컨센서스'는 개도국의 경제발전을 생각하기 보다는 개도국국민들의 행복을 먼저 생각해야 한다. 개도국의 경제위기를 통해서 돈벌이를 극대화 하겠다는 발상은 강자의 도가 아님도 알아야 한다. 자본의 힘을 내세운 탐욕을 중단해야 한다. '중립이불의, 강재교(中立而不倚, 强哉矯)'는 중용 제

이다. 그렇게 되면 사물은 형평으로 돌아가려는 운동을 벌인다. 천지의 출렁댐도 결국은 늘 균형잡힌 세를 유지하려는 자기 조절이며, 만물의 변화도 마찬가지다.
　중용(中庸)은 어떠한 일에서나 사실과 진리에 알맞도록 하여 편향, 편중(偏重)하지 않는 것이다. 중(中)이란 정도와 적중을 말하는 것으로서 산술적, 기계적 평균이 아니다. 중용은 때때로 상례나 관행(慣行)에 따라서 무리 없이 평온하게 사는 생활태도가 되기도 하나 철학적으로는 심오한 뜻을 내포하고 있다. 중용의 덕을 철학적으로 명확하게 한 사람은 아리스토텔레스로 그는 이성으로 욕망을 통제하고 과대(過大)와 과소(過小)의 극단을 초월하여 최적화 개념에 도달함으로써 도에 부합한다고 했다. 김충열, 김충열 교수의 중용대학강의, 예문서원, 2007, pp, 103~107 참고인용.

10장의 말씀이다. 이는 '중용의 도리에 따라 어느 한쪽으로도 기울지 않으니 이것이야말로 진정한 강이니라.' 라는 말씀이다. 이것은 '속된 것에 휩쓸리지 않고 강함을 바로잡아 세운다는 뜻' 이다. 미국이 개도국들에게 진정 강국으로서의 면모를 보이려면 이 같은 국가의 도를 보여야 한다. 자국과 글로벌 모든 국가들에게 영향을 주지 않도록 적시적합(시중적)에 의해 진정성을 갖고 돕는 것이 21세기 글로벌시대에 인류의 행복을 향한 참다운 가치 실현이라는 것을 인식하고 그 역할을 선진국답게 고민할 책임이 있음도 각성해야 한다.

두 얼굴의 국제금융자본
Two faces of international financial capital

미국을 비롯한 선진국 금융자본은 이제 월가와 유럽의 금융산업 (금융시스템)에 대한 강력한 각종 규제가 따르게 되어 있다. 때문에 금융위기를 유발한 그 동안의 호황을 계속 누리게 되지는 못할 것으로 예상된다. 하지만 국제금융자본의 동물적 포식활동은 언제 어느 때고 또 다시 입맛에 맞는 새로운 먹거리를 찾아 나설 것이란 예상이다. 그 시장으로 아시아의 개발도상국과 신흥국이 타깃이 될 것이란 전망이 지배적이다.

그 타깃은 제일먼저 아시아에선 한국과 중국이 될 것이라는 분석이었다. 그 중 중국은 선진국의 금융자본으로서는 분명 황금시장이 될 것이기 때문이다. 중국은 앞으로 위안화의국제적 위상을 높이기 위해서는 어쩔 수 없이 자본시장과 금융시스템을 국제사회의 강력한 요구에 따라 개방을 할 수 밖에 없을 것이란 전문가들의 분석과 전망이다.

하지만 중국은 앞으로 자본시장을 개방하면 가장 핵심적인 외환 시장을 현재와 같이 국가가 통제를 하는 것이 아니라 시장의 자율적 기능에 맡겨지는 변동환율제가 되어야 한다. 중국은 이런 문제점 때문에 현재 급속한 자본시장의 개방을 우려하고 있다. 따라서 서서히 단계적 개방을 하려는 것이 현재 중국의 입장이다. 그것은 환율을 시장기능에 맡기지 않으면 자본시장과 금융시스템의 특성과 운용상 제도적이고 효율적으로 생산적인 운용을 할 수가 없기 때문이다. 따라서 중국은 서서히 점진적 개방을 원하고 있다.

그러나 서서히 개방을 한다고 해도 언젠가는 그 임계점에 도달하게 된다. 그러나 국제자본시장과 금융시스템의 특성상 어느 시점에 가서는 급속히 개방을 할 수 밖에 없는 상황이 될 수밖에 없는데 선진금융자본은 분명 그때를 노리고 그동안 장기간에 걸쳐서 개방에 대한 준비를 철저히 해가고 있다. 때문에 현재 서서히 본격적인 중국 자본시장과 금융시스템의 시장참여를 위한 무서운 발걸음을 한발한발 소리 없이 착착 실행에 되고 있다.

미국발 금융위기를 불렀던 월가 금융자본의 거물들은 한마디로 요약 하면 탐욕(Greed), 무자비 함(Recklessness), 오만함(Arrogance)으로 상징되고 있었다고 해도 틀린 말이 아니다. '월스트리트'라는 영화에서 고든 게코[1]가 묘사 했듯이 "월가의 금융자본은 탐욕을 달성하기 위해서라면 수단과 방법을 가리지 않는

---

1) 고든 게코- 올리버 스톤의 1987년작 영화 '월스트리트'에 마이클 더글러스가 배역으로 나오는 인물의 이름이다. 이 영화는 월가의 탐욕을 정면으로 다뤄서 매우 큰 화재를 모았던 영화이다. 이때 고든 게코의 대사 중에 "욕망은 좋은 것(Greed is good)"이란 대사가 당시 명언의 반열에 올라 크게 화제가 되었던 작품이다.

것이 그 특징이다. 그리고 그 목표를 달성하는 과정은 상상을 초월할 정도로 무모하고 무자비한 방법이다. 그리고 일단 탐욕을 채우고 목표한 사냥감을 손에 넣고 나면 그 다음엔 절대 뒤를 돌아보지 않는 냉혈적 동물"로 묘사되고 있다.

지금 이 시각에도 미국 월가에서는 상상을 초월하는 일이 벌어지고 있다. 하루아침에 회사주인이 바뀌는 것은 흔히 있는 다반사다. 예컨대 우리나라 어느 그룹 총수가 아침에 출근을 했는데 갑자기 변호사가 찾아와서 와서 서류를 책상위에 내던지며 "오늘 부터 그 자리는 당신자리가 아닙니다."라고 한다면 우리는 어떻게 그 상황과 현실을 받아드리게 될 것인가? 도저히 믿어지지가 않을 것이다. 그러나 지금 이 순간에도 미국 월가 에서는 그런 일이 비일비재하다. 이것이 '적대적 M&A'[2] 이다. M&A(merger and acquisition)는 기업인수 합병이다. 이것이 말이 좋아 경제용어로 '기업인수 합병' 혹은 '적대적 M&A'이지 실은 남의 회사를 물리적으로 뺏는 것인데 다만 합법적 절차만 밟는 것이다. 월가에 정서는 그런 일이 벌어지더라도 그것은 매우 당연시한 일로 여겨진다. 그러나 이것이야말로 정글의 법칙에 의한 약육강식의 대표

---

2) 적대적 M&A- 기존 이사회, 경영진이나 대주주의 의사에 반하게 이사의 과반수를 선임할 수 있는 지분을 확보하여 기존 이사 및 최고경영자를 강제 교체함으로써 경영권을 취득하는 행위이다. 적대적 M&A의 기능에 대하여는 사회적으로 순기능을 한다는 입장과 역기능을 한다는 입장이 대립되고 있다. 그러나 한국사회에서도 M&A에 대한 사회의 인식이 차츰 긍정적으로 바뀜에 따라 최근 적대적 M&A가 활성화 되고 있는 추세이다. 적대적 M&A는 통상적으로 공격자가 대상회사의 지분을 매집한 후, 주주총회를 소집하여 자신이 지명한 이사 선임 또는 기존 이사 해임을 주주총회 안건으로 상정하고, 주주총회에서 표 대결을 통해 이사진을 교체함으로써 종국적으로 대상회사의 경영권을 장악하는 것이다.

적 사례이다.

월가에서는 한국의 정서처럼 감상적인 감정은 절대 용납되지 않는 자본 독식주의, 자본 강자주의, 자본 지상주의 사회이다. 상상을 초월하는 냉혹한 일이 벌어지고 있고 그것이 현재 미국 월가에서 벌어지고 있는 최대 규모의 국제금융자본에 표독스런 얼굴이고, 살기어린 자본의 위장된 미소일 뿐이다.

중국이 어느 날 자본시장과 금융시스템이 급속히 개방을 하지 않을 수 없는 상황이 오면 아프리카 대륙에 굶주린 야생 하이에나 떼처럼 인정사정없이 중국의 선진화 되지 않은 자본시장과 금융시스템을 가차 없이 유린하며 날카로운 이빨과 발톱을 세워서 무자비한 공격을 할 것이란 예측도 가능하다.

세계적인 투자가 조지 소로스가 헤지펀드를 운용하면서 과거 러시아 루블화와 영국 파운드화를 공략하고 러시아 정부와 영국정부를 상대로 일개 개인이 양국 정부를 굴복시켰다는 것은 월가의 오래된 전설적 일화다. 1997년 아시아 외환위기 당시도 개입했을 것이란 추측이다. 그런데 월가와 유럽에 금융자본의 핵심 거물들이 협력을 한다면 과연 이에 중국이 얼마나 버틸 수 있을까? 그런 의문이 가지 않을 수 없다. 이에 당사자인 중국도 이런 상황을 충분히 인식하고 있고 혹여 그런 사태에 철저한 통화대비를 할 것이다.

때문에 중국은 그러한 모든 상황을 염두에 두고 중국이 앞으로 미래를 향해 나아가기 위해서는 국내와 국제적인 정치 경제적 목표를 반드시 달성해야 한다. 그러기 위해서는 필히 자본시장을 개방해야 하는데 지금은 쉽게 이러지도, 저러지도 못하는 딜레마가 아닐 수 없다. 그것은 점점 구체화 되고 있는 국제사회의 요구와 '금융자본자유화' [3] 의 파고가 점점 거세지고 있기 때문이다.

미국은 현 국제적인 정치, 경제의 상황에서 중국만 공략이 되면 지금처럼 어쩔 수 없이 끌려가는 상황이 아니라 어느 정도 주도권을 행사 할 수 있는 상황을 유지할 수 있다는 것이 그들에 속내이다. 이런 배경엔 국제금융자본의 음모가 철저하게 깔려있다는 것이 그런 우려의 정설이다. 국제적으로 베일에 싸여 있지만 유대금융자본의 그 규모와 위력은 익히 잘 알려진 사실이다. 중국은 지금까지는 일반적으로 잘 알려지지 않았지만 화상자본(화교자본)이 전 세계적으로, 음성적으로 중국과 중국인을 위해서 긴밀하게 협력하며 활략을 하고 있다. 이에 중국정부도 음성적으로 도움을 주고 있고 그 화상자본(화교자본)을 정치, 경제적으로 활용하고 있다는 추측이다.

---

3) 자본자유화(liberalization of capital transaction)- 국가 간 자본거래에 있어서 직접투자 또는 간접투자를 가리지 않고 자본이 외국에서 들어오는 것과 외국으로 나가는 것을 허용하며, 나아가 동(同)자본의 원금뿐만 아니라 이자에 대한 송금을 보장하는 경제적 조치이다. 자본자유화는 국민경제차원에서 자본배분의 적정화, 자본·기술·자원의 효율적 배분, 금융·자본 시장의 효율성, 물가·금리·외환의 가격구조 선진화 등의 긍정적 효과를 가져 오기도 하지만 반면 국민경제의 종속과 국제수지 교란 등의 부정적 효과를 가져 올 수도 있는 양면의 얼굴이다. 기업의 측면에서도 자본조달의 저렴화와 다양화, 해외에 대한 직접·간접 투자를 통해 이익의 극대화 등의 긍정적 효과가 있기도 하지만 한편 외국인에 의한 국내기업 지배, 외국인에 의한 국내기업시장 잠식 등의 부정적 효과를 동시에 가져올 수 있는 양면성이 있다. 따라서 상대국과 비슷한 수준의 경제력 기반의 구축, 무역 및 외환자유화, 국제수지의 안정, 기업의 국제경쟁력의 강화, 금융·증권 시장의 시장기능 정착 등의 전제조건이 형성되지 않은 상태에서의 자본자유화는 선진국 자본에 의한 여러 가지 부정적인 영향을 끼친다. 브리태니커 자본자유화(資本自由化) 참고인용.

만일 중국이 그 포식자 국제자본의 의해 먹잇감이 되어 이리 뜯기고, 저리 뜯기고 피투성이 만신창이가 된다면 이것은 중국의 문제만이 아니다. 중국과 아시아는 물론 유럽연합, 아프리카, 중남미 등 지구촌 곳곳 글로벌 경제위기가 거대한 쓰나미(tsunami, 津波)의 소용돌이 속에 미국발 금융위기 때처럼 휘말리고 말 것이다. 그렇다면 중국은 절대 그 잔혹한 금융자본의 미소 속에 현혹되지 않아야 한다. 그것이 세계의 글로벌경제를 안정적으로 유지할 수 있는 대안이다.

한국도 선진금융자본의 타깃이 될 경제의 구조적인 문제점이 있다. 정책시행의 문제점뿐 아니라 외국 금융자본의(투기자본 포함) 타깃이 될 수 있는 취약한 경제구조와 여건을 잘 갖추고 있기 때문이다. 한국경제의 현실적인 문제점은 다음과 같다. IMF 위기 이후 우리나라는 내부적인 금융시스템의 선진화는 물론이고 내부적으로 자본시장과 금융시스템의 개방에 대비 선진화된 금융공학적[4] 운용과 금융시스템에 대한 적절히 대응할 수 있는 제도나 시

---

4) 금융공학(Computational finance)- 금융공학(金融工學) 또는 계산재무론(計算財務論)을 수학적 분석 도구를 이용하여 금융시장(주식, 채권, 원자재 등의 현물시장)에 대한 선물 및 파생상품의 관계를 이해하고 기존 금융서비스를 변형하여 고객의 요구에 더욱 부응할 수 있도록 하는 것이다. 금융공학은 금융 산업분야에 있어서 상품 개발, 트레이딩, 그리고 금융자산위험관리에 수학적인 지식이 요구되면서 금융계에는 퀀트 애널리스트(Quantitative Analyst)라는 새로운 금융전문직이 등장했다. 이들은 점점 더 복잡해지는 파생상품들과 위험요인들과의 관계를 이해하고 기존 금융서비스를 변형하여 고객의 요구에 더욱 부응할 수 있도록 하는 것이 목적이다. 그렇게 하기 위해서는 고도의 수학적 사고력을 갖춘 전문가가 요구된다. 금융계는 이미 국경 없는 경쟁상황에 적절히 대응하기 위해서 수학지식을 토대로 한 고급금융기법을 도입해야할 필요성이 절감되고 있다. 이렇게 금융업의 하이테크 산업화는 파생상품시장의 성장과 위험관리의 중요성이 더욱 부각되고 있다. 한국어 위키백과 참고인용.

스템의 정비가 매우 부족한 상태이다. 그에 따른 선진 금융기법을 운용할 능력이 있는 인력의 양성도 없이 급속히 전면적으로 시장을 개방했고 그동안 어느 정도 시스템이 선진화가 되고는 있으나 선진화된 금융시스템을 제대로 정확히 이해하고 운용할 수 있는 유능한 전문 인력도 태부족이다. 일부 전문일력을 양성하고 있다고 하나 아직 국제적인 기준으로 비교하면 가야 할 길은 멀기만 하다.

국제금융자본이 매우 취약한 이런 것을 보면 입맛을 다실 것이 분명하다. 얼마 전 키코(KIKO) 사태도 국내의 금융시스템의 운용 능력수준이 어느 정도였는지 짐작케 하는 대목이다. 그만큼 국제 투기자본에 우리의 금융산업과 금융시장은 매우 위험하게 노출되어 있다.

국내의 주식시장은 유동성이 풍부하고 주식 선물시장의 규모가 세계적 수준이다. 거래금액이 커서 단기적으로 치고 빠지는 국제 투기자본의 투자조건으로는 아시아에서도 거의 유일하다고 한다. 중국과 인도는 주식시장뿐만 아니라 선물시장을 철저하게 통제하고 있다. 또한 외환시장도 일일 거래금액이 경제규모에 비해 적기 때문에 싱가포르의 역외외환시장(NDF)[5] 에서 개입과 선물환에 쉽게 노출되고 있다는 우려이다.

---

5) 역외외환시장(NDF)- NDF란? Non-deliverable Forward의 약자이다. NDF 는 국내의 선물환과 마찬가지로 장외시장(OTC market: over-the-counter market)에서 거래된다. 선물환이 만기에 현물인도(cash delivery)가 이루어지는데 반하여 NDF는 만기에 현물이 인도되지 않고 손익 부분만 결제하는 소위 cash settlement를 한다. NDF는 헤지(hedge)수단으로도 사용되나 60-80%가 투기목적으로 이용되고 있다. 역외시장(off-shore market)에서 거래되므로 역외 선물환이라고도 한다. NDF는 선물환계약의 일종으로 만기에 계약원금 교환 없이

따라서 한국처럼 경제 대외 의존도가 높고, 단기외채 비중이 높고, 외화채무가 많은 나라는 장기적으로 대외여건의 변수에 따라 언제라도 환율급등과 금융위기에 표적노출이 될 수 있는 상황이다. 현재의 외환보유고가 경상수지 흑자(불황형 흑자)로 약 2300억$ 내외 정도 외환을 보유하고 있고 환율도 2014년 연말에는 1$:1000원대 정도 까지 하락할 것이란 예측이다. 많은 사람들이 외환위기와 금융위기도 이젠 다 지나갔다고 말하지만 아직은 그렇게 안심 할 수 있는 상황은 아니라는 것이 전문가들의 견해이다. 외환보유고도 보유금액 자체가 중요한 것이 아니라 위기 시에 실제로 가용할 수 있는 달러가 중요한 것이다. 대외 단기채무와 총 대외채무에 비해 현재 국내 외환보유고가 얼마만큼 안심할 정도인지는 매우 미지수다.

　　자본시장 통폐합과 금산분리완화제도의 시행은 현재 국내의 자본시장과 금융시스템을 국제금융자본의 위험에 크게 노출시키는 결과를 초래할 것이라고 생각한다. 만일 산업자본이 금융업의 대주주가 되면 금융업에 악영향을 미치고 경제시스템이 왜곡된다는 것은 1930년대 대공황과 그 이전의 금융위기에서 경험했기 때문이다. 산업자본의 금융참여는 금융시스템의 남용과 왜곡은 불 보듯 뻔하다. 자본시장 통합도 국내 금융시스템으로 선진금융산업의 고도화 된 금융기법에 제도적으로 대처할 수 있는 체제와 시스템이 아니다. 위기 시에　충분히 대응할 수 있는　위기관리시스템의

계약 선물환율과 현물환율(지정환율)간의 차이만을 계약 당시 약속한 지정통화 (달러화)로 결제하는 파생금융상품을 말한다. 결제단위는 1개월, 2개월, 3개월, 6개월, 9개월, 1년이 있고 2년 물도 있다. 아고라 경제토론방, 참고인용.

정비와 유능한 전문 인력을 충분히 양성 확보하지 못한 상태이기 때문이다. 때문에 그런 미비점들을 충분히 갖춘 후에 시행해도 늦지 않고 또한 현재의 국제적 금융산업의 흐름은 월가를 비롯해서 EU도 감독규제의 강화와 각국이 현재 금융보호주의로 가고 있는 추세이다.

한국만 유독 독자적으로 자본시장을 통폐합하고 금융시스템을 개방해서 국제금융자본에 노출시킬 필요는 없다고 하는 것이 개방을 서두르는 것에 대한 우려의 목소리이다. 국내 대기업이 국제 금융자본(투기자본)의 적대적 인수합병(M&A)이나 기업사냥에 노출 된다면 경제의 심장인 금융시스템의 위기가 연쇄적으로 파급되고 그만큼 투기자본이나 기업사냥꾼들이 욕심내는 타깃이 될 수 있다는 것은 불행의 결과를 초래할 수 있기 때문이다.

이렇게 국내기업이 국제투기자본의 타깃으로 여건이 조성되는 것은 거의 시장을 독점하고 있는 방만한 경영의 부실기업도 있지만 욕심을 낼만한 우량한 자산과 재무건전성이 양호한 국영기업의 단계적민영화정책(효율적이고 생산성을 높이는 경영을 위해서라기 보다는 국가재정 충당을 위해서)과 IMF 이후 그 동안 호전되고 있는 세계적 경기와 함께 국내 대기업의 건전하고 효율적인 구조조정으로 재무건전성과 우량자산의 축적으로 인해 국제금융자본에 타깃으로는 더욱 좋은 여건이 된 상태이기 때문이라는 분석이다.

현재 우리나라의 국영기업 중 무책임하고 방만한 경영으로 국민의 혈세만 비생산적으로 낭비하는 업체가 상당수 있는 것도 사실이다. 단계적으로 민영화는 해야 된다고 생각하나 현재와 같은 국제적 경제, 금융 여건 하에서는 국영기업의 민영화는 국제적 흐름과도 부합되지 않고 시기상조며 적절치도 않은 금융정책의 방향이다.

한국의 인위적인 부동산 버블과 그로인한 유동성 왜곡과 버블붕괴의 위험도가 높아지고 있다. 그런 가운데 한국은 아시아에서 유일하게 가계당 금융부채가 150%에 육박하고 있고, 저축율(참고로 2008년도 기준)도 3.2%로 매우 저조한 상태이다. 중국 58%, 홍콩 35%, 타이완 28%의 각각 저축율을 갖고 있다. 미국은 모기지 채권 버블 붕괴 당시 2007년도에 저축율이 0.2% 가계금융부채 138%였다. 한마디로 지금의 상황은 미국 서브프라임모기지 사태 때와 크게 다를 바 없는 적색경제경보의 상황이다. 부동산 경기부양을 위해 주택담보대출을 늘렸고 인위적으로 부동산 가격을 끌어올린 확대 재정지출경제정책은 언제든지 부메랑이 되어 돌아온다는 것을 간과해서는 안 된다.

국내의 가계는 지금이라도 소비를 줄이고 저축을 적극 늘려야 한다. 부동산 가격이 급상승 하면 지금은 주택을 매도하여 은행부채를 적극 상환하여야 한다. 가계의 금융부채를 적극적으로 줄여 나가지 않으면 국내 가계경제 위기는 언제든지 눈앞에 닥칠 고위험군 요소이다. 버블은 반드시 붕괴되는 것이고 그 자산 가치는 그 본질적인 경제상황의 근본 펀더멘탈(fundamental)로 되돌아가게 된다. 그 자산이 본래의 가치로 되돌아간다는 것은 '불변의 법칙'이고 경제사적으로도 분명하게 증명된 사실들이다.

정부는 2010년 들어서 그동안 인위적인 유동성 확대와 저금리 정책과 각종 부동산 세제 완화와 같은 각종 규제의 해제를 집중했다. 인위적으로 부동산 경기 안정을 꾀한다는 명분하에 부동산 경기를 부양해 부동산 가격의 급등 및 유지를 유도하는 정책으로 일관한 것이다. 앞으로 저금리 막대한 재정지출로 시장에 넘쳐 나는 과잉유동성의 왜곡현상, 국제원자재 가격상승으로 인한 하이퍼인플레이션(hyperinflation)[6] 의 압력으로 유동성을 계속 공급 할 수 없고 더 이상 공급해서도 안 되는 상황에 직면할 수 있다는 예상이 가능하다.

국가경제가 장기 침체국면으로 진행 되면서 과거 부동산경기의 과열도 식고 투기 거품도 많이 빠져가고 있다. 그것은 경제 전반의 걸쳐 진행되는 수요와 공급의 원리에 따라 그 동안의 과도한 거품과 불균형에서 균형점을 찾아가는 현상과 작용으로서 매우 자연스런 진행과정이다. 그러나 아직도 부동산엔 곳곳에 상당한 거품이 있다는 분석이다.

그럼에도 정부는 장기 침체의 국면전환을 위해 부동산 부양책이라는 지렛대를 활용할 속셈인 듯하다. 하여 9·1부동산대책 발표에서 현행 40년인 재건축연한을 10년이나 단축시켰다. 그 발표가 나자 강남에서 매물이 사라지고 하루사이 2000만원이나 가격이 뛰었다는 뉴스다. 그러나 이것도 살만한 사람들의 호기이다. 사실상 분양가 상한제만 빼고는 정부가 부동산과 관련한 모든 규제정책은 빗장을 다 풀었다는 결론이다. 경기부양을 위한 조처라고는 하지만 언제든 부동산투기가 재발하고 또 다시 국가경제를 불황의

---

6) 하이퍼인플레이션(hyperinflation)- 경제적으로 극심한 인플레이션, 초(超)인플레이션이다. 이것은 전쟁이나 큰 재해 후 등과 같이 한 나라의 생산 능력을 초과해서 유효수요가 증가하여 단기간에 발생하는 급속한 물가상승현상을 말한다.

늪으로 빠져들게 할지 모르는 매우 위험한 조치들이다. 최소한 안정장치와 언제든 제어할 수 있는 브레이크는 있어야한다. 어찌 평탄한 길만 있으랴. 내리막이 아니라고 자동차에서 브레이크를 장치를 제거하는 것은 위험천만이다.

앞으로의 기준금리는 당연히 점진적으로 오르고 실질 가계소득은 감소하고 현상유지를 한다고 해도 국내가계의 금융부채의 과중한 부담으로 이자부담의 상승, 가처분 소득의 감소로 급격한 소비둔화 국가재정 건전성의 더 이상 악화를 막기 위해서는 반드시 정부의 재정지출을 줄이고 직접세와 간접세를 어떠한 수단을 동원해서라도 가계와 기업이 부담하는 세금을 확대하여 세수를 증대하는 방법 밖에는 없는데 오히려 지난 MB정부는 대기업 감세정책으로 대기업 봐주기 정책으로 일관한 것은 더욱 국가경제의 비전에 역행한 근시안적 처사이다.

국내의 지속되는 불경기와 정부의 재정지출 감소, 세금증가는 두 정책 다 국내소비를 감소시키는 요인이 될 것이다. 거기에다 그동안 발생한 부동산의 버블까지 붕괴되면 그 결과는 말을 안 해도 참담한 결과가 될 것은 불 보듯이 뻔하다. 이렇게 되면 국제금융자본은 절호의 큰 기회를 잡게 되는 결과가 될 수도 있다. 어떤 상황 에서도 한국과 중국은 국제금융자본의 시장 확보의 타깃을 피하기 어렵다는 것을 알아야 한다. 따라서 현재의 경제정책을 재고하고 철저한 경제정책의 중심을 확고히 해서 '조화와 균형'을 이루어나가는 대비책이 요구된다. 이것만이 한국경제의 안정적 미래를 담보할 수 있다.

국제 금융자본은 마치 동전의 양면적 얼굴과 같다. 즉 긍정적 본성과 부정적 본성을 함께 가지고 있다. 그것은 우리 인간이 가지고 있는 선과 악의 영혼과 같다. 이 선과 악의 영혼이 어떤 사물(금융자본의 주체)에 존재할 때 비로소 그 본성을 드러내게 된다. 자본의 자체로만 존재할 때는 하나의 재원(재화=돈)일 뿐이다. 그러나 그 재화의 혼이 어떤 주체적 사물에 들어가 활동을 하는 순간부터는 그 양면적 본성이 드러나게 되는 것이 금융자본의 본성이다. 그러나 이것이 선한 모습으로 작용할지, 악한 모습으로 작용할지는 아무도 모르는 일이다.

이렇게 국제금융자본은 '세계화'와 '글로벌'이란 이름으로 시장의 무한확대를 통한 무제한적 이윤추구의 목적을 미화시키려 하고 있다. 제3세계에 대한 시장개방 공격과 투기자본의 자유화와 공공부문 사유화 및 시장화를 핵심으로 하는 세계화의 본질은 '국경 없는 삶의 재화를 비롯해서 지구촌의 모든 사람이 누려야할 행복과 인권수탈을 위한 가면적 자유화의 미소'가 될 것이다. 이렇게 자본과 시장의 무한한 확대와 이동의 자유를 촉진하는 자본의 운동은 새로운 무역규범을 탄생시키기 위한 목적으로 표출되고 있다.

이런 '세계화'와 자본자유화운동의 시작은 관세를 제외한 모든 무역장벽을 제거하고 점진적으로 관세도 낮추어 완전한 무역 장벽이 없는 자유화를 완성하기 위해 탄생한 것이 1947년 GATT 무역체제이다. 이를 기반으로 자본은 공세적인 시장 개척과 투기의 자유화를 위해 상설화되었고 보다 강제력이 있는 세계 무역체제인 세계무역기구(WTO)가 지금은 그 선봉에서 진두지휘하고 있다. 또한 그들은 제3세계를 경제적 식민지화를 하기 위한 무역규

범 개정과 수립에 전력을 기울이고 있다. 바로 그것이 도하개발의
제(DDA)이다. 이 DDA는 2001년 제4차 WTO 도하 각료회의를 통
해 시작되었고 농업, 서비스, 투자, 환경 등 총 13개 의제에 대해
강제적 '자유화'를 목청 높여 외쳤었다.

한국의 경우 국내총생산(GDP)의 약 50% 정도를 서비스 산업이
차지하고 있다. 서비스협정이 타결되면 국가 기간산업의 사유화와
해외 투기자본의 잠식이 급진적으로 이루어지면 마치 제동장치가
고장 난 상태에서 자동차가 아우토반을 마구 달리듯 서비스 산업
의 제어가 불가능한 상태로 '균형과 조화'틀이 무너질 염려가 있
다. 그러면 쏠림 현상과 소용돌이 현상에 의해 사회의 질서가 무
너지고 경제의 판도가 뒤바뀌게 될 우려가 존재한다.

그럼에도 불구하고 한국 정부가 비슷한 수준의 개발도상국 정부
보다 서비스 협정에 적극적인 이유는 따로 있다. 그것은 중국, 한
국, 일본을 잇는 동북아 허브구상 때문이다. 금융, 통신, 건설, 유
통, 해운 등 상대적으로 강한 자본력을 바탕으로 하는 산업의 해
외진출을 꾀하려는 전략 때문이다. 이렇듯 이윤창출의 자유화를
얻는 대가로 산업노동근로자의 삶을 경제의 제단에 희생양으로
바치려하는 자본의 권력과 정권의 결탁과 이해가 딱 맞아떨어지
기 때문에 세계무역규범의 참여를 적극 촉진하고자 한다는 비판
이다.

한국정부는 여러 국가들과 맺은 양허의 내용을 아직도 숨기고
있지만 유럽위원회(EC)가 밝힌 바에 의하면, EC는 한국통신 해외
개인투자자의 49% 소유제한 폐지, 금융부문에 광범위한 개방을
요구하고 있다. 상하수도, 해운, 철도 유지관리, 도로 유지관리,

공항관리, 에너지의 굴착, 생산, 시설, 서비스 등의 개방도 한국에 집요한 요구를 하였다고 한다. 그런데 WTO를 비롯한 초국적 자본과 강대국들은 안달이 날만도 하다. 도하개발의제는 2004년 12월 말까지를 그 시효로 하고 있기 때문이다. G-20, G-90과 같은 개발도상국들의 반발도 만만치 않은 상태이다.

서비스 협정에 대한 초국적 자본의 압박이 막대하기 때문에, DDA가 아닌 또 다른 "의제"나 "라운드"를 통해 지속적으로 추진하려는 장기적 속셈으로 양허 안에 담는 개방의 폭과 수위를 확대하자는 협의가 이루어질 가능성도 존재한다. 만일 DDA에서 개방을 정해진 시간 내에 관철시키지 못한다 하더라도 FTA(자유무역협정)나 BIT(양자 간 무역협정)를 통해서 시장개방의 압력이 지속적으로 강하게 요구되어질 것은 불 보듯 뻔하다.

자본은 자본 스스로 중심을 잡지 못한다. 자본은 현대인의 삶에서 필요악이다. 자본 없이는 그 무엇도 이룰 수 없다. 하지만 자본은 자본의 속성과 본분에 충실할 뿐이다. 자본 자체는 순박한 본질이다. 그러나 그 자본을 운용하는 주체(사람+정책)가 문제다. 그것은 '양면의 얼굴을 가진 동전'이 알아서 균형을 잡고 굴러가지 못하는 것과 같다. 때문에 그 자본에 영혼을 소유한 주체들이 그 중심을 잡고 굴러가도록 잡아주어야만 가능하다.

동전은 균형과 중심을 잡고 굴러갈 때 쓰러지지 않는다. 동전이 굴러간다는 것은 균형을 잡고 있는 상태이다. 만일 그 균형을 잃으면 어느 쪽으로든 넘어지고 만다. 그렇다면 넘어지지 않기 위해서는 지속적으로 중심과 균형을 잡고 굴러가도록 하는 것이 지상 최대의 목표가 아닐까? 그러나 문제는 자본이 스스로 그 중심을 잡지도 못하고, 굴러가지도 못한다는 것이다. 뿐만이 아니라 굴러 갈 때도 스스로 자기제어를 할 수 없는 것이 문제다. 즉 이 자본이 굴러가거나 멈추게 하는 것은 자본의 영혼을 소유한 주체, 즉 사람만이 자본을 통제하고 굴러가게 할 수 있다는 말이다.

따라서 자본(돈)의 영혼이 중심을 잡고 '균형과 조화'를 이루게 하기 위해서는 그 영혼을 간직한 자본의 주체들이 상호 작용을 통해서만이 가능하다. 그 자본의 주체들이 어떻게 작용하고 어떻게 통제되느냐에 달렸다. 바로 '선한 얼굴'로 움직일 것이냐, '악한 얼굴'로 움직일 것이냐의 문제이다. 그것은 마치 사람이 인간다움의 길을 가도록하는 지성의 윤리의식과 같은 것이다. 사람에게서 윤리와 도덕이 없는 상태에서는 희망도, 행복도 없다. 양화에 의한 악화만 구축될 뿐이다.

따라서 자본의 영혼은 이러한 자본의 윤리와 도덕으로 상호 작용을 할 수 있도록 규제되고 통제, 관리될 때에 그 자본의 중심이 지켜진다. 그럴 때에 자본은 '균형과 조화'의 양면에 얼굴로 미래 문명창달을 위해 영속적으로 함께 굴러갈 수 있다.

돈이란 어떻게 보면 돈(財貨) 자체로는 작용할 수 없고 발현될 수 없는 중(中)[7]의 상태와 같은 것이다. 그러나 그 돈이 절도에 맞게 발현되고 작용(쓰임)할 때에 문명창달과 인류의 미래비전은 실현될 수가 있다. 21세기 현대문명사회에서 인간의 삶이란 잠시

---

7) 중(中)- 喜怒哀樂之未發, 謂之中, 發而皆中節, 謂之和. 中也者, 天下之大本也, 和也者, 天下之達道也. 희로애락이 발현되지 않은 상태를 중(中)이라 하고, 발현되어 절도(節度)에 맞는 현상과 작용을 화(和)라 한다. 중(中)은 세상에서 가장 으뜸가는 근본이고, 화(和)는 세상에서 통용되는 일상의 도리(道理)이고 조화(調和)이다. 이는 중용 제1장 원문의 말씀이다.

라도 그 재화(돈)와 떨어져서는 살수가 없다. 현대인의 일상에서 돈과의 단절은 정상적인 삶의 상태가 아닌 고통과 불행 그리고 절망이다. 그러나 재화와 인간의 관계에도 각각의 부여된 도(道)[8]가 있다. 그 도가 관계를 지속하도록 가르치고 있는데 바로 그것이 재화를 윤리적 길로 가도록 통제하고 가르친다. 따라서 이 재화의 주체들은 더욱 문명창달에 경계하고 신중하여야한다.

재화는 우리 인간의 삶에 근본(中)이 되는 것이고 이것이 중화(中和)[9]를 일으켜 문명창달과 인간의 삶을 윤택하고 행복하게 하는 원동력이 될 것이기 때문이다. 그러나 그런 자본의 성질과 본성을 소유한 자본의 주체들이 제대로 이해하고 상황에 맞게 통제, 관리되어야 함에도 불구하고 국제금융자본의 주체들은 오직 탐욕(Greed)과 무자비함(Recklessness)과 오만함(Arrogance)으로 점철되어 있다. 그 자본의 탐욕을 달성하기 위해 혈안이 되어서 수단과 방법을 가리지 않는 두 얼굴의 헐크가 되어있다. 이들은 미래인류사회의 번영과 문명창달 그리고 인류의 행복 따위엔 관심이 없어 보인다. 오로지 자신들의 영달만을 추구하고 오로지 자신들만이 미래문명의 주역이고 싶을 뿐인가.

---

8) 도(道)- 天命之謂性, 率性之謂道, 修道之謂教. 道也者, 不可須臾離也,可離非道也. 하늘로부터 받은 생명이 성(性)이고, 그 성(性)에 따라 살아가는 것이 사람의 길(道)이고, 그 길(道)에 부합하도록 가르치는 것을 교(教)라 한다. 삶에는 길이 있는데 잠시라도 그 길에서 떨어질 수가 없고 그 길에서 벗어난 삶은 길이 아니다. 이는 중용 제1장 원문 첫머리의 말씀이다.

9) 중화(中和)- 致中和, 天地位焉, 萬物育焉! 중화(中和)에 이르는 것은 천지음양이 작용하여 만물을 생육하는 것이다. 이는 중용 제1장 원문 끝구절의 말씀이다.

세계경제를 위험에 빠트린 미국
United States put the world economy at risk

　지금은 글로벌경제가 미국 발 금융위기에서 어느 정도 벗어나고 있다. 그러나 지구촌에 드리운 절망과 아픔의 흔적들은 아직도 세계인의 가슴 속에 생생히 남아있다. 그럼 2008년 미국의 금융위기는 무엇 때문이었는지 되짚어 보자. 당시 EU와 서방국가들을 비롯해서 아시아 등 전 세계경제(global economy)가 모두 초죽음 지경이 되었다가 6년여의 세월이 흐른 지금 이제야 숨을 겨우 쉴 만해졌다. 그때 한국도 마찬가지였다. 그 때의 금융대란은 특히 저성장 개발도상국가나 대외 여건이 좋지 않은 후진국엔 더욱 큰 영향을 미쳤고 그 경제위기의 쓰나미 현상은 이루 말할 수 없는 절망적 공포의 불안정한 공항상태였다고 해야 할 것이다.

　그런 금융위기 경제대란의 현상에 대해 한마디로 축약해서 말한다면 그것은 나라를 지탱하는 '경제의 중심축(中心軸)이 무너졌기 때문이다'라고 말할 수 있다. 그것은 경제의 맏형격인 미국경제가 중심을 잃고 흔들흔들 하고 있으니 힘없는 경제의 아우들은 불안하기 짝이 없었다. 큰형이 딸꾹질만 해도, 또는 헛기침만 해도 아우들은 지독한 감기 몸살에 독감까지 든다. 그리고 그 원인에 있어서는 중심을 잃을 수밖에 없는 경제부조화의 현상과 불균형이 무게의 중심을 잃었고 재화의 탐욕에 눈먼 경제운용의 주체들과 금융시스템에서 비롯된 결과라고 해야겠다.

그렇다면 경제부조화의 현상은 어떤 것인가? 경제부조화의 현상에 대하여 한마디로 말한다면 말 그대로 경제의 작용이 조화롭지 못했다는 것이고 중심잡기에 실패한 결과이다. 또한 조화롭지 못했다는 것은 균형을 잃었음이요, 균형을 잃은 것은 합리적이고 정상적인 경제시스템의 작동이 불가능한 불능의 상태에 빠지게 된 것을 의미하는 것이기도 하다. 그럼 무엇 때문에 미국이 왜 이런 경제 불능의 대공황상태(financial panic)에 빠지게 된 것일까? 그리고 인류의 평화에 얼마나 큰 악영향을 끼쳤는가에 대하여 미국은 스스로 반성하고 깨닫고 있을까?

미국은 자신들의 잘못 된 경제정책과 그 오류로 인해 자국국민의 불행은 물론 지구촌 전체의 불행으로 확산되었던 그 사실에 대하여 미국은 어떠한 진단과 처방으로 대처하고 있었는가? 그 엄청난 고통과 슬픔으로 인류의 삶에 고난과 불행을 유발시킨 과오에 대하여 그때의 경제주체들은 진심으로 지구촌 가족들에게 사과하고 미안해하고 있는가?

미국은 당시 경제의 맏형으로서 합리적이고 조화로운 경제의 시스템과 비전을 가지고 있었어야 했다. 그럼에도 불구하고 미국을 비롯한 서방 몇몇 선진 중심 국가들은 그렇지 않았다. 어떻게 하면 아우들에게 보탬이 되고 유익할 수 있을까가 아니라 어떻게 하면 자국의 이익을 위해 힘없는 약소국가들이 어떻게, 어떤 역할을 해줄 것인가를 더 많이 강요하고 고민하게 만들었다. 그것은 비단 경제뿐만이 아니다. 정치, 군사, 경제, 문화 모든 분야에서 자국의 정치적 이해와 득실에 따라 그 입맛대로 매우 불공정한 것을 강요해왔다고 하는 것은 그 누구도 부인할 수 없는 사실이다. 그로인해서 과도한 자본시장주의와 팽창주의가 자본구조의 흐름을 위장, 왜곡시켰고 그로 말미암아 변질되어가는 여러 과정에서 그 주체들의 합리적 조화로움이란 그들의 주장과 탐욕을 채워나가는 것에 필요한 명분과 설득에 불과했다. 그들은 그것을 목표로 실행시켜 나가는 물리적 시스템의 전횡에 불과했다.

이렇게 말하면 필자가 너무 미국을 몰아세우고 질타하는 반미적 혹은 반자본주의적 성향과 편향된 시각이라고 필자의 견해를 폄훼할 수도 있겠으나 나는 이에 대하여 친미다, 반미다 하는 그 어떤 이데올로기적 아무 근거를 가지고 있지 않다.

편향(propensity)이란, 어느 한 쪽으로 치우치거나 한 쪽만을 보는 것을 의미한다. 그러나 필자는 엄연히 양쪽을 바라보는 관점에서 상하좌우의 균형과 중심을 매우 중요한 핵심의 문제로 언급하고 있다. 필자는 다만 미국이 좀 더 세계의 평화와 번영을 갈구하고 있다면 좀 더 거시적, 미래지향적 관점에서 인간중심의 문명과 문화라는 대명제하에 그 책임의식과 역할에 좀 더 충실하도록 강조하고 지적하고 싶을 뿐이다.

그렇게 하려면 조화롭고 균형 있게 중심을 잡아야 가능하다. 그러나 그 중심을 잡는다는 것이 얼마나 어렵고 힘든 것인지 안다.

그러나 어렵다고 결코 인류의 평화와 행복을 위해선 방치되거나 포기할 수 없는 절체절명의 시급한 과제임에 틀림없는 사실이다. 미국이 그렇게 하지 않으면 안 된다는 당위성에 대해서도 새삼 언급할 필요가 없다. 그것은 미국이기 때문이다.

미국은 이미 세계의 중심에서 그 중심을 합리적으로 이끌고 그 중심을 국제사회의 규범과 질서 속에서 반듯이 지켜내야 할 사명과 책임이라는 중차대한 명제가 있기 때문이다. 그것은 미국이 세계의 일등국이기 때문이다. 개인이나 국가나 일등으로 산다는 것은 어쩌면 매우 불편한 진실이다. 그러나 일등은 그것을 감내해야 한다.

이미 세계는 미국의 영향력 아래 자유로울 수 없도록 되어 있고 또한 그 의존도도 매우 높다. 따라서 미국은 스스로 원하든 원치 않던 그 힘(강자)의 중심에 서있는 것이고 그 누구도 대적할 수 없는 절대적 위치에 있기 때문이다. 때문에 진정으로 인류의 평화와 번영을 갈망하는 세계인의 욕구는 미국의 대하여 더 많은 것을 요구할 수도 있다. 그래서 미국은 스스로 그 중심잡기를 포기해서는 안 되는 것이다. 미국은 미국이 아닌 다른 국가들을 위해서라도 그렇고 미국을 위해서라도 그렇게 해야 한다. 미국은 그랬을 때에 맏형격의 지도력과 품격이 더욱 빛나는 것이고 그로 말미암아 이 땅의 지구촌 온 누리에 진정한 인류의 평화와 행복이 충만해질 수 있다는 바람과 희망에서다.

이미 그러한 현상에 대하여 많은 경제학자들이 예견하고, 우려하고 있었으나 이미 잘 못 끼워진 단추를 풀지 않고서는 균형 있고 중심이 잡힌 아름다운 옷매무새를 기대할 수가 없다. 그러나 어쩔 수가 없다. 이제부터라도 그것을 알았다면 바로잡아야 한다. 단추를 풀어서 새로 채워야 한다.

'불공정한 세계화(Inequitable Globalization)' 미국 등 선진국 중심의 금융질서와 세계화에 대하여 강력히 비판해온 미국 컬럼비아대(경제학) 조지프 스티글리츠 교수는 미국 등 선진국 중심의 금융질서에 대한 그 오류와 폐단이 전 세계인류평화와 안정에 얼마만큼 큰 악영향을 미치고 있었는가에 대해서 말했다. 조지프 스티글리츠 교수는 '세계화와 그 불만'이란 저서를 통해 1998년 한국에 국제통화기금(IMF) 구제금융을 제공하면서 있었던 혹독한 조치들과 문제에 대해서도 강도 높게 비판한 경제학자이다.

현재 세계금융체계는 제대로 작동하지 않고 있고 특히 개발도상국들에게는 공평하지 않다고 지적하고 있다. 또한 미국보다 더 나은 규제와 거시경제 정책을 편 튼실한 나라들조차 미국의 잘못으로 큰 고통을 받고 있는 현 상황이고 이제 국제통화기금(IMF)을 근본적으로 대체하는 새로운 금융기구가 필요하다고 주창하고 하고 있는 것도 그러한 이유에서다.

그는 2001년도 노벨경제학상을 수상했다. 그리고 유엔은 세계금융제도 개혁방안을 연구하는 태스크 포스(TF)에 총책임자로 있었고 현재는 국제금융위기의 해결사로 잘 못 꿰어진 세계경제의 단추를 바로 잡기위해 약자와 강자의 사이에서 조화로운 글로벌 세계경제의 새로운 금융질서의 확립과 그 '균형 잡기'에 발 벗고 나섰다. 현대 경제학의 아버지로 불렸던 MIT대 폴 새뮤얼슨 교수는 그동안 미국이 해온 시장경제는 스스로 자기 규제를 못하고 또한 시스템적으로도 많은 불평등을 초래하고 있다고 지적했었다.

그것은 스스로 자기 규제를 하지 못하는 비이성적 경제구조의 속성과 시스템에 의해서 경제의 불균형을 더욱 심화시키는 현상에 대해서 문제의 원인을 지적했다.

본래 시장경제의 원리란? 수요와 공급에 의한 수수작용이다. 그렇기 때문에 시장의 흐름을 인위적으로 왜곡시키거나 조장하지 말아야 한다. 그것을 인위적으로 조장하는데서 큰 것은 더 크게, 작은 것은 더 작게 작용하는 현상으로 시장경제의 속성이 그 흐름을 불규칙하게 만들었다. 그렇듯 시장경제의 속성은 고무줄과 같다. 즉 에너지(재화)의 강 · 약 정도에 따라 늘어나면 늘어난 만큼 수축 때의 충격도 그것만큼 강하게 수축하기 때문이다. 2008년 9월 미국 월스트리트 발(發) 금융위기가 촉발되고 전 세계적으로 그 폐해가 확산되고 있을 때에 선진국 중심의 경제 질서와 미국식 자본주의와 신자유주의에 대한 자성에 목소리가 높아지고 있었고 그러한 위기극복 방안과 대책에 많은 경제학자, 경제전문가들이 해법 찾기에 골몰했었다고 한다.

조지프 스티글리츠 교수의 지적에 의하면 '금융위기는 금융업체들의 부도덕성과 정책결정자들의 무능무지가 빚어낸 위선의 산물'이라고 질타했으며 이에 대한 위기극복의 5가지 해법을 제시하기도 했다. 그 5가지 해법은 '은행자본확충, 주택압류차단, 경기부양효과극대화, 규제개혁통한 신뢰회복, 다자가구창설'로 집약되었다. 이에 따라 조지프 스티글리츠 교수는 은행들의 부실여신으로 인한 경영손실이 상당한 자본잠식의 상태며 따라서 정부가 자금을 공급해줄 필요가 있다고 주장해온 것은 튼실한 금융의 뿌리 가꾸기와 맥을 같이 하는 일련의 조치라고 볼 수 있다.

이 대목에서도 미국의 은행들은 가장 기본이 되는 여신과 수신의 '균형원칙'을 지키지 않았고 그로인한 은행 경영의 부실을 초래하는 원인을 키웠었다. 경제는 나라건, 개인이건 인체의 허리와 같다. 허리가 부실하고 약하면 뛰기는커녕 움직이기도, 걷기도 힘들다. 허리는 인체의 균형과 중심을 잡아주는 중요한 부위다.

'경제의 허리는 산업이고 산업의 허리는 금융'이다. 인체의 중심인 허리를 지켜주지 않으면 가슴이 튼실한들, 다리가 튼실한들 힘차게 달리는 것은 불가능한 일이다. 또한 스티글리츠 교수는 모든 분야에서 심화되고 있는 편중현상과 양극화의 현상은 모든 질서의 '균형과 중심'이 깨졌기 때문이며 강자 중심의 '세계화 그늘 때문'이라고 주장하고 있는 것이다. 이것은 약자의 입장이 배려되지 않은 것을 의미하는 것이다. 결국 허울 좋은 '세계화'란 돈 없고 힘없는 약자를 배제하고 강자들만을 위한 '세계화'이기 때문이다.

조지프 스티글리츠 교수의 '세계화' 반대론은 강자 속에 약자 또는 약자 속에 강자를 인식하지 못하는 세계경제시스템과 착시의 괴리를 지적하는 견해인 것 같다. 익히 그는 '세계화가 궁극적으로는 인류의 복지향상에 크게 기여할 것이며 적어도 지구촌 곳곳에서 비참하게 살아가는 사람들의 곤경을 누그러트리는데 다소 도움이 되기는 할 것'이라고 밝혔듯이 무조건적 '세계화'의 부정적 견해와 반대를 위한 반대를 하는 것은 아니다. 다만 그렇게 되기 위해서는 세계화가 빠르게 전개되고 있는 과정에서 반듯이 전제되고 재고되어야 할 국제무역협정들, 개발도상국들에 대한 불공정한 협약의 방식들과 관행이 획기적으로 개선되고 재고되어야 한다는 주장이다. 그렇게 함으로써 좀 더 균형 잡힌 세계경제의 아름다운 몸매를 만들고 세계인의 삶이 좀 더 윤택해질 수 있다는 갈망에서 한 경제학자의 철학과 결연한 의지가 아름답게 빛난다. 또한 그의 인간적 고뇌와 진정성이 그 면모를 짐작케 한다.

조지프 스티글리츠 교수는 심각하게 왜곡되고 변질되어가는 '세계은행, 국제통화기금(IMF), 세계무역기구(WTO)가 더 이상 미국이나 영국 등 몇몇의 선진국을 위해 봉사할 것이 아니라 본연의 임무에 충실해야 한다.'고 일침을 가하고 있는 것도 그 때문이다. 다시 말해 '세계화'의 균형과 중심을 바로 잡으라는 경고이다. 우린 이런 조지프 스티글리츠 같은 교수의 혜안과 의식으로 인류의 미래를 심각하게 고민하고 행동하는 학자를 우린 실로 존경하지 않을 수 없다. 지금 우린 힘들지만 미래 인류의 희망을 결코 포기할 수 없는 것이기 때문이다.

지금 자본의 상징이고 금융에 메카인 월가에서 미 당국 금융정책의 분노한 시민들이 금융자본의 탐욕과 부도덕에 항의하는 규탄시위가 뉴욕을 비롯해서 미국의 수도 워싱턴으로 번져 이제는 미국 전역으로 확대될 조짐이란 뉴스를 접하면서 때늦은 감은 있지만 참 다행이다. 라고 생각했다. 뿐만 아니라 이와 같은 분위기는 EU와 선진 서방국가들에서도 공조된 시위가 벌어졌다. 그것은 탐욕스런 금융자본의 실체와 부도덕성에 지구촌의 모든 사람들이 분노하고 항의하는 목소리들이다. 자본은 인류의 평화나 행복 따위엔 아랑곳하지 않는다. 이처럼 자본은 자본의 본성과 속성대로 움직일 뿐이다. 긍정의 본성과 부정의 본성으로 작용하는 재화(돈)의 두 얼굴이다.

자본은 자본 스스로 중심을 잡지 못하는 속성을 가지고 있다. 그것은 양면의 얼굴을 가진 동전이 알아서 균형을 잡고 굴러가지 못하는 것과 같다. 동전은 균형과 중심을 잡고 굴러갈 때만 쓰러지지 않는다. 동전이 굴러간다는 것은 균형을 잡고 있는 상태이다. 만일 그 균형을 잃으면 어느 쪽으로든 넘어지고 만다. 넘어지지 않게 하기 위해서는 중심과 균형을 잡아야 한다. 그렇게 하기 위해서는 그 영혼을 간직한 자본의 주체(사람+정치)들이 상호 합리적 작용을 통해서만이 가능하다. 그 자본의 주체들이 어떻게 작용하고 어떻게 통제되느냐에 달렸다.

사람에게서 윤리와 도덕이 없는 상태는 악행을 저지르기가 십상이다. 따라서 자본의 영혼은 이러한 자본의 윤리와 도덕으로 상호작용을 할 수 있도록 규제되고 통제, 관리될 때에 그 자본의 중심이 지켜지는 것이다. 그랬을 때에 비로소 자본은 균형과 조화로써 미래문명창달을 위해 영속적으로 함께 굴러갈 수 있을 것이다.

돈(財貨)은 돈 자체만으론 작용할 수 없다. 돈 자체는 발현되지 않은 중(中)[1]의 상태와 같다. 그러나 그 돈이 절도에 맞게 발현되고 작용(쓰임)할 때에 문명창달과 인류의 발전은 눈부시게 실현될 수 있다. 21세기 현대사회에서 인간의 삶이란 잠시라도 그 재화(돈)와 떨어져서는 살수가 없다.

현대인의 일상에서 돈과의 단절은 정상적인 삶의 상태가 아니

---

1) 중(中)- 喜怒哀樂之未發, 謂之中, 發而皆中節, 謂之和. 中也者, 天下之大本也, 和也者, 天下之達道也. 희로애락이 발현되지 않은 상태를 중(中)이라 하고, 발현되어 절도(節度)에 맞는 현상과 작용을 화(和)라 한다. 중(中)은 세상에서 가장 으뜸가는 근본이고, 화(和)는 세상에서 통용되는 일상의 도리(道理)이고 조화(調和)이다. 이는 중용 제1장 원문의 말씀이다.

다. 그 재화와 인간의 관계에도 각각의 부여된 도(道)[2]가 있다. 그 도가 관계를 지속하도록 가르치고 있는데 바로 그것이 재화를 윤리적인 길로 가도록 통제하고 가르친다. 따라서 이 재화의 주체들은 더욱 문명창달에 경계하고 신중하여야 한다. 재화는 우리 인간의 삶에 근본(中)이 되는 것이고 이것이 중화(中和)[3]를 일으켜 문명창달과 인간의 삶을 윤택하고 행복하게 하는 원동력이 될 것이기 때문이다.

이제 미국은 21세기 미래인류사회의 질서와 평화를 위해 흐트러진 세계화의 균형과 중심을 바로 잡아 세워야할 때다. 그 균형과 중심을 잡는데 미국의 힘만으론 안 된다. 힘을 나누고, 역할을 나누고, 공동의 협력체계를 구축하고 좀 더 세계화의 치밀하고 정교한 '조화와 균형 잡힌 시스템'을 이룰 때 세계화의 균형과 중심은 더욱 탄탄해진다. 그럴 때 비로소 미래 인류의 행복이 보장되는 것이다.

미국 주도의 균형 잡기는 대미 의존도를 끝없이 높이는 것이고 대미 의존도의 확대와 팽창은 관계의 편중과 심각한 양극화를 심화시키는 결과가 될 것이다. 미국은 세계를 경제의 속국으로 만들어 끝없이 지배하려는 무모한 욕망과 집착에서도 벗어나야 한다.

---

2) 도(道)- 天命之謂性, 率性之謂道, 修道之謂敎. 道也者, 不可須臾離也,可離非道也. 하늘로부터 받은 생명이 성(性)이고, 그 성(性)에 따라 살아가는 것이 사람의 길(道)이고, 그 길(道)에 부합하도록 가르치는 것을 교(敎)라 한다. 삶에는 길이 있는데 잠시라도 그 길에서 떨어질 수가 없고 그 길에서 벗어난 삶은 길이 아니다. 이는 중용 제1장 원문의 첫머리의 말씀이다.
3) 중화(中和)- 致中和, 天地位焉, 萬物育焉! 중화(中和)에 이르는 것은 천지음양이 작용하여 균형과 조화롭게 만물을 생육하는 것이다. 이는 중용 제1장 원문 끝구절의 말씀이다.

누가 누구를 지배하고 지배를 당하는 것이 아니라 인류의 공동번영과 공존에 목적이 될 수 있도록 해야 한다.

따라서 '인류의 번영은 영속적 공존에서만 가능하다. 그리고 인류의 공존은 질서의 균형과 조화로움에서만 가능하다.' 라고 필자는 말하고 싶다. 또 '잘 잡힌 균형과 조화로움이 진정한 아름다움의 중심을 지킬 것이고 인류 미래의 번영과 행복을 지켜내는 마지막 보루가 될 것이다.' 라고 믿고 싶다.

'자본주의 4.0'에 기대는 희망
The hope and expectation of the capitalism 4.0

2008년 미국 발 금융위기를 겪은 것이 벌써 6년째이다. 그때 전 세계 인류의 삶을 공포의 도가니로 몰고 간 미국 발 금융위기는 과연 무엇 때문이었을까? 그간 언론을 비롯해서 많은 경제학자들이 분석한 사태의 진단과 분석이 있었기 때문에 대부분 알 만한 사람들은 나름 다 알고 있다. 그러나 여전히 많은 전문가들이나 경제학자들 사이에서도 의견은 분분하다. 그리고 많은 경제학자들과 경제정책의 주류와 비주류 간 주체세력의 세대교체도 이루어졌다.

그 이후 많은 금융위기 극복에 대한 정책과 대책들이 쏟아져 나왔고 사태는 차츰 진정되고 있는 추세이긴 하다. 그러나 이에 대한 근본적이고 획기적인 대안은 부재하고 여전히 세계경제는 한 치 앞을 내다볼 수 없는 안개정국이다. 그것은 스위스를 비롯해 EU유럽연합국들의 지속되는 국가부도 금융 불안사태에 대한 악영향 때문이다. 그리고 중동국가들에 내분과 불안정국도 침체된 세계경제의 회복과 발전에 자꾸 발목을 잡는 상황이다.

이런 때에 경제평론가 아나톨 칼레츠키의 '자본주의 4.0'은 한 가닥 미래의 희망이다. 과거 무분별한 자본의 예찬과 실패한 자본의 이론을 비판하고 반성하는 신자본 이론이다. 그가 주창한 '자본주의4.0'은 시장의 기능을 존중하되 기업 등 시장참여자의 '사회적 책임과 다 같이 행복한 성장'을 중시하고 지향하는 '따뜻한 자본주의'로 정의 되고 있다. 소외된 계층에 관심과 사회의 약자들을 배려하고 중시한다는 '신자본주의' 이론이다. 이는 앞으로 나아갈 미래사회의 자본에 대한 역할과 그 방향성에 대한 분석과 조망이다. 과거 자본의 본질과 진화 과정에 오류와 폐단을 반성하고 새롭게 나아가야할 자본에 새 옷을 입혔다.

이것은 아나톨 칼레츠키가 분석하고 있는 신자본주의 경제이론엔 그 동안 자본이 얼마나 본질을 잊고 독선적으로 자본이 방종했는지를 잘 증명하고 확인시키는 사례이다. 그러한 인식에 기초하여 잃었던 '자본의 중심과 균형'을 다시 똑바로 잡아 세우지 않으면 안 된다는 인식하에 내려진 올바른 경제이론의 처방이다. 나름 과거 1.0, 2.0, 3.0자본주의의 진화과정에서 빚었던 자본주의의 오류를 반성하고 그 궤도를 4.0자본주의 이론에서 수정보완하고 바로잡아 공공경제정책과 전략에서 실용적 가치를 강화해야한다는 해법 같다.

아나톨 칼레츠키의 이 새로운 4.0자본주의 이론대로만 세계자본주의 경제가 돌아갈 수 있다면 현재보다는 훨씬 더 나은 미래인류 문명창달에 희망이 될 수 있을 것이란 기대이다. 하지만 그 얼마나 실효성이 있을지는 두고 볼 일이다.

그것은 자기제어를 모르는 자본의 속성도 문제지만 그 힘에 종속된 자본의 주역(인간)들이 근본적으로 새롭게 태어나지 않는 한 그럴싸하게 겉옷만 다시 입힌 결과가 될 수 있다는 우려가 앞선다. 아나톨 칼레츠키의 진정성은 인정되고 이해되지만 자본이 단계적 진화되어 온 과정이라는 것은 결국 자본 자체의 문제가 아니라 인간이 추구했던 가치관의 문제였었다는 점에 설득력이 약하다. 그런데도 또 다시 자본의 본질을 제대로 이해하거나 보려하지 않고 덮어 둔 채로 화려하게 입힌 '4.0신자본주의'에 치장된 겉모습으로만 현대사회의 모든 문제가 해결되어질 것 같은 대안처럼 인식하는 것은 과거의 오류와 답습, 폐단에 대한 진정한 반성이라고 볼 수 없다. 필자의 이러한 생각들은 우리사회의 곳곳에서 심화되고 있는 '사회양극화와 심각한 갈등의 문제들을 제대로 제어하고 잡아낼 수 있는 대안'이라고 믿기가 어렵다.

오늘날 민주주의를 발전시킨 것은 이념적 가치와 물질적가치의 결합이다. 그것이 자본주의[1]의 탄생과 부흥이다. 그래서 자본주의

---

1) 자본주의(資本主義,capitalism)- 자유시장경제, 자유기업경제라고도 한다. 이것은 생산수단의 대부분이 사적으로 소유되며 주로 수요와 공급에 의한 시장의 작동이 이루어지고 소득이 분배되는 서양의 경제체제 제도이다. 자본주의는 이윤의 획득을 가장 큰 목적으로 하고 있다. 화폐(재화)를 투입하여 이윤과 함께 회수하면 화폐는 이윤을 생산하는 자본으로 이용되는 것이라고 할 수 있다. 특정의 재화를 얻기 위해 화폐를 이용할 뿐만 아니라 보다 많은 화폐를 얻기 위한 목적으로 화폐를 사용하는 이윤추구의 활동이다. 이윤의 획득은 각종 기회를 이용하여 이루어진다. 어떤 물건을 싸게 사들여서 비싸게 판다든지, 또는 물품을 직접 제작하여 이윤을 붙여 판다든지 사람에게 돈을 빌려주고 그 이자를 받는다든지 하여 이윤을 획득한다. 어떤 형태를 취하든지 화폐를 시장에 투입하여 이윤을 추구하게 되는 경제구조이다. 브리태니커, 경제학, 자본주의, 참고인용.

하면 민주주의 또는 민주주의하면 자본주의가 바로 관계적 명사로 성립한다. 그리고 이 세상엔 많은 주의(ism)가 존재한다. 예컨대 민주주의(democracy), 사회주의(socialism), 민족주의(nationalism), 고전주의(classicism), 감각주의(sensationalism), 평등주의(egalitarianism), 합리주의(rationalism), 낭만주의(romanticism), 객관주의(objectivism), 자기중심주의(egocentrism), 인간중심주의(anthropocentricism), 비관주의(pessimism), 신자유주의(neoliberalism), 이념주의(ideologyism), 자본주의(capitalism), 신자본주의(newcapitalism) 등등이다.

현대사회의 이런 주의들은 다원화와 다양성 그리고 다변화의 문화적 현상에서 기인한 주의들이다. 이것은 여러 유형의 사람들이 여러 유형의 가치들을 각각 추구하고 함께 한 공간, 한 현실에서 나란히 공존의 관계를 이루고 존재하고 있다는 반증이기도 하다. 다만 많고 적음의 차이와 발생의 시기만 다를 뿐이다.

그러나 이처럼 오랜 시간 속에서도 지치지 않고 그 막강한 힘을 과시하는 주의가 있다면 그것이 바로 "자본주의"의 일방적 독주다. 유독 이 자본주의만큼은 인류의 문명이 빛나면 빛날수록 더욱 그 힘은 강해지는 것이 특징이다. 1961년 창설된 경제협력개발기구(OECD: Organization for Economic Cooperation and Development)에서 자본이동에 관한 제한을 철폐하도록 촉구함에 따라 가맹국들이 자본거래에 관한 제한을 점진적으로 철폐했었고 이것을 자본자유화조치라 명명하면서 "자본주의"의 개념이 확대되었다. [2] 인류사에 있어서 자본이란? 기업이 생기고 경영이 시작

---

2) 자본자유화(liberalization of capital transaction)- 국가간의 자본거래에 있

되면서부터 자본이란 용어가 사용되었다. 그러나 이 자본의 단순 개념이 "자본주의"의 개념으로 새롭게 정의 되고 점차 확산되게 된 계기는 역시 OECD가 출범하면서 일반화 된 개념이다.

그것을 계기로 자본은 자본주의의 새 옷으로 갈아입고 산업화의 도로를 질주하여 지금은 속도를 제한하기 어려운 신자본주의[3]라는 무제한 고속화도로를 과학과 문명의 이름으로 질주하고 있다. 도로 위를 달리는 사람이나, 자동차는 속도보다는 '안전이 제일 우선'시 되어야 한다. 안전이 담보되지 않는 도로는 도로로서의 기능과 역할을 제대로 할 수가 없다.

자동차는 인류가 창조해낸 문명의 이기 가운데 대표적 상징물이다. 그러나 그러한 문명의 이기가 안전속도를 지키지 않고 자본의 본성대로 질주를 위한 질주로 과속을 한다면 함께 주행을 하고 있는 여타의 많은 주의들이 그 위협에 제대로 안전한 주행을 할 수가 있을까? 도로 위를 주행할 때에 안전한 속도와 나름대로의 제어기능을 갖추고 주행하는 것은 주행의 기본원리요, 규칙이다. 과

어서 직접투자 또는 간접투자를 가리지 않고 자본이 외국에서 들어오는 것과 외국으로 나가는 것을 허용하는 제도이다. 나아가 동(同)자본의 원금뿐만 아니라 이자에 대한 송금을 보장하는 경제적 조치이다. 여기서 자본거래는 원료나 기계와 같은 자본재의 이동을 의미하는 것이 아니라 화폐형태의 자본, 즉 화폐자본의 이동을 의미한다. 출처: 브리태니커, 경제, 참고인용.

3) 신자본주의: 실리콘칼라(silicon collar)는 기존의 화이트칼라나 블루칼라와 다르게 이분법적 사고를 지양(止揚)하고 창의적인 사고와 뛰어난 첨단기술을 바탕으로 번뜩이는 아이디어를 창출하는 21세기의 고급화된 두뇌집단의 노동자를 일컫는 용어이다. 이들은 컴퓨터와 인터넷을 통하여 참신한 아이디어로 무장한 신흥경제주체세력이다. 이들이 정보화와 세계화로 대변되는 신자본주의 지식사회에 선두주자로 떠오르고 있다. 미래학자들은 실리콘칼라의 자유로운 활동을 보장하는 조직만이 미래의 경쟁력이 될 것으로 예측하고 있다. 출처: 시사용어사전, 참고인용.

속을 한다는 것은 '규정위반이고 반칙'이다. 반칙은 위험한 사고를 부르게 마련이다. 도로에서 안전속도를 위반하고 무분별한 과속을 하는 순간 그것은 도로 위에 자본주의가 아니라 도로의 무법주의요 달리는 흉기이다.

이처럼 자본주의는 과거 1.0, 2.0, 3.0자본주의 흐름에 편승해서 인류의 역사와 문명창달을 좌지우지해 왔다. 마치 모든 인류의 문명을 자본 혼자 이룩한 것 같이 말이다. 다시 말해 여타의 주의들과 '균형과 조화'를 이루고 협력하면서 문명창달을 이끌었다면 오늘날 새삼 '자본주의4.0'이란 신 버전 자본주의에 대한 논란은 안해도 되는 것이다. 결국은 그동안 자본주의가 얼마만큼 독선적이었는가를 인식케 하는 대목이다.

그럼 도로 위를 달리는 다른 주의들은 안전주행을 하는데 왜? 그 자본주의는 안전주행을 하지 않고 과속을 할 수밖에 없는가? 반문하지 않을 수 없다. 그 이유는 자본도 모르는 자본의 본성과 속성 때문이다.

자본엔 크게 나누어 2가지 기질이 있다. 하나는 음(陰)의 기질로서 따뜻한 성질이고, 또 하나는 양(陽)의 기질로서 차가운 성질이다. 음의 기질은 동양적 기질이고, 양의 기질은 서양적 기질이다. 이렇게 자본은 자본의 기질적 측면과 문화적기질의 융합을 통해서 문명창달을 이루게 된다.

이처럼 득세한 서양적 자본의 성질은 하나는 둘이고 싶고, 둘은 또 셋, 넷이고 싶어 한다. 또한 자기보다 덩치가 작은 것은 힘으로 눌러버리는 폭력성도 가지고 있다. 그렇게 물리적 팽창의 성질을 가진 양의 자본은 마치 강력한 자석과 같은 성질이다. 금속의 성질은 작은 것, 큰 것 가리지 않고 무조건 빨아드려 집어삼키는 포식성이다.

그러나 여타 주의(ism)들에게는 과속이 될 때 그것을 제어해주는 자동제어적(automatic control) 기능의 시스템이 작동하게 되어 있다. 가령 '민주주의'는 민주주의의 상대적주의(사회주의)가 늘 존재하고 방어적 견제를 하고 있기 때문에 사실상의 독주가 어렵다. 그리고 상대적 주의에게 공격의 빌미를 제공하거나 비난을 받지 않기 위해서는 명분과 원칙을 스스로 잘 지켜야하기 때문이다.

이처럼 모든 주의에는 상대적 주의의 경쟁과 견제가 늘 이루어지고 있고 따라서 각각의 주의가 상대적 주의와 균형과 조화를 이루지 않으면 스스로 자멸할 수도 있다는 위기의식 때문에 절대 무리수를 두지 않기 때문이다. 특별한 경우가 아니면 무분별한 과속은 절대 할 수가 없는 것이다. 때문에 다른 주의들과 보조를 함께 하면서 경쟁을 하는 것이다.

가급적이면 공생공존 할 수 있는 윈윈(win-win)의 전략주의라고 해야 할 것이다. 그러나 자본주의의 대한 상대적 주의는 없다. 있다면 그것은 비자본주의인데 이 주의는 사실상 있다고 해도 없는 것과 마찬가지다. 비자본주의는 전혀 영향력을 발휘할 수 없는 식물주의에 불과하다. 그러니 자본주의는 비자본주의의 도덕성과 원칙을 적당히 무시하고 외면하면 그만이다. 이처럼 오늘날 자본주의는 그 본질을 잊고 여타주의를 따돌리고 배제한 체 문명의 도로를 전세 낸듯 독점하고 달려온 데서 비롯되는 '불균형, 부조화' 현상의 결과이다.

그런데도 일부 경제학자들은 또 다시 자본의 본질을 제대로 보려하지 않고 덮어 둔 채로 화려하게 입힌 '4.0신자본주의'에 요란스런 겉모습만으로 얼마나 현대사회의 병리적 현상들과 갈등의 문제들을 해결할 수 있을지는 미지수이다. 불안을 불식시키기 위해서는 본질에 대한 성찰이 이루어질 때 비로소 정답 같은 대안이 나올 수 있다.

사실 우리사회에서의 '따뜻한 자본주의'를 느낄 수 있는 자본은 아주 미미한 수준이다. 우리사회 뿐만이 아니라 전 세계를 통 털어도 마찬가지다. 국제자본에 규모는 어마어마하지만 이 거대자본들은 '자본주의4.0'에서 정의되고 있는 "시장의 기능을 존중하고, 사회적 책임과 다 같이 행복한 성장을 중시하는 따뜻한 자본주의"로 소외 된 계층에 관심과 사회의 약자들을 위해 쓸 자본은 그리 많지 않다. 그럼에도 '따뜻한 자본주의'를 전면에 내세워 '차가운 자본주의'를 포장하는 것은 별 실효성이 없고 다분히 표어 적이고, 캠페인적 상징뿐 설득력이 약하다.

그럼에도 정부는 오늘날 경제정책의 오류와 국민경제의 실패에 대한 문제의 해결과 해법을 '자본주의4.0'에서 찾겠다고 방향을 잡은 듯하다. 그 목적과 취지에 들어가서 보면 "균형과 형평성이 전제된 지속가능한 성장, 성장과 삶의 질 향상, 경제발전과 사회통합, 국가발전과 개인발전이 동행하는 새로운 발전체계가 필요하고 새로운 위기를 극복을 해결하기 위해서는 세계적인 수준에서의 조정과 합의가 요구되는 글로벌 거버넌스[4]의 중요성이 요구된

---

4) 거버넌스(governance)- '거버넌스'라는 용어는 정부의 의미의 변화, 또는 공적인 업무수행방법의 변화를 지칭하는 용어이다. 정부(government)는 공식적인

다.”고 강조하고 있다.

이는 문제의 본질과 그 심각성을 정확히 짚어내지 못하고 있음이다. 이미 우리사회의 경제적 ‘균형은 깨진지 오래다’ 국민의 행복지수도 낮아졌다. 우리사회의 균형 중에 대표적인 것이 ‘중산층의 존재와 역할’이다. 중산층은 한국경제의 허리이다. 허리는 꺾이고 전체를 감당하기 어려운 상황이다. 그런데 이 ‘중산층’은 어디에 있고 이 중산층의 역할은 어디에서 어떻게 일어나고 있는가?

도표 5-경제의 안정과 불안정의 상태

경제안정이 확대되면 행복지수가 높아지고, 경제불안이 확대되면 불행지수가 높아진다. 따라서 국가는 반드시 정치, 경제, 사회, 문화에 있어서 사회안정은 물론 정치의 균형발전을 꾀하여야 한다.

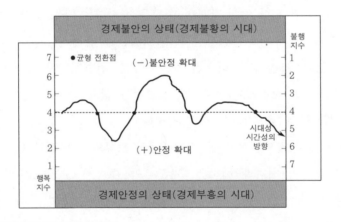

권위에 근거한 활동을 지칭하는 반면, ‘거버넌스’는 공유된 목적에 의해 일어나는 활동을 뜻한다. 거버넌스의 특징은 중앙정부, 지방정부, 정치적·사회적 단체, NGO, 민간조직 등의 다양한 구성원들로 이루어진 네트워크를 강조한다. 다양한 참여자들의 동등한 상호 독립적 관계를 의미하고 한다. 이러한 네트워크 구조의 영향으로 정부와 사회의 역할분담에 의해 균형점이 이동할 수 있다. 이것은 현대사회의 자기조향 능력(self-steering capacity)이 강조되고, 공동규제(co-regulation), 공동조향(co-steering), 공동생산, 공동지도(co-guidance)가와 같은 것들이 강조되는 방향으로 가고 있다. 출처:daum, 지식, 참고인용.

그런데도 마치 아직도 중산층이 존재하고 있고 이 중산층에 역할을 기대하는 듯 지속성과 성장을 운운하는 것은 논리의 비약이다. 혹여 아직 미미하게 남아 있을지도 모르는 일부 소수에 중산층을 염두하고 있는 것은 아닌지? 그렇다면 그것도 역시 일부 소수에 대한 희망과 기대일 뿐이다. 이런 소수의 성장과 삶의 질 향상이 한국경제발전과 사회통합에 기여하고 새로운 발전체제의 모델이 될 것이란 기대가 얼마나 위험한 허구인지를 드러내고 있다.

국가의 경제가 안정이 되고 경제부흥을 이루는 것도 먼저 정치가 바로 서고 안정을 이룰 때에 가능하다. 정치가 바로서지 않고는 정치, 경제, 사회, 문화 그리고 국민의 행복도 이룰 수가 없다.

정부는 또한 위기 때만 되면 서민 정책과 경제성장과정에서 소외된 사회의 약자들에 대한 관심과 배려를 강조하고 있지만 이것은 신자본주의나 자본주의4.0이 단번에 해결할 수 있는 일시적 사회현상의 문제가 아니다. 이것은 위기 때나 아닐 때나 일상적이고, 평상적으로 고려되어야할 문제이다. 이것이 우리사회의 인문정신에 부합되는 실용주의적 철학이 담긴 합리성이다.

앞으로 미래의 문명사회에선 '중용'의 인문정신과 사상이 아니고서는 자기의 힘과 능력(신자본주의+권력)만을 믿고 내달리는 미래의 문명사회를 효과적으로 통제하고 제어할 그 어떤 학문도 없다. 현대문명의 학문이론에선 그것은 정말 불가능할 수밖에 없다. 그것은 현대사회가 지향하는 물질만능, 물신주의(物神主義)의 모든 가치가 차디찬 속물적 자본의 성질이고 자연의 배타적 관계인 개발과학을 위주로 한 탐욕적 문명이론에 치우쳐 미래를 지향하고 있기 때문이다.

그 이론의 내밀함 속엔 본능처럼 제어되지 않는 강자들의 탐욕과 물욕주의가 현대사회의 모든 이즘(ism)에 가치를 무력화하고 힘으로만 세상을 지배하고 있기 때문이다. 하지만 그래도 앞서 절망할 필요는 없다.

다시 한 번 실낱같은 미래의 희망이라도 걸어볼 아나톨 칼레츠키의 '자본주의 4.0'도 있고 무엇보다도 중요한 것은 우리의 중심을 지켜내고 함께 행복할 수 있는 '균형과 조화의 가치'가 아직 남아 있다. 종국엔 이것이 미래사회의 유일한 희망이 됨을 인식해야할 때이다.

사회

불공정은 불균형과 부조화의 씨앗
Unfairness is the seed of imbalance and disharmony

세계화 그리고 문명시대의 가치관과 오류
Globalization and civilization era values and error

정의의 변이
The change of Justice

공정사회로 가는 정의와 실천
The justice and practice for fair society

중심을 잡고 똑바로 살아야 하는 세상
Hold the center of the world to live straight

중심을 지켜낸 한국여성들의 위대한 힘
The great power of Korean women that have
kept measure

변화 또 변화만이 미래의 희망
Continuous change is the only hope of the future

그들은 문명의 신
They are civilization's God

불공정은 불균형과 부조화의 씨앗
Unfairness is the seed of imbalance and disharmony

　우리사회 각 분야에서 여러 형태의 경쟁과 게임이 이루어지고 있다. 그러나 얼마만큼 공정한 게임과 경쟁이 합리적 기준과 룰에 의해서 이루어지고 있는지는 여전히 미지수고 그 의구심이 높다. 유리한 경쟁이나 게임의 주체들 입장에선 왜 그렇게 부정적인 시각에서만 보느냐고 반문할지 모르겠지만 그것은 우리사회의 불균형적 시스템과 부조화의 씨앗에서 비롯된 결과이다. 또한 그런 현상이 사라지지 않고 지속적으로 나타나고 있는 것은 우리 민족과 국가번영에도 매우 큰 걸림돌이 될 수 있다.

　문제는 룰(rule)이다. 이미 정해져 있는 게임의 룰도 지켜지지 않고 있음은 물론 그 게임의 룰 자체도 문제가 많다. 합리적이고 공정한 균형을 유지하고 있다고 보기엔 힘들다. 그렇다면 우리사회가 애당초 공정한게임을 하고 있다는 기대는 어쩜 요원한 일인지도 모를 일이다. 그러나 그렇다고 해서 그대로 내버려둘 일은 더욱 아니다. 보완할 것은 보완하고 개선할 것은 개선해서 바르고 공정한 게임이 이루어질 수 있도록 해야 먼 미래에 안정된 국가번영이 담보될 수 있기 때문이다. 그것이 이 시대를 사는 현대인들의 당연한 의무요 사명이다.

그렇다면 공정한 게임이 갖는 의미와 그 정의를 한 번 생각해보자. 현대 사회는 무한경쟁의 시대다. 정치, 경제, 사회, 문화, 그 어디를 막론하고 대결이 아닌 것이 없다. 그런 치열한 대결의 경쟁구도 속에서 한 치 앞을 내다보기 힘든 안개 속이다. 때문에 경쟁에서 정정당당하게 승자가 되기 위해선 승자가 될 수 있는 실력과 자질을 배양해야 한다. 그러나 아무리 타의 추종을 불허하는 실력과 능력을 갖고 있더라도 경쟁이나 게임에서 공정한 룰이 적용되지 않는다면 진정한 승자가 될 수 없다. 때문에 공정한 게임을 하기 위한 게임의 룰과 합리적 운용은 필수다. 그런 제도적 장치가 '게임의 룰' 이다. 그리고 서로의 다른 주관적 입장을 좀 더 균형 있게 객관화 하는 협의의 과정이 협상이고 조율이다. 그렇게 해서 만들어진 룰을 원칙과 기준에 따라서 효율적으로 운용할 때 정당한 게임의 목적을 상호 달성할 수 있다.

우리가 무엇을 경쟁자와 협상할 때 일방적으로 나에게 유리한 협상을 했다면 그것은 엄밀히 말해서 불공정한 협상이다. 그것은 합리성과 균형을 이루지 못한 경우이다. 내가 유리하면 유리한 것만큼은 상대가 불리한 입장에 놓이기 때문이다. 그래서 우린 이제 나에게만 유리한 협상을 해야 한다는 강박관념에서 벗어나야 한다. 나에게 너무 유리하면 상대가 적극일수 없다. 그래서 지루한 협상에서 결과 없는 협상을 반복하게 되고 상대에 대한 믿음도 반감내지는 불신으로 바뀌게 된다. 그것은 상호 협상의 주체와 그 목적이 전체의 효율성을 저하시키는 주된 원인이 되기도 한다.

그러나 세상은 공정한 그 '게임의 법칙' 대로 돌아가지 않는다. 그것은 '게임의 룰'을 잘못 만들었거나 아니면 그 사람들이 '게임의 룰'을 지키고 있지 않는 것 중 하나이다. 만약 그 '게임의 룰'을 잘못 만든 원인 때문이라면 그 룰을 다시 조정하여 잘 만들면 문제가 해결될 법하다. 그런데 후자의 경우가 문제다. 아무리 그 '게임의 룰'을 잘 만들어 놓았어도 그것을 지키고 실천하는 사람이 의지가 없으면 그 '게임의 법칙'은 그만 무용지물이 되고 만다. 그것은 게임에 임하는 강한 주체들의 의해서 생겨나는 반칙이다.

《97 대선 게임의 법칙》은 제16대 전 국회의원(경제학자, 저술가, 정치가) 유시민이 쓴 저서의 제목이다. 저자는 13대, 14대 대통령 선거에서 민주세력이 참패한 이유를 그 불공정 '게임의 법칙'에 의한 결과로 분석하고 있다. 그는 합리적인 관점과 분석을 통해서 '공정한 게임의 법칙'이 무엇인지 설명하려 했다. 그에 그런 의식은 정치의 불균형과 부조화의 현상을 바로 잡고 안정된 균형과 조화를 이루려는 정치철학의 의식이다.

정치에 불공정은 정치, 경제, 사회, 문화 모든 분야에서 불균형과 부조화를 만들어내는 원흉이 된다. 이렇게 모든 분야에서 수많은 경쟁과 게임이 치열하게 작용하고 있는 상황 속에 우리가 있고 우리의 삶이 패자와 승자로 갈린다. 그러니 우리사회가 공정성을 잃고 중심과 균형을 잡지 못한다면 앞으로 국제사회에서 미래의 한국은 없다.

그렇듯 협상은 잘하면 서로에게 윈윈(win-win)이 되지만 균형을 잃게 되면 어느 한 쪽은 치명적이다. 인류사회의 미래는 함께 하는 것이지 우리만, 나만 이란 있을 수 없다. 그들이 망하면 우리도 망하는 것이 글로벌 시대다. 그 대표적 사례가 미국에서 발생한 2008년 금융위기였다. 그때 미국 금융가의 탐욕 자들에 의해 촉발된 금융위기에 전 세계인류가 엄청난 고난과 희생을 모두 치러야했던 일이다.

나에겐 크게 유리하지 않더라도 대다수의 우리가 유리할 수 있다면 대국적 차원에서 보면 나에게도 유리하다는 것을 인식해야 한다. 이것이 우리사회의 다양한 갈등과 충돌을 최소화 하고 조화와 균형을 이루게 된다. 내가 아닌 우리 또는 그들에게 배려하는 정신이다.

지난날 우리 사회에서 첨예하게 대립하며 갈등을 빚었든 세종시법이 그랬고 MB정부의 4대강 논란이 그랬다. 그러나 게임의 속성상 대결이라는 관점에서 보면 반듯이 승자가 되는 것이 목표가 될 수밖에 없다. 그래서 승자가 되기 위해 최선의 노력과 방법을 모두 동원하게 된다. 그러나 승자가 되는 것만이 지상 최대의 목표는 아니다.

어떻게 이 세상을 이기고만 살 수 있나? 이길 때 보다는 질 때가 더 많은 세상이다. 그리고 질 때마다 패자들은 다 죽어야 하는가? 그 승자도 중요하만 그 승자가 되기 위해 가는 과정에 동반자적 관계이고 그 동반자에 의해서 승자가 탄생하게 된다는 것을 간과해서는 안 된다. 그 동반자도 패자이기 전에 공통의 목표가 있었음을 기억해야 한다. 그리고 치열한 경쟁의 과정에서 놓쳤었던 합리적 공정성을 균형과 조화로써 회복해야한다.

예컨대 우리가 커다란 삶이라고 하는 운동장에서 달리기 경주를 한다고 생각해보자. 출발선을 무시하고 특정한 주자에게만 100m, 200m, 앞에서 달리게한다면 결과는 뻔하다. 앞에서 달리는 주자가 당연 유리한 게임이다. 그렇게 해놓고 공정한 게임을 했다면 그것을 인정할 사람도 없거니와 그것의 일등을 한 승자에 의미 또한 없다. 그러나 이와 같은 현상은 우리사회의 빙산에 일각처럼 존재하는 것이 엄연한 사실이다. 사실 겉보기엔 매우 공정한 것 같지만 요소요소에서 일어나고 있는 불공정을 보면 공정한 게임은 그리 많지 않아 보인다.

승자가 되기 위해서라면 수단과 방법을 가리지 않고 온갖 방법을 동원한다. 거기엔 슬기와 지혜가 없고 온갖 잔머리에서 나오는 치졸한 편법이 난무하게 된다. 특히 여야의 정치 행태를 보면 교묘한 말장난에 말 바꾸기가 그렇다. 국민의 마음과 의사는 안중에도 없다. 그럴 땐 공당의 면모를 찾아보기가 힘들다. 또한 말에 권력을 쥐고 있는 언론도 정치적 불공정 게임에 한 몫 했다. 불법이나 부정은 권력과 힘 있는 자들 앞에 붙는 수식어지 선민과 서민들에게 붙는 수식어는 아니다. 또한 대기업과 중소기업의 관계이다. 대기업이 1, 2차 협력관계에 있는 중소기업들에게 얼마나 부당하고 불공정한 갑(甲)질을 하고 있었는지 뒤돌아 볼 일이다.

2006년 서울시장 후보 경선과정에서 돌출되었던 한나라당경선과정은 공정한 게임 룰이 보장되고 지켜지지 않았던 대표적 정치 사례 중 하나이다. 서울시장 후보 공천을 앞두고, 한나라당 공천 심사 위원회가 후보자 3배 수 압축 작업에 돌입 했을 때의 일이다. 그동안 어느 후보도 지지하거나 반대하지 않고, 사태를 예의 주시 하고 있었던 '박사모(박근혜 사랑하는 모임)'는 물론 선거법 을 의식한 탓도 있었겠지만, 최소한의 '공정한 룰' 정도야 당연이 당이 보장해줄 것으로 믿었던 터였다. 그런데 한나라당 공천심사 위원회에서는 후보들의 동의도 구하지 않고 일방적으로 통지 형 식을 취해 3배수 압축 작업에 돌입했다가 해당의원들로부터 거센 반발을 샀다. 단 한 번의 당내 토론이나 TV토론 없이 후보를 3명 으로 압축하는 것은 유권자의 알권리와 공직자후보 선택권을 원 천적으로 제한한 것이라는 당내 반발에 부딪혀서 결국공천에 실 패하고 당내 파벌갈등을 빚었던 사례이다.

그 때문에 "국민도 속고 나도 속았다"고 말한 당시 당대표의 정 치적 배신과 분노를 삭이지 못했던 울분에 말이 생각난다. 그 때 그 불공정의 주역과 주체들이 아직도 그 곳에서 무엇을 하고 있는 지 국민들은 다 안다.

다음은 공정한 게임의 룰이 사라졌었던 명문대 입학사례를 한 번 보자. 당초 내신 성적을 상당 부분 방영하기로 했던 고려대 측 주장과는 다르게 특목고(특수 목적 고등학교) 4등급 학생이 일반 계 고등학교 학생 내신 1등급보다 더 좋은 점수를 받고 합격했던 일이다. 때문에 1등급 학생은 떨어지고 4등급 학생이 붙었다는 데 서 그 결과를 알 수가 있었다. 그렇다면 이 사태의 본질적 문제는 무엇일까? 바로 '공정한 게임의 룰'이 작동되지 않고 사라졌기 때문이다.

그 때문에 이제 한국사회에서 약자들은 아무리 열심히 살아도 그 미래를 보장받기가 힘들어질 것이라는 생각은 막연한 불안감이 아니다. 특목고는 들어가는데도 상당한 비용이 들뿐더러 들어가고 나가서도 엄청난 교육비를 들여야 한다. 물론 그들 사이에서도 치열한 경쟁은 계속된다. 그러나 그것은 그들만의 게임인 '메이저 리그'일 뿐이다. 고려대가 그랬던 것처럼 그들만의 리그를 보장해주고 그들 중에서 잘 한다고 판단되는 학생을 더 많이 뽑았기 때문이다. 때문에 일반계 고등학교에서 명문대 진학 기회를 찾던 학생들에게는 기회가 더 줄어드는 것은 당연한 논리의 귀결이다. 그것은 2단계 전형에서 시행될 논술에서 역전할 기회를 찾는 학생들의 기회조차도 사라져버렸다는 불공정 결과가 되었다.

다른 곳도 아닌 100년 대계 미래의 인재를 육성하는 지성에 상징 대학에서조차 그러니 어떻게 한국이 미래의 희망이라고 할 수 있으랴. 이런 것을 과연 누가 '공정한 게임의 룰'이라고 말할 수 있을까? 이렇게 불투명한 대학입시운영정책을 대학자율에 맡긴다고 과연 확실하게 투명해질 수 있을까?

지난 역사적 흐름에서 보듯이 어느 정권 때든 대학입시는 그 과정이 불투명했다. 원서를 넣고 시험을 보면 그 과정이 전혀 공개되지 않았다. 합격자, 불합격자 통보만 받게 된다. 자신이 왜 불합격을 했는지 물었을 때 시원하게 그 결과를 공개하고 답해준 대학은 없다. 그리고 대학에 들어가서도 자신의 학점이 왜 B인지, C인지를 물었을 때도 객관적 기준을 통해서 본인이 납득할 수 있도록 투명하게 보여주지 못했다. 이러한 원인과 결과의 대하여 전혀 피드백이 이루어지지 않는 상황에서 합격자나 우열에 순위는 얼마든지 뒤바뀔 가능성이 있지 않았을까 하는 우려는 당연하다.

그런 상황에서 정부가 추진하는 대학 자율화가 시행되면 이 불투명한 대학입시가 단번에 투명하게 바뀌어서 공정한 게임의 룰이 적용된다는 논리는 참으로 답답한 어불성설이다. 모르면 몰라도 현재보다 더 불투명해질 수도 있다는 생각이다. 그리고 그런 우려에 대하여 반문하지 않을 수가 없다. 그나마 정부가 투명하게 대학입시정책을 운영하려했던 '3불 정책'[1] 중 고교 등급제와 본고사 조항이 폐지가 되면 객관적인 자료 없이 대학이 과연 주관적으로 학생을 공정하게 선별해서 뽑을 수가 있을까도 의문이다.

그러나 어느 정책이든 완벽한 정책은 없어 보였다. 다만 어떤 것이 조금 낳고, 조금 덜할 뿐이다. 그러나 오랜 기간 전통이 만들어지고 운용의 묘를 한껏 살려내면 합리적 균형과 조화가 생성되어질 수 있다.

서울에서 주요 대학이라고 손꼽히는 대학의 공통점은 그 대학 출신 인맥들이 우사회의 중요한 요직을 차지하고 있는 것이 사실이다. 한국 사회는 능력보다 인맥이우선이고 그 인맥을 통해 살아가는 사회구조의 뿌리가 매우 깊게 자리 잡고 있다. 아무리 치열한 경쟁에서도 그 줄타기를 잘하면 살아 날수 있다는 것이 한국사회가 아직도 버리지 못하고 있는 고질적 병폐이기도하다.

또한 한국사회는 지도층의 능력이 그렇게 잘 검증되고 드러나는 사회가 아니다. 몇 명의 엘리트가 몇 천만 명의 사람들을 먹여 살린다는 주장을 누군가가 했다. 그러나 우리의 현실은 어떠한가. 그런 진정한 엘리트의 실체는 드러나지도 않고 없다. 우리나라에

---

1) 3불정책(三不政策)- 3불 정책(三不政策)은 교육계에서 본고사 시험과 기여입학제, 고교 등급제를 금지하는 교육정책이다. 3불정책의 궁극적인 취지는 교육의 양극화를 막기 위해서라고 할 수 있다.

서 오마하에 현인 워렌 버핏, 스티븐 잡스, 빌 게이츠 같은 위대한 인물이 존재하지 않는 이유도 아마 여기에 있지 않을까. 이런 사태에 대하여 한국사회의 대학들은 각고의 노력을 통해서 시대적 사명감을 갖고 새롭게 거듭나야 한다.

이제 물밀듯이 밀려드는 글로벌 신자유주의와 한국사회 자본시장의 확산이 가져올 다이너미즘(dynamism)이나 그 다이너미즘이 만들어 내는 새로운 사회적, 문화적, 정치적 공간에서 어떻게 공정한 게임의 룰과 시스템을 만들고 채워 나갈 것인가가 우리 시대의 당면한 과제이다. 이에 대한 충분한 대비가 시급하다.

아직 한국사회는 자본주의와 시장주의 체제하에서 우리의 시장은 선험적 인식에서 본 결과 '공정한 게임'의 장이 아니다. 거기엔 언제나 자본, 국가, 산업, 노동자의 피 터지는 혈투가 언제나 상존하고 있다. 그리고 시장에는 언제나 '힘의 헤게모니(hegemony)' [2] 와 불균형이 존재했다. 따라서 자본주의에서 힘의 헤게모니는 '자본의 속성과 본질'에 기인한 것이다. 때문에 헤게모니의 의한 불균형을 어떻게 '공정한 게임의 장'에 참여 시킬

---

2) 헤게모니(Hegemonie)- 어떤 집단을 주도할 수 있는 권력이나 지위로써 패권을 의미한다. 이 패권은 어느 한 지배 집단이 또 다른 피지배집단을 대상으로 행사하는 정치, 경제, 사상 또는 문화적 영향력을 지칭하는 용어이다. 이러한 지배 집단의 리더가 영향력을 갖기 위해서는 다수의 동의가 필요하다. 이 용어는 본래 특정 고대 그리스 도시 국가의 주변 도시 국가에 대한 정치적 지배를 의미했지만, 점차 다양한 맥락에서 사용되게 되었는데, 특히 마르크스주의자인 안토니요 그람시의 문화적 헤게모니 이론이 그 한 예이다. 이 용어는 지배가 힘이 아닌 동의를 통해 얻어지는가를 강조할 때 더 잘 정의되는 용어이다. 이 헤게모니와 관련하여 '테크노 헤게모니(techno-hegemony)', '문화 패권(cultural hegemony)', '포스트모더니즘 헤게모니(postmodernism hegemony)' 등이 있다. 출처: 위키백과, 패권, 참고인용.

것인가를 고민해야 한다.

너무 지나치게 시장의 논리와 '다이너미즘'만을 강조하게 되면 그것이 바로 자본의 논리에 추종하는 결과를 낳게 된다. 신자유주의와 시장만능주의에서 경험했듯이 그 폐해는 매우 심각하다. 때문에 사람들은 자본주의 체제에선 이 '공정한 게임의 룰'이 얼마나 잘 지켜질지를 걱정한다. 그리고 매우 비관적이다. 이러한 생각은 시장을 둘러싼 다양한 사회적 힘의 조건과 헤게모니의 불균형과 역학 관계인 현상에서 비롯되는 것들이다. 그러나 모든 것이 시장논리로 해결될 수 있는 것 또한 아니라는 것도 인식해야 한다.

이렇게 21세기 현대사회는 시장 만능주의가 갖는 여러 가지 순기능과 역기능의 문제가 있다. 때문에 인위적으로 국가나 사회적 영역의 개입이나 역할은 매우 중요하고 신중해야 한다. 자본주의 체제에서 국가는 기본적으로 자본 친화적일 수밖에 없다. 때문에 사회적, 국가적 자본친화성을 제어하고 균형을 잡도록 하는 '시스템(제도적 장치)'이 필요하다. 이런 역할을 하는 것이 다양한 시민사회단체의 활동과 영역들이다.

결국 문제의 핵심은 어디론가 모아지는 시장(市場)의 성격이다. 시장을 '공정한 게임의 룰'이 적용되는 영역으로 볼 것인가. 아니면 치열한 사회적 힘과 권력들의 투쟁이 벌어지는 살벌한 공간으로 볼 것인가에 대한 문제이다. 이런 상황과 현실 속에서 과연 얼마나 이 '공정한 게임의 룰'을 강력하게 고수하고 실천해 갈 수 있을까를 고민해야 한다. 시장은 공정한 게임의 장이어야 한다. 시장은 살벌한 계급투쟁의 장에서 벗어나야 한다. 자본주의 체제에서 시장이 지닌 막강한 힘을 효과적으로 조절하고 제어하는 것은 합리적인 '균형과 조화'[3]를 지닌 '공정한 게임의 룰' 뿐이다.

MB정부가 출범해서 이미 전반을 보내고 후반기 2011년 8.15를 맞는 경축사에서 집권 후반기에 대한 국정운영 방향 제시가 있었다. 당시 이명박 대통령은 "사회 모든 영역에서 '공정한 사회'라는 원칙이 확고히 준수되도록 최선을 다하겠다."고 밝혔다. 어떻게 보면 우리사회가 그만큼 '공정한 게임의 룰'이 이루어지지 않고 있었다는 반증이기도하다. 그러니 한 나라에 대통령까지 나서서 국정운용과 방향에 우선적 정책과제로 잡고 있는 것이 '공정사회'였다면 뒷맛이 썩 개운치가 않다.

어째든 집권후반기 국정운영의 핵심가치를 '공정사회구현'에 맞춘 것은 시대의 약자들을 위해선 참으로 다행한 일이었다. 그것은 국민의 상당수가 한국사회의 불공정한 게임의 현실에서 서민과 약자의 계층이 얼마나 많은 어려움을 겪고 절망했었는지를 국가지도자가 그 문제의 심각성을 인식하고 우리사회의 꽉 막힌 화합의 장을 균형과 조화로써 소통과 통합을 이루어 내려는 의지에 국정철학이라고 긍정하고 싶다.

이처럼 우리사회가 공정한 '게임의 규칙'을 확립하여 국민 누구나 정당한 노력을 통해 성공해서 행복할 수 있다는 것을 지도자는 보여줘야 한다. 또한 개인의 자율과 공정한 경쟁, 강자의 사회적

---

3) 균형과 조화(均衡과 調和)- 균형이란? 어느 한쪽으로 기울거나 치우치지 아니하고 고른 상태이다. 그것은 동심을 태우고 오르내리는 시소와 같다. 그것은 저울대가 가장 알맞은 상태에 놓여 있을 때의 평일(平一)한 상태이다. 우주의 가장 건전한 운행은 형평이요, 가장 충실한 생성은 조화이다. 김충열,「김충열 교수의 중용대학강의」, 예문서원, 2007, pp.107, 112 참고인용.

책임을 강조하는 국정운영을 통해서 승자독식 구조를 개선하고 약자가 상대적 불이익을 받지 않도록 하겠다는 것은 그 동안 잘못된 친 부자정책에서 친 서민정책으로 방향을 전환하고 이탈된 궤도의 위치를 수정하려는 것으로 보인다. 이를 계기로 흐트러진 우리사회의 중심인 균형과 조화를 이루고 체질적 강화를 위한 지역 간 동반성장[4], 동반자 관계의 노사 간 협력, 대기업과 중소기업이 상생을 구현하게 되는 시발이 될 수 있다.

그러나 공정하고 합리적인 게임의 룰도 중요하지만 그 룰을 잘 지키고 운용하는 주체의 전향적 자세가 더욱 중요하다. 그래서 함께 달리고, 함께 즐거워하고, 함께한 시간이 중요했음을 인식하게 하는 것이 이 나라, 이 국민 모두의 행복에 목표가 되어야 한다. 행복을 느끼지 못하는 승자는 승자가 아니다. 인생에서 낙오하는 승자로 남을 뿐이다.

이처럼 공정은 우리사회의 '공평하고 올바름'의 가치이다. 이것은 원칙을 중심으로 균형을 잡고 어느 쪽으로든 편향되지 않는 평일한 상태다. 따라서 공정성이란? 어떤 일의 가치나 우열, 시비 등을 판단할 때에도 어느 한 쪽으로 치우치지 않는 올바른 성질이나 가치를 말한다. 예컨대 어떤 일에 성과를 두고 그 성과에 상응

---

4) 동반성장- 동반성장에 주된 목적은 대기업과 중소기업 간의 사회적 갈등문제를 발굴, 논의하여 민간부문의 합의를 도출하는 동반성장 문화확산을 그 목적으로 한다. 동반성장위원회가 있는데 2010년 12월 13일 초대 위원장으로 정운찬 전 국무총리가 취임하여 추진하고 있다. 주요 업무 범위는 산업계의 동반성장 분위기 확산, 대기업의 동반 성장지수 산정 및 공표, 중소기업 적합업종·품목 기준 마련·지정·점검, 대기업·중소기업간 거래상, 업종 간 갈등요인을 발굴하여 사회적 합의 도출, 동반성장 성공모델 발굴 및 우수사례 확산, 대기업·중소기업 대표단체들 간 소통의 중추적 역할 및 규범준수 교육활동 등이다.

하는 적절한 보상을 할 경우를 생각해보자. '더 주어야 할 사람에게 더 주고', '덜 주어야 할 사람에게 덜 주었다면' 이것은 공정성이 유지 된 보상이다. 또한 '잘한 사람에게 칭찬하고', '잘못한 사람에게 꾸짖는 것'도 당연한 공정성이다.

그렇다면 불공정에 대해서 생각해보자. '잘못한 사람에게 칭찬하고', '잘못이 없는 사람에게 책망을 했다면' 이것 또한 불공정이다. 또 '더 주어야 할 사람에게 덜 주고', '널 주어야 할 사람에게 더 주었다면' 이 또한 불공평이다. 또한 죄짓지 않은 선민이나 약자에게 죄를 대신 강요하고 뒤집어씌우는 강자들에 파렴치한 행태도 곳곳에서 일어나고 있다. 이것이 억지의 경우 같지만 이와 유사한 사례들은 실제 우리사회의 각 분야에서 다양한 형태로 무수히 벌어지고 있는 것이 현실이다. 오늘날 사람 사는 이 현실에선 어디를 막론하고 이 불공정과 불평등이 난무하고 있다고 해도 과언이 아니다.

예컨대 조세정책의 입안자나, 집행자들이 자신들의 본분을 망각하고 강자에게 빌붙기 위해 봐주기를 한다든가, 법치국가에서 법에 따라 인권 수호의 마지막 보루인 법에 집행자들이 권력에 빌붙어 봐주기를 한다면 실제 피해자가 가해자가 되고, 가해자가 피해자가 되는 경우가 왕왕 있다. 그러나 약자들은 강자들을 상대로 대항할 힘이 없다. 그래서 이 사회의 약자들은 강자들의 불공정성 때문에 억울한 벌을 받는 사례가 다반사다. 또한 요즘 사회문제화되고 있는 국민건강보험법도 마찬가지다.

현재 시행되고 있는 국민건강보험료의 직장가입자와 지역가입자 간의 산정기준이 얼마나 불균형적이고 불평등한 잘못된 제도인지 정부나 행정당국이 알고 있다면 하루 빨리 억울한 사람이 없도록 제도와 운용체계를 수정 보완해야 한다. 그럼에도 불구하고 나 몰라라 하는 것은 약자들의 어려움을 더욱 가중시키는 무책임하고 무능한 처사로서 국민에게 매섭게 벌 받아야 할 직무유기이다.

이처럼 공정성을 잃었다고 하는 것은 어떤 일을 함에 있어 수반되는 일체의 행위에 있어서 '알맞은 말이나, 알맞은 행동'을 '알맞은 때에 알맞게' 하지 못했다는 결론이다. 그러나 무슨 일을 함에 있어 '알맞은 말과 알맞은 행동'으로 '알맞은 때에 알맞게' 일처리를 했다면 이는 바로 중용 제2장에 말씀인 '군자이시중(軍子而時中)'이요 현명하고 지혜로운 적시적합(適時適合)이다. 이는 바로 '균형과 조화'로써 평형을 유지하는 중심축(中心軸)을 잃지 않은 것으로서 중용에서 '불편불의(不偏不倚)'[5] 이다.

이처럼 불공정, 불균형은 좌우 양단에 평형과 중심을 지키지 못하고 어느 한쪽으로 기울어진 불안정의 상태이다. 즉 어린아이들 '시소놀이'에서 좌우에 무게 중심이 맞지 않아 더 이상 시소놀이를 할 수 없는 것과 마찬가지이다. 이처럼 우리사회의 심화되고 있는 양극화의 현상은 바로 이런 불공정이 만들어내는 불균형들의 현상이요 갈등이다. 이것은 합리성의 결여이다. 즉 비합리적이고, 비타협이다.

---

5) 불편불의(不偏不倚)- '불편불의(不偏不倚)'라 함은 정자가 말한 재중(在中)의 의미이니, 감정이 발산하기 이전 미발(미발)의 상태로서 치우친(偏倚)바가 없음을 말함이다. 다시 말해 불편불의는 마치 사방 어느 곳에도 치우치지 않은 것으로서 이것은 마음의 본체요, 공간(地)에 있어서는 중앙이다. 박완식,「중용」, 여강출판사, 2005, p, 348 참고인용.

불공정, 불균형은 이렇게 정당성을 상실한 의식체계에서 상대나 남을 배려하지 않고 자신의 입장과 주장만을 관철하려는 과욕에서 생겨나는 치졸한 비겁함이다. 당당하지 못함이다. 중용 제6장 원문의 말씀이다. 집기양단, 용기중어민, 기사이위순호!(執其兩端, 用其中於民, 其斯以爲舜乎!) 이 말씀은 '양단이 상충하는 말은 그 양쪽의 말을 다 듣고 이를 절충하여 백성들이 중도(中道)를 가도록 하셨지요. 바로 이것이 순임금의 도리였지요.' 이다.

이는 이해의 당사자들이 서로 한발씩 물러나 양보하고 이해의 조정을 거쳐 합리적 협의를 이루어 가는 과정이다. 바로 백성들은 이러한 순임금의 도리를 본받고 그와 같이 실천에 옮긴 것이 순임금의 도리라는 말씀이다. 이것은 좌우 대립의 이해관계를 합리적으로 조절, 조율하여 공평하고 공정한 올바름의 중도(中道)[6]를 이르는 말씀이다.

한국사회에서의 불공정과 부패·부도덕이 어제 오늘의 문제가 아니다. 2011년 문화일보가 모 여론조사전문기관에 의뢰해서 공동으로 실시한 여론조사 결과에 의하면 한국사회의 공정성 수준에 대하여 묻는 말에 '공정하지 못하다'가 69.6%에 달하는 매우 부정적 인식이었다. 그리고 불공정이 있는 곳은 바로 권력(재화+권력)이 있는 공직사회와 정치권이고 불공정, 부도덕이 가장 많은

---

6) 중도(中道)- 중도(中道)는 불교의 가르침에서 어느 한쪽으로 치우치지 아니하는 바른 도리이다. 붓다는 출가 전의 쾌락(樂行)도 출가 후의 고행도 모두 한편에 치우친 극단이라 생각하고 그것을 버리고 고락 양면을 모두 떠난 심신(心身)의 균형과 조화의 상태에서 얻은 깨달음이 중도(中道)이다. 성도(成道) 후 그때까지 함께 고행을 하던 5인의 비구(比丘)들에게 가장 먼저 설교한 것이 중도(中道)의 가르침이었다. 출처: 위키백과, 중도(中道), 참고인용.

것으로도 나타났다.

과거 그런 권력과 결탁해서 불공정을 자행했던 정경유착이 대표적 사례이다. 그 속에서 온갖 사회적 적폐가 숙주처럼 싹트고 자란다. 그렇다면 과연 현재 우리 '공정사회의 공공의 적'은 어떤 것들인가? 그것은 다름 아닌 '권력과 재력'을 이용해 반칙과 특권을 누리려는 세력(재피아+관피아+법피아+정피아 등)들이다. 또한 이러한 특권과 반칙을 허용하거나 방조하는 무분별한 강자(권력+돈)들이다. 바로 이들이 공정사회구현에 가장 큰 공공의 적들이다.

그리고 마이너리티(minority)를 무시하고 배려하지 않으며 그들의 가치를 인정하지 않으려는 머조리티(majority)들의 매너리즘과 에고이즘이 만들어내는 오만과 독선적 사고도 우리사회의 불공정과 불균형을 고착화시키고 칡넝쿨처럼 뻗게 한 주된 원인이다. 이제 한국이 선진사회로 가는 길목에서 과거의 '불공정, 불평등, 불균형의 온상'을 과감히 걷어내어 깊게 뿌리박은 구조물을 철거해야 하리라.

필자는 우리사회의 공정을 생각하면서 불공정과 대립되는 양단의 양립세력을 구별하고자하는 목적은 아니다. 그것은 굳이 필자가 구분하지 않더라도 본래부터 모든 것에는 양단이 있고 앞으로도 그것은 '불변의 법칙'처럼 존재할 것이다. 그러나 우리가 여기서 혼돈하지 말아야 할 것이 공정이든, 불공정이든 모두가 우리 안에, 우리사회 안에 있다는 것이지 우리 밖에 있는 문제가 아니라는 것을 인정해야 한다.

그렇다면 내가 공정의 편에 있던, 불공정의 편의 있던 어느 한

쪽만을 바라보는 편향적 시각에 매몰되거나 사로잡히면 안 된다. 그것은 불공정을 알려면 공정을 이해하여야 하고, 공정을 알려면 불공정을 알아야 한다. 그 양단을 알아야 이에 대한 "참(진정성)"을 인식하게 되고 양단의 불공정과 불균형 구조에서 우리가 지향하고자 하는 '균형과 조화'를 찾아내는 목적을 이룰 수 있다. 그러면 많은 불공정과 불균형의 문제들을 해결하는데 큰 도움이 되리라 믿는다.

그렇다면 공정에 대한 정의(定義)부터 정리해보자. 사전적 의미로의 공정은 공평하고 올바름이다. 즉 가운데서 균형을 잡고 어느 쪽으로든 편향되지 않고 기울지 않는 균일한 상태다. 따라서 공정성이란? 어떤 일의 가치나 우열, 시비 등을 판단할 때에 어느 한쪽으로 치우치지 않는 올바른 성질이나 가치를 말함이다. 바로 이렇게 올바름의 중심적 가치가 일정한 균형을 이루고 있을 때에 우리 일상의 사물이나 현상들이 어느 쪽으로든지 편향내지 편중되지 않음을 의미한다. 이처럼 양단이란? '뫼비우스의 띠'[7]처럼 각각의 안과 밖이지만 하나로 존재하는 일체성이다.

공정사회는 출발과 과정에서 공평한 기회를 갖고 그에 대한 책임을 스스로 지는 행위이다. 공정한 사회는 패자에게도 삶의 가치를 공유하고 또 다른 기회가 주어지도록 배려하는 것이다. '공평

---

7) 뫼비우스의 띠: 좁고 긴 직사각형 종이를 한 번 꼬아서 양쪽 끝을 맞붙여 이루어지는 띠. 바깥 면과 안쪽 면의 구별이 없는 것이 특징으로, 독일 수학자 뫼비우스가 창안한 데서 이름이 유래하였다. 가우스(Gauss, K.F.)에게 천문학을 배웠으며, 동차 좌표 개념의 도입, 도형의 기하학적 천연성의 계통적 연구, 쌍대 원리의 고찰 등 수학에 많은 업적을 남겼다. 특히 '뫼비우스의 띠'로 유명하다. 저서로는 《중심 해석》이 있다.

한 기회균등', '백(bag)이 아닌 실력'이 우선시 되어야 한다. 공정한 게임을 위해서는 '페어플레이 정신'이 존중되어야 한다. 특혜의식에서 탈피해야 한다. 학연·지연·혈연의 고리를 과감히 자르고 줄서기나 파벌주의문화의 병폐도 이젠 폐기처분해야 한다. 강자 독식형 권력구조를 허물고 합리적 구조체계를 이루어야한다. 다수결의 원칙이 다수의 횡포가 되지 않게 하고, 소수의 의견이 존중되고 반영되는 합리성을 갖도록 하여야한다.

이를테면 비근한 예로 바둑을 둘 때에 하수에게 미리 몇 수를 깔도록 한다든가, 장기를 둘 때 하수와의 대등한 게임을 위해서 상수의 차포(車砲) 등을 떼서 상수의 게임전력을 축소하게 되는데 이것은 게임의 룰이 공정하고 서로 비슷한 전력의 균형이 이루어질 수 있도록 하기 위함이다. 이것은 경쟁자인 상대에 대한 배려이다. 강자가 약자와의 공동체적 의식의 행위이다. 약자와 공정한 게임을 하려는 규칙이다.

그런데 현대사회에서의 경쟁과 게임의 법칙은 어떤가? 약자에 대한 배려는 없고 강자독식주의이다. 또한 현대사회에서의 '공정'은 어떠한가? 강자의 공정은 있고 약자의 공정은 없다. 그동안 정의와 공정을 위해서 많은 사회지도층이나 언론이 말했지만 행동이 따르지 않는 말뿐이다. 따라서 공정이란? 국민에게만 일방적으로 강요되는 요구와 행동규범이 아니라 우리사회의 권력층과 지도층이 먼저 마땅히 지켜야할 충서(忠恕)의 도리요 도덕이어야 한다.

중용 제29장 원문 일부의 말씀이다. '시고, 군자동이세위천하도, 행이세위천하법, 언이세위천하즉. 원지즉유망, 근지즉불염.(是故,

君子動而世爲天下道, 行而世爲天下法, 言而世爲天下則. 遠之則有望, 近之則不厭.)' 이라 했다. 이 말씀은 '이러한 까닭에 군자의 움직임은 바로 그것이 세상의 길이 되고, 그것을 행하면 바로 세상의 법도가 되며, 말을 하면 그것이 바로 세상의 법칙이 된다. 그런고로 멀리서도 우러러보며, 가까이서도 싫어하지 않는다.' 라는 말씀이다.

이것은 지도층과 권력층에서의 솔선수범에 도리를 말함이다. 그런데 중용의 도리가 어렵다고 하는 것은 그들이 지켜야할 사회적 규범이 돈과 권력이 갖는 속성과 괴리의 현상 때문이고 그 주체들이 강자(권력과 돈)의 속성과 윤리적 관념의 딜레마에서 벗어나지 못함 때문이다. 그런 의미에서 '정의란 무엇인가'에 저자 마이클 샌델(정치철학) 하버드대 교수의 정의는 물질만능주의와 탐욕의 문명시대에 과연 무엇을 말하려 함인가? 그것은 바로 제자리를 못 잡고 방황하고 있는 현대사회에서의 도덕과 윤리의식의 메시지이다. 이렇게 정의는 지도층과 권력층들에 대한 충고가 충분히 될 법하다.

우리사회와 대한민국이 선진 일류국가 반열에 진입하려면 현재 우리사회에서 사회적 문제로서 논란이 되고 있는 공정한 납세의 문제, 공정한 병역의 문제, 정당하고 당당한 부(富)와 권력의 문제, 사회지도층과 권력층 등의 도덕적 책무가 성실히 이행되고 준수될 때에 새로운 국가에 비전과 기풍이 세워짐으로써 공정사회가 가능해지리라 생각한다. 그리고 이에 뒷받침되어야 할 것이 노블레스 오블리주(noblesse oblige)이다.

고대 서양 최대 로마제국의 국운융성을 가능케 했던 핵심적 요인은 바로 이 노블레스 오블리주를 생명처럼 여긴 세력이 중심이 되어 지도층이 구성되고 있었기 때문이다. 예상치 못한 국난 때마다 슬기와 솔선수범으로써 국민적 역량 결집에 성공을 했다. 그랬던 로마제국이 다시 패망의 길로 접어들게 된 것은 그 초심(初心)의 중심축(中心軸)인 중심이 흔들리고 균형과 조화의 정신적 의식을 잃어버렸기 때문이라는 해석이다.

때문에 국가의 번영과 융성을 이루는데 있어서 노블레스 오블리주의 사회적 역할이 절대적 필수조건이다. 과거 우리 한국의 역사도 뒤돌아보면 이러한 노블레스 오블리주가 사회적으로 부재했었고 그로 말미암아 임진왜란과 병자호란 같은 국난을 자초한 결과가 되었다고 보아야할 것이다.

이제 '공정한 사회'와 '국가번영' 그리고 '다함께 행복'한 사회를 구현하려면 얍삽한 꼼수가 아니라 '상식과 원칙'이 통하는 법과 원칙에 따라 공정한 사회규범도 갖추어져야 한다. 또 그 못지않게 노블레스 오블리주의 실천과 확산, 국가 지도층의 솔선수범이 전제되어야 한다. 그때 비로소 '살만한 대한민국'이 선진문명 사회의 대열에 당당히 들어서게 되리라는 생각이다.

세계화 그리고 문명시대의 가치관과 오류
Globalization and civilization era values and error

21세기 문명시대의 가치관과 세계화의 오류에 대해서 생각해 보자. 최근 항간에 화두가 되고 있는 20대80의 법칙이니, 2대8의 법칙이니 하는 말들이 부쩍 세간에 회자되고 있다. 또한 서점가엔 이와 관련된 사회학, 경제학 등 여러 방면에서 이 법칙에 이론을 응용한 비슷비슷한 책들이 다수 출간되고 있다. 그것은 이 치열한 현대사회의 경쟁에서 살아남으려는 샐러리맨들과 그 경쟁의 주역, 주체들에게 마치 필독서처럼 읽히고 있다.

이른바 파레토 법칙[1] (Pareto principle)이다. 경제학에서 처음으로 이 '파레토 법칙'이란 용어를 사용한 사람은 조셉 M.주란이

---

1) 파레토 법칙(Pareto principle)- 경제학에서 처음으로 이 '파레토 법칙'이 란 용어를 사용한 사람은 조셉 M. 주란이다. 빌프레도 페데리코 다마조 파레토 (Vilfredo Federico Damaso Pareto, 1848년)는 이탈리아 출신의 정치, 사회, 경제학자이다. 그는 1906년 이탈리아 토지의 80%를 이탈리아 인구의 20%가 소유하고 있다는 사실을 알아냈다. 오픈지식, 파레토 법칙, 참고인용.

다. 빌프레도 페데리코 다마조 파레토(Vilfredo Federico Damaso Pareto, 1848년)는 이탈리아 출신의 정치, 사회, 경제학자이다. 그는 이탈리아의 상위 20%의 인구가 80%의 부를 소유하고 있다는 새로운 사실을 관찰해 낸 사람으로 유명하다. 그에 이름을 따서 붙여진 이 '파레토 법칙'은 나중에 조지프 주란(Joseph Juran) 등에 의해 일반화되었고 그 후에 파레토 법칙, 파레토 분포와 같은 용어로 점차 확대 발전하여 사용되고 있다.

특히 최근 2~3년 사이 부쩍 경제, 경영서에서 '파레토 법칙'을 테마로 응용한 책들이 많이 출간되었다. 또한 그 이론과 해설에 있어서도 이견이 분분하다. 그러나 2대8 혹은 20대80의 파레토 법칙을 응용하여 대기업은 물론 중소기업, 백화점 등에서 경쟁적 기업경영혁신 프로그램의 일환으로 마케팅에 많이 활용하고 있고 개인들도 일상생활이나 대인관계에서 자기의 목표를 이루기 위해 그 원인과 결과, 노력과 성과 사이에 결과를 분석하고 불균형적 관계를 개선하려는 목적으로 이 파레토 법칙을 응용하고 있다. 그러나 파레토 법칙의 이론이 상당부분 긍정적이기는 하나 이 이론에 부정적 견해도 만만치 않다.

그 말인즉, 해석은 사례마다 조금씩 다르지만 예컨대 100명이 일하는 산업현장에서 100명중 20명만이 일을 해서 80명을 먹여 살려야한다는 이론의 근거한다. 그러나 어떻게 보면 생각에 따라서 그런 것 같기도 하고 그렇지 않은 것 같기도 하다. 100명의 노동집약형 산업현장에서 획기적인 기술집약형 시스템이 개발되어서 80명의 노동인력이 필요 없게 되었다면 이때 80명은 또 다른 일을 할 수 있기 때문에 매우 생산적이고 부가가치를 5배나 확대할 수 있어서 좋다는 말인지 아니면 20명이 할 일을 100명이 했기 때문에 쓸데없이 80명은 인력낭비와 비생산적, 저효율이었다는 말인지 자못 헷갈린다. 그러나 정확히 말해서 전자도 아니고 후자도 아니다.

그 논리에 법칙은 100명의 일터에 20명 정도만이 일을 할 수밖에 없으므로 20명 안에 들어가야 살아남을 수 있다는 말로 재해석되는 것이다. 즉 100명 중에 뛰어난 20명만이 살아남는 것이고 나머지 80명은 필요 없게 되어 그 삶의 현장에서 도태된다는 말이다. 결국 80명은 해고의 대상이라는 것이다.

이것을 좀 더 확대해석하면 앞으로 미래 산업의 방향과 산업 환경의 구조는 이러한 법칙과 시스템의 기본 틀 속에 인류의 문명 창달이 이루어지고 발전되어 가리라는 예상이다. 이렇게 전체에서 20%만이 경제 및 생산활동에 필요한 자원이고 나머지 80%의 인구는 그들에 의해서 먹고 살아야한다는 말임에는 틀림없다. 결국 80%의 사람은 일을 하고 싶어도 일자리가 없어서 20%의 사람들에게 빌붙어 먹고살아야 하는 처지가 되고 말 것이란 억측의 우려가 현실이 되지 않기를 바란다.

일본 홋카이도의 사카이 교수는 개미의 집단생활 속에서 '20대 80의 법칙'을 새롭게 발견했다. 개미는 아주 열심히 일하는 협동정신의 상징적인 대표 곤충으로 알려져 있다. 그러나 사실과는 다른 것이 그에 연구에서 밝혀졌다. 일개미들의 대부분은 빈둥빈둥 놀기만 하고 열심히 일하는 개미는 전체의 20%라고 한다. 그 20%가 80%를 먹여 살린다. 이것은 우리 미래인류사회의 현실을 예견하는 '파레토 법칙'을 그대로 보여 주는 현상이다. 그래서 열심히 일하는 20%의 개미들만 따로 모아서 새로운 집단을 꾸려주었더니 다시 그 중에서 80%는 놀고, 20%만 일하게 된다는 사실을 발견했다. 그럼 개미들은 왜? 80%는 놀고 20%만 일을 하는 것일까? 그 곤충들의 세계에서도 사람처럼 나태한 부류의 곤충과 근면한 곤충이 따로 있어서인가. 아니면 그들의 세계에서 또 다른 이유로 그들의 질서를 유지하기 위한 그들만의 규칙 때문인가?

이 이론은 효과적인 20%의 재원적 요소만 필요로 하고 80%에 쓸모없는 재원은 제거시키고 무조건 열심히 하기보다는 소수로 핵심에 집중하여 큰 성과를 창출해야한다는 이론이다 이처럼 결과의 80%는 전체의 20%에 구성요소와 원인적 요소에 의해서 생성되어 진다는 것이 '파레토의 법칙' 이론이다. 그래서 20대 80의 법칙은 마치 자연법칙과도 같다고 했다. 홋카이도의 사카이 교수의 실험에서처럼 자연의 생명들이 모두 이런 법칙의 틀 속에 존재하고 작용하고 있다고 단정할 수는 없다. 그러나 이 법칙은 인류의 경험과 오랜 발전의 과정에서 보았듯이 모든 곳에서 적용되는 철칙과도 같은 느낌이 왠지 마음 불편한 진실로 다가온다.

한편 롱테일 법칙(Long Tail Theory)[2] 이 있다. 이는 80%의 '사

---

2) 롱테일 법칙(Long Tail Theory)- 그간 비즈니스 세계에서는 '20:80' 법칙인 파레토 법칙이 진리처럼 여겨졌다. 따라서 돈이 되는 20%의 고객과 상품만 있으면 80%의 수익이 보장된다는 법칙이었다. 그런데 온라인 세계에서는 이 법칙이 잘 통하지 않는 모양이다. 롱테일 법칙(long tail)이 온라인 비즈니스를 중심으로 파레토 법칙에 반하는 새로운 개념이 자리 잡기 시작했다. 바로 이것이 꼬리의 반란이라 불리는 롱테일 법칙(long tail)이다. 이 롱테일 법칙은 하찮은 80%가 상위 20%보다 더 많은 수익을 낸다는 개념이다. 파레토 법칙과 반대되기 때문에 '반 파레토의 법칙'으로 불리기도 한다. 오픈지식, 롱테일 법칙, 참고 인용.

소한 다수'가 20%의 '핵심 소수'보다 뛰어난 가치를 창출한다는 이론이다. 이는 파레토 법칙과 완전히 배치되는 역발상이다. 이를 두고 '역(逆) 파레토 법칙'이라고도 한다. 롱테일 법칙은 크리스 앤더슨의 2004년 저서 '롱테일 경제학'에서 유래되었다. 파레토의 법칙 이론이 비즈니스의 황금률로 인정받은 것은 매출과 생산량의 80%는 20%의 충성스런 고객과 우수사원에 의하여 만들어진다고 하는 해석과 믿음 때문이다.

롱테일 법칙에 의하면 '아마존닷컴의 전체 수익 중 절반 이상이 비주류 단행본이나 희귀본에서 나왔고, 구글의 주 수입원이 거대기업이 아닌 작은 기업들에 의한 것이라고 한다. 이것은 기존의 패러다임을 뒤엎는 이론이다. 주목받지 못하고 무시당하던 80%가 점차 중요시되어 새롭게 우리사회의 일각에서 부각되고 인식되는 현상이다. 이것은 시장의 중심이 20% 소수에서 80%의 다수로 옮겨가는 중심잡기의 새로운 현상이다.

어쨌든 우리사회는 지배자의 계층과 피지배자의 계층 혹은 주류와 비주류로 나눠진다. 다시 말해 우리사회를 이끌고 있는 하이클래스의 엘리트 집단과 블루칼라의 하위 계층으로 구분된다. 때문에 기업에서든지, 학교에서든지, 우리사회 어느 조직을 막론하고 반듯이 구성원 간 경쟁에서 이겨야하는 것이다. 그렇게 되기 위해서는 속된 말로 피터지게 공부하고 노력해서 하이클래스 엘리트 집단 20% 안에 들어가야 한다.

지금 국제사회는 "세계화"의 거대물결 속에 지구촌을 하나의 시장으로 통합하려는 글로벌경제의 경쟁체제 속에서 매우 역동적인 금융자본의 에너지와 그 시스템에 의한 '세계화'의 조류에 떠밀려 흘러가고 있다. 이것이야말로 20%의 부와 권력을 소유한 거대 자본들의 머니게임이다. 그러나 그러한 자본시장의 메커니즘은 우리 현대인의 삶에 터전인 지구촌을 하나로 통합하는 데는 성공하지 못했다.

지금 현대사회는 경쟁이란 미명하에 인간과 자연의 관계, 인간과 문명의 관계, 인간과 사회 그리고 인간과 인간의 관계를 철저히 분리시키고 있다. 또한 철저히 분리된 관계를 철저히 소외시키면서 단합된 상호관계를 갈가리 찢고 사회 곳곳에 심각한 균열과 폐해를 유발시키고 있다. 그 결과가 소수의 승자와 다수의 패배자로 양분된 사회를 만들어 놓았다. 이른바 이것도 20:80 파레토법칙에 결과이다. 이것은 80%를 제외한 20%들끼리의 통합이고 하나이다. 그런데 마치 20%와 80%가 합쳐져서 완전한 100%를 이루고 있는 것처럼 세계가 하나가 되었다고, 세계가 통합이 되었다고, 세계화가 되었다고 세계화의 주역들과 그 추종 예찬론자들은 말한다. 또 오늘의 현대사회가 당면한 불균형의 현상을 이처럼 왜곡 호도하고 있다.

오늘날 현대사회는 모든 것이 상품적 가치로만 평가되고 있다. 많은 이윤을 갖다 주는 것만 훌륭하고 그 가치를 인정받고 평가되는 시대이다. 세계화를 위해서는 국가와 기업, 경영자와 노동자가 모두 합심해서 품질을 향상시키고, 생산성을 높이고, 원가절감을 해서 경쟁력을 강화해야 한다. 노동운동이나 노동조합활동은 자제해야 한다. 경쟁력을 강화하고 고군분투해야만 경쟁에서 이기고 살아남을 수 있고 세계화를 이룩할 수 있다는 주장이다.

또한 그렇게 치열한 경쟁과 변화의 시대에 유연하게 적응하지 못하면 우리의 장래는 없다고 교과서적으로 마치 원칙인양 강조한다. 때문에 반드시 세계화를 해야 하는 것이고 그 세계화를 위해서는 개인의 삶이나 인권은 별로 문제될게 없고 그 희생 또한 감수 할 수밖에 없다는 말로 80%를 문명의 노예로 쇠뇌 시키고 있다. 얼핏 보면 맞는 말 같다. 그러나 이러한 논리는 앞뒤가 전혀 맞지 않는 논리다.

보통사람의 입장에서 '세계화'의 의미는 진정 무엇이고 어떤 의미를 지니는 것일까? 우리는 왜 세계화를 해야 하는 것일까? 또 누구를 위한 세계화인가? 우리는 이 시점에서 잠시 근본적인 문제를 생각해보아야 한다. 세계화의 표면적 당위성과 주장에 대하여 한마디로 축약한다면 누군가를 경쟁에서 이겨야한다는 말인 것 같다. 이기는 것만이 내가 살 수 있다는 생존의 조건으로 해석된 말이다. 흔히 우리사회를 정글의 법칙이니, 약육강식이니 하는 말로 승자독식으로 대변되는 시대로 정의되고 있다. 그것은 무한경쟁의 냉혹한 현실을 잘 말해주고 있다. 이것이 물신주의, 물질만능주의가 발전시킨 문명사회의 현실이다. 그러나 이것은 부와 권력의 속성과 습성에 결과일 뿐이다.

현대 문명사회란 어차피 경쟁에서 승자와 패자로 나눠지지만 승자만이 살아가는 세상은 아니다. 80%의 패자도 함께 살아가는 세상이다. 그러므로 20%의 승자와 80%의 패자가 함께 살아가는 세상을 만드는데 어쩌면 그 경쟁의 진정한 당위성과 목적이 부합하는 것이라고 정의해야 할 것이다.

그러나 왠지 뒷맛이 개운치가 않다. 내가 살기 위해서는 끝임없이 누군가를 준이고 또 죽여야만 한다는 사실이 그렇다. 그것이

고통과 불행에서 벗어나는 일인가. 누군가를 죽이지 않고도 내가 살고 행복해지는 방법은 없는 것일까? 지금의 현대는 마치 우리의 삶이 세계화를 위해 태어났고, 세계화를 위해 살아가는 주객이 전도된 삶으로 바뀐 것 같기도 하다. 그러나 그런 억지의 긍정에 동의할 사람은 없다. 이미 우리가 동의할 수 없듯이 세계화가 우리의 삶과 본질에 얼마나 역행하며, 얼마나 하루하루에 삶을 무기력하고 황폐하게 일상을 조장하고 있는지 심히 우려하지 않을 수 없다.

때문에 매스컴에서 기회만 있으면 점점 심화되고 있는 우리사회의 양극화와 불균형, 불공정을 주제로 논하고 있지만 늘 원론적인 수준에 머물고 만다. 이렇게 본말이 전도된 세계화의 병폐와 현실 속에서 문명시대의 인간에 삶인 건강이나 인격, 사회복지와 민주주의 또는 공동체나 자연의 생태 까지도 급속도로 파괴, 훼손되어 가고 있다. 그런데 우리는 어리석게도 그 누군가를 죽이고 또 죽이는 이 지난한 싸움을 경쟁이라는 틀과 미명 속에서 끊임없이 계속해야 한다니 참으로 아이러니 한 일이다. 이것도 파레토법칙이 깔아놓은 경쟁구도의 멍석 때문인가?

우리가 고통을 인내하면서 날마다 열심히 일하는 이유는 삶의 진정성 속에서 좀 더 잘 먹고 잘 살아보려는 목적에서다. 그것은 물질적, 경제적으로 좀 더 윤택한 생활을 통해서 가족이나 이웃과 더불어 희로애락의 인간다운 가치와 정을 나누고 사는 것에 궁극적 목표일 것이다. 뿐만이 아니라 각자의 소질과 능력으로 우리사회에 보탬이 되고 의미 있는 것 까지 포함한 모든 일이 우리가 추구하는 삶의 목표이다.

바로 그런 맥락에서 심히 우려되는 '세계화'의 거센 물결은 인간 중심의 목표와 과정이라기보다는 국가나 기업경영체제의 경쟁자 입장에서 본 목표이고 과정이다. 성장만을 중시하는 강제적 강요이다. 그렇다면 세계화에 참여하는 모든 기업들과 모든 사람들이 세계화의 치열한 경제전쟁에서 다함께 이기는 '윈윈(win win)'이 될 수 있을까? 물론 그렇게만 될 수 있다면 우리 인류는 더할 나위 없이 행복할 수 있겠다. 그러나 유감스럽게도 현실은 그렇지 못하다. 경쟁의 참여자 중 20% 정도만 승자의 대열이고 나머지 80%는 패자의 대열에서 벗어날 수가 없다.

때문에 그 파레토법칙이 설정해 놓은 불균형의 중심축 이동은 불가피한 과제이다. 언제나 경쟁에선 승자가 있게 마련이고 승자가 있으면 반듯이 패자도 있다. 경쟁에서 이겼다고 해서 승자만이 살아가고 패자는 모두 죽어야한다면 차라리 인간의 삶이 더 간단할지도 모르겠다. 그러나 패자인 80%는 죽지도 않고 그렇다고 승자가 될 수도 없다. 단, 20% 승자의 주변을 죽음처럼 배회하는 속빈 껍데기의 삶일 뿐이다. 때문에 패자도 함께 살아가는 삶이어야 하고 세계화가 되어야 하는 이유가 여기에 있다. 그러나 승자보다는 패자가 더 많을 수밖에 없는 것이 현대사회 경쟁구도이다. 이 패자들은 오늘도 어쩔 수 없이 승자들을 위해 존재해야하는 시한부적 존재일지도 모를 일이다.

경쟁의 속성이란? 이긴 사람들조차 또 다른 다음의 경쟁을 위해 대비해야 하고 더욱 허리띠를 졸라매야 한다. 또 패배자들은 다음의 경쟁에서 반드시 이기지 않으면 안 되기 때문에 죽기 아니면 살기로 이를 악물고 더욱 치열하게 목숨 건 싸움을 준비해야 한다. 한마디로 경쟁자를 일거에 물리칠 수 있는 비장의 칼을 갈거나 그게 아니면 미리 경쟁자에게 백기 들고 투항에서 패배자로 살기를 작정하지 않는다면 우린 끝없이 경쟁을 해야 하고 오로지 승자의 꿈을 실현할 때까지 싸움터에 나아가서 용맹스런 피를 흘려야 한다.

이렇게 이 시대 경쟁의 참여자 모두는 점점 허리띠를 세게 졸라매고 완전한 경쟁을 위한 완전무장을 해야 한다. 그것이 승자가 되기 위한 최선의 목표이다. 바로 이것이 '국제화'를 뛰어넘어 '세계화'의 개념으로 정당화 된 21세기 문명사회의 자화상이다. 이렇게 인간중심의 삶이 철저히 무시되고 유린되는 현실 속에서 우리 모두가 무한경쟁의 논리에 휘말릴 때 우리의 미래와 삶은 '세계화'의 전리품으로 진열되어 있다가 폐기처분 되는 소모품으로 전락할 것이 명약관화하다. 때문에 인간의 존엄성이 상실되고, 생명경시풍조가 만연하고, 사람다움과 도덕윤리가 실종된 사회, 삶의 가치관이 무너지고 변질되어진 사회, 그런 참담함의 현실 속에서 시대의 낙오자 80%들은 언제 인간다운 삶을 누릴 수 있을까?

우린 끝없이 경쟁력을 강화하고 높이는 과정에서 우리는 우리 스스로를 학대해야 하고, 인간적 열망과 욕구를 억압해야 한다. 또 승자가 된 후에도 다른 추격자를 물리치기 위해 한시도 쉴 틈이 없다. 우린 행복을 느낄 겨를조차 없다. 그것은 '세계화'의 경쟁에서 살아남아야 하기 때문이라고 위로하면서 생존의 가치관과 세계화의 가치관을 혼동하는데서 비롯되는 착각이기도하다.

마치 우리의 세상은 '세계화'에 뛰어들어서 동참하지 않으면 큰일이 날 것만 같은 사회적분위기와 그런 세상에 살고 있다. 이 '세계화'에 뒤지거나 이해가 부족하면 21세기 현대를 살 자격조차 없는 것으로 매도당하고 무시당하기 십상이다. 마치 '세계화'만이 인류의 번영을 책임지고 구원할 것 같은, 무한경쟁에서 우리를 살아남게 해줄 유일한 대안이라고 믿고 있는 사회적 분위기가 문제이다.

우리 모두를 '세계화'에 내몰아서 몰입하고 몰두하게 만든다. 때문에 우린 일등이 아니면 안 되는 것이고, 반드시 싸워서 이겨야하는 것이고, 그래서 10%, 20% 안에 반드시 들어가서 현대문명창달의 산업투사로서 자격을 얻는 것에 목표가 되어버린 세상에 존재하는 소모적 생명체일 뿐이다. 또 국가대 국가의 경계를 허물고, 장벽을 제거하고 오로지 싸워서 이긴 강자만이 누릴 수 있는 자본자유화와 자본시장의 통합이 얼마나 우리 인간의 삶과 본질을 그 수단과 목적에서 왜곡하고 전도하는지 심히 우려하지 않을 수 없다.

국가대 국가가 경계를 허물었다고는 하지만 약자의 경계만 허물어졌을 뿐 강자의 경계는 더욱 공고해져서 허물어지는 것이 아니라 약자가 넘기에는 더욱 높아지고 버거운 경계이다. 또 다른 넘지 못할 장벽일 뿐인데 어떻게 공정한 경쟁이 될 수 있겠는가 반문하지 않을 수 없다. 다시 말해 강자와 약자가 동등한 게임을 한다는 것은 근본적으로 이치에 맞지 않는 논리다. 약자에게 강자의 기준을 정하고 동등하다면 비합리적인 게임의 법칙이다.

따라서 약자의 경쟁 요건은 매우 불리한 것이고 삶의 가치관 또한 동일할 수 없는 환경과 배경이다. 그런데서 삶의 기본권과 가치가 침해당하고 유린되어진다. 즉 '삶의 질'을 높이기 위한 경쟁이 아니라 '상품경쟁력'을 강화하고 높이기 위한 경쟁이고 그 경쟁의 주체들에겐 오로지 경제와 경영을 위한 희생의 대상으로 전락하기를 강제하고 있다.

그런 경쟁력 강화의 명분과 당위성은 이 시대의 산업투사들에겐 더 이상의 창조와 진보의 주체가 아니다. 오로지 경영혁신과 생산합리화의 개체일 뿐이다. 이것이 21세기 현대인의 삶이 과도한 경쟁체재에서 유린되어지는 보편화된 세계화와 글로벌시대의 참모습으로 위장한 허상이다. 이렇게 주체와 객체가 전도된 '세계화'의 현상은 더 이상 우리의 꿈과 희망이 되기 어렵다. 경쟁력 없는 80%의 노동자들은 그 삶의 터전으로부터 밀려나 구성원에서 완전히 제거된다. 때문에 호구지책으로 살아남기 위해서는 윗사람에 눈치만보고 해야 할 일과 하지 말아야 할 것을 혼돈하게 된다. 따라서 삶의 가치관마저도 근본과 원칙을 상실하게 된다.

그렇다면 그 조직으로부터 밀려난 80%의 삶들은 과연 어디로 갈까? 또한 매번 경쟁에서 이긴 20%는 과연 얼마나 행복할까? 어쩜 그들도 행복하지 않기는 마찬가지일 것 같다. 다소 경제적 여유와 풍요로 고통은 조금 덜할 수 있겠으나 정신적 스트레스와 육체적 부담은 클 것 같다. 그렇듯이 우리의 삶에 본질이 전도되는 '세계화'는 많은 문제점과 그 폐해가 심각하게 예견되고 현재 그런 상황으로 진행 중이다.

우린 이제 나만 행복하면 되는 것이 아니다. 우리 모두가 행복한 삶이어야 한다. 그런데 문제는 그들(선택받은 20%)이 그것을 원하지 않는다. 그러한 목적을 이루기 위해서 우리가 나가야 할 길은 과연 무엇인가? 그 또한 심각하게 고민하지 않으면 안 될 매우 중대한 일이다. 우리의 미래가 여기에 달려있다. 우리는 잘못 된 세계화에 맞서 대응할 힘과 방책이 있어야 한다. 올바른 세계화에 목표를 두어야 한다. 매우 어렵고 쉽지 않은 일이다. 그렇다고 고민도 해보지 않고 '세계화'의 주체들이 원하고 좋아하는 방법으로 무장해제하고 백기를 든다면 앞으로 우리의 삶뿐만이 아니라 지구촌 인류의 미래 또한 암울할 따름이다. 그렇게 되면 공생공영이 아니라 공사공멸의 참혹한 위기를 맞는 대재앙이 될 수 있기 때문이다.

이미 이렇게 불합리하고 살인적인 세계질서는 자본시장주의와 신자유주의의 글로벌화로 인해 세계경제의 균형과 조화로움을 깨트렸다. 자본시장주의가 얼마나 크게 잘못된 정책이고 실패한 것인가를 과거 미국발 금융위기가 증명했고 그로 인하여 전 세계 70~80%의 인류가 까닭 없이 생존의 공포와 위험 속에 직면했었다. 그것은 자본의 소용돌이에 휘말린 사람들이 삶의 중심을 잃고 흔들렸기 때문이다. 이제 미래사회의 '자본과 권력'은 중도(中道=中心=均衡)³⁾ 를 지향하고 독주의 속성을 자제해야한다. 그래야 자

---

3) 중도(中道)- 중도(中道)는 불교의 가르침에서 어느 한쪽으로 치우치지 아니하는 바른 도리를 말함이다. 붓다의 중도(中道)는 유가사상의 중용(中庸)과 같고 그 맥을 같이하는 의미로서 중용(中庸)에서 중도(中道)는 균형을 이루는 '0'의 개념이다. 이에 중용의 핵심은 어느 쪽으로든지 치우침이 없이 중정(中正)함이다. 중용의 중(中)은 어느 쪽으로든지 치우침이 없는 것으로 불편불의(不偏不倚)이고 지나치지도 모자라지도 않는 무과불급(無過不及)의 이치와 도리이다. 이렇듯 어느 쪽으로든지 치우침이 없는 불편불의(不偏不倚)나, 지나치지도 모자라지도 않는 것으로 무과불급(無過不及)은 좌와 우의 중간(中心=均衡)인 또는 상단과 하단의 중간인 중단으로서 모두 '0'의 위치와 '0'의 상태를 의미함이다.

본의 소용돌이 폐해를 최소화하고 안정을 도모할 수가 있다. 그러나 부의 20%는 돈의 속성과 권력의 습성에 방임하고 있고 독주하려는 속성과 습성에 제동을 걸 의도는 전혀 없어 보인다.

자본주의와 신자유주의 글로벌화는 지구촌의 식량문제와 기아문제도 아직 해결하지 못하고 있다. 해결은커녕 더욱 심각한 상황으로 심화시키는 결과를 만들었고 현대사회의 정치, 경제, 사회, 문화 모든 분야에서 양극화와 갈등의 골을 심화시키고 있다. 그로인해 사회적 불안은 더욱 증폭되고 있다. 따라서 대립과 반목은 더욱 깊은 갈등의 골을 키워내는 큰 원인이 되었다.

이제 우리사회가 국제사회의 경쟁무대에서 어떤 신념을 갖고 나아가야할지? 그 방향과 그 목표는 무엇인가? 지금 우리는 '어떻게 해야 우리의 자리에서 중심을 잃지 않고 우리를 지켜낼 수 있을까' 라는 문제에 대해서 정부는 비장한 각오로 비답을 준비해야 한다. 그래야 국민에게 희망이 있는 것이다. 지금 세계는 있으나 마나한 경계를 두고 온갖 자본의 폭력과 무질서 속에서 평화와 안정이 보장되기는 매우 어려운 상태이다. 과연 인류미래사회의 진정한 인간성 회복은 가능할지 모르겠다.

이것 역시 '균형 있고 조화로운 세계화'를 염두하고 있지 못한 데서 비롯된 시대착오적 오류라고 생각한다. 그러므로 인해서 세계의 문명창달에 모든 질서가 흔들리고 무너져 내리는 하나의 싱크홀(sinkhole)과 같은 현상이다. 이쯤에서 우린 '인류미래사회의 진정한 희망은 무엇이고 나와 우리의 삶에 있어서 추구해야할 가치관과 그 참 행복은 어디에 있을까'를 진정으로 고민해봐야 하겠다. 지구촌 전체가 하나가 되자고 하는 통합의 시대에 역행하는

'세계화'의 물결 그 물결은 진정 우리에게 어떠한 의미며 무엇인지 우리는 꼼꼼히 따져봐야 할 일이다.

우리사회의 경제구조와 부의 합리적 구조가 꼭 파레토법칙이 될 필요는 없다는 얘기이다. 그리고 현재가 그런 사회인 것도 부정할 필요는 없다. 어쩌면 이런 기준을 고수하고 싶은 사람들은 현재의 돈과 권력을 검어진 기득권층일지도 모른다.

하지만 파레토법칙의 불균형을 바로 세울 수 있는 방법이 아주 없는 것은 아니다. 현재의 그런 기준보다 더 합리적 기준이 될 수 있는 것이라면 예컨대 30:70이라든가, 40:60이 되도록 하는 것이다. 더 나아가 50:50도 가능할지도 모른다. 그렇게만 된다면 그 이상 합리적 방법은 없다. 이렇게 균형 있게 합리적인 방법이 있을 법도한데 왜? 꼭 우리사회가 20:80이어야만 하는가? 그것은 다름 아닌 부의 속성과 습성 때문이다.

부(재화)라는 것은 돈이다. 돈은 권력이다. 더 나아가 돈과 권력이 융합내지 결탁하면 그 때엔 그냥 돈이 아니고, 그냥 권력이 아니다. 그것은 곧 엄청난 힘이 작용하게 된다. 그것이 무소불위의 절대적 강자 '문명의 신'이 된다. 그 힘의 합리적 임계점이 20:80이고 20:80에서 제어가 안 되면 10:90가 될 수도 있다. 그것이 바로 부가 가지고 있는 돈과 권력의 속성이다.

이처럼 부의 속성은 동서고금을 막론하고 지속되어 왔다. 마치 하나의 법칙 같은 인식이 되어버린 당연한 논리가 되었다. 그러나 그런 불균형에도 반복적으로 지속되는 학습효과와 작용에 의해서 사람들은 차츰차츰 적용되어 갔다. 그러다보니 그런 불균형조차도 이제는 정상적이고 합리적인 기준으로 인식한다.

그러나 문제는 분명하다. 그 문제는 부의 속성을 좀 더 합리적으로 운용하고 관리한다면 30:70 또는 40:60이 되지 말라는 법은 없다. 전혀 가능성이 없는 불가능은 아니다. 그렇게 되도록 하기 위해서는 그것의 불균형적 요소와 사고의 중심축을 합리적 관점으로 반드시 이동시켜야 한다. 그것은 저울대가 평형이 되게 하는 중심점 찾기다. 우리가 추구하는 가치를 저울대에 올리고 그 무게에 맞게 저울추를 좌우로 이동시켜서 평형점의 좌표를 찾아야 한다. 그랬을 때에 균형점(均衡點=中心點)[4] 은 우리를 지킨다.

어쩌면 파레토법칙의 반대 개념인 롱테일 법칙(Long Tail Theory)이 그 불균형적 사고의 중심축을 일정부분 합리적 균형점으로 이동시키고 있다는 사례가 될 수 있다. 그러나 그것은 아직 파레토법칙의 횡포에 반기를 드는 반론에 불과하다. 파레토법칙의 워낙 견고한 강자적 경제구조가 그것을 지속적으로 옹립하고 있는 한 롱테일 법칙의 반란은 멀고도 먼 길이다.

어째든 이런 불균형의 경제구조와 부의 구조가 미래인류사회의 문명창달과 인간의 행복에 더 큰 발전을 할 것이란 기대와 희망은 그리 크지 않다. 다만 그런 기대를 갖고 싶다면 그 불균형의 궤도 수정을 근본적으로 해야 한다. 그 불균형의 중심축을 합리적 기준점으로 이동시켜서 새로운 중심축을 이루도록 할 때에 가능하다.

즉 20%만 행복하고 20%만 살맛나는 사회가 아니라 30%, 40%

---

4) 중심점(中心點)- 광범위한 인간관계의 질서와 회통에 대한 중요성과 조화와 균형의 기준점이 되는 것으로서 첫째는 자신의 도덕인격을 확립해야 하고, 둘째는 사람과 사람사이의 원만한 소통이고, 셋째는 천지만물과 함께 동참하여 조화와 균형으로 중화(中和)를 이루어내야 하는 것. 김충열,「김충열 교수의 중용대학 강의」, 예문서원, 2007, pp.123~124 참고인용.

로 점점 행복을 느끼는 인구가 많도록 경제구조의 틀과 부의 구조를 합리적으로 재편해가야 한다. 그것만이 미래인류사회의 가장 이상적 역사의 문명창달이 될 수 있다는 생각이다.

'21세기 자본'의 저자 토마 피케티 파리경제대 교수가 한국의 한 언론과의 인터뷰에서 21세기 사회적 불평등 심화에 대하여 "과도한 부의 불평등은 부의 이동을 감소시키고, 일부 계층에 권력이 집중되도록 해 민주주의를 방해한다는 점에서 경계한다."고 했다. 또 "일정 수준을 넘어서는 극심한 불평등은 문제가 될 수 있다."고 지적하고 있다. 또 한국의 높은 사교육비 지출해야 하는 현실에서 "공공교육은 불평등을 낮출 수 있지만, 소수 특권계층에만 허용되는 엘리트 교육은 불평등을 오히려 확대한다."고 했다. 그리고 심화되는 빈부격차에 원인에 대해서는 "자본수익률이 항상 노동소득을 앞지른다."고 했고, 자본수익률(return on capital)도 경제성장률(growth rate)보다 높게 웃돌았다는 것이 파케티 교수의 핵심 주장이다. 따라서 노동자가 일해서 버는 소득보다 훨씬 빠르게 재산이 불어남으로 현 자본주의 체제에서 빈부격차의 확대는 필연적이라는 결론이다. 그에 이런 지적들은 매우 의미 있는 지적이다.

그런 점에서 우린 나의 중심이 무엇이고, 우리사회의 균형과 조화[5]가 무엇인지를 진지하게 고민하고 이에 대한 대안과 방법을

---

5) 균형과 조화(均衡과 調和)- 균형이란? 어느 한쪽으로 기울거나 치우치지 아니 하고 고른 상태이다. 그것은 동심을 태우고 오르내리는 시소와 같다. 그것은 저울대가 가장 알맞은 상태에 놓여 있을 때의 평일(平一)한 상태이다. 우주의 가장 건전한 운행은 형평이요, 가장 충실한 생성은 조화이다. 김충열,「김충열 교수의 중용대학강의」, 예문서원, 2007, pp,107, 112 참고인용.

찾아야 한다. 그런다면 세계화의 오류와 시행착오도 줄이고 좀 더
미래문명창달에 진일보하는 가치관이 새롭게 정립될 수 있다는
희망을 가져보리라.

정의의 변이
The change of Justice

과거 누구에게나 젊음은 정의에 대명사였다. 정의란 무엇이었던
가? 그것은 한때 정의를 부르짖고 나름 불의가 두렵지 않았던 우
리들의 젊은 날에 초상 같았던 낱말이다. 정의는 불의와 맞선 어
둠속에서 밝게 불타는 영혼의 빛이었다. 그래서 청소년시절 인근
마을 젊은이들끼리 사소한 패거리싸움을 하면서도 정의에 명분을
걸고 싸웠다. 그러나 21세기 문명시대를 사는 현대사회에서는 정
의를 위해 싸우려들지 않는다. 정의를 지키는 일은 매우 어렵고
험난하다. 그것은 매우 특별한 사람들에게만 적용되는 것처럼 인
식되어진 사회이다. 그래서 현대사회에선 굳이 이 어려운 정의를
나로부터 가까이 두려하지 않는다. 마치 정의 편에 있으면 그냥
위험해지거나 손해 보는 일쯤으로 생각하기 때문이다.

누구에게나 정의가 무엇이냐고 물으면 "그 정의 따위가 이 세
상을 사는데 무슨 도움이 되겠느냐. 그러니 난 관심이 없소."하는

식이다. 그것은 정의를 몰라서가 아니라 진정한 정의에 대해서 두렵기 때문이다. 또 그것은 자기의 희생과 많은 불편이 따르는 일이기도 하다.

그렇다. 모두들 정의가 '사회나 공동체를 위한 옳고 바른 도리'라는 것을 그들이 모를 리가 없다. 다 알고는 있지만 그것이야말로 실천하기가 어렵고 좋은 것인 줄은 알지만 쟁취하기가 어려우니 차라리 모르는 체 신경 쓰지 않고 사는 것이 좋겠다가 아닐까. 마치 체념한 듯 그렇게 말하고 듣는 사람도 그렇게 듣고 만다. 이것이 오늘 날 현대사회의 정의가 실종된 자화상이다.

권력의 눈치를 봐야하고, 선배의 눈치를 봐야하고, 상사의 눈치를 봐야하고, 언론의 눈치를 봐야하고, 학자의 눈치를 봐야하고 종당엔 자기 자신의 영달에 눈치를 봐야하기 때문이다. 이렇게 많은 눈치를 보고 살아야하는 현실 속에서 소신대로 정의를 실천하기란 쉽지 않다. 자기 자신의 모든 것을 걸든가 아니면 모든 것을 포기해야 가능한 일들이라고 생각하기 때문이다. 그것이 이 시대의 정의가 문명으로부터 변이되고, 퇴화하여 실종될 수밖에 없는 가장 큰 이유가 아닐까?

힘 있는 다수의 악의나 불의가 종횡무진 판치는 이 사회의 권력구조(돈+권력)와 시스템 속에서 힘없는 약자들이 정의에 눈감고 외면하는 것은 살아남기 위한 불가피한 생존의 선택이다. 이것은 힘없는 약자들의 양심에 이반이고 배반이다. 그렇게라도 하지 않으면 생존에 치명적 문제가 생기기 때문이다. 강자들을 대적할 힘을 키우면 될 일이나 약자들이 강자들을 상대로 대결한다는 것은 계란으로 바위치기에 불과한 아주 미미한 미풍에 불과한 힘이다.

또한 강자들을 상대로 대결하다 다치거나 지게 될 경우 비참한 결과가 예상된다.

때문에 감히 무모한 도전을 할 수가 없다. 때문에 힘이 덜 드는 쪽으로 불가피한 선택과 민첩하고 약삭빠른 처세로 눈치를 볼 수밖에 없는 상황이다. 그래서 서점가에서는 이 처세술을 표방한 책들이 이 시대를 살아가는 현대인들에게 모든 경쟁자들을 물리쳐 이길 수 있는 좋은 멘토의 역할과 방향제시를 하기 때문에 잘 팔리는 것인지 모르겠다.

언제나 소수의 정의로는 다수의 악의를 대적할 수 없는 것도 현실이다. 적어도 50대: 50은 되어야 판도를 바꿔볼 가능성이 있다. 그러나 이제라도 한번 용기 내어서 부딪쳐보기라도 할 일이 아닌가? 요즘 최근 들어 개봉한《명량》이 연일 흥행기록을 갈아치우고 있다. 이것은 만연하고 있는 우리사회의 반정의와 진정한 지도자 리더십의 부재에 대한 사회적 갈망 같다.

하버드대 마이클 샌델 교수의 '정의(Justice)'가 우리사회에 커다란 반향을 불러일으키고 회자되었던 것도 바로 그런 이유에서가 아닐까. 자유사회의 시민은 타인에게 어떤 의무를 질수 있는가, 정부는 부자에게 세금을 징수해서 가난한 사람을 도와야 하는가, 자유시장은 과연 공정한가, 진실을 말하는 것이 잘못인 때도 있는가, 도덕적 살인을 해야 하는 때도 있는가. 등등은 우리 인류사회의 어려운 사회적 문제들에 대해 심도 있게 던지는 성찰된 질문이다. 현재와 같이 그렇게 하면 안 된다는 반성과 설득이다.

마이클 샌델 교수는 다양한 논쟁에서 극적이고 도전적인 발상으로 철학적 이해와 정치, 도덕 그리고 자신의 신념을 통해서 사회의 정의를 명확하게 인식시키려했고 이것을 하나하나 증명해 보이려했다.

권력과 부를 누리고 있는 기득권은 반칙과 편법, 탈법, 불법을 저질러도 의기양양 특권을 누리고 산다. 서민들은 갈수록 힘든 삶을 살아가야 하는 현대사회의 분위기 때문에 정의에 대한 갈구가 심하다. 또한 '왜 도덕인가'라는 우리사회의 공정성과 도덕성에 의문을 품고 있다.

정부는 권력과 재력을 가진 기득권 세력에게 부자감세, 고환율 이익, 특권 등 탐욕의 기회를 제공해 주었다. 그러나 일반 서민들에게는 더욱 힘든 가정경제의 어려움과 삶의 고통을 받게 했다는 점에서 약자에 대한 보호와 배려의 정치가 실종된 것이라고 날선 비판이다. 때문에 마이클 샌델 교수의 '정의(Justice)는 곧 우리사회의 시대정신처럼 각인되는 인문정신 배양에 큰 계기가 되었다.

그동안 워낙 반정의 구조가 오랫동안 강하게 굳어진 세태 속에서 불균형이 지속되었고 우리 사회는 어찌할 도리가 없었을 것이다. 또한 방법이 있다한들 매우 제한적이다. 그러나 기왕지사 최고의 권력이 나설 수밖에 없는 상황이 된 것이고 이제부터라도 더이상은 우리의 미래가 무기력해져서는 곤란하다. 이제 더 이상 보고만 있을 수 없는 것이고 더 이상은 용인하기 어려운 심각한 현상임을 직시해야 한다.

이제부터라도 나약한 정의를 위해 나라에 권도로라도 일으켜 세워서 반정의적 강자의 오만과 독선 그리고 그 행태를 송두리째 뿌리 뽑고 징벌하여 바르게 세워야하지 않을까? 그런데 우리 사회엔 이 불의의 세력에 당당히 대적할 강한 정의가 없다. 이제는 더 이상의 반정의가 국가의 존립과 다수의 국민적 행복 추구를 방해하지 못하도록 해야 한다. 이제부터는 그 불균형과 부조화가 안아 무인으로 우리사회에서 판치지 못하도록 해야 할 숙명적 과제가 우리 기성세대와 미래의 주역인 젊은 세대들에게 부여 되었다고 생각해야 한다.

그렇게 하기 위해서는 이 사회적 시스템을 바꿔 힘의 균형과 조화[1]를 이룰 수 있도록 하고 우리의 의식 속에 깊이 뿌리박고 있는 눈치 보기를 청산해야 한다. 정신 상태와 의식을 바꾸고 그 잘못된 관행이나 습관도 청산해야 하리라. 반정의 앞에서 정의가 눈치를 보면 불의는 더욱 호기를 부리게 된다. 정의로움 앞에서는 불의나 악의가 정의에 눈치를 보고 설설 뒷걸음치게 해야 한다. 그렇게 해서 악의나 불공정이 정의나 공정 앞에 빌붙지 못하도록 함으로써 정의나 공정이 이 시대를 사는 미래의 청소년들과 젊음의 주역들에게 후견인격으로 존재할 때 우리의 약자들이 삶의 기본권과 행복이 담보 될 수 있다. 이것이 정의가 살아 있는 행복한 사회이다.

요즘 언론에서 정치권의 말을 받아 정의가 어떻고 공정사회가 어떻고 한다. 마치 사장이 사원들에게 일방적으로 '애사심'을 갖으라고 강요하는 것과 같다. 그런다고 사원들에 가슴에서 애사심이 발현 될 것 같지는 않다. 애사심은 오너가 일방적으로 강요한

---

1) 균형과 조화(均衡과 調和)- 균형이란? 어느 한쪽으로 기울거나 치우치지 아니 하고 고른 상태이다. 그것은 동심을 태우고 오르내리는 시소와 같다. 그것은 저울대가 가장 알맞은 상태에 놓여 있을 때의 평일(平一)한 상태이다. 우주의 가장 건전한 운행은 형평이요, 가장 충실한 생성은 조화이다. 김충열,「김충열 교수의 중용대학강의」, 예문서원, 2007, pp,107, 112 참고인용.

다고 해서 생기는 것이 아니다. 무엇보다도 중요한 것은 즉, 상호 존중이고 공존에 동기부여가 전제되어야 하지 않을까?

정의와 공정이 편안히 숨 쉬는 사회. 그런 사회의 정당성이 나와 우리 그리고 우리 사회에 제공하는 가치가 무엇인지를 깨닫게 하는 것이다. 그렇게 했을 때 우리의 미래와 행복이 어떻게 보장될 수 있는지. 그리고 그것을 하나, 하나 일관되게 실현해 가는 것이다. 우리의 사회지도층에서 먼저 굳은 의지와 신념으로 몸소 실천해서 모범을 보일 때에 비로소 국민이 따라할 수 있고 진정한 공동체주의(共同體主義, Communitarianism)[2]가 성공할 수 있지 않을까.

그렇게 윗물이 맑게 흐르면 아랫물도 그와 같이 맑게 흐를 수 있다. 자신들에 행동이나 생각은 바꾸지 않고 아래서만 바꾸라고 목청을 높이는 소리는 소란스럽기만 하고 사실상 되는 일은 없다. 그리고 나 때문이 아니라 너 때문이라고 책임 공방만 하게 된다.

이제 차분히 머리를 맞대고 앉아서 내가 이렇게 정의와 공정에 길로 갈 테니 함께 동참해서 동행하자고 정의에 손을 내밀어야 한다. 앞에서 이끄는 지도자나 동행의 책임자가 자기만 편하자고, 자기만 먹고 살겠다고 함께 가기로 한 길을 포기하고 편법이나 비정상적인 방법으로 규칙을 위반하면 그 방법을 쓰는 순간부터 우리 사회의 공정이나 정의에 가치는 산산이 부서져 내리고 말 것이다.

지금까지 이런 것들이 관행이니, 관습이니 하면서 위에서 보여

---

2) 공동체주의(Communitarianism, 共同體主義)- 공동체주의란? 이기주의적 개인주의에 반대되는 사상이다.

준 행동이 대부분 그랬다. 최근 정치권 일각에서 보여준 돈 봉투 관행들과 납품비리 등등이 이를 잘 설명해주고 있다. 남들보고는 하지 말라고 해놓고 나는 괜찮아, 나 하나쯤이야. 그런 식이다. 그렇게 해서 그들은 자기만 훌륭하고, 머리가 뛰어난 것처럼 행동하고 그렇지 못한 사람들을 배려하기는커녕 더욱 심적 고통과 위화감을 조성하고 그들을 이용해 반사적 부당이익을 챙기거나 자기의 이익 극대화에만 몰두하지 않았는가? 그런 것들은 절대 권력의 강자와 그를 추종하는 부류의 세력들만이 가능한 것이지 약자는 꿈도 꿀 수 없는 일들이다.

그동안 과거 우리 사회의 부정부패를 돌이켜보면 약자들을 마구 짓밟고 위에 올라가 마치 자신의 노력과 힘으로 오른 것처럼 정당화하고 합리화하는 술책으로 공정성에 많은 포장을 해왔다. 그러니 이 시대는 두 가지의 정의와 공정이 존재하고 있다. 하나는 강자의 정의와 공정이요, 하나는 약자의 정의와 공정이다. 그러니 인권도 강자의 인권과 약자의 인권이 따로 있고 법도 강자를 위한 법과 약자를 위한 법이 따로 있다는 안타까운 현실이다. 그것도 마지못해 민생이니, 서민대책이니 하며 약자의 법을 따로 만들어 놓고 무척이나 약자들을 위하는 것처럼 사회지도층이나 위정자들은 호들갑을 떨어댄다.

오늘날 우리사회는 약자를 통제하고 다스리는 법은 사실상 필요 없다. 약자들이 저지르는 잘못이란 것이 따지고 보면 강자들이 저지르는 잘못에 비하면 조족지혈이라 할 정도로 그 규모와 강도에 비하면 비교가 되지 않는다.

또한 잘못에 의도나 성격도 매우 다르다. 약자들의 잘못이란 어쩔 수 없는 상황에서 어쩔 수 없이 저질러진 생계형적 사고들인 반면 강자들이 저지르는 잘못은 그 수법이나 의도가 매우 계획적이고 부도덕한 탐욕적 몰염치한 범죄들이다. 약자들에 몫을 가로채거나 혼자만 더 더욱 많이 갖게 다고 하는 비겁하고, 치사하고, 파렴치한 발상들이 대부분이다. 또 사회적 물의에 파장도 약자들이 호수에 물결이라면 강자들은 매우 무서운 쓰나미 수준에 대형 사고이다. 때문에 그럴 때마다 우리 경제와 사회에 미치는 파장과 악영향은 비교의 게임이 안 된다.

그렇게 본다면 약자보다는 강자를 통제하고 다루는 법이 더욱 엄격하고 강해야 하지 않을까? 그래야 사회적 악영향이나 파장도 적게 마련이다. 그런데 이와는 정반대다. 그래서 유전무죄, 무전유죄란 말이 양극단의 풀지 못할 매듭 같은 상징이 되었고 우리사회에서 불신의 풍조가 만연하게 된 배경이리라. 그럼에도 우리 이 사회가 공정하고 정의롭다고 할 수 있겠는가?

우리 속담에 '가재는 게 편이다.' 라는 말도 있다. 그래서 그런지 힘 있는 언론은 강자들의 대변인을 자처하고 있고, 힘 있는 강자들은 강남 3구의 정부정책을 지지하고 옹호했는가 보다. 그래서 하는 말인데 법 위에 존재하는 힘 있는 강자들은 사실상 약자들처럼 생존의 칼을 따로 갖고 있지 않아도 될 법하다. 그래도 이 살벌한 세상을 너무나도 잘 살 수 있지 않는가?

진정한 정의란? 불의에 반대편에 있는 것만이 정의가 아니다. 선의를 가장한 악의와 악의의 오해를 받고 있는 선의의 중간에서 정의에 본질과 사명에 맞게 악의가 선의에 경계를 침범하지 못하도록 '중간' 을 지켜내는 인문정신의 바닥끝까지 경계를 사수하는 중심(中心=가운데 마음)[3] 이 정의에 정신이고 얼굴이다. 따라서 정의가 있어야 할 자리는 바로 중간(中庸的=中道的)[4] 이다. 그런데 정의에 자리조차도 강자의 편에 치우쳐 있다. 그러니까 정의는 약자와 강자의 사이(중간)에서 강자들로부터 약자들이 침범당하지 않도록 지켜내는 사명이 정의이다.

이 세상은 정의와 불의, 선의와 악의가 동전에 양면 같은 얼굴로 한 몸이 되어 공존할 수밖에 없다. 때문에 좋든, 싫든 인정할 것은 인정해야 한다. 악의나 불의를 인정하지 않는 한 선의나 정의의 위대한 가치도 존재할 수가 없다. 근본적으로 인간의 본성이나 사물에 내재 된 어쩔 수 없는 성질이다. 다시 말해 악의나 불의가 있기에 선의나 정의가 있다. 그것은 우는 좌를 인정해야 하고 또한 좌는 우를 인정해야 하는 것과 같다. 좌가 없는데 우가 무슨 의미일까. 또한 우가 없는데 좌가 무슨 의미일까?

우리사회의 진보나 개혁을 인정하지 않고 보수를 논하는 것은 무의미하다. 보수를 인정하지 않고 진보를 논하는 것도 결국 무의

---

3) 중심(中心=가운데 마음)- 우주 만물을 만들어 내는 상반된 음과 양의 성질을 가진 것. 중심의 개념은 사물과 현상의 기초를 형성하는 본질이나 의의로서 본래부터 갖고 있는 사물 스스로의 성질이나 모습이다. 이런 생명의 본질적 존재와 인간의 본질적 개념에서 둘의 형태는 다르지만 실상의 중심적 본질은 같다. 중심사상이란? 어떠한 사물에 대하여 가지고 있는 구체적인 생각이나 사고를 말하는 것으로서 상당한 이론의 체계와 합리적 판단, 추리 등을 거쳐서 생긴 의식체계의 중심을 말한다.

4) 중간(中庸的=中道的)- 중간은 두 사물의 사이이고, 두 사물의 관계에서 작용하는 현상의 진행과정과 상태를 뜻함이다. 사람과 사람의 관계를 연결하는 사이. 또는 공간이나 시간 따위의 가운데로서 과거와 미래의 사이인 현재나 지금이 중간에 해당된다. 이처럼 인간의 삶에서 중간은 매우 중요하다. 이것은 중도적 위치이고, 중용적 철학의 개념이다.

미하다. 이렇게 서로 상대주의를 인정하지 않고서는 내가 지향하는 주의(ism)의 가치도 아무런 소용이 없다는 말이다.

이것은 음양(陰陽)[5] 관계의 이치이다. 우리가 여기에서 오류를 범하기 쉬운 것이 있다. 음양을 논하는데 마치 음은 나쁘고, 양은 좋다는 식의 인식이다. 또한 반대로 양이라 나쁘고, 음이라 좋다는 개념도 마찬가지다. 이처럼 음양은 어떤 것은 좋고 어떤 것은 나쁜 것이 아니다. 단 陰(-)의 기운이고, 陽(+)의 기운일 뿐이다. 마치 전극의 -와 +의 관계와 같은 것이다. 또한 둘 중 하나만 있고 하나는 없어도 되는 것도 아니다. 하나가 없으면 그 상대도 무용한 개념이다. 이처럼 음양은 단순히 나쁘고 좋음의 절대적 개념

도표 6-태극에서 음양의 교차점은 중용 · 중도 · 행복의 영역

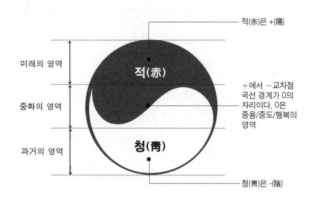

미래의 영역

중화의 영역

과거의 영역

적(赤)

청(靑)

적(赤)은 +(陽)

+에서 -교차점
곡선 경계가 0의
자리이다. 0은
중용/중도/행복의
영역

청(靑)은 -(陰)

안과 밖의 경계선

적(赤)= +기쁨(쾌락), 밝음, 온기, 단맛
청(靑)= -슬픔(고통), 어두움, 냉기, 쓴맛

5) 음양적(陰陽的)- 음양은 우주만물을 창조해내는 상반된 두 성질의 기운이다. 음양화합(陰陽和合)은 음양의 두 기운이 교합하여 만물을 창조하고 생성시켜서 균형과 조화를 이룸이다.

이나 관계가 아니다. 둘 다 없어서는 안 되는 일체성이다. 따라서 음양은 그냥 좌우양단 본성이 다른 극과 극일뿐이다. 모든 사물엔 이 양극(-, +)이 각기 자기의 영역을 이루고 있다.

이렇게 다른 성질이 뭉쳐서 공존하며 상호작용하여 하나의 기운으로 소통을 이루어내는 것이 음양의 본질이다. 이것은 본성이 다른 남녀가 일심동체인 하나로 뭉쳐서 부부가 되고 가정을 이룸과 같다. 이것은 정의나 선의의 영역에서 불의나 악의의 영역을 뚝 떼어내어 근본적으로 제거할 수 있는 문제가 아님을 인식해야 한다. 단, 양단의 영역 사이에 경계점을 그 중심이 무너지지 않도록 균형을 잡고 있는 것이다.

음(-)이든, 양(+)이든 어느 쪽으로든 그 중심의 축이 무너지면 불균형의 현상이 작용하여 심각한 부작용을 낳게 된다. 가령 가정으로 말하면 남편이나 아내가 각자의 본분과 책임에 충실하여 부부로서의 관계를 잘 유지하고 있다면 그 가정은 화목하고 행복한 가정이다. 그러나 남편이든 아내이든 그 본분에 충실하지 않고 그 책임과 의무를 못했다면 부부로서의 균형과 조화가 깨져서 불화가 생겨나고 결국엔 가정이 무너지게 되는 것과 같다.

따라서 부부는 상호 서로에게 삶의 기운이 충족하도록 최선의 노력을 극대화하여야 한다. 그렇게 해서 부부로서의 균형과 조화를 이루고 가정의 중심을 사수해야한다. 이것이 양단의 균형과 조화이다. 즉 다시 말해 어느 쪽으로든 너무 넘치거나, 너무 부족하면 중심이 깨지게 되는데 이렇게 되지 않게 하는 것이 '과유불급'[6] 이나

---

6) 과유불급(過猶不及)- '君子而時中'은 중용 제2장 원문 일부에 말씀이다. 이것

'불편불의'[7] 이다. 이것이 중용의 실천사상이 추구하는 값진 본질적 가치이다.

그러나 우리의 삶에서 반정의나 불의는 아무리 없애고 없애도 끝없이 생겨날 수밖에 없는 것으로서 마치 파란하늘에 구름의 생성현상과 같다. 이것은 우리 인간들에 모든 탐욕에서 비롯되는 문제들이다. 그러나 그렇다고 해서 지속적으로 발생하는 현상들에 대해서 정의나 선의가 대응하지 않는다면 그 균형과 조화를 이루어야 할 공존의 틀은 깨지고 만다. 공존의 균형을 유지하는 것은 보여 지는 현상에 지속과 영속을 전제하는 의미이다. 그렇게 하기 위해서는 악의나 불의가 중심의 경계를 넘어서서 선의나 정의의 영역에 침범하지 못하도록 해야 한다.

불의나 악의에 본성은 본래 공격성이다. 그러나 선의나 정의는 그 본성이 순하다. 그래서 늘 외부로부터 공격에 대상이 된다. 그러나 먼저 공격을 하지는 않지만 방어적 본능은 강하다. 태권도가 공격에 비중이 큰 무술이라면 방어적인 무술은 합기도 같은 것이다. 모두가 무술의 성질이지만 하나는 공격성이 강한 무술이고 하나는 방어적 성질이 강한 무술이다. 이처럼 악의나 불의는 매우

은 '알맞은 때'를 이르는 말이다. 즉 적시적합으로서 빠르지도 않고, 늦지도 않은 적당한 때를 말함이다. 따라서 과유불급은 지나치면 못 미침만 못한 것이며, 넘치면 모자람만 못하다와 같은 이치이다. 김충열,「김충열교수의 중용대학강의」, 예문서원, 2007, p,102, 139 참고인용.

7) 불편불의(不偏不倚)- '불편불의' 라함은 정자가 말한 재중(在中)의 의미이니, 감정이 발산하기 이전 미발(미발)의 상태로서 치우친(偏倚)바가 없음을 말함이다. 다시 말해 불편불의는 마치 사방 어느 곳에도 치우치지 않은 것으로서 이것은 마음의 본체요, 공간(地)에 있어서는 중앙이다. 박완식,「중용」, 여강출판사, 2005, p, 348 참고인용.

호전적이지만 선의나 정의는 비호전적이다. 때문에 선의나 정의는 늘 상대적 개념으로부터 공격 받을 개연성이 상존하고 있다. 그래서 선의나 정의는 이에 충분한 방어적 대비가 요구되는 것이다. 그 방어적 기능의 마지막 수호선상의 경계점이 바로 중간(中庸的=中道的)을 넘지 못하도록 하는 것이다. 이것이 중용에서의 중도적 중심(中心=가운데 마음)지키기이다.

우린 누구나 어려서부터 '정직하고 성실하게 살라'는 가정교육을 받고 자랐다. 그러나 오늘날 우리 인간이 이룩한 현대문명의 탐욕적 현실은 밝음만 있는 것이 아니다. 그 밝음의 이면엔 더욱 짙은 어둠의 존재들이 항시 악의를 품고 호시탐탐 기회를 노리고 있다. 때문에 항시 정직하고 성실하게 살아가는 대다수 국민들의 상실감이 큰 세상이다. 정의가 승리하지 못하고 매번 불의가 승리를 했다. 그것은 방어적인 무술보다 공격적인 무술이 더 공격적이고 적극적이기 때문이다.

반칙과 편법, 탈법, 불법, 반정의의 특권이 판치는 나라. 불공정한 무전유죄의 판결에 눈물을 흘려야 했던 우리사회의 약자들, 정직하고 성실하게 살아가는 서민들. 이들이 행복한 세상, 정의가 살아서 불의가 발붙이지 못하는 사회, 윤리와 도덕성이 존경받는 사회일 때 이것이 미래의 희망이고, 인류의 행복이다. 이것이 정의의 시대적 소명이요, 열망이다.

마이클 샌델 교수의 정의는 바로 이런 현대사회의 심각한 불균형과 부작용에 대한 맑고 깊은 성찰이다. 정의와 자유, 도덕, 평등에 대한 불평등과 불공평, 불균형이 무엇이 문제이고 그 정의와 공정의 중심점이 어딘지 고민하고 있다. 샌델 교수는 까다로운 도덕적 딜레마들을 날카롭게 분석하고 제시하며 많은 선택 가운데 어떤 선택이 문명시대를 살아가는 미래의 주역들에게 정당한 것인지를 끊임없이 질문하고 다양한 합리적 공통분모와 정답을 산출해내려는 노력이다. 모범정답이 무엇인지 집요한 추적을 시도한다. 그러나 정답은 묘연하다. 도덕적 문제는 흑과 백의 이분법으로 정의될 수가 없다. 때문에 성공한 쿠데타는 혁명이요, 실패한 혁명은 역적이 된다. 그러나 여기에서 정의는 '역적이 충신의 경계를 넘지 못하게 하는 것이요, 쿠데타가 혁명의 문턱을 넘지 못하게 하는 지킴'이다.

공동체주의(Communitarianism, 共同體主義)란? 이기주의적 또는 개인주의에 반대되는 사상이다. 요즘 한국사회에서 당연 화두는 공정이고, 정의이다.〈정의란 무엇인가〉에서 마이클 샌델이 강조하는 것이 공동체주의 의식이다. 사회는 시민들이 사회 전체를 걱정하고 '공동의 선'에 헌신하는 태도를 키울 방법을 찾아서 실천해야 한다는 것을 강조하고 있다.

마이클 센델이 말하는 정의로운 사회란? '좋은 삶'에 대한 고민이다. 그러기 위해서는 '좋은 사회'로의 목표와 지향이어야 한다고 주장하는 것이다. 아리스토텔레스가 표방하는 좋은 공동체의 모습과 같은 것이다. 중요한 것은 정의의 핵심적 개념이 경제적인 분배보다는 사회적인, 공동체 전체를 지배하는 정치적 기본 질서 체제에 놓여 있다는 점을 말하고 있다. 우리가 정의와 공정한 사회를 말하려면 우리사회가 당장 직면한 '부당한 노동의 착취나 억압', '자의적인 지배와 모욕', '정당화가 될 수 없는 불공정과 불평등의 배제'와 같은 사회적, 정치적 문제를 다루어야 한다.

마이클 센델의 정의의 이념은 지극히 미국적 사고이다. 이것은 '최대다수 최대행복'을 표방하는 공리주의에 대한 강력한 지지이기도하다. 신자유주의는 기본적으로 공리주의 이론을 배경으로 하고 있다. 그럼에도 경쟁과 효율성만을 최선의 가치로 삼는 신자유주의(신자본주의) 사회의 정의와 권리의 문제를 날카롭게 지적하며 어떻게 결정지을 수 있을까라는 본질적 요소에 대한 고민이다.

고대 그리스의 아나카르시스[8]가 성문법(成文法)을 비난하면서 했던 말이다. '법은 약자와 사소한 범죄를 제지할 수 있을지는 모르나 부자와 강자들은 오밀조밀 쳐놓은 그 법의 거미줄을 단번에 찢어 버리고 빠져나간다.'고 말했다. 따지고 보면 총총한 법망(法網)에 걸려드는 사람들은 힘없는 약자들뿐이란 말이다. 이게 바로 법치주의의 아이러니이다. 그래서 '법은 보다 강한 자의 이익'이라는 말이 있는 것인지도 모른다. 이처럼 정의의 주체는 법을 따르는 '약자'들뿐이다. 강자의 편에서는 자신에게 이익이 되나 약자에게는 불리하도록 만들어진 규제와 통제의 장치일 뿐이다.

가령 우리 사회의 법과 정의가 불의를 지배하지 않고 원칙이 없이 돈과 권력의 배경에 의해 세상이 움직인다고 해보자. 이 세상은 부익부, 빈익빈에 가중 현상이 필연적으로 일어날 수밖에 없다. 사회는 계층 간의 위화감과 양극화 현상도 시간이 가면 갈수록 심화될 것이란 예측이다. 이처럼 우리사회의 정의가 강자의 이익으로만 간주된다면 가진 자들만 살판나는 세상이 된다. 갖지 못

---

8) 아나카르시스(고대 그리스 철학자)- 아나카르시스는 법이 강자에게는 약하고 약자에겐 강하다는 사실을 거미줄과 그물에 비유했다. 성문법은 거미줄과 같아 가난한 자와 약한 자를 붙잡지만 부자와 강한 자는 그걸 쉽게 찢고 나와 버린다고 말했다.

한 약자들은 생활의 곤궁함으로부터 벗어날 방책은 전혀 없어 보인다. 이것이 오늘날 우리 사회가 직면한 문제 중 가장 절실한 문제이다. 이것이 바로 우리사회의 다방면에서 작용하는 '양극화의 갈등과 현상' 들이다.

치열한 경쟁의 틀 속에서 정글의 법칙처럼 약육강식의 논리가 지배하는 밀림의 세상일 뿐이다. 여기서는 싸워 이기는 것만이 우리사회의 정의이고 미덕이다. 이게 정글의 법칙이고 강자가 정당화하는 당위성과 논리의 정의이다. 약자는 오로지 자신의 무능력만을 탓해야하는 현실이다.

어쩌면 오늘날의 신자유주의, 신자본주의 경제체제가 바로 플라톤이 말한 '건강하지 못하고 병든 국가'를 일컫는 돼지국가가 아닐까? 죽은 정의가 판치는 사회, 허울만 좋은 공정사회, 재벌기업들이 중소기업과 노동자들의 권리를 유린하고 무시하는 행태, 인권을 존중하지 않고, 법을 훼손하고, 질서를 무력화하고, 법을 불공정, 불평등하게 집행하고 자의적으로 해석하고 적용하는 반초법적, 반인권적, 반국가적 사회가 바로 돼지국가가 되고 만다는 말이다. 이처럼 지나친 이기주의와 탐욕이 팽배하면 자신의 욕망과 탐욕만을 추구하는 썩은 사회가 되고 만다. 이렇게 정의란 것이 약자들에게만 요구된다면 법을 지키는 약자의 '정의'는 결국 강자의 이익을 위해 존재하는 정의가 되고 마는 것이다.

현재 우리사회의 이런 정의를 어떻게 바로 세워서 법과 원칙과 상식이 통하고 지배하는 정의로운 국가, 인간이 인간답게 살 수 있는 사회로 만들 것인가 하는 것이다. 마이클 샌델은 정의로운 사회가 되기 위해서는 '좋은 삶'을 고민해야 하고, 나아가 '좋은 사회'를 목표로 해야 한다고 주장하고 있다. 포괄적이고 광범위한 의미에 좋은 삶, 좋은 사회를 좀 더 축약해서 말한다면 우리의 삶에 '보람과 행복'이다. 나 혼자만의 보람과 행복이 아니라 우리 모두가 더불어 느끼는 '보람과 행복'이란 의미이다. 이를 위해서는 공동체주의의 연대의식과 상호 책임의식이 강조되는 것으로서 사랑과 봉사, 희생의 정신이 요구되는 의식이다.

우리는 이웃과 함께 더불어 살아가는 '공동체 정신'에 적합한 실천적 지혜 프로네시스(phronesis)[9]를 가진 분별 있는 인간의 행동으로서 사람이 살기 좋은 사회로 만들어가야만 한다. 여기에서 '실천적 지혜'란? 중용(中庸)의 '실천적 지혜'[10]와 같다. 이것

---

9) 프로네시스(phronesis)- 프로네시스란? 실천적 지혜를 뜻한다. 선한 것을 목표로 적절하게 판단하고 행동하는 능력을 말한다. 적시적합의 의해서 필요한 결정을 내리고 시의 적절하게 합리적 행동을 할 수 있는 실용적 지혜이다. 프로네시스의 개념은 아리스토텔레스로부터 유래되었다. 그는 자신의 저서 〈니코마코스 윤리학〉에서 지식의 개념을 다음과 같은 세 가지 유형으로 정의했다. 첫째는 에피스테메스(episteme): 보편적 진리로서 시공간으로부터 독립적인 보편 적용성에 초점을 맞춘 맥락에 의존하지 않는 형식적(객관적) 지식이라고 했다. 둘째는 테크네(techne): 테크닉과 테크놀로지 그리고 아트(예술) 등에 해당되는 말이다. 이처럼 테크네는 창조적 능력에 필요한 노하우나 실질적인 기술을 의미한다. 셋째는 프로네시스(phronesis): 지적인 미덕과 덕성이다. 실천적 지혜로써 선한 것을 목표로 하며 시의 적절하게 판단하고 행동하는 능력이다. 다시 말해 적시적합의 의해서 필요한 결정을 내리고 합리적 행동의 실용적 지혜이다. 출처: 노나카 아쿠지로, 창조적 루틴(Managing Flow), 북스넛, pp.93-96 참고인용.

10) 실천적 지혜- 君子素其位而行, 不願乎其外. 素富貴, 行乎富貴. 素貧賤, 行乎貧賤. 素夷狄, 行乎夷狄. 素患難, 行乎患難. 君子無入而不自得焉. 중용 제14장의 말씀이다. 군자는 그가 처한 어떤 상황에서도 분수에 맞게 처신하며, 그 밖의 어떤 기대도 하지 않는다. 부귀하면 부귀한대로, 빈천하면 빈천한대로, 이적의 나라에선 이적의 풍속에 적응하고, 환난에 처하면 환난에 적응하여 산다. 군자는 이렇게 어떤 상황에 처해서도 중용적 중심(中心=가운데 마음)을 잃지 않기 때문에 적응하지 못하는 일이 없다.

은 내가 처한 상황에서 분수에 맞게 행동하는 처세이다. 이것은 무엇을 행하고 무엇을 행하지 말아야하는지에 대해 알고 있다는 말이다.

군자처럼 사물과 사물, 인간과 인간관계의 처세를 분별하고 그 지혜로써 적시적합의 의한 마음의 결정을 내리는 것이다. 이것이 중용의 사상이고 아리스토텔레스가 주창한 프로네시스의 정신이다. 이러한 프로네시스를 가진 인간을 우리는 '분별 있는 사람'이라고 칭한다. 불특정 다수를 향한 맹목적 비난과 비판은 옳지 않다. 또한 지나친 경쟁을 부추기고 지향하는 일등주의 또는 물신숭배 만능주의를 최상의 방법으로 인식하는 것은 매우 위험한 정신적사고이다.

우리사회의 건전한 경쟁구도가 한 사회를 이끌고 형성해 가는 정당한 규범과 과정이라면 반드시 배려와 자비 그리고 관용의 정신도 우리가 놓쳐서는 안 될 귀중한 덕목이요 보배로운 가치이다. 우리가 살아가는 사회, 이 공동체가 약자나 강자나, 빈자나 부자나, 지자나 우자나 다 함께 균형과 조화를 이루고 더불어 살아가야 한다. 이것이 바로 아리스토텔레스가 말하는 친애(親愛)의 정신이고 정의의 필리아(philia)가 아닐까?

이처럼 정의의 필리아가 살아 활동하는 공동체, 진정한 인간 교육을 통한 상호존중의 정신을 길러주는 사회가 바로 정의로운 사회라고 말할 수 있을 것 같다. 이렇게 해서 우리 문명사회의 정의가 더 이상 아프리카의 정글처럼, 문명사회의 괴물로 변이되지 않기를 희망해 본다.

공정사회로 가는 정의와 실천
The justice and practice for fair society

앞에서 서술 된 '정의의 변이'에서 알아보았듯이 우리가 그토록 열망하고 있는 '정의가 무엇이고, 공정사회가 무엇인가'라는 물음에 답을 못할 사람은 아무도 없다. 그럼 왜? 모두가 그것을 알고 있으면서 그토록 지키려하지 않고 또 지켜지지 않고 있는 이유는 무엇일까? 이에 대해서 실천적 고민을 함께 해보자.

중용 제3장 원문의 말씀이다. 자왈, 중용기지의호, 민선능구의.(子曰, 中庸其至矣乎, 民鮮能久矣.) 이 3장은 중용에서 제일 짧은 장이다. '공자께서 말씀하시길, 그 중용에 이치는 참으로 지극(至極)하다. 그러나 백성들이 이를 능히 알지 못하고 실행하지 못한지 오래 되었구나!'이다.

이 말씀은 공자께서 백성들이 세상 살아감에 이치를 알지 못하고 일상에서 실천에 옮기지 못하는 것을 매우 안타깝게 생각하시면서 자조 섞인 탄식 같은 안타까움에 대한 말씀을 하신 것이다.

세상에 이렇게도 소중하고 값진 중용의 도리(理致)를 백성들이 미처 알지 못하여 분별이 어렵고, 힘 있는 강자들이 탐욕에 눈멀어 정의롭지 못함을 안타까워하심이다.

그 이유에 대하여 공자께서는 다시 자왈, 도지불행야, 아지지의, 지자과지, 우자불급야.(子曰, 道之不行也, 我知之矣, 知者過之, 愚者不及也)라고 하셨다. 이는 중용 제4장 원문¹⁾ 일부의 말씀으로서 이는 '중용의 도리가 행해지지 않는 것을 나는 알고 있다. 안다는 사람들은 욕심이 지나쳐서 그냥 지나쳐버리고 어리석은 사람들은 그 도리에 미치지 못함 때문이다.'라고 사회의 정의를 잃게 됨을 지적하고 있음이다.

지금의 현실은 필자가 문학 소년의 꿈을 가슴 속 깊이 키웠던 청소년시절과는 너무도 딴판이다. 그때는 옳은 것은 옳은 것이고, 옳지 않은 것은 옳지 않은 것이었다. 사람은 반드시 어떤 경우라도 정의의 편에 있어야 하는 것이고 정의의 편에 있으면 자신이 매우 자랑스럽고 나의 존재감이 느껴졌던 때이다. 더 나아가 죽음도 두렵지 않았던 때이다. 그리고 사소한 정의라도 내가 손해라는 생각을 해본 적이 없다. 설사 손해가 따른다 해도 정의 편에 서는 것이 눈치 볼 일도 아니고 부끄러운 일이라고 생각해 본적도 없다.

---

1) 子曰, 道之不行也, 我知之矣, 知者過之, 愚者不及也. 道之不明也, 我知之矣, 賢者過之, 不肖者不及也. 人莫不飲食也, 鮮能知味也. 중용 제4장 원문의 말씀이다. 이는 '공자께서 말씀하시길, 중용의 도리가 행해지지 않는 것을 나는 알고 있다. 안다는 사람들은 욕심이 지나쳐서 그냥 지나쳐버리고 어리석은 사람들은 그 도리에 미치지 못함 때문이다. 그 도리는 분명하게 드러날 수 없는데 나는 그 원인을 알고 있다. 뛰어난 사람은 지나치게 드러내고 그렇지 않은 사람은 그것을 따를 수가 없어서다. 사람이 먹고 마시지만 그 음식의 참맛을 아는 이는 드문 것과 같다.'이다.

또 반드시 국가권력은 정의로워야 한다고 믿었고 그 정의는 반드시 이기는 것이라고 확신했던 시절이다. 그러나 요즘은 너무나도 딴판이다. 정의나 공정을 말하면 손해를 보게 된다는 것이 요즘 우리사회의 보편적 인식과 일반적인 사고이다. 그것은 곧 바보들이나 손해 보는 짓을 한다는 사회적 인식과 통념 때문이다. 참으로 어이없는 말이다.

허기야 지금 이 시대엔 못 배운 사람보다는 많이 배운 사람이 더 많은 사회다. 취학 전 어려서부터 유아원이다, 유치원이다, 조기교육이다 해서 영악스럽게 손해 보지 않고 사는 방법을 교육받았으니 배운 대로라면 요즘 우리사회가 당면한 현상은 매우 당연한 일이 아닌가. 남보다 먼저 많은 돈을 벌고, 남보다 먼저 성공해야 한다. 그러기 위해서는 남들이 모르는 지름길로 가로질러야 하고 함께 가기보다는 혼자 약삭빠르게 독주를 해야만 크게 성공한다고 믿었다.

그렇게 하기 위해서는 남들이 가지고 있지 않은 나만의 실력과 능력을 갖추어야 한다. 그렇게 하기 위해서는 남들과 똑 같은 방법으로는 앞서가기가 어렵기 때문에 온갖 수단과 방법으로 편법을 동원하게 되는 이유가 아닐까? 요즘은 선하고 좋은 사람이라는 말은 칭찬이 아니다. 때문에 그런 말은 듣는 것도 싫고 그렇게 말해서는 실언이 되는 상황이다. 그것은 곧 '바보'라는 말처럼 들리기 때문이다.

그럼 그런 '바보'로 인식되지 않고 손해를 보지 않으려면 매사에 영악스럽고 똑똑해야만 한다. 그러다보니 모든 사람이 다 너무 똑똑해졌다. 바보스러운 사람은 없다. 아니 바보 같은 사람은 없어야 하는 것이다. 이 얼마나 황당하고 잘못 된 인식인가. 사람이 선하고 진실 되어야 하는 것은 아무리 강조해도 넘침이 없다. 그러나 모든 사람이 다 하나 같이 똑똑해야만 한다는 것은 어불성설이다. 그럼에도 이를 거부하는 것은 우리의 현실을 부정하고자 하는 심리적 현상이다. 그런 상황이다 보니 스스로 영악한 사람이 되어야 한다.

문제는 실제 영악하지도 못한 사람이 영악한 척을 해야 하는 상황이다. 실제로 그와 같이 말하고 행동하는 것이 오늘의 있어서는 매우 당연한 일이다. 소위 잘난 척 하고 그래서 좀 더 남들보다 튀고, 매사에 타협보다는 까탈스럽게 따지기 좋아하고 배타적이다. 이기적이다. 이런 것들이 현대 사회에서는 하나도 양심에 꺼릴 것이 없고 이상할 것이 없는 상황이다. 오히려 정의롭고, 배려심이 많고, 선한 행동이 이상하게 느껴지도록 인식되어지는 사회다. 참으로 이해하기 힘든 이율배반적(二律背反的) 사회현상이다. 때문에 우리사회에서 정의나 공정이 인정받지 못하고 이단 같이 느껴지는 것은 어찌 보면 매우 당연한 현상이라고 느껴진다.

그렇다면 정의와 공정사회에 대한 사회의 부정적 인식을 어떻게 본래 대로 되돌려 바로 세울 수 있을까? 지금부터라도 함께 고민해 봐야 할 일이다. 그런 사회적 병리현상에 대한 명쾌한 답을 구하는 것은 그리 간단한 문제는 아닌 듯싶다. 그러나 그렇다고 모두가 손 놓고 수수방관만할 문제는 더욱 아니다.

모든 문제에는 답이 있게 마련이다. 문제가 어렵다고 해서 답이 없고 쉽다고 해서 답이 있는 것은 아니다. 쉬우면 쉬운 대로 답이 있고 어려우면 어려운대로 답은 있게 마련이다. 우선 정답은 아닐

지라도 가능한 한 답이 될법한 답들을 모두 꺼내어 관찰하고 정답에 부합하는가를 짚어 보는 것도 경우에 따라서는 문제를 푸는 방법 중에 하나이다. 또 그에 따른 대안이 될 수도 있다고 생각할 수 있다.

그 중 여러 가지가 있겠지만 한 가지 예를 가정해본다면 이런 것이 있을 수 있겠다. 정의나 공정이 손해라고 인식하는 우리의 사회적배경은 무엇인가? 그것은 피해의식에서 비롯된 사고라고 해석해야 할 것 같다. 좋은 일을 한 것이 손해라고 생각하는 것이 문제이다. 나는 좋은 일을 하고 싶은데 다른 사람들이 하지 않는 것을 내가 왜 하랴. 다른 사람들은 지키지 않는 사회적 규범을 왜 나만 지키랴. 그들이 그것을 지키지 않을 때 나만 그것을 지키는 것은 곧 나의 손해요, 바보 같은 짓이라는 것이다.

그렇다. 나만 손해를 본다는 것은 매우 기분상하는 일이다. 그러나 그것은 마치 자기만 손해를 보고 있는 것처럼 착각하는 것도 문제이다. 다시 말해서 자기만 바르고 옳게 행동한다고 생각하는 것인데 이것은 매우 이기적인 자기중심적 생각에서 시작하는 사회적 반감과 불만이다. 남들이 얼마나 남을 위해서 바르고 옳게 사는지 모르면서 오로지 자기만이 정의와 공정사회에 당당한 것 같이 생각하는 착각의 오류를 범하고 있다. 그것은 개인주의와 이기주의가 팽배해진 우리사회의 한 단면이기도 하다.

마이클 샌델 교수의 정의는 바로 이런 현대사회의 불공정, 불평등과 심각한 불균형과 부작용 현상에 대한 성찰이다. 정의와 자유, 도덕, 평등에 대한 불평등과 불공평, 불균형이 무엇이 문제이고 잃어버린 정의와 공정의 중심점이 어딘지 새롭게 찾아보자는 사회학자로서의 선견이다. 샌델 교수는 이 시대를 사는 현대인들이 많은 선택 중에서 어떤 선택이 이 문명시대를 살아가는데 있어서 합리적 정답이 될 수 있을까라는 의문을 품는 데서부터 시작한다. 그러나 정답은 묘연하다. 도덕적 문제는 흑과 백의 이분법으로 정의될 수가 없다. 흑백뿐만이 아니라 또 다른 다양한 색깔의 가치도 있기 때문이다.

따라서 우리는 개인주의의 편견이나 편향에서 빨리 벗어나서 사회의 공동체의식을 고양하고 강화해야할 사회적 책임이 있다. 내가 정의를 외면하고 공정을 두려워 할 때 우리의 사회는 걷잡을 수 없이 혼돈과 무질서의 세계로 추락하게 될 것이다. 약육강식의 세상, 정글의 법칙만이 존재하는 세상, 오로지 강자만이 판치는 세상, 강자들의 억압으로 돌아가는 세상이라면 그것이야말로 동물의 세계와 별반 다를 것이 없는 세상이다.

그러나 공동체주의가 살아 있는 사회에선 반정의나 불공정은 반드시 '손해를 보게 되어있다. 따라서 정의나 공정사회는 어떤 경우라도 불이익은 없다' 라는 새로운 사회적의식과 인식의 전환이 절실하게 요구되고 있다. 그러면 정의나 공정 때문에 부끄럽게 생각하고 남의 눈치를 볼 필요는 없다. 최소한 지금처럼 정의나 공정을 지키고 실천하는 사람이 '바보' 가 되고 업신여김을 당하고 더 이상 조소꺼리가 되지는 않는다.

이것이 지금 우리 기성세대가 반드시 해야 할 책무 중 하나이다. 그것을 외면 한다면 곧 그것은 우리 미래사회의 발전을 가로막는 요인 중에 하나가 될 것이다. 그러나 우리 기성세대가 이것을 반성하지 않고 이것을 바로 정립하지 못하면 이 또한 무책임한 직무유기이다.

우리의 사랑스런 아들딸, 동생, 조카들이 성숙한 미래사회의 주역이 되고 그 속에서 문명사회의 행복한 삶을 이루도록 해야 할 책임이 우리에게 있고 우린 반드시 그 목표를 이루기 위해서라도 정의가 살아 숨쉴 수 있는 기틀을 마련해야 한다. 정의나 공정에 걸맞은 가치를 높이고 선한 사람, 진실한 사람이 제대로 대접받는 사회를 만드는 것이다.

그렇게 하기 위해서는 마이클 샌델이 강조하는 것처럼 공동체주의[2] 공동체사회의식이 절실하다. 개인주의에서 벗어나야 한다. 개인주의는 문명이 낳은 또 하나의 에고이즘(egoism)이다. 개인이기주의에서 벗어나 공동체의 구성원들을 배려하고 살펴야 한다. 이제 현대사회에서 공동체주의가 살지 못하면 미래사회의 평화와 인류의 행복은 없다. 공정사회는 사회 전체를 걱정하고 '공동의 선'에 헌신하는 태도를 키울 방법을 찾아서 실천해야 한다.

마이클 센델이 말하는 정의로운 사회란? 이처럼 '좋은 삶', '좋은 사회'에 대한 고민이다. 또한 이러한 가치를 추구하는 정신과 사상이 중용의 실천적 사상이다. 중용의 본질은 나만을 위한 사상이 아니라 타인의 입장을 배려하고 타인의 삶을 존중하고 중시하

---

2) 공동체주의(Communitarianism, 共同體主義)- 공동체주의란? 이기주의적 개인주의에 반대되는 사상이다. 일반 철학에서 주의나 사상은 사회 역사성과 현상이 서로 공통된 담론과 인용을 형성하는 과정 가운데 발생한다. 공동체주의는 이념이 아니다. 사회가 아닌 마을, 지역, 직장 등의 소규모 집단을 중심으로 작은 공동체를 이루고 평등, 평화 등 휴머니즘적, 사회의 가치를 구현하려는 집단이다. 공동체주의는 사회성이 강한 것이 특징이다. 공동체주의는 개인주의를 벗어나 인간중심주의에서 점차 생태, 생명공동체주의를 지향해간다. 백과사전 오픈지식, 개인주의와 오픈주의, 참고인용.

는 실용적사상의 전제에서 비롯한다. 나로 인해 타인과의 관계에서 문제가 생기지 않도록 하기 위해 좌우를 살펴서 그 속에서 각자의 위치와 중심을 잡고 좌우 전체의 균형과 조화를 이루려는 사상이다.

이렇게 하기위해서는 '좋은 사회'로의 목표와 지향이어야 한다. 잘나거나 똑똑하지는 않아도 진실 되고, 정의로우면 절대로 '손해' 보지 않고 대접받는다는 공정사회가 된다면 일등이 되기 위해, 남보다 앞서기 위해, 혼자만 달려가는 일은 할 필요가 없다. 온갖 수단과 방법을 동원하고, 편법을 쓰는 일도 할 필요가 없다.

그런 것이 우리사회가 제대로 된 공동체사회의 질서를 찾는 방법 중 하나가 아닐까? 제대로 된 인간성 회복을 위한 길이 아닐까? 그것만이 우리 사회의 편향과 양극화적 현상을 예방하고 '균형과 조화'를 이루는 첩경이 아닐까? 이쯤에서 공정사회로 가는 정의와 실천을 통해 우리가 진정 바라고 희망하는 것이 무엇인지? 자성해볼 일이다.

중심을 잡고 똑바로 살아야 하는 세상
Hold the center of the world to live straight

세상이 참으로 어수선하다. 이 세상을 어떻게 살아야 분노하지 않고, 증오하지 않고, 가슴앓이 하지 않고, 눈물 흘리지 않고, 믿음과 사랑으로, 평화롭고 행복하게 살 수 있는 것인지 참으로 정답을 찾기가 매우 어렵다.

최근 지구촌에서 일어나고 있는 갖가지 공포와 불안 현상을 보면 우린 참 다행이다 싶기도 하다. 하지만 꼭 그런 것만은 아니다. 6.25 한국전쟁 이후 동서 이념적 갈등과 냉전체제가 대립에서 벗어나고, 동서화합의 정치적 방법을 모색하고, 갈등과 대립의 해소를 위해 노력한 결과 어느 정도 완화되었다. 하지만 우린 아직도 휴전선을 사이에 두고 첨예한 남·북한 대치상태에 있다.

휴전선이란? 말 그대로 전쟁의 상태에서 잠시 쉬고 있다는 의미이다. 언제 어느 때 무슨 이유로 다시 전쟁이 재개될지 모른다는 전제가 깔려있다. 또 이뿐만이 아니다. 국제무대에서 점점 힘이 강해지고 있는 중국이 남북관계에서 어떤 정치적 고려를 하고 있는지? 미국이나 러시아는 어떤 입장에 있는 것인지? 또 틈만 나면 온갖 망언을 쏟아내는 일본 아베정권에서 '우리의 땅' 독도를 둘러싸고 또 어떤 트집을 잡고 나올지? 그리고 북한이 언제 어느 때 또 도발을 해올지? 도무지 미래와 현실에서 일어날 이 모든 일들에 대하여 아무도 장담할 수는 없다.

그뿐인가. 최근엔 백두산폭발[1] 징후를 포착하고 일부 언론과 많은 지질학자들과 전문가들이 사이에 관심이 증폭되고 있다. 만일 대폭발이 일어날 경우에 한반도에 미칠 엄청난 자연 대재앙에 대해서 고민하지 않을 수도 없다. 그리고 원전사고가 빈번한 한국에서도 언제 어느 때 일본처럼 사고가 발생할지도 모르는 상태에서 지금 우리만 괜찮다고 마음 편안해 할 일은 절대 아니지 않는가?

2011년 3월 11일 규모 9의 거대 강진과 최고 40m 정도의 높은 파도를 몰고 이웃나라 일본 중북부 해안 후쿠시마 원전을 강타하고 휩쓸고 간 쓰나미 원전사고가 벌써 3년 7개월의 세월이 지나고 있다. 지금 꽤 시간이 지났음에도 명쾌한 해결에 실마리가

---

1) 백두산폭발- 최근 중국 지진관측소에 따르면 몇 년 사이 백두산 주변에 지진이 급증하고 백두산 일대 온천수의 온도가 상승하는 현상 등을 두고 백두산이 수상하다고 한다. 100년 전 마지막 분화 후 긴 휴지기에 들어갔던 백두산에서 다시 화산 폭발에 전조인 징후들이 빈번히 포착되면서 세계 과학자들의 이목이 집중되고 대규모 폭발 가능성이 제기되고 있다. 이에 따라 KBS 1TV 과학카페(2012.02.20일 밤 11시 40분)에서 '사이언스 이슈―백두산 화산 대폭발'이 방송된바 있다. 백두산은 해발 2,744m의 한반도 최고봉이다. 실제 화산 폭발이 이뤄질 경우 백두산 천지에 담긴 무려 20억t의 물이 마그마와 만나 초대형 화산 폭발로 이어질 가능성이 많은 전문가와 지질학자들 사이에 제기되고 있다. chosun.com 연예, 백두산 폭발, 2012.2.19, 그 가능성은 얼마인가?, 참고인용.

보이기는커녕 갖가지 새로운 의혹들만 더욱 확산되고 있다. 일본은 이런 문제들에 그 심각성과 위험성에 대하여 쉬쉬하고 언론을 포함해 자국 안보적 수호에만 신경 쓰는 매우 소극적 모습으로 일관하고 있는 모습이다.

때문에 언제 어느 때 그 방사능재앙과 불행이 일본을 비롯해서 한국과 아시아 전역에 어떻게 영향을 미치고 피해가 확산될지 모른다는 불안감은 점점 심화되고 있는 상황이다. 심지어는 원전 전문가들과 정부책임자 중에서도 일본의 미래에 부정하고 상당수 이민을 했다는 루머다.

제일 가까이 있는 한국에서는 해산물을 비롯해 농산물 등 모든 먹거리에 대해 매우 불안해하고 있다. 그리고 실제 많은 직간접적 피해가 발생하고 있는 상황이다.

그리고 미국은 상상을 초월하는 정보망과 첩보활동을 통해서 지구촌 구석구석을 개미집 들여 보듯이 테러 집단을 철저히 추적 감시하고 있다. 그러나 이처럼 긴장된 감시 속에서도 굳건하게 10년을 꼭꼭 숨어 지내던 2001년 9.11테러의 주범 오사마 빈라덴을 마침내 찾아내어 사살하는데 성공을 했다.

그로 인해 지구촌의 테러는 드디어 미국인들의 기쁨과 함께 종말을 고하는가 싶더니만 또 다른 보복의 테러가 거세지고 또 다시 테러의 위험이 가중되면서 지구촌 곳곳은 그 위험 앞에서 무고하고 귀중한 생명들이 끝없이 희생되어 가고 있다. 이렇게 테러가 사라지기는커녕 더욱 지속적으로 발생하고 있고 그 보복의 대결 양상이 점점 고조되고 있어서 그야말로 평화스러워야 할 이 땅 지구촌은 한시도 마음 편할 날이 없다.

이뿐인가. 중동 왕정국가들의 폭정과 반민주화 조치에 성난 민주화세력의 잇따른 분노와 투쟁이 인내의 한계점에 도달해 그 분노가 극에 달했었다. 아프리카 튀니지에서 시작된 중동과 북아프리카 전 지역에 민주화의 거센 바람이 리비아와 시리아로 번졌었고 중동의 왕정국가에서는 잇따른 반혁명적 조치와 무자비한 공격과 위협으로 혁명세력의 생명들을 무참히 앗아갔다.

그리고 아프간과 리비아에 이어 또 다시 시리아 정정이 지구촌 평화에 먹구름을 짙게 드리우고 있어서 조금씩 회복되고 있는 세계 글로벌경제에 또 다시 악영향을 미치기도 했다. 또 최근 들어서는 이란의 핵개발문제와 관련해 미국을 비롯한 국제원자력기구(IAEA), 유럽 서방국과의 마찰이 심화되었고 이란은 현재 IAEA의 핵사찰을 거부한 채 국제사회로부터 핵개발을 강행하고 있다는 의심을 받고 있다.

이란 모함마드 레자 라히미 제1부통령은 이란의 핵개발 저지를 위해 서방이 만일 경제적 제재에 나설 경우 호르무즈 해협 봉쇄에 나설 수 있다고 밝힌 바도 있다. 이렇게 중동 호르무즈 해협 주변 정세는 늘 불안하다. 미국은 이란이 호르무즈해협봉쇄 협박을 하자 이란에 그 같은 행동에 대하여 무력행사를 경고하고 나서기도 했다.

이란과 미국이 핵개발 및 원유금수조치를 둘러싸고 호르무즈 해협 봉쇄냐, 대 이란 공격이냐 갈등을 벌이는 가운데 한국과 일본, 중국 등은 이란 원유수입 대체국 확보를 위한 중동외교에 국력을 총동원하여 공을 들이기도 했다. 이란과 미국이 실제로 호르무즈 해협이 봉쇄될 경우 국제유가의 가파른 급등은 아시아 등 전 세계경제에 크나큰 충격이 될 수 있기 때문이다.

이란이 미국의 갖은 군사 · 경제제재 속에서도 평화적 핵 이용권을 주장하며 추진해온 핵개발 프로그램도 조금만 더 있으면 무기화 가능성이 커지고 있다. 이란은 조금만 더 시간을 벌면 중동의 강력한 핵보유국으로 강자가 될 수도 있다. 이 때문에 이란은 미국의 강력한 제재 압박에도 굴하지 않고 호르무즈 해협 봉쇄로 맞서곤 한다.

이런 상황들은 중동의 맹주 국을 꿈꾸는 이란과 중동에 균형자 지위를 지키려는 미국의 패권주의의 대립과 충돌로 보는 시각이 지배적이다. 알리 아크바르 살레히 이란 외교장관은 "페르시아만의 안정은 집단 안보로 가능하며 이란은 그 주요 행위자 중 하나"라고 주장했다. 이는 미국 대신 이란이 중동의 균형자 역할이 되어야 한다는 뜻으로도 해석이 된다.

또 EU 회원국들의 있단 IMF 구제 금융지원과 관련하여 몸살을 앓고 있는 세계글로벌경제의 불확실성을 보자. EU 회원국의 국가부채 위기와 EU의 향방은 한국경제의 도약에도 절대적 영향 속에 있다. 그리스를 위시한 유럽남부의 PIIGS(포루투칼,아일렌드,이태리,그리스,스페인) 국가들의 국가부채 위기의 가능성이 2010년 초부터 시작해 현실화되었고 EU 단일 통화인 유로화는 달러 대비 지속적인 하락을 보였다.

그로 인해 미국의 금융개혁과 중국의 출구전략 및 위안화 절상 등 국제금융시장에도 초미의 관심사가 되기도 했었다. 그로인해 각국의 주식시장과 유로화 급락은 국제통화와 원자재시장에 큰 충격을 주었다. 그런 와중에도 국제 3대 신용평가기관인 S&P는 그리스의 신용등급을 정크본드(Junk bond)[2] 상태로 하향한바 있고 포르투갈과 스페인의 신용등급도 하향했었다. 그 충격으로 EU 회원국은 물론 월가의 다우 지수가 폭락을 하고 한국의 코스피 지수는 물론 아시아 각국의 지수가 대폭락을 했었다.

이렇게 세계는 정치와 정치의 충돌, 인종과 인종의 충돌, 종교와 종교의 충돌, 문화와 문화의 충돌, 이념과 이념의 충돌, 경계 없는 경제의 충돌 등 헤아릴 수 없이 많은 충돌과 갈등의 소용돌이 속에 휘말려 오늘의 현재가 생성되고 그 현재의 하루가 과거로 쉼 없이 돌아가고 있다.

그럼 국내 사정은 어떠했나? 먼저 2011년 2월 부산저축은행 등의 여러 상호저축은행이 집단으로 영업정지 된 사건이다. 이후 대주주의 비리와 마감 시간 후 VIP 고객들에 대한 사전 인출 등이 확인되어 논란이 되었다. 주된 원인은 부동산 등 리스크가 큰 사업들에 대해 제대로 된 심사과정 없이 박인근이 세운 형제복지원재단 등에 프로젝트 파이낸싱의 형태로 무분별하게 불법적인 대출을 제공하고, 이로 인해 부실채권을 떠안은 저축은행의 사업 운용이 어려워진 금융사고의 폐해이다. 이와 관련 그 감독기관인

---

2) 정크본드(Junk bond)- 신용 등급이 낮은 기업이 발행하는 고수익, 고위험 채권을 이르는 말. 정크(junk)는 '쓰레기', 본드(bond)는 '채권'을 뜻한다. 다시 말해 '쓰레기 같은 채권'이란 뜻이다. 미국 정크 본드 시장의 대부로 불리는 마이클 밀큰이 하위등급 채권을 정크라고 부른 데서 유래되었다. 채권이나 어음은 신용등급에 따라 투자 적격인 등급과 투자 부적격인 투기등급으로 나뉜다. 신용등급 BB+ 이하인 투기등급 채권이 정크 본드이다. 또한 이런 채권에 투자하는 펀드를 정크 본드 펀드라고 한다. 신용등급이 낮은 기업에 투자하기 때문에 투자위험이 높은 만큼 고수익을 얻을 수 있는 것이 특징이다. 정크 본드 시장은 자금난에 시달리는 수많은 중소기업들에게 자금조달의 길을 열수 있는 주요 경제 수단이기도하다. 브리태니커, 정크 본드(junk bond), 참고인용.

금융감독원의 비리와 부도덕성이 크게 도마 위에 올랐었다. 이 엄청난 절대 권력의 부패 앞에서 아연질색 놀란 국민들은 또 다시 절망의 늪으로 빠져드는 불안을 떨칠 수가 없었다.

금융감독원은 한국경제의 최고 감독기관이요 국가경제를 책임지고 있는 보루이다. 그런데 어떻게 절대 권력이 이토록 부패할 수 있는지 일반 국민들은 참으로 납득이 가질 않는다. 정부는 금융감독원 비리를 수술하기 위해서 총리실 산하에 '금융감독혁신 태스크포스'를 만들었다. 그러나 그 기구도 사실상 '모피아'[3] 중심이라는 말이 있었다. 따라서 과연 비리척결과 근본 개혁이 가능하겠는가라는 의구심이 일각에서 제기되기도 했다. 과연 이 사건에 정부와 사법기관은 어떤 요리를 어떻게 할 것인지를 고민했지만 역시로 끝났다. 그것은 워낙 큰 권력의 집단이었기 때문이다. 그로인해 정치, 경제, 사회 모든 분야에서 여론이 분분했고 민심도 술렁댔다.

가진 자들은 가진 자들대로, 못가진자들은 못가진자들대로, 권력은 권력들대로, 약자는 약자들대로, 끼리끼리 편 갈라 두리두리 뭉치는 형국과 상황이다. 마치 병정놀이의 재현 같다. 이렇듯 이 나라 밖의 문제는 고사하고 나라 안의 문제라도 좀 제대로 굴러 갔으면 하는 것이 이 나라의 국민 된 사람의 지극히 평범하고 소박한 바람이었다. 그러나 그것은 지극히 보통사람의 유일한 바람이요, 희망사항일 뿐인가 보다.

---

3) 모피아- 모피아는 재무부 출신 인사를 지칭하는 말로 재무부(MOF, Ministry of Finance:현 기획재정부)와 마피아(Mafia)의 5합성어이다. 재무부 출신의 인사들이자신들의 안위를 도모하기 위한 목적으로 정계, 관계를 넘나들면서 음성적으로 활동하는 반사회적 조직의 명칭.

소위 보통이 넘는 사람들의 입장은 우리와는 사뭇 사정이 다른 것인가 보다. 가진 것이 있으니 남에게 비굴할 필요도 없을 테고, 힘과 권력이 있으니 남에게 눈물 나게 억울함을 당할 일도 없다. 그런데 무엇이 아쉬워 지엄한 국법을 어기고 국가와 국민에게 씻을 수 없는 죄를 짓는 것인가? 이런 권력자들의 파렴치한 부패가 어디서 어디까지란 말인가? 솔직히 말해서 가늠이 매우 어렵다. 어쩌면 빙산에 일각일지도 모른다는 생각이 앞서는 것은 그 동안 속고 속은 학습효과에서 얻어진 교훈 때문 일지도 모르겠다.

이렇게 정치, 경제, 사회, 문화 모든 분야에서 발생하고 있는 불신과 부정부패에 대한 문제의 뿌리는 모두 '모피아(MOF)'의 금융권력 장악에서 비롯되었다고 전문가들은 지적 하고 있다. 이런 지적이 나오고 있는 것은 어찌 보면 매우 당연한 결과이다. '금융권력' [4] 이란? 그것이 곧 권력 중에 권력이기 때문이다. 이 권력 중에 권력은 곧 무소불이의 권력이다. 그러니 무슨 일인들 장애가 될 수 있으랴. 무슨 일인들 막힘이 있으랴. 이것이 우리 사회의 통념이라고 한다면 시원스레 인정하기엔 뒷맛이 너무 씁쓰름한 맛이다.

그럼 대체 이 '모피아'가 무엇이란 말일까? 세명대 저널리즘스쿨 제정임 교수는 우리 사회의 심각한 이 '모피아'의 현상에 대하여 이렇게 말하고 있다. 모피아(Mofia)는 옛 재무부(현재 기획재

---

4) 금융권력- 금융은 재화의 총칭으로서 바로 '돈'이다. 권력은 돈의 대명사이다. 권력하면 돈이고, 돈하면 바로 권력이다. 돈 있는 곳엔 권력이 있고, 권력이 있는 곳엔 또 이 돈이 있다. 이런 권력이 또 돈과 합쳤다. 이것은 또 다른 권력과 권력의 결탁이다. 금융기관에 부정부패비리는 돈과 권력과의 유착관계를 말하는 것이고 권력의 비호 아래 이 돈 놀이가 자행되는 것이 돈과 권력의 속성이다.

정부)의 영문약자인 MOF (Ministry of Finance)와 이탈리아 폭력 조직 마피아(Mafia)를 뜻한 합성어라 말한다. 소위 금융정책을 담당하는 관료들이 마치 조폭처럼 상명하복의 위계질서 속에 똘똘 뭉쳐서 자신들의 이권을 끝없이 추구하고 있는데 이를 비꼬아 부르는 속칭이라는 것이다. 이 마피아적 집단은 규제 대상인 은행, 증권, 보험, 저축은행 등과 같은 금융 산업에서 그들이 목적하는 이권 추구를 달성하기 위해 수단과 방법을 가리지 않고 막강한 영향력을 행사하고 있고 '낙하산' 인사 등을 통해서 전·현직 간 끈끈한 공생적 유대관계를 지속적으로 맺고 유지 형성하고 있음으로써 조직에 미치는 해악과 영향이 실로 지대하다고 말했다.

2014년 최대의 사건은 당연 세월호 사건이다. 진도군 조도면 부근 해상에서 발생한 청해진 해운 소속의 인천발 제주행 연안 여객선에 전복, 침몰사고이다. 이 사고로 탑승인원 476명 중 294명이 사망했고 10명이 실종되었다. 이 사고와 관련하여 우리 사회의 엄청난 사회적 문제와 부패, 갈등에 요인들이 표면으로 부상했다. 제일 먼저 이런 국가적 재난에 대응하는 정부의 무능과 그 진행 및 수습과정에서 드러난 우리사회의 온갖 적폐들이 들어났다. 또 그 사건의 중심에 있는 유병언 일가와 책임자들 체포과정에서도 우리 사회의 질서 안정에 마지막 보루인 검경에 수사 무능도 만천하에 드러나면서 국민들에게 큰 실망감을 안겼다. 그리고 이 사건에 마지막 정리와 수습과정에서 국민적 갈등과 봉분을 산 여야정 치권이다. 정치권에서는 유가족들과의 협상에서도 사고발생 6개월째 임에도 그 어떤 합의도 이루지 못했다. 유가족의 아픔을 위로하고 설득하는 일에 여야 정부가 따로 있을 수 없다. 결국 유가족들은 국가를 상대로 싸워야할 판이다.

이 과정에서도 해양사고를 전담하는 해양수산부와 해양경찰은 아무런 역할을 하지 못했고 오히려 온갖 부패가 만연한 비리만 드러났다. 그 비리의 중심엔 역시 '해피아'를 비롯한 관피아, 법피아, 금피아 등등이 포진해 있었음이 밝혀졌다. 이른바 '피아의 세상'이 정체를 드러냈다. 바로 이들이 우리 사회를 병들게 하는 '원흉이고 공공에 적'이었다. 이들이 그간 얼마나 우리 사회를 어수선하게 만들고 국민들의 정신을 흔들었는지 머리가 띵하다.

또 최근 들어 군부대 사건들이 연이어 터져 나오면서 국민의 가슴을 매우 아프게 하고 있다. 군은 군에 특성상 일반 사회와는 좀 사정이 다르다. 그것을 감안하더라도 군이 국민에게 주는 신뢰는 그리 높지 않다. 군도 시대에 맞게 거듭나야 한다. 군에 현대화는 군 전력에만 있는 것이 아니라 군 조직과 관리 그리고 인문정신에 의한 의식체계의 전환이다. 그것이 국가와 국민 그리고 우리를 생각하게 하는 인문정신의 바탕이기 때문이다.

우리 군에 관심병사가 그리 많다는 것은 단순히 군의 문제가 아니다. 그것은 곧 한국사회 전체의 문제이다. 또 관심병사와 더불어 간과해서는 안 되는 것이 우리 사회에 존재하는 '관심국민'이다. 이 관심국민의 일부가 관심병사이고, 관심병사의 일부가 잠재적 관심국민이기 때문이다.

이런 잠재적 관심국민은 우리사회의 또 다른 부적응 사회낙오자요 가성 극빈에 또 다른 잠재적 죽음이다. 숨은 쉬고 있으나 산 것이 아니다. 그 누구도 일말의 관심조차 없는 "죽은 시인의 사회에 떠도는 빛바랜 영혼"에 불과하다. 정부·사회·학자·언론 등

시대의 강자들은 모두 이들을 위해 침묵하지 말아야 한다. 과연 이 나라에 이들의 삶에 꿈과 희망을 싹틔울 진정한 국가적 대안이 있는지 찬찬히 군자의 마음으로 따져봐야 할 일이다.

중용 제2장 원문 일부의 말씀이다. 군자이시중, 소인이무기탄야(君子而時中, 小人而無忌憚也)[5]. 이는 '군자는 알맞은 때를 가려 일을 하고 견지하며, 소인은 일을 함에 거리낌 없이 자기생각대로 한다.'는 뜻이다. 다시 말해 군자다움과 소인에 차이를 깨우치는 말씀이다. 모름지기 군자[6]란? 학식과 도덕수양을 잘 갖춘 사람을 두루 이르는 말이다. 예기(禮記)의 곡례(曲禮)편에 보면 '많은 지식을 갖고 있으면서도 겸손하고, 선한 행동에 힘쓰면서 게으르지 않은 사람'을 군자라 할 수 있다.

그렇다면 현대사회에서는 사회지도층인사나 정치지도자, 학자, 종교지도자 등이 이에 해당된다. 그러나 그 군자의 의미를 좀 더 확대시키면 '사람답게 사람의 길'을 가는 사람을 모두 아우를 수 있는 의미이기도하다. 예컨대 유명한 정치지도자가 아니어도 정치의 도를 지키고 지역사회나 국가정치발전에 참여하여 위민위국의 정신으로 노력한 정치인, 행정가, 정부 관료들, 어느 사회단체나

---

5) 중용 제2장 원문의 말씀이다. 仲尼曰, 君子中庸, 小人反中庸. 君子之中庸也, 君子而時中, 小人之(反)中庸也, 小人而無忌憚也. 공자께서 말씀하시길, 군자는 중용을 지키고, 소인은 중용을 못 지킨다. 군자가 중용을 지킴은 군자는 알맞은 때를 가려 일을 하고 견지하기 때문이다. 소인이 중용을 지키지 못함은 소인은 일을 함에 거리낌 없이 자기 생각대로 하기 때문이다.

6) 君子- 나라의 임금이나 성현을 지칭하는 말이었으나 춘추시대 말년 이후 군자에 의미는 점차 도덕수양을 갖춘 사람을 두루 가리키는 말로 사용되었다.〈예기 禮記〉곡례(曲禮)편에는 "많은 지식을 갖고 있으면서도 겸손하고, 선한 행동에 힘쓰면서 게으르지 않은 사람을 군자라고 한다."라고 되어 있다. 현대사회에서는 사회지도층인사나 정치지도자, 학자 등을 지칭할 수 있다.

기업 등에서 덕망과 소양을 갖추고 성실히 그 목적에 맞게 이끌어 가는 우리사회의 리더들, 교육을 통해서 지식산업에 종사하는 많은 교육자들, 또는 스님이나, 신부님, 목사님과 같이 사회정의의 선봉에서 좋은 사회의 길을 인도하시는 종교지도자 등이 모두 이 시대의 군자라 할 수 있다.

좀 더 그 의미를 대중적으로 확대해석하면 인간다움의 도리에 충실하고 열심히 자기의 영역에서 자기의 맡은바 책임을 다 하며 열심히 잘사는 사람들도 모두가 군자라고 해도 과언이 아니다.

즉 사람의 도리를 외면하고, 분수를 모르고, 경거망동 하며, 자신만의 탐욕과 영달을 위해 사회의 질서와 규범을 위반하고 해악을 끼치지만 않으면 모두가 다 이 시대의 군자나 마찬가지라는 말이다. 그러나 이 시대를 살아간다는 것이 얼마나 어려운가? 그래서 많은 사람들이 군자이기를 포기하고 쉽게 살아가기 위한 방편으로 온갖 편법과 탈법과 불법, 불공정에 현혹되고 그 유혹을 뿌리치지 못하는 것인가 보다. 이는 바로 진정한 중용의 근본을 이해하지 못하기 때문에 비롯되는 현상이다.

중용 제7장에 말씀이다. 인개왈여지, 구이납제고획함정지중, 이막지지피야(人皆曰予知, 驅而納諸罟擭陷阱之中, 而莫之知辟也).[7] 이 말씀은 '사람들은 모두 "나는 다 알고 있어"라고 말하지만 막상 그물이나 덫 같은 함정에 몰아넣어서 빠지게 되면 그것을 피하

---

7) 중용 제7장 원문의 말씀이다. 子曰, 人皆曰予知, 驅而納諸罟擭陷阱之中, 而莫之知辟也. 人皆曰予知, 擇乎中庸, 而不能期月守也. 공자께서 말씀하시길, 사람들은 모두 '나는 다 알고 있어'라고 말하지만 막상 그물이나 덫 같은 함정에 몰아넣으면 그것을 피하는 방법을 모른다. 사람들은 모두 '나는 지혜롭고 중용의 길을 알고 있다'고 말하지만 막상 중용의 실천에 들어가서는 한 달도 지켜내지 못한다.

는 방법을 모른다.'라는 말씀이다. 이 시대의 현대인들은 못 배운 사람보다는 배운 사람들이 더 많은 사회이다. 그럼에도 사람답게, 자신 있게 사는 사람들은 그렇게 많지 않은 것 같다. 많이 배운 사람들도 그런데 하물며 못 배운 사람들은 어수선한 이 한 세상 살아가기가 얼마나 힘들까? 미루어 짐작이 된다. 때문에 이 시대의 많은 지식인들을 포함해서 군자들은 더욱 무거운 책임감을 가지고 소인의 옷을 벗어버리고 군자다움의 옷으로 갈아입어야 한다.

바라건대 절대권력 이들이 언제 마음의 중심(中心=가운데 마음)을 바로잡고 우리사회와 국가의 100년 대계 중심을 세우는데 거듭나고 일조할 것인지? 참으로 현실은 묘연하기만 하다. 그래서 힘없는 서민과 약자들이 스스로 정신을 똑바로 차리고 마음의 중심을 잡아야 하리라. 그렇게 해야만 겨우 살아갈 수 있는 세상이란 것에 어떻게 분노하지 않고 희망을 가질 수 있으랴.

그러나 그래도 희망은 있다.

나의 중심을 바로잡고, 세상의 중심을 바로잡을 수만 있다면….

중심을 지켜낸 한국여성들의 위대한 힘
The great power of Korean women that have kept measure

지난 날 우리사회가 휘청하고 한국이 흔들흔들할 때 그 중심을 누가 잡아 세웠는가? 남성들이 중심을 잃고 마구 거리로 방황할 때 누가 이들을 잡아 세웠는가? 그때 그것은 이 시대의 많이 배우고 뛰어난 학자들도 아니었고, 정치를 잘 하는 정치인들도, 사회의 지도층인사들도 아니었다. 그리고 남성들도 아니었다. 남성들이 고개 숙인 아버지가 되어 어둠에 거리로 내몰리고 산천을 떠돌며 방황하고 있을 때 누가 이 남성들에 빈자리를 대신 메웠는가? 누가 무너져 내리는 가정에 중심을 지키고, 누가 바닥난 가정경제, 한국경제를 꾸렸던가?

그것은 바로 과거 남성들의 틈바구니에서 숨죽이고 살았던 한국의 여성들이다. 그것은 바로 내 어머니들이었고, 내 아내들이었다. 장롱 속 깊이 간직했던 결혼반지며, 아이들의 돌 반지를 나라 살리는 금모으기에 동참한 것도 한국의 여성들이다. 과거 남아선

호의 사상과 그늘 속에서 늘 뒷전으로 밀렸던 우리의 누나들과 딸들 이었다. 이 혼란의 시대에 연약하고 나약한 줄로만 알았던 한국의 여성들이 곳곳에서 흔들리고, 곳곳에서 무너져 내리는 남자들과 국가경제를 잡아 일으켜 세웠다. 이 격동의 시대에 중심을 지켜내고 외압의 절망과 불균형, 부작용으로부터 균형을 똑바로 잡고 눈물로 희망을 세웠다.

이렇게 한국의 여성들은 한국사에 유래가 없었던 절체절명의 국가부도라는 IMF (International Monetary Fund) 외환위기를 맞아 그 지혜와 슬기 그리고 탁월한 한국 여성의 기지를 발휘하여 뿌리째 흔들렸던 가정의 중심을 바로 꽉 잡고 풍전등화 같은 가정경제와 국가경제의 환난을 조기에 극복하는데 성공했다. 바로 이런 강인한 정신과 위대성으로 우리사회의 중심은 제자리를 찾고 기울어지는 세상의 중심은 다시 굳건히 바로 세워졌다. 비로소 꽉 멈춰 섰던 세상과 우리의 삶은 다시 공전과 자전을 시작했다. 우리의 삶에 희망인 새싹은 다시 돋아나기 시작했고 무성하게 숲이 우거지고 점차 행복의 그늘이 만들어졌다.

이렇게 혼란의 소용돌이 속에서 이 시대의 조화와 균형을 이루어낸 주체가 바로 한국의 어머니들이고, 아내들이고, 누나들인 여성들이었다. 누가 이 시대의 여성들을 연약한 여자라 하는가? 그것은 대단히 잘못된 구시대적 발상이고 인식이다. 남성우월주의 산물에서 비롯된 사고이다. 아직도 여성을 남녀관계의 종속적 지배와 피지배 관계로 인식하고 불균형의 관계 속에 고정시켜 놓으려는 의도는 참으로 잘못 된 시대착오적 착각이다.

이제 이 지구상엔 여성들의 탁월한 재능과 인격을 존중하고 인정하지 않고는 아무것도 이룰 수가 없다. 영국의 저널리스트 팀 하포드에 경구를 인용하면 "여자의 마음은 남자의 심정보다 맑다. 여자는 시종 변하는 것이므로"라고 했다. 그런 국가적 위기에서 한국의 여성들은 재빠른 변화를 통해서 위기를 극복했다. 반면 남성들은 재바르게 변화했다기보다 대책 없는 방황이라고 해야 정확하다.

중용 제14장의 말씀이다. '군자소기위이행(君子素其位而行)'이라 이는 '군자는 그가 처한 상황에 따라 위치에 맞게 처신하며'이다. 한국의 여성들은 군자도 아니면서 군자의 도리를 행하고 실천했는데 바로 '군자무입이불자득언(君子無入而不自得焉)'이다. '군자는 어떤 상황에 처해서도 스스로 깨닫지 못하는바가 없다.'라는 말씀이다. 다시 말해 '한국의 여성들은 그 어떤 상황에 처해서도 그 중심을 잃지 않았고 때문에 적응하지 못할 일이 없다.'라고 해석할 수 있다. 이를 말없이 실천함으로써 IMF위기의 극복이 가능했던 일이다. 그런데 어찌 '위기에서 중심을 지켜낸 한국여성의 위대한 힘'이라 하지 않겠는가! 그래도 충분히 칭송하기엔 많이 부족한 표현이다.

이제 21세기를 맞아 여성들의 존재적 가치를 남성의 존재적 가치와 동일선상에 올려놓아야 한다. 남성들이 아무리 강해도 지구의 절반은 여성의 몫이라는 것을 인정하고 침해하지 말아야 한다. 그것이 진정 양성평등의 원칙이고 함께 행복하게 살아가는 '균형과 조화'의 길이다. 인간의 행복은 가진 자만이 누리는 전유물도 아니고 사치품도 아니듯이 또한 남자만의 것도 여자만의 것도 아니다.

진정한 행복은 평등한 입장에서 함께 누릴 수 있는 삶이어야 한다. 그러기 위해서는 '가정에 중심'[1]을 바로 세우고 중심 잡힌 부부로서 함께 살아가는 것이다. 중심 잡힌 가정이 모여서 사회의 중심을 세우고 그 중심 잡힌 사회는 다시 우리의 정치, 경제, 문화의 중심을 바로 보고, 바로 지켜서 미래 한국사회의 중심을 굳건히 세워가는 길이다. 그것은 어떤 외세의 공격과 무력에도 버티어 낼 수 있는 강강(强剛)의 힘이기 때문이다.

무너진 가정의 중심을 바로 세우고 복원하는 데는 가정을 꾸리고 경영하는 부부의 역할이 절대적이다. 중용 제12장 원문에 보면 가정의 중심과 부부의 역할이 얼마나 중요한지를 이르는 말씀이 있다. "군자지도, 비이은(君子之道, 費而隱)"[2] 이라 하였다. 이 말씀은 군자의 도는 가깝게는 부부의 은밀한 거실로부터 멀리는 성인의 알기 어려운 세상의 영역까지를 포함한다는 뜻이다. 크기로는 밖이 없고, 작기로는 안이 없으니 이를 가히 비(費)라고 했다. 이처럼 '비(費)' 란? 쓰이는 영역이 무한하다는 뜻이고, '은(隱)' 은

---

1) 가정에 중심- '가정'은 우리사회의 모든 관계와 관계, 조직과 조직의 구성 요건 중 가장 기본이 되는 구성요소이다. 이 최소 관계의 밀접한 관계에서 모든 관계의 시발이 이루어진다. 또 여기에서 관계의 모든 이론이 만들어지고 형성된다. 가정은 인간관계에 초점이 주어지는 가족(family)이다. 생활과 거주 장소에 초점이 주어지는 집(house), 공동의 소득에 근거한 생산 소비 활동의 단위인 가계(house hold) 등이다. 이렇게 가정이란? 의식주를 비롯한 일련의 가족자원 관리활동을 모두 포함하는 개념이다. 다시 말해서 가정은 가족이 안주할 수 있는 삶의 근본이 되는 장소를 가리키는 것이다.

2) 군자지도 비이은- 중용 제12장 원문 일부의 말씀이다. '君子之道, 費而隱' 이란? 이 말씀은 '군자의 도는 가깝게는 부부의 은밀한 거실부터 멀리는 성인의 알기 어려운 세상의 영역까지를 포함한다는 뜻으로서 크기로는 밖이 없고, 작기로는 안이 없으니 이를 가히 비(費)라고 한다.' 이다.

그 쓰임이 정미(精微)함을 말함이다.

다석 류영모 선생은 '비이은(費而隱)'에 대하여 이렇게 풀이했다. '얼은 숨어 있어 있음이 없다'고 했다. 이렇게 가정의 중심과 작용(作用)은 사회에 미치는 영향이 지대하고 그 본체의 모습은 은미하다는 뜻이다. 또 '부부지우, 가이여지언(夫婦之愚, 可以與知焉)'이란 말씀도 있다. 이 말씀은 '남편과 아내가 부부생활을 하면서'란 뜻으로서 이는 부부가 되어 가정을 꾸리고 자식을 낳고 기르며 살아가게 되는데 이때 '더불어서 얻고 터득하는 지식과 행위가 천지의 생성과도 맞먹는 위대함이다.'라는 뜻이다. 때문에 부부가 중심이 되어 이루어진 가정을 소우주라 칭함이다. 이처럼 가정이란? 부부를 중심으로 하는 가족관계가 마치 소우주와 같다는 말이다.

'군자지도, 조단호부부(君子之道, 造端乎夫婦)는 중용 제12장 원문 마지막 단락에 나오는 말씀이다. 이는 군자의 도는 평범한 부부로부터 시작되고 부부는 인륜의 중심을 이루는 가정과 사회의 윤리적 도덕질서라는 말씀이다. 이는 유가의 모든 예의범절과 도덕이론을 아우르는 것으로서 인간의 중심사상이 그 원천이다. 즉, 중용의 근본은 인본주의 생활실천사상과 철학이다.

중용에서는 우주의 중심이 곧 사람이듯 예의범절에 중심은 가정이다. 그리고 가정의 중심은 곧 부부이고 부부의 중심과 도리는 조단호부부로서 군자의 도와 상통한다 할 수 있다. 사람들은 유한함에서 무한함으로 이어주고 은미(隱微)한 원초 단위에서 우주 전체로 현현하게 하는 폭주(輻輳)의 핵이 바로 부부이다. 따라서 '군자의 도는 가정이라는 문안에서 부부로부터 시작한다.'라고 하는 것이 '조단호부부(造端乎夫婦)이다.

이렇게 부부로 구성되어진 가정은 소우주의 공간에서 가정의 중심과 질서를 잡는 부모이다. 이렇게 부모의 질서를 통해서 아버지는 아버지답게, 어머니는 어머니답게, 자식은 자식답게, 형은 형답게, 아우는 아우답게, 남편은 남편답게, 아내는 아내답게 행한다는 우리사회의 윤리질서(父父, 母母, 子子, 兄兄, 弟弟, 夫夫, 婦婦)[3] 가 자연스럽게 형성되어진다.

이처럼 가정을 단위로 한 인간의 윤리적 질서는 외부로 그대로 확장되어나가서 우리사회의 본이 되는 질서가 되었다. 가정의 중심은 가정에서 시작되는 예절과 도덕의 질서가 원천이고 그것을 통해 사회와, 국가의 모든 질서가 튼실한 뿌리를 내리게 되는 바탕이 된다. 때문에 한국의 여성은 외압으로부터 위기에 처한 우리 가정, 우리사회, 우리국가의 중심을 굳건히 지켜내는 위대성의 주인공이 되었다.

이처럼 '가정의 중심'은 서로서로 협동하고 주고받는 인륜관계의 가장 중심(가운데 마음)적 의미를 담고 있다. 또 인간의 삶에 공능과 같은 작용으로서 세상이라고 하는 사회체제의 기반적 시스템의 장치이다. 광대한 사회조직체의 인본 생명을 키워내는 울타리에 온상이다. 하늘과 땅으로 구성되는 우주의 공간에서 생명질서의 중심(가운데 마음)을 잡는 것이 물과, 바람과, 빛이라면 인간은 세상이라고 하는 사회의 구성공간에서 곧 '가정'이고 가정의

---

3) 가정의 윤리질서- 아버지는 아버지답게, 어머니는 어머니답게, 자식은 자식답게, 형은 형답게, 아우는 아우답게, 남편은 남편답게, 아내는 아내답게 행한다는 것은 우리사회의 근본윤리질서(父父, 母母, 子子, 兄兄, 弟弟, 夫夫, 婦婦)이다. 김충열,「김충열 교수의 중용대학강의」, 예문서원, 2007, p.180 참고인용.

중심인 부부(夫婦)이다. 이로써 '가정의 중심'은 인본의 생명을 키워내는 온상과도 같다. 가정에서 가족 구성원 간의 균형과 조화, 화합은 가정의 평화이자 행복의 근원이다.

바야흐로 지금은 첨단 과학문명의 소용돌이 속에서 팽글팽글 정신없이 돌아가는 세계화의 글로벌시대다. 자고나면 세상의 모양과 색깔이 바뀌고 그 급변의 환경 속에 우리의 삶이 있다. 이런 혼돈과 혼탁의 세상에서 깨지지 않는 인문정신은 가정의 중심을 지켜내는 이 시대의 여성들이 있었기에 가능했다. 21세기 글로벌시대에 여성들의 위대성은 지구촌 곳곳에서 증명되고 있다.

우리 사회에서도 남성들만 잘해서 되는 것도 아니고, 여성들만 잘해서 되는 것도 아니다. 그리고 우리 집만 잘해서 되는 것도 아니고 우리나라만 잘해서 되는 것도 아니다. 이제는 이 지구상에 인간은 모두가 한 가족이고 그 가족의 중심엔 언제나 위대한 소우주의 주인공 여성들이 있다. 비록 문화와 삶의 방식은 달라도 함께 공존하고 함께 누려야 할 삶의 목적과 가치는 다르지 않다. 때문에 반드시 남·녀의 관계는 균형과 조화를 이루어야 하는 것이고 그렇게 하기 위해서는 무엇보다 역지사지와 배려의 정신이 필수적 조건이다. 남성은 여성을 배려하고 여성은 남성을 배려해야 한다. 강자는 약자를 배려하고 약자는 강자를 인정해야 하듯 말이다.

이렇게 역지사지의 정신으로 상대를 배려하면 대립관계는 사라진다. 대립이 진실을 부정하는 것이고 정의를 부정하는 것이다. 이제 진정으로 남성은 여성을 인정해야 한다. 그렇듯이 이제까지 남성편향과 우월주의 태도에 무게의 중심이 있었다면 그 무게의 중심을 여성 쪽으로 이동시켜서 양단의 무게 중심이 합리적 균형점을 이루도록 해야 한다. 그렇게 함으로써 여성은 더욱 존재의 가치와 책임을 갖게 될 것이고 그 역할에 충실하게 될 수 있다.

그렇게 함으로써 삶의 보람과 행복지수도 균형을 이룰 수 있다. 자연에 진정한 하모니는 음양의 화합과 조화이다. 그렇게 함으로써 지극히 자연스러워지는 것이다. 그것은 물리적, 인위적, 외압과 억지가 아니라 순리적, 자연적 현상에 존재적 정체성으로 거듭남이다. 그것이 인간의 삶에서 최고의 궁극적 목표라고 해야 하지 않을까?

변화 또 변화만이 미래의 희망
Continuous change is the only hope of the future

변화는 긍정의 힘이다. 변화는 미래의 희망이다. 미래의 희망은 나의 행복이고, 우리 모두의 행복이다. 그러나 그 시대의 변화, 세상의 변화 속에서 나와 우리는 과연 얼마나 행복한가? 물론 '아니다. 난 행복하다.'라고 반문할 사람도 있다. 그러나 문제는 그런 사람보다도 그렇지 않은 사람이 더 많다는 것이 문제이다. 많은 사람들이 세상의 많은 변화 속에 살고 있지만 그 변화에 적절히 대응하고 있는가? 그렇지 못하다.

진정한 변화는 '지금의 나를 버리는 것'이라 생각한다. 고대 로마의 시인·철학자 루크레티우스는 변화에 대하여 이렇게 말했다. "변화하는 것은 모두 분해된다. 그러므로 그것은 소멸한다. 우리는 마음으로부터 지우고 소멸시켜야할 것들이 많은데 변화되지 못함으로 소멸이 안 된다."라고 했다. 불가에서는 기도와 참선법으로 잡념을 지우고 업장소멸을 시킨다. 지금의 나를 버리지 않고 고집하는 것은 변화에 대한 의지가 없는 것이다. 나의 잡다한 의식을 완전 분해하고 소각해버릴 때 새로움의 나를 만들어갈 여지가 생긴다. 또 L.N. 톨스토이는 "인간의 삶의 변화가 생기는 것은 당연하다. 그러나 인간은 그 변화를 어디까지나 외적 조건의 소산이 되게 하지 말고, 영(靈)의 소산이 되게 하지 않으면 안 된다."고 하였다.

그렇다. 그것은 그 변화의 외적 요인과 내안의 내적 요인과의 작용에서 중화(中和)[1]를 이루지 못하고 있기 때문이다.

중화란? 중(中)의 물이 계곡을 따라 자연스럽게 흘러가는 현상과도 같다. 물은 높은 데서 낮은 곳을 향해 흐른다. 지형의 모양에 따라 넓어지기도 하고 좁아지기도 한다. 굽은 곳은 굽어 흐르고 곧은 곳은 곧게 흐른다. 가다가 막힘이 있으면 때를 기다릴 줄 아는 인내도 있다. 그런 과정과 작용을 통해서 결국은 강의 모습으로, 바다의 모습으로 끝없이 변화하고 또 변화한다. 중화(中和)는 '숲속에 바람이 자연스럽게 일어 자연의 숨결과 맥박이 함께 동화를 이루고 변화하는 상태이다. 싱그러운 잎을 돋게 하고, 아름다운 형형색색의 꽃을 피우고, 향기를 피워내는 것도 상호관계의 변화적 작용' 이라 할 수 있다.

"살아 있는 모든 것은 한 곳에 머물러 있지 않고 움직이고 흐르면서 변화한다. 우리가 기대고 있는 이 지구도 우주공간에서 늘

---

1) 중화(中和)- 致中和, 天地位焉, 萬物育焉!은 「중용」제1장 원문에 마지막 결론이다. 이것은 중화(中和)에 이르는 것은 천지음양이 작용하여 만물을 생육하는 것으로서 중(中)과 화(和)가 극치를 이룰 때 천지(세상)는 각기 자기 자리에서 중심을 잡고 그 속에서 만물을 생육하는 것이다. 김충열,「김충열교수의 중용대학강의」, 예문서원, 2007, p,117 참고인용.

살아 움직이고 있다. 변화의 과정 속에 생명이 깃들고, 변화의 과정을 통해 우주의 신비와 삶의 묘미가 전개된다. 만일 변함이 없이 한 자리에 고정되어 있다면 그것은 곧 숨이 멎은 죽음이다." [2] 이처럼 변화는 살아 있는 모든 생명의 활력소이다. 변화하지 않는 생명은 희망도 행복도 없다는 의미이다.

중화는 끝없이 변화하고 또 변화(change & change)하는 작용의 매커니즘적 현상이다. 중화는 흐르는 물처럼 환경과 작용의 변동 속에서 가장 안정된 경지를 찾아 움직인다. 그것은 순환작용과 수수작용의 원리이다. 이런 중화의 현상은 우리의 일상과 현실 속에서도 항시 발현되는 마음의 작용이다.

그런데 우린 언제부터인가 나의 정체성과 존재의식으로부터 발현되는 '중화'를 잃어버렸다. 재화의 풍요가 범람하는 소용돌이 속에서 중화의 작용은 멈추고 지혜의 눈도 잃었다. 우린 잃어버린 그것을 다시 되찾아야 한다. 그리고 다시 좌우, 상하의 합리적 작용이 나의 내적 요인과 외적 요인의 중화(中和)를 거쳐 합리적 또는 최적의 변화를 이루어내도록 해야 한다. 그럴 때 우리의 궁극적 목표를 성취하게 되리라는 생각이다.

그런데 우린 그런 세상의 변화 속에서 그 변화의 작용에 적절히 대응하고 있지 못하다. 그것은 그 변화의 외적요인과 나의 내적요인과의 작용에서 '나의 중심' [3] 을 보지 못하고 그 중심에 바로 서

---

2) 류시화,「살아 있는 것은 다 행복하라」, 조화로운삶, 2006, p, 164 참고인용.
3) 나의 중심- 중심은 여러 사물들이 지니고 있는 것들 중에서도 으뜸 되는 근본(根本)이요, 많은 마음(心) 중에서도 으뜸이 되는 중심(가운데 마음)으로서 아주 깊고 광대한 뜻이다. 그 중심점은 중앙에서도 더 중앙인 한가운데이다. 그 중앙에서도 아주 단단하여 절대 깨어지지 않는 응축된 핵을 이루는 것에 참뜻으로

지 못했기 때문이다. 그러니 중화(中和)를 이루지 못하고 있는 것
은 당연하다. 어떤 변화를 이루기 위해 '나의 중심'을 본다는 것
은 긍정과 부정의 사이에서 의식의 냉철함으로 좌우를 살피고, 헤
아림의 통찰과 포용이다. 그것은 부정적 현상을 바로 보고 긍정적
현상으로 자연스럽게 움직여서 작용케 하는 의식의 출발점이다.
따라서 변화라고 하는 것은 단순히 모양이나 현상의 바뀜이 아니
라 긍정으로 지향하려는 원초적 기질이다. 그래서 변화는 긍정의
힘 원동력이다.

이처럼 사람의 자존감이나 행복감도 감정의 변화에서 조성되어
진다. 그럼 이와 같은 감정의 변화는 어디에서 오는가? 그것은 맑
고 맑은 인문정신의 우물에서 샘솟아 흘러나오는 의식이다. 우리
의 맑고 맑은 의식이 아니면 투명한 중화를 이룰 수가 없다. 불
투명 속에서는 자기의 내적 중심(가운데 마음)을 분별하기가 어렵
다. 다시 말해 발현되는 상하좌우의 현상과 작용을 제대로 분별하
고 통찰할 내적요인이 제대로 조성되지 못함이다. 이런 상태에서
어떻게 외적요인에 합리적 대응과 균형을 이룰 수 있을까? 이렇
듯 변화란? 단순히 어떤 모양이나 성질 또는 현상이 바뀜을 의미
함이 아니다. 즉 변화하되 변화다운 변화, 긍정적 변화로 발현되

서 중심에서 말하려는 '가운데 마음(中心)'이다. 이 '가운데 마음(中心)'이란?
부정의 마음이 아니라 긍정의 마음이다. 즉, 옳지 않음의 마음이 아니라 바름의
마음으로 곧 중심(中心)의 참뜻과 깊게 부합되는 의미이다.「대대례기(大戴禮記)」
에서도 '자아의 기본을 세우려면 반드시 그 중심(中心=가운데 마음)이 어딘지를
알아야한다. 그 중심이란? 나를 둘러싸고 있는 외변을 먼저 파악하고서야 찾아
진다.(知忠必知中, 知中必知恕, 知恕必知外, 知外必知德……內思畢心曰知中, 中以
應實曰知恕, 內恕外度曰知外, 外內參意曰知德)'라고 했다. 김충열,「김충열교수의
중용대학강의」, 예문서원, 2007, p.103 참고인용.

고 작용되어지는 것이 그 '변화의 가치'이다. 이런 변화의 가치를 동반하지 못한 변화는 '나의 중심'에 의한 '나의 변화'가 아니라 이것은 나의 중심이 없는 나의 변절이다. 이런 현상과 작용 속에서는 나의 희망과 행복을 기대할 수가 없다.

요즘 우리사회에서 정치 · 경제 · 사회 · 문화적으로 많은 가치관에 오류가 있고 변화가 요구되고 있다. 그러나 그런 변화의 가치가 그냥 만들어지는 것은 아니다. 우리 사회적 변화(Social change)를 위해서는 먼저 나의 변화(My change)가 이루어져야 하고 나의 변화는 나의 중심(가운데 마음)을 바로 보는데서 출발한다.

그럼 나의 중심을 바로 보는 의식과 실천은 무엇인가? 그러기 위해서는 미발의 중심이 긍정적 작용을 할 수 있도록 사고의식이 좌우상하를 잘 분별하고 그 중심의 위치에서 똑바로 서서 무엇이 길고 짧은지, 무엇이 진하고 흐린지를 가려 합리적인 방법으로 조성되어지는 중심점(中心點=中心軸)의 이동 현상이다. 이것이 변화하는 '중화'의 현상이다.

이러한 시대적 변화(Trend change)와 긍정의 변화를 이루기 위해서 우리사회에서 그 변화의 주체들은 과연 어디에서 무엇을 어떻게 하고 있을까? 피땀 어린 각고의 정신과 열정으로 각각의 주어진 분야에서 인류문명창달에 부합되는 변화에 변화를 얻기 위해 얼마만큼 합리적 '중심'을 갖고 있을까. 그 '중심'의 가치가 바로 우리사회와 국가 부흥을 이루어내는 문명창달의 가치이다. 그것이 진정한 '균형과 조화'의 중심적 가치이다.

이런 변화에 시도는 새로운 가치에 대한 창조정신이다. 새로운 것의 가치창조는 나의 중심과 혁신적 변화로부터 시작된다. 자기 자신의 중심을 기반으로 변화를 추구하는 사람은 창조적 정신의 소유자이다. 이렇게 창조는 변화의 꿈속에서 만들어진다. 그것은 명사적 고정관념을 깨트리고 동사적 관념으로의 변화된 활동영역이다. 지금 우리가 갈구하고 있는 이런 변화의 중심에 과연 나는 당당히 중심을 잡고 동참하고 있는가? 아니면 거센 격랑의 파고 소용돌이 속에 휘말려 '나의 중심'과 균형을 잃고 있지는 않은가?

최근 들어 한국정치문화가 큰 변화의 중심에 서 있다. 과거 정치사에서 상상할 수 없었던 우리의 사회적 변화가 2012년에 들어와 무섭게 변화되고 있다. 그 변화의 중심에 한국정치가 자리하고 있다. 그것은 과거 우리정치는 절대 바뀔 수 없다고 치부했던 국민들의 생각과 의식이 변화를 두려워하는 기존의 정치권에 강한 변화를 촉구하고 있기 때문인 것이다. 그런 결과로 과거 불변적, 후진적 정치행태가 조금씩 변화하려는 희망의 가능성을 열고 있다. 그 변화를 이끈 국민적 행동의 선봉엔 핵심동력으로 안철수(현 국회의원) 서울대 융합과학기술대학원장의 등장과 역할이 있었다. 구시대의 구태정치문화를 일시에 바꾼 안철수 교수의 원동력은 대단했다.

이쯤에서 뒤돌아볼 때 만일 안철수 교수가 등장하지 않았다면 기존의 정치권이 이렇게 급격한 정치적 쇄신과 개혁을 강하게 할 수 있었을까 라는 의문이다. 그것은 그런 변화다운 변화의 바람에 국민들이 다시 희망을 걸 수 있을 것이란 기대 때문이다. 그동안 시대착오적인 이념갈등과 편 가르기, 지역이기주의 분열조장,

흑색선전과 인신공격, 부정부패, 만연하는 사회적 갈등과 불평등, 불균형에 원흉적인 한국정치문화에 구조적 악순환에 고리를 이제 끊지 않으면 안 된다는 새로운 인식과 상황에서이다.

이제 상식이 통하는 세상을 만들 수 있는 유일한 대안과 희망의 존재가 어쩜 안철수 교수일지 모른다는 앞선 기대에서다. 그러나 안철수의 새로운 정치적 실험정신은 아직도 진행형이다. 그리고 안철수 의원도 이제 정치실험을 끝내고 국민의 희망과 기대에 부흥할 수 있는 새 정치(new politics)의 모습을 보여야 한다. 어찌되었던 국민의 입장에서 보면 그나마 다행이란 생각이다. 우리 사회의 정치발전과 미래 국가부흥에도 새로운 변화의 신선한 바람인 것은 분명하다. 우리사회의 변화를 추구하고 이끌어내는 견인차요 가장 큰 지뢰대가 되고 있기 때문이다.

그러나 이제 한국정치개혁과 사회변화는 정치인들의 손에 달려있다고 보아야한다. 그것은 굳이 안철수 의원의 등장이 아니더라도 국민이 갈구하던 변화의 바람이기도 했다. 이제 안철수 의원이 정치 전면에 나서지 않더라도 국민들이 원하는 새로운 정치문화가 창조되고 만들어진다면 그것이 우리가 바라는 이상적인 한국정치에 모델이 될 가능성이 있기 때문이다.

그러나 많은 아쉬움은 남는다. 스스로의 의한 정치개혁과 변화가 아니라 안철수로 대변되는 국민적 압력과 강제에 의한 변화라고 생각되어지기 때문이다. 그런 변화를 지켜보는 국민들은 과거 격세지감을 느낄 정도이다. 그러나 정치권이 다시 과거로 돌아가 구시대 구태를 다시 반복한다면 기존 정치인들에겐 더 이상 희망을 기대할 순 없다. 지금이 마지막 기회라는 각오로 기존정치권은 국민의 눈높이에 맞는 변화에 변화를 추구하고 적극 실현토록 해야 하는 이유이다.

이러한 변화는 새로운 변화의 시대정신이라고 해야겠다. 사회적 변혁이란? 어떤 특정개인의 변화와 개혁이 아니다. 그것은 우리사회 전체의 열망에 기인한 변화이어야 한다. 그러나 우리사회의 변혁이 그리 쉬운 것만은 아니다. 이런 변화의 난점을 피해가는 방법에 하나로는 작은 조직이나, 작은 공동체 운동, 지방자치제 같은 것들에서 효과적일 수 있다. 덩치가 큰 것은 개혁이 매우 어렵다. 이렇게 작은 공동체, 작은 지방자치단체에서 먼저 선험적 개혁을 이뤄내는 것이다. 작은 시스템에서 호응을 얻고 그런 다음 큰 시스템에서의 개혁과 변혁을 순차적으로 꾀하는 것이다.

또 하나는 개인의 내적 정신개혁에 의한 것이다. 여기에서 중요한 것은 개인적 변혁과 변화의 가치가 개인의 삶에 대한 고민을 통해 스스로 해결되어지도록 하는 변혁이다. 이런 문제에 대해 사회적으로 이해를 가지면 사회 전체의 혼란이 줄어든다. 사회적 기능이나 시스템은 개인의 삶을 절대적 영향 아래서 좌지우지하지만 그러나 개인의 삶은 사회적, 경제적 환경에 의해 직접적으로 결정되어지는 것은 아니다. 인간의 내적인 힘은 우리의 삶을 결정하는 또 다른 별개의 요소이다. 후자의 경우가 보다 자기 근원적 변화의 문제이다.

우리사회의 변화를 꾀함에 있어서 사회적 구조는 잘 개선되지 않으려는 두려움과 방어적 기능인 보수화의 모순적 현상을 갖고 있다. 그리고 그렇게 누적된 모순이 전체 사회를 바꿀 정도의 변곡점에 이르렀을 때 변화는 급격히 일어난다. 마치 동서 베를린장

벽이 변화의 압력에 무너졌듯이 말이다. 그런 변화가 천천히 일어나면 다행이지만 꼭 그렇지만은 않다.

때문에 그런 급격한 변화에 대응하고 항상 준비하는 대안이 되도록 해야 한다. 이때에 중요한 것은 누적된 사회적 구조와 모순이 사회적 변화를 이끌어낼 정도의 힘을 가지고 있는가 하는 문제이다. 이것은 어떤 개인의 힘이라기보다는 사회적 구조의 문제이기 때문이다. 이런 문제들을 해결함에 있어서 편향적 사고는 좌우 양단의 공통분모를 만들기 어렵다. 이럴 때 좌우 양단의 합리적 균형을 이루게 하는 것이 '중심적 가치'이다.

우리 사회의 몸통을 이루는 주체는 엘리트 기성세대이다. 미래 세계의 주역은 학생세대이다. 이 젊고 참신한 학생세대가 미래 지향적이고 우리 사회의 변혁에 상징이지만 이들보다 먼저 변화해야하는 계층이 우리 기성세대이다. 그 이유에선 간단하다.

변화와 개혁이란 지식이나 젊음의 패기와 같은 열정만으로 되는 것은 결코 아니다. 기존 우리사회구조 속에서 사회적 변혁을 꾀한다는 것은 먼저 나 자신인 우리의 기성세대가 바뀌지 않고는 불가능하다. 그것은 현재 우리사회의 지배적구조가 기성세대이기 때문이다. 이 기성세대가 우리의 모든 사회적 기능과 권한을 쥐고 있기 때문이다.

자본주의 사회에서 변화와 변혁은 생각이나 의식만으로 되는 것은 아니다. 거기엔 그런 변화에 움직임과 작용에 필요한 사회적비용이 들게 마련이다. 그런 모든 사회적비용을 감당할 능력은 기성세대의 경제력과 삶의 노하우이다. 때문에 기성세대가 변화의 선봉에서 정치, 경제, 사회, 문화의 변혁을 꾀하여야 한다. 그리고 뒤 따르는 젊은 학생세대에 그 변화의 가치를 이수토록 해야 한다. 그리고 이런 변화를 이끌어내야 하는 중심은 지금의 40˜50대 장년세대이다. 이것이 바로 새로운 시대로 가는 사회적 변혁을 위한 준비이다.

자신에게 부가 있다하여 개인의 안위와 변화를 꺼리고 보수적 현실의 안위에 만족한다면 더 이상의 미래문명창달은 어렵다. 하지만 깨어 있는 공동체의식과 각성은 인류의 미래를 변화시킬 수 있는 주체적 존재이다. 참된 변화에 대하여 P.F. 드러커는 이렇게 말했다. "참된 변화는 물질적인 변화가 아니다. 참된 변화란 관점, 신념, 기대 등 내면에 있는 것이다."라고 했다.

오늘날 현대문명사회에서 변화를 거부하고 도박중독증환자들처럼 자신의 패 밖에 볼 수 없도록 변해버린 자신들의 잘못된 가치관과 판단에 오류를 되돌아보고 자기가 과연 가족과 우리사회의 지역공동체, 국가공동체를 위해 어떤 변화의 생각과 어떤 의식으로 어떤 역할을 담당했는가를 진지하게 생각해 보아야 한다.

변화는 긍정의 힘이다. 새로운 변화는 미래의 희망이다. 미래의 희망은 나의 행복이고, 우리 모두의 행복이다. N.마키아벨리는 "변화는 또 다른 변화를 마련한다."고 했다. 하지만 스스로 변화하지 않고서는 그 시대의 변화, 세상의 변화 속에서 나와 우리, 그들과 저들의 행복은 분명 문명의 어두운 그림자일 뿐이다.

그들은 문명의 신
They are civilization's God

　혹시 당신의 삶이 누군가의 손에 들려 있다고 생각해 본적이 있는가? 만약 누군가 당신의 삶을 끝낼 수도 있다고 하면 믿어지겠는가? 그렇다. 우린 모두가 그렇지 않다고 단언할 것이다. 아니 그렇게 답할 수밖에 없다. 그것은 너무 황당하니까. 하지만 유감스럽게도 이 세상은 꼭 그런 것 같지는 않다.

　우린 우리가 모르는 그 누군가에게 우리의 삶을 의탁 당하고 있고 그것이 사실이라는 것을 인정해야할 것 같다. 그러나 우린 일상생활에서 그런 사실을 전혀 의식하지 못하고 산다. 그러나 그것은 그들의 결정에 우리의 삶이 우리의 의지와는 상관없이 생과 사를 오갈 수 있는 것이라면 그것은 사람에 능력이 아닌 일이고 그것은 오직 신만의 능력이요, 신만이 가능한 것이라고 믿고 있다.

　때문에 인간은 아주 오래 전부터 신을 숭배하게 된 것이고 이 땅위에 모든 신에게 우리의 삶 전부를 의탁하며 살아온 삶이다.

그러나 그것은 어디까지나 종교적 관점에서 본 축약된 가정이고 필자의 일부 견해이다. 사람에 따라서는 그 어떤 종교나 믿음도 평생 갖고 살아가지 않는 사람들도 많다. 그러나 어째든 우린 우리가 모르는 사이에 우리의 삶에 직간접적으로 지대한 영향을 끼치고 우리의 삶을 우리가 모르게 변화시키고 좌지우지하는 신 아닌 신의 또 다른 손이 있다고 하는 사실을 아는가?

그렇다면 과연 그들은 누구인가? 나의 삶을 또는 우리의 삶을 그들의 생각과 뜻대로 좌지우지, 쥐락펴락 하는 그들은 과연 신인가, 사람인가? 이제부터 그것을 알아보자.

21세기 현재 세계 속에는 유일 초강대국 미국이 있다. 그리고 유엔이나 국제통화기금(IMF), 세계은행 같은 국제기구도 있다. 그럼 미국을 포함한 유엔 산하에 이런 국제기구들일까? 아님 핵무기, IS테러단체, 고도화된 슈퍼로봇, 인공위성, UFO 등일까? 그러나 모두 아니다. 그것은 바로 '슈퍼클래스(super class)'이다. 이 슈퍼클래스는 인류가 창조해낸 이른바 '문명의 신'이다. 그들은 지구상에 존재하는 최상위 계급 60억 인구 중 약 6000여명 정도의 글로벌 엘리트 집단에 대명사이다. 이렇게 지구상에 인류는 신이 아닌 신(슈퍼클래스)에 의해서 절대적 지배를 당하며 이 시대를 살고 있다.

우리는 세계 각국에 '슈퍼클래스'가 그 어떤 결정을 내리면 60억 인류에 삶들은 좋든 싫든 그들의 결정에 따라 세상을 살아야 한다. 이 '슈퍼클래스'는 국내외의 권력들과 대중적 영향력을 기반으로 보이지 않는 곳에서 국경과 국적을 넘나들며 같은 부류의 사람들끼리 네트워크를 형성하고 세계적 규모로 자신들의 권력과 이익을 무차별적으로 확대해 나간다. 이러한 '슈퍼클래스'의 중심 엔 국가권력을 능가하는 막강한 민간권력이 자리하고 있다. 그들 의 결정은 수백, 수천만 명의 삶을 움직이고 변화시키면서 60억의 삶을 마치 신처럼 지배영역 안에서 끝없이 종속시키고 직간접적 으로 억압하려 한다.

그런 영향력은 정치, 경제, 사회, 문화 모두를 망라하여 지배영 역을 확장시켜 간다. 따라서 그들의 그런 시각과 행동은 문명의 역사를 바꾸기도 한다. 이렇게 지구상엔 그 어떤 집단보다도 절대 적 무소불위의 막강한 힘을 가지고 현존하는 글로벌 엘리트 집단 이다. 이렇게 그들을 '슈퍼클래스'라고 명명하고 정의한 저자 데 이비드 로스코프는 미국 클린턴 행정부 당시 상무부 차관을 지 낸바 있다. 데이비드 로스코프는 초국가 엘리트들이 펼치는 은 밀한 공모와 생생한 음모의 현장에서 '글로벌 파워엘리트(global power elite)' 집단의 정체와 실체를 면밀히 분석 해부했다. 그들 이 어떻게 21세기에 대한 그림을 그리고 어떤 방향에서 어떤 방 법으로 인류를 이끌고 있는가에 대하여 예리한 분석과 사고로 인 류의 미래를 조망하고 있다.

'슈퍼클래스'란 존재에 대하여 대부분의 사람들은 거의 아는바 가 없고 관심도 없다. 그러나 아는바가 있던, 없던 이미 우린 너 나할 것 없이 '슈퍼클래스'라고 하는 문명의 신 '슈퍼클래스'의 영역 안에서 지금 이 순간에도 우리의 일상적 삶을 하루하루 영위 해 간다. 그렇다면 그들은 지구 60억의 삶을 위해 과연 무엇을 어 떻게 하고 있을까? 그들은 지금 이 순간에도 어떤 눈으로, 어떤 가슴으로 미래의 인류를 위해 어떤 결정을 어떻게 내리려 하고 있을까? 우리 같이 평범한 사람들은 그런 것에 대하여 아무것도 알수가 없다. 오직 그것은 '문명의 신'이라고 할 수 있는 그들(슈퍼클래스)들만이 알 수 있다.

그렇다면 인간의 삶은 과연 어느 신에게 어떻게 귀속되어 있는 것이 좋을까? 하늘에 있는 신인가? 땅에 있는 신인가? 그러나 냉철히 생각해보건 데 우리의 삶에 현실적으로 직간접 영향을 끼치고 있는 신은 하늘에 있는 신보다도 땅에 있는 신(슈퍼클래스)들이다. 이렇게 생각하면 너무 앞선 영악스런 계산일까? 그러나 이것은 필자가 그렇게 계산하지 않아도 이미 세상은 그렇게 돌아가고 있다. 단 우리가 모르고 있을 뿐이다. 그러나 마땅히 그들을 하늘에 있는 신과 같이 인식하고 그들을 신으로 섬기는 것이 어쩌면 우리의 삶에 순리처럼 느껴지는 아득한 현실이 한편 두렵기도 하다.

우리는 그들이 내린 결정에 무조건 이의제기를 할 수가 없고 따라야 한다. 21세기 현대는 하늘에 있는 신들이 이 땅에 신들을 간섭할 게재가 아닌듯하다. 세상은 그런 방향으로 물처럼 흘러간다. 그들의 결정에 세상은 그 어떤 불평불만도, 항의도 그들 앞에선 아무 소용이 없다. 그들에겐 전혀 문제가 되질 않는다. 슈퍼클래스 오직 그들의 뜻대로 문명의 꽃들은 피어나고, 어제도 피었고, 내일도 피고, 먼 미래에도 끝없이 피어날 것이다. 다만 우리 인간들은 문명의 전유물이 되어 그들을 위해 존재하는 피조물과 같은 존재이기 때문이다.

문명의 신 '슈퍼클래스'는 과연 얼마나 공정하고 공평한 세상을 위해 노력하고 있을까? 과연 그들의 세상은 미래인류의 번영과 평화를 위해 얼마나 공평할 수 있을까? 그러나 그런 기대는 순진무구한 우리의 믿음이다. 그런 현대인의 소박한 바람은 불행하게도 빗나가고 있다. 믿음대로 될 수 있다는 기대와 희망은 절망처럼 어둡기만 하다. 그것은 현재 우리의 삶이 픽션(허구)같기 때문이다.

그들은 최고의 권력과 부로써 그들만의 세상을 위해 존재할 뿐이다. '슈퍼클래스'의 강력한 세력은 커지면 커질수록 인간관계의 불평등은 더욱 심화될 수밖에 없다. 일부 성장의 혜택은 그들을 추종하는 무리와 극소수 집단에게만 집중적으로 쏠린다. 과거 또다른 예로써 있었던 금융위기를 보면 '슈퍼클래스'의 영향력에 관하여 심각한 의문을 갖지 않을 수가 없다.

'슈퍼클래스'의 저자 데이비드 로스코프는 현재의 불균형과 불평등이 악화될수록 세계는 더욱 심각한 위기를 맞게 될 것이라고 충고하고 있다. 때문에 '슈퍼클래스'의 합리적 역할과 이성적 판단에 의한 '균형과 조화로움'이 필수적 요건으로 전제되어야 함을 충고와 조언을 하고 있다. 그러나 그들은 우리가 생각하는 것처럼 그렇게 합리적이지도 않고 이성적이지도 안타는데 문제가 있다. 그들은 그들에게 내재된 본성과 속성에 의해 작용할 뿐이다. 다시 말해 그들의 비합리적, 비이성적인 오류에 의해 세상은 불균형과 부조화의 현상이 더욱 심화되고 고조될 것이란 예측과 전망이다.

그동안 많은 시행착오와 비싼 수험료의 대가를 치루면서 이룩한 민주주의와 시장경제주의를 도입한 만큼 그들은 인류사회의 정의와 자유에 대한 균형을 다시 맞추고 '슈퍼클래스'와 전 세계 일반대중의 권력 균형을 조화롭게 이루어야 한다고 데이비드 로스코프는 주장하고 있다.

그렇다면 미래의 '슈퍼클래스'와 인류는 어떻게, 어떤 모습으로 상호 공존할 수 있을까? 그들은 어떻게 세상을 변화시킬 것인가? 참으로 궁금하다. 그러나 60억의 인류는 불안하다. '슈퍼클래스'의 근성과 속성은 돈과 권력이기 때문이다. 돈으로 권력을 만들고, 권력으로 돈을 만든다. 또한 그들은 나눔이 아니라 독점적 성향이다. 무서운 얼굴과 무서운 손을 가졌다. 무엇이든 하고자하면 할 수 있다. 그들의 가슴은 따뜻한 피가 흐르지 않는다. 다만 부와 권력의 욕망만 힘찰 뿐이다. 세상의 많은 생명들 가운데 사람만큼 사람을 많이 죽이는 존재도 흔치 않다. 사람 가운데서도 약자는 사람을 죽이지 않는다. 모든 죽음에는 권력과 강자가 그 배후이다.

그러나 그렇다고 그들을 무조건 배척하고 부정적으로만 단정할 수는 없다. 그것은 왜 그런가? 그들은 이미 우리의 생활과 삶 속에서 엄연한 신과 같은 존재이기 때문이다. 그들은 우리를 먹여주고, 재워주고, 일을 하게 한다. 그뿐만이 아니다. 문명의 신들이 창조한 모든 혜택을 누릴 수 있도록 일정의 작은 권리와 자유를 배려하기도 한다. 그 때문이다.

그러나 그들은 그들 지배하에 있는 모든 존재들에게 끝없이 배려만하는 것이 아니다. 어느 한 순간에 무가치한 하찮은 존재로 전락시키고 기쁨대신 고통과 절망을 안겨줄 수도 있기 때문이다. 현실적으로 그들이 가지고 있는 돈과 권력의 힘이 아니면 우린 어떻게 이 땅에 존재할 것인가에 대하여 의문이 생긴다. 그들과 같은 문명의 신이 없었으면 이 땅 위에 이룩한 인류에 풍요와 행복은 과연 어떻게 만들고 또 어떻게 지속될 것인가가 우리에 진지한 고민이다. 또 그런 고민을 해결하는 방법은 무엇인가이다.

어쨌든 우리 인간들은 슈퍼클래스들의 마음에 들어야하고 그들의 입맛에 맞춰가야 한다. 그들이 하고자하는 일에 찬성하고 동참해야한다. 동참하지 않으면 생존하기 어렵다. 그것이 우리에 운명같은 현실이다. 그러나 때가 되면 우린 우리의 의지와는 관계없이 그들의 의해 흩어지거나, 뭉치거나 혹은 이 길이거나, 저 길이거나 혹은 죽거나, 살거나 하게 된다. 한마디로 그들은 우리의 목줄을 콱 움켜쥐고 우리의 생사를 쥐락펴락 하고 있는 것이다. 이것이 현대사회를 살아가는 문명사회의 현실이다.

그렇다면 우린 어떻게 그들의 일방적 지배와 영향력 아래서 어떻게 벗어나 자유로울 수 있을까? 어떻게 하면 그들의 뜻의 따라 죽지도 않고, 살지 않아도 될 수 있을까? 그리고 어떻게 하면 소원해진 하늘 신과의 관계를 복원하고 하늘로부터 부여받은 소중한 생명을 어떻게 보존하고 유지할 수 있을까 라는 명제 하에 답이 관건이다.

중용 제1장 첫 머리의 말씀이다. '천명지위성, 솔성지위도, 수도지위교(天命之謂性, 率性之謂道, 修道之謂敎)' 이다. 이 말씀은 '하늘로부터 받은 생명이 성(性)이고, 그 성(性)에 따라 살아가는 것이 사람의 길(道)이고, 그 길(道)에 부합하도록 가르치는 것을 교(敎)라 한다.' 이다. 바로 하늘과 인간의 관계는 이와 같다. 따라서 인간은 하나님과 본래의 관계를 다시 복원해야 한다.

그러나 안타깝게도 그것은 불가능해 보인다. 그러나 생각해보면 아주 방법이 없는 것은 아니다. 수단과 방법을 가리지 않고 '슈퍼클래스' 의 능력보다 아주 뛰어난 힘을 취득하여 그에 대항하는 것이다. 그들에게 대적해서 이기는 방법밖엔 따로 대안이 없어 보인다. 그렇게 해서 스스로 신 아닌 신이 되는 것이다. 또는 스스로 100만 명의 수하를 창조하여 거느리거나 타 '슈퍼클래스'의 수하를 무력으로 침탈하여 내편으로 만드는 것들이다. 그러나 이런 것들은 우리의 보편적 생각과 상식으론 절대 불가능한 일들이다. 이 또한 순리에 역행하는 억지다. 그리고 또 다른 문명의 신 '슈퍼클래스'의 탄생일뿐이다.

현재의 문명사회는 이처럼 오로지 강자만이 살아남는 '정글의 법칙' 대로 순응하며 살거나 존재하는 한시적, 시한부적 삶이다. 바로 이것이 현대인이 살아가는 21세기 문명사회가 이런 모습이다. 현재의 문명사회가 매우 공평하고 합리적인 것 같지만 실제는 그렇지 않다. 민주주의가 어떻고, 사회주의가 어떻고, 세계화가 어떻고, 자본시장주의가 어떻고 하는 것은 모두 다 형식논리에 불과하다. 인간의 삶에 본질과는 매우 다른 이질적 가치이다.

현대사회의 민주주의가 인권의 존엄성과 자유를 표방하고 있지만 진정한 의미에서 존엄성과 자유에 대한 권리와 보장은 없다. 모두가 이해관계의 무한 경쟁이고 승부일 뿐이다. 이것이 최고의 절대 강자만이 누릴 수 있는 존엄성과 자유이다. 그렇듯이 우린 우리의 의지와는 무관한 오늘의 현실 앞에서 무한한 정신적 갈등을 분해시키지 못하고 있다. 그런 침탈의 의식 속에서 영혼의 황폐함을 고통스러워하는 것이 오늘날 무한 경쟁과 승부에서 진 패배자들의 무기력한 삶이다.

그러나 그렇다고 서둘러 절망할 필요는 없다. 그 '슈퍼클래스'를 두려워할 필요도 없다. 이 땅에 신 아닌 신과 같은 존재에 의

해서 새로 창조되어가는 인류의 문명창달이 기형적 문명으로 퇴화되거나 변질되지는 않을 것이다. 본래 우리가 가지고 있는 삶의 본성에 또 다른 숙주를 탄생시키지 않기 위해서라도 공존의 조화로움과 균형으로 반드시 그 중심을 잃지 말고 수호해야 한다. 그것은 우리가 없으면 슈퍼클래스의 존재도 무의미하다. 단 슈퍼클래스와 공생공존하려면 비합리적 불균형으로부터 합리성과 그 중심의 균형점을 지켜내는 일이다. 그것만이 공생공존의 관건이 된다. 슈퍼클래스가 불어 제키는 모진 비바람 태풍에도 우리의 중심을 잃지 않는다면, 슈퍼클래스의 거센 물결과 소용돌이 속에서도 우리의 중심을 굳건히 지켜낼 수 있다면 이것이야말로 진정한 강자의 강(强)[1]이 된다.

그러나 슈퍼클래스가 가지고 있는 강(부와 권력)함에 똑 같은 방법으로 그들을 대적한다는 것은 승산이 없는 대결이다. 슈퍼클래스의 주된 무기는 돈과 권력이다. 때문에 돈과 권력으론 슈퍼클래스의 강함에 대적할 수 없고 절대 이길 승산이 없는 게임이다. 그렇듯이 돈과 권력이 무도(無道)[2] 에서는 막강한 힘을 발휘할 수

---

1) 중용 제10장 원문 일부의 말씀이다. 寬柔以教, 不報無道, 南方之强也, 君子居之. 衽金革, 死而不厭, 北方之强也, 而强者居之. 故君子和而不流, 强哉矯, 中立而不倚, 强哉矯. 이 말씀은 '너그러움과 부드러움으로 일깨우고, 옳지 않은 행위에 대해서도 보복하지 않는 것이 남방의 강함인데 바로 군자는 그런 곳에 머물게 된다. 병기와 갑옷을 지닌 채 잠을 자도 죽을 때까지 싫증내지 않는 것이 북방의 강함이라. 그러므로 강자는 그런 곳에 머문다. 따라서 진정한 군자는 관유(寬柔)에 강함과 강강(剛强)의 강함과도 잘 어울리나 절대 속된(돈과 권력) 것에 말려들지 않으니 바로 이것이 진정한 강이요, 중용의 도리에 따라 어느 한쪽으로도 기울지 않으니 이것이야말로 진정한 강이니라.

2) 무도(無道)- 사람의 바른 도리와 세상의 이치가 무시되는 일로서 인간이 지켜야 할 도리나 바람직한 행동 규범에 어긋나는 것들.

있지만 무도가 아닌 정도(正道)[3]에서는 슈퍼클래스의 강(强)함도 제대로 그 힘을 발휘할 수가 없다. 그것은 정도가 무도에 휘말려 들지 않기 때문이다. 정도는 중용의 중도(中道)[4]를 지키기 때문이다.

따라서 균형과 조화[5]로서 나의 중심과 우리의 중심을 지켜낸다면 슈퍼클래스를 완전히 이기지는 못해도 슈퍼클래스의 무도한 압력과 전횡을 제어할 수 있고 최소한 슈퍼클래스와의 일방적 관계가 아니라 상호 합리적 관계를 도모하고 공존할 수 있다는 것이 바로 중용의 '균형과 조화'에 근거한 중도적 인문정신이다.

내 자신을 지켜내는 방법을 바로 알자는 것이다. 스스로 우리의

---

3) 정도(正道)- 사람이 마땅히 행해야 할 바른 도리와 세상의 이치. 팔정도(八正道)- 팔정도는 불교에서 깨달음과 열반으로 이끄는 수행의 올바른 여덟 가지 길을 말한다. 그것은 구체적으로 정견(正見), 정어(正語), 정업(正業), 정명(正命), 정념(正念), 정정(正定), 정사유(正思惟), 정정진(正精進). 팔성도(八聖道)를 이르는 말이다.

4) 중도(中道)- 불교의 근본 원리로서 이변(二邊)의 양 극단에 치우치지 않는 중정(中正)의 근거한 도와 사상을 말한다. 불교의 모든 이론과 실천적 수행(修行)은 중도사상을 근본으로 하고 있다. 중도를 중로(中路) 또는 간략하게 중(中)이라고도 하고, 중도를 바르게 파악하는 것을 중관(中觀)·중도관(中道觀)·중도제일의제관(中道第一義諦觀), 중도실상(中道實相)이라고도 한다. 중도사상의 가장 기본적인 형태는 즐거움(樂)과 괴로움(苦), 있음(有)과 없음(無), 생함(生)과 멸함(滅), 단견(斷見)과 상견(常見) 등 상대적인 어떤 양 극단에 집착하지 않는 것이다. 중용에서는 양단의 사이에 위치한 중심으로서 양단 어느 쪽으로든 치우치지 않는 사상으로서 불편불의나 과유불급이 이에 해당되는 중도적 의미이다. 브리태니커, 중도사상(中道思想), 참고인용.

5) 균형과 조화(均衡과 調和)- 균형이란? 어느 한쪽으로 기울거나 치우치지 아니하고 고른 상태이다. 그것은 동심을 태우고 오르내리는 시소와 같다. 그것은 저울대가 가장 알맞은 상태에 놓여 있을 때의 평일(平一)한 상태이다. 우주의 가장 건전한 운행은 형평이요, 가장 충실한 생성은 조화이다. 김충열,「김충열 교수의 중용대학강의」, 예문서원, 2007, pp,107, 112 참고인용.

중심을 지켜갈 때 우리사회의 중심이 지켜지고, 국제화, 세계화의 거센 물결 속에서 국가를 지키고, 우리 인류의 미래를 지켜가는 또 다른 강력한 긍정의 '슈퍼클래스'가 창조될 수 있다는 생각이다. 그것이 부정적 '슈퍼클래스'의 전횡으로부터 나를 지켜내는 또 하나의 방법이고 대안이 될 수 있지 않을까 희망해 본다.

문화

잃어버린 정신문화의 균형 찾기
Finding the balance lost mental culture

정성의 마음은 곧 인문학의 정신
The sincere heart, That is the spirit of the Humanities

'0'의 가치와 의미
The value and meaning of '0(zero)'

인간과 자연 사이의 관계
The relationship between man and nature

원(圓)은 모든 문명창달의 근원
The Circle is the root of civilization development in
the world

線과 圓의 관계에서 보는 모양, 색깔, 소리
The shape, color and sound in relationship of line
and circle

'0'의 발명과 '0'에서 얻은 인류의 행복
The invention of the '0' and The happiness of
mankind from '0'

중도의 문명 이해하기
To understand Civilization of moderation

병존하는 유형의 가치와 무형의 가치
The material and immaterial value is coexisting

잃어버린 정신문화의 균형 찾기
Finding the balance lost mental culture

이른바 현대인은 찬연한 인류문명의 빛과 향기가 온 누리에 충만함 속에서 미래의 오늘을 살아가고 있다. 현시대를 일컬어 소위 황금만능주의시대(The golden age of the technocratic), 물질만능주의시대(Substance technocratic age) 혹은 최첨단 과학문명의 시대(Of-the-art science and civilization era)라 칭한다.

이 시대엔 황금이든, 물질이든 모두 만능주의의 활동영역과 첨단과학의 활동영역이 융합한 방향에 의해 세상은 끝없이 작용하고 그 방향으로 흘러간다. 그렇게 인류의 문명은 끝없이 창조에 창조를 거듭하고 있다. 그러나 이런 인류 문명의 역사는 인간이 추구하는 정신문명의 가치와 재화(錢)의 가치가 균형과 조화의 기능으로 이루어지는 문명의 역사이다.

때문에 이런 재화들은 더더욱 공룡처럼 거대한 몸집이 되었다. 반면 돈의 몸집이 공룡화 되는 사이 인류가 지향해온 정신문명의 가치는 점차 가치의 변이를 일으켜서 또 다른 다양한 형태의 가치가 생겨났고 다원화 되었다. 그러나 인류가 추구하고 지향해온 정신문명의 가치들은 재화(돈)의 본성을 따라 잡지 못하고 점점 재화의 충족욕구에 길들여졌고 어느덧 지배를 받게 되는 종속의 불균형적 관계가 되어버렸다.

도표 7-정신문명가치와 물질문명가치의 불균형

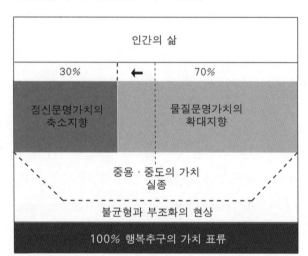

이른바 정신문명의 가치는 실종되어가고 재화의 가치가 우선시 되는 현실이다. 이러한 재화의 가치들은 있으면 무엇이든 마음대로 할 수 있다는 사고방식과 태도로 우리사회의 보편적 개념으로 점점 진화되어 가고 있다. 그러나 한편 이런 개념이 긍정 또는 정당화로 용인되는 사회풍조의 인식도 매우 우려스럽다. 이런 문제는 비단 한국사회의 문제만은 아니다. 이미 지구촌 곳곳에 이 물질만능주의가 탐욕과 쾌락의 얼굴로 춤을 춘다.

그러나 세상은 재화가 있어야 돌아간다. 돈이 있어야 인류의 미래를 위한 문명창달을 할 수가 있다. 돈이 없으면 이 세상에 할 수 있는 것이란 아무것도 없다. 돈이 있으면 불가능이란 없다. 권력과 명예, 사랑도 살 수 있다는 것이 물질만능주의 현대사회의 정설이다. 그 돈이면 더럽고 악취가 나도 그것을 챙기고 탐하는 일에 한 치의 망설임도 아랑곳하지 않고 뛰어드는 것이 문명이 낳은 이 시대 탐욕주의자들이다. 그 돈이면 모든 고통과 불행에서 벗어나 행복해질 수 있다고 믿는 물질만능과신주의이다. 우린 그런 바다에서 한 조각 꿈을 안고 소용돌이 물살에 각자의 삶을 내맡긴 채 살아간다.

그 돈 때문에 부모형제 가족 간 갈등을 빚고 대립하다가 결국은 남남처럼 되기도 한다. 가족이 아니라 마치 원수 대하듯 하는 경우도 있다. 단란한 가족이 해체되고 패륜의 자식과 가정파탄, 비행청소년, 원조교제, 사기, 절도, 강간, 살인 등과 같은 흉포한 사회적 불안정한 문제들이 다 돈 때문에 발생한다. 그래서 우린 연일 매스컴에서 흘러나오는 뉴스를 대하기가 두렵다. 어린이나 청소년 자녀를 둔 부모의 마음은 매순간마다 가슴 철렁철렁한다.

이처럼 자본주의사회에서 그 돈(재화)의 가치와 그 위력은 가히 상상을 초월하는 절대적 존재이다. 신이 따로 없다. 이 엄청난 자본과 권력이 바로 문명사회의 신(神)이다. 우린 이 문명의 신이 베푸는 은덕에 먹고 산다고 해도 과언이 아니다. 그러면 이처럼 고마운 그 재화(돈)의 긍정적인 면을 살펴보자.

먼저 그 돈은 우리 인간의 일상을 지속적이고 안정적으로 영위하도록 도와준다. 이것이 인류가 돈에게서 받는 가장 큰 혜택이고 그 목적과 활용가치의 당위성이기도 하다. 그 다음엔 사업도 하고, 남을 돕는 선행도 한다. 돈이 없으면 아무것도 할 수가 없다. 때문에 돈과 권력은 다다익선(多多益善)이다.

그래서 모든 사람들이 수단과 방법을 가리지 않고 그 돈을 지배하고 축적하려는 것이 아닐까? 그렇다. 그렇게 좋은 돈을 어느 누가 싫어할 수 있으랴. 그렇게 좋은 돈을 많이 벌어서 좋은 일에도 쓰고 나도 남들처럼 호의호식하면서 산다고 뭐 그것이 그리 나쁘랴. 이것이 돈에 목마르고 궁핍한 사람들의 간절하고 유일한 희망이다.

그러나 돈과 권력을 거머쥔 기득권 세력들은 가난한 사람들에게 무능하고 실력 없는 사람들만이 갖는 사회적 불만이고 피해망상증이라고 혹평을 한다. 가난한 사람들에 모든 책임을 그렇게 자기 변명쯤으로 매도하고 치부하는 것도 가진 자로서의 덕목과 배려는 아니다. 물론 부자 중에는 성실하고 바르게 부자가 된 사람도 많다. 그러나 그렇지 않은 경우가 훨씬 더 많은 것이 우리 사회의 문제이다. 그것도 자기들의 생각을 합리화하려는 구구한 변명 그리고 독선적 해명에 불과하다.

요즘은 성실한 것만 가지고는 성공하고 부자가 되기 어렵다. 허기야 돈 못 벌고, 돈 없는 것이 이 세상에 어찌 자랑이 될 수 있으랴. 그리고 떳떳하고, 당당한 일도 결코 되지 못 한다. 그래서 세상은 수단과 방법을 가리지 않고 부를 쌓아야 한다고 부추긴다. 하지만 이 돈을 제대로 알지 못하고는 이 세상을 만만히 살아갈 수가 없다. 부자가 되려면 '돈'의 가치를 알고 그 돈과 친해져야 한다. 그러나 대다수의 선량한 사람들은 돈과 친숙하지 못하다. 때문에 부를 축적하는 것에는 매우 낯 설다. 그래서 탐착도 모르고 탐욕도 부릴 줄 모른다.

이런 사람들에게 우리 사회가 무능하고 실력 없는 사람들만이 갖는 사회적 불만이요, 자기 변명이라고 매도하고 치부하는 것은 옳지 않다. 그들은 그들 나름대로 사정이 있고 최선을 다해 살아가고 있다. 단 그들에게 돈을 벌수 있는 절호에 기회가 주어지지 않았을 뿐이다. 남보다 먼저 부를 이뤘다고 그들을 얏 잡고 비난하는 것은 치사한 짓이다. 지자가 되어 사회적 약자와 빈자를 억지 비난하고 멸시하는 것은 지자로서의 도리와 덕목이 아니다.

또한 사회적 약자가 강자인양 억지를 부려봐야 아무 소용없다. 약자는 약자일 뿐이고 강자는 역시 강자일 뿐이다. 억지를 부린다고 세상이 바뀌는 것도 아니다. 그리고 가진 자들의 도덕성과 사람됨을 질타한다고 해서 가진 자들이 반성하고 바뀔 일도 아니다. 단 누구든 물질만능과 황금만능의 세상 속에 살아가려면 돈(재화)의 가치를 터득하고 돈에 대해서 좀 더 폭넓은 이해가 필요하다는 말이다. 돈을 이해하지 못하고서는 그 좋은 돈을 가까이 하기가 어렵다.

일단 부자가 되고 싶다면 돈과 먼저 친해지는 방법을 알아야한다. 그리고 그 돈이 자신을 좋아하고 따르도록 나를 바꿔야 한다. 그리고 난 후에 썩은 돈, 냄새나는 돈, 더러운 돈을 가려내면 된다. 이것은 불량한 친구를 멀리하고 선한 친구와 가까이 해야 하는 것과 같은 이치다. 《논어》에 '익자삼우 손자삼우(益者三友 損者三友)' 라는 말이 있다. 불량한 친구를 가려내지 않고 무조건 친구로 사귀면 반드시 탈이 나게 마련이다.

그리고 돈을 무조건 경시하고 경멸해서는 곤란하다. 돈(재화)은 문명창달에 필수적 조건이다. 돈 없이는 아무것도 할 수가 없다. 그리고 생각을 바꿔야 한다. 내가 돈 없는 것이 어찌 돈 많은 사람들의 잘못이랴. 그것은 따지고 보면 내가 남들보다 더 빨리 돈을 크게 이해하지 못하고 친숙하지 못한데서 비롯된 일들이다. 그들 중에는 먹고 싶은 것, 입고 싶은 것, 하고 싶은 것 다 참아가며 힘들고 어렵게 돈을 벌어서 자수성가하고 부자가 된 사람들도 적지 않다. 적은 돈이지만 한 푼, 두 푼 허리띠 졸라매고 알뜰살뜰히 오랜 세월 저축해서 모은 돈으로 궁핍의 생활을 면한 사람들도 많다.

그러니 무조건 돈 많고 가진 자들을 미워하고 시기할 일은 아니다. 또한 돈 없는 사람들은 어찌됐든 속된 말로 돈 있는 사람들에게 빌붙어서라도 먹고 살지 않는가. 돈 많은 사람들이 돈을 안 쓰면 당장 어려운 것은 돈 많은 사람들이 아니라 돈 없는 내가 서러운 것이다. 돈 없는 서민들이 더욱 고통 받게 되는 것은 당연하다. 그러니 누구든 돈은 소중하고 귀한 것이다. 때문에 성실히 돈을 벌어야 한다.

내 자신도 진즉 돈과 친숙하게 살아오지 못한 과거가 이제야 뒤늦게 후회막급이다. 이렇게 뒤 늦게 그 재화(돈)의 가치를 진실로 인정하지만 이미 때는 늦었다. 지난날 필자도 내게 주어진 기회의 '찬스'를 활용하지 못하고 놓쳤었기 때문이다. 그것이 내 생애 후회 할 일 몇 가지 중 하나임에 틀림없다.

옛날 희랍신화에 이런 말이 있다. '이 기회의 "찬스"란 놈은 앞에만 머리카락이 있고 뒤에는 머리카락이 없다.'고 했다. 이 말은 찬스가 올 법한 길목을 지키고 있다가 내 앞에 불현듯 나타났을 때에 그 두 손으로 그 앞 머리카락을 낚아채 움켜쥐고 놓치지 말아야 한다는 이유에서다. 어설프게 앞머리를 놓치고 뒤통수를 잡아봐야 이미 아무 소용이 없다는 교훈이다. 그렇게 놓쳐버린 '절호의 찬스'는 더 이상 내게 두 번 다시 돌아오지 않기 때문이다.

하지만 그 냄새 나는 돈이라도 없으면 안 된다는 것이 이 시대의 상식화 된 통념이다. 돈을 벌고 부자들처럼 호의호식하고, 뜻 있고 보람 있는 일도 해야 한다. 그래야 한 번 뿐인 이 세상을 제대로 사는 것이다. 하루 24시간 숨 쉬고 산다고 다 똑같이 사는 것이 아니다 라는 생각은 한 번쯤 누구든 해보았을 것 같다.

이렇게 우리의 삶에 재화(돈)의 가치가 절대적 가치로 자리 잡고 있으니 우리가 지녀야 할 정신문명의 가치가 그 자리를 내어주고 변방으로 밀려난 상태이다. 그러니 현대인의 정신문화는 더더욱 힘을 못 쓰고 설자리조차 막막하다. 따라서 있는 사람들 탓하지 말고 돈을 먼저 벌자. 그 돈 버는 일에 어디 귀천이 있으랴. 그래서 옛말에 '직업엔 귀천이 없다'고 했는지도 모를 일이다.

그런데 그 '돈'이야말로 성질이 괴팍하여 잘 다루지 않으면 절대 내게로 오지 않는 습성이다. 또 너무 신사적이고 양심 바르면 그 돈은 절대 내게 붙어 있으려 하지도 않는다. 마치 '물이 너무 맑으면 고기가 없다(수지청즉무어 水至淸則無魚)'와 같은 이치다. 또한 어렵다고 해서 징징거리면 그 돈도 짜증나서 한사코 내게서 점점 멀어진다. 또 돈 없다고 하면 돈 있는 사람들도 내게 오지 않는다. 그것은 돈도 돈이 많은 곳에서 잘 논다. 그런 돈의 속성 때문이다.

돈은 점점 눈덩이 같이 커지려는 속성과 본성을 지녔다. 눈덩이처럼 커진 자본은 자석과 같아서 쇠(金=재화)붙이는 무조건 빨아들인다. 이것은 사람이 가지고 있는 탐욕의 본성과 같다. 그래서 본성이 발동하면 물불을 가리지 않는 것이 돈의 속성이다. 그러니 돈의 매료되어 애착을 갖고 있는 사람들에겐 돈과 찰떡궁합이니 그야말로 돈도 좋고 돈을 좋아하는 사람도 당연지사 좋게 마련이다. 그래서 재물에 눈먼 사람들은 돈을 두고 다다익선을 외친다.

그래서 현대사회의 정신문명은 뒷전이 되었다. '물이 너무 맑으면 고기가 없다' 는 것을 염려하여 여기저기에서 마구 물을 흐리고 있다. 때문에 이 말을 제일 좋아하는 사람은 탐욕적이고 돈 많은 사람들이다. 바르고 곧은 사람들이 곁에 있음으로써 본인들의 실체적 모습이 선명하게 드러나고 본인들이 매우 불편해지기 때문이다. 그래서 흙탕물은 흙탕물끼리, 똥물은 똥물끼리 무리를 지어서 제삼자로 하여금 분별이 어렵게 한다. 그래서 진흙탕 물은 탐욕에 물든 대다수의 강자(권력+부)들이 은신하기에 아주 좋은 안성맞춤의 피난처이다. 그래서 수지청즉무어 이 말을 쉽게 받아들이고 좋아하는 것인가 보다.

그것은 자기의 부당함을 합리화하고 정당화시키려는 의미로 해석할 수도 있다. 목적을 달성하는데 필요하다면 힘으로라도 상대를 제압해야하고, 정상적인 방법이 안 통하면 온갖 편을 동원하고, 수단과 방법을 가리지 않는다. 그렇게 자신들의 이익을 취한다. 그것이 아무 문제가 되지 않는다는 아전인수(我田引水)격 발상이다. 하여 우리의 정신문명은 점점 물질만능주의에 매몰되어 그 소중한 인문정신의 가치를 잃어가고 있다. 이것이 다수의 선량한 현대인들이 겪는 뼈아픈 현실이다.

그 돈은 돈의 성질과 속성상 덩치가 크면 클수록 더욱 교만하고 오만하다. 모든 것을 지배하려는 무소불위(無所不爲)의 괴팍한 기질적 특성이 있고 더더욱 그 힘을 강화하려는 본성을 가지고 있다. 그래서 그 목적을 이루기 위해 권력을 더욱 강화하고 강화된 권력은 그 권력과 결탁하여 점점 그 폭력성을 키운다. 그리고 나아가서는 국가 공권력에도 스스럼없이 도전장을 내민다. 그러다 일부 가끔은 혼비백산 혼쭐이 나기도 하지만 그 공권력도 역시 돈엔 약하고 미인계에 넘어가듯 잘도 넘어가는 것이 또한 우리의 현실이다. 때문에 약자들은 더욱 서글프다.

그래서 많은 인문학자들이 본질적 가치를 이탈하여 내달리고 있는 물질만능과 자본주의의 폐단을 우려하고 있고 간직해야할 정신문명의 가치를 강조하고 있지만 이미 비이성적 자본을 통제하고 제어하기엔 늦었다. 그러나 지금도 아주 늦지는 않았다. 그것은 무조건 자본(재화+권력)을 통제하고 억제하려고만 해서는 안 된다. 그 자본의 실체를 인정하고 합리적 타협을 이루어나가야 한다.

인류의 역사를 돌이켜보면 유가의 교훈과 가르침을 숙고해볼 필요가 있다. 사람에게만 요구되는 도(道)가 아니라 모든 사물에서 지켜져야 할 도가 강조되고 있다. 우리인류사의 정신적 지도자들인 성인들 모두가 돈이나 재물을 탐하지 않았다. 성인들이 뇌물을 받았다거나, 사기를 쳤다는 역사에 기록이나 얘기를 들어 본 적은 없다. 예수도, 석가모니도, 공자도, 맹자도 모두 돈이나 재물 따위엔 관심이 없었다. 즉, 인간의 삶에 높고 숭고한 가치를 돈이나 권력에 두지 않았다는 말이다.

이것은 인간정신문명의 가치를 우선시하는 사상이다. 옛날 기개가 곧고 청빈한 선비들은 늘 그 찌든 가난에서 벗어나기가 매우 어려웠으리라. 그래도 그 시절엔 청빈함과 탐욕하지 않는 선비의 기상과 정신을 삶의 근본으로 삼았고 최고의 도덕과 윤리를 인간의 삶에 최고의 덕목으로 여겼었다. 그래도 고단한 삶을 극복해 갈수 있었던 것은 그것을 사회적으로 인정해주고 부끄럽지 않게 생각했었기 때문이다. 참됨의 근원적 가치가 거기에 있었기 때문이다.

그런데 21세기 현대를 살아가는 요즘은 어떤가? 어려운 사람들이 못 먹고, 못 사는 것은 어디까지나 각자 자기 본인의 무능한 탓이다. 자신들이 똑똑하지 못해서 일어난 일들이라고 식자와 가진 자들은 그렇게 치부하며 인식하고 있다. 본인들이 똑똑하고 잘랐으면 왜 못살아 하는 식이다. 허긴 요즘엔 사기꾼들이 IQ도 높고 머리가 좋다. 속된 말로 머리 나쁘면 사기도 못 치는 세상이다. 그러니 사기라도 쳐 먹고 살려면 일단 머리부터 좋고 볼일이다.

그 머리가 좋은 사람들은 배우기도 많이 배우고, 많이 배우다보니 더욱 똑똑해지고, 그러다보니 법도 잘 알고, 법을 잘 알다보니 법의 허점도 잘 알고, 범법자가 되어서도 요리조리 법을 잘도 피하고, 미꾸라지처럼 잘도 빠져나간다. 그렇게 해서 부를 축적하거나 선한 사람들을 등쳐먹고 산다. 그리고 만인이 공평하고 평등해야 할 국법도 그 머리 좋고 잘난 사람들에겐 동병상련과 같아 처벌도 관대하다. 그러니 이 어찌 도덕과 윤리, 정의가 살아 숨 쉬는 세상이라 말할 수 있으랴.

그저 돈 없고 배고픈 사람들이 할 수 있는 일이란? 허리가 휘도록 피땀 흘려 일하고 몇 푼 받아 하루하루 힘겹게 연명하며 이것이 내가 타고난 팔자이거니 하고 사는 것이 부인할 수 없는 오늘의 현실이다. 이것도 저것도 여의치 않으면 몸, 마음 상하도록 음지에서 삶의 수렁을 헤집고 파는 일뿐이다. 닥치는 대로 살아야 하는 밑바닥 현실에서 그렇게 고결하고 고상한 정신문명의 가치는 벼랑으로 추락하고 그 가치는 그들에게 과연 무슨 의미가 될까? 그것도 아무런 의미가 되지 못한다.

우리 속담에 '3일 굶어 도둑질 안 할 사람 없다'고 했다. 아무리 찬란한 문명·문화 사회면 무엇 하랴. 인간은 누구나 삶에 있어서 먹고 사는 문제만큼 절박하고 시급한 것은 없다. 그러니 무슨 놈의 학식이고, 인권이고, 체면 따위가 무슨 소용 있으랴. 때문에 가진 자들의 유혹에 쉽게 넘어가고 돈과 권력의 노예로 쉽게 전락하고 만다. 이것은 헤어날 수 없는 아득한 사막의 길 위에서 등 굽은 낙타의 천형 같은 고단한 삶이다.

자본의 가치가 우선시 되는 현대사회에서는 물질만능주의가 팽배하고 온갖 탐욕이 음지 양지 가리지 않고 독버섯처럼 자란다. 이렇게 정신문명의 가치가 재화로부터 점령당한 사회에서는 곧 돈이 권력이고 권력이 곧 돈이다. 때문에 돈과 권력은 인간을 지배하는 절대적 힘이다. 그것은 재화의 절대 강자요, 신과 같은 존재이다. 이것이 인류가 재화(돈)의 손발로 창조해낸 '문명의 화신'이다.

그러나 이렇게 문명의 화신이 지배하는 사회에서도 여전히 보수와 진보의 가치는 충돌하고 있고, 찬성과 반대의 가치, 왼쪽과 오른쪽의 가치는 상존하고 있다. 세상에는 이처럼 수많은 가치들이 있다. 그러나 이러한 대립적 구도의 가치들은 어느 쪽이든 각각의 50% 정도의 가치 밖에 소유하지 못하고 있다. 그러나 좌우를 아우르는 중심의 중용적 가치는 100%를 지향하는 가치이다.

도표 8-정신문명의 가치와 물질문명 가치의 균형과 조화

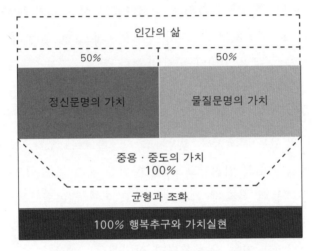

일반적으로 찬성은 반대를 버리는 가치이다. 또 보수는 진보를 버리는 가치이다. 오른 쪽은 왼쪽의 가치를 배제시키는 가치이다. 하지만 중용의 중심적 가치는 어느 것을 버리고 어느 것만 취하는 가치가 아니다. 그것은 버리고 싶어도 버릴 수 없고 또한 버려지는 것도 아니기 때문이다.

이처럼 세상에는 수많은 가치들이 공존공생하고 있다. 그러나 이렇게 수많은 가치들이 작용하여 중화되지 못하고 물질만능주의의 매몰되어가고 있다. 이처럼 현시대는 물질문명이 정신문명의 가치를 추월하여 지배하고 있다. 돈과 권력은 본래의 순기능이 있

고 그 순기능이 갖는 의미와 가치 또한 모르지 않다. 하지만 역기능의 부작용도 만만치 않다. 그러나 여기서 돈과 권력의 역기능만을 문제 삼는 것은 옳지 않다.

역기능적 부작용엔 인의예지(仁義禮智)에 의한 정신문명의 가치를 드높이고 그 중심적 가치를 놓치지 않는 것이 나름의 대안이다. 그보다 더 중요한 것은 물질문명의 가치를 무조건 배척해서는 안된다는 것이다. 인간의 삶에 필수인 재화를 배척해서 도움 될 것은 하나도 없다. 재화를 통해서만이 문명창달이 가능하기 때문이다. 다만 너무 독선적이고 안하무인격인 물질문명의 주역인 재화의 본성에 우월적 기능을 견제하고 제어하는 장치가 필요할 뿐이다.

이런 장치는 여타의 주의(ism)들과 함께 균형과 조화를 이루게 될 것이다. 그것을 통해서 합리적 중심을 잡고 물질문명의 일방적 독주를 예방하고 안전하게 문명창달에 동참시키는 것이다. 이처럼 정신문명의 궁극적인 목적은 인류사회의 번영과 행복추구이다. 물질문명을 통제하고 지배하는 것은 정신문명의 가치뿐이라는 것을 결코 잊어서는 안 된다.

다만, 그 순기능이 힘을 잃고 역기능이 무한대로 팽창하는 힘과 현상에 대하여 우려 함이다. 그런 현상들이 우리의 삶과 꿈, 희망을 얼마나 황폐하게 하는지에 대해 의심해 보아야 할 때이다. 그러나 미루어 짐작하건데 내심 불안하기만하다. 우리에게는 좀 더 확실한 미래문화사회의 비전이 요구되고 있다. 과거 우리사회의 인본주의와 도학(道學)[1] 의 정신문명은 물질만능주의 문화 팽창으

---

1) 인본주의와 도학(道學)– 도학(道學)은 중국 남송의 주희가 집대성하여 조선시대에 크게 번성한 유교 철학의 인문학사상이다. 인본주의(人本主義)는 인간이

로 말미암아 점점 그 본질과 정신이 퇴조퇴색(退潮退色) 되어졌고 이제는 그 모양이나 색깔마저도 제대로 찾아 볼 수가 없는 현실이다.

우리 민족의 역사는 동적인 것 보다는 정적인 것을 더욱 중시해왔다. 지배하는 영웅보다는 덕성을 갖춘 유불선(儒佛仙)[2]의 정신을 중시해왔다. 때문에 공자와 맹자 같은 위대한 정신문명문화의 가치를 계승하였고 물질문화보다는 정신문화를 통해서 우리의 삶에 '균형과 조화'로서 그 중심을 잃지 않으려 했던 것이다. 우리의 전설적인 단군신화는 인간중심[3]의 사상과 철학이다. 이것은 인본주의(人本主義)의 시발이다. 모든 자연의 이치가 인간을 널리 이롭게 하는 홍익인간의 참정신성이 그 중용적(中庸的) 사상의 중심에서 행복이 이루어지는 삶의 근본적 가치를 이끌었던 정신문화의 한 맥이다.

그럼 이렇게 사분오열된 '정신문명'의 불균형과 부조화의 가치를 어떻게 바로잡아야 하나? 깨어지고 상실된 정신문화의 중심적 가치를 어떻게 복원하고 다시는 깨어지지 않도록 할 것인가. 우린 이제부터라도 이에 대한 진지한 고민과 성찰이 뒤따라야 하리라. 그것을 고민하지 않고 물질만능주의 문화의 소용돌이 속에 우리의 소중한 정신적 가치를 방치하는 것은 우리의 진정한 행복추구

모든 것의 중심(中心=가운데 마음)이 된다는 생활실천사상이다. 인간의 기본적인 존재성에 관심을 갖는 심리로서 단순한 행동 과학이 아니라 인간성의 과학이어야 한다는 입장에서 종전에 과학적인 방법 때문에 경시되었던 사랑, 자아실현, 자아가치, 책임감 따위가 중시되는 사상이다.

2) 유불선(儒佛仙)- 유교와 불교와 도교를 아울러 이르는 말.

3) 인간중심(人間中心)- 14세기 중기부터 19세기 말까지의 근세철학(近世哲學)으로서 고대 그리스의 휴머니즘을 부활시킨 인간중심의 시민사회사상이다.

를 포기하고자 함과 다를 바 없다. 그것은 내 자신의 행복뿐만이 아니라 나의 가족, 우리 후손 모두의 미래를 암울한 미혹함에 빠지게 할 수 있다.

때문에 우린 깨어지고 조각난 중용적(中庸的=조화와 균형)인 인문정신의 가치와 그 중심의 원형을 다시 살려 행복추구의 가치를 지금 바로 세우고 그 행복의 중심을 공고히 할 때이다. 정신문화와 물질문화의 균형을 바로잡아 우주 '자연만물의 조화' 4)를 이루어내야 한다. 그것이 우리 후손과 미래 인류사회의 영속을 담보받게 되는 유일한 길이다.

그러기 위해서는 실종된 우리 정신문화의 중심(中心=가운데 마음)5)이 지금 어디서 어디로 표류하고 있는지? 어떻게 그 모양과 색깔이 변화하고 있는지? 지금 그것을 바로 보고 새롭게 인식해야 한다. 그것이 '균형과 조화'의 중심보기, 중심 찾기 정신이다.

---

4) 자연만물의 조화- 중용 제30장 원문 일부의 말씀이다. 萬物竝育而不相害, 道竝行而不相悖. 이 말씀의 뜻은 '만물은 함께 화육되지만 서로를 방해하지 않고, 도가 함께 실행되지만 서로 어긋남이 없다'이다. 중용 제1장 원문 끝 구절의 말씀이다. 致中和, 天地位焉, 萬物育焉! 이 말씀의 직역은 '중화(中和)에 이르는 것은 천지음양이 작용하여 만물을 생육하는 것이다'로 해석할 수 있다. 이는 천하만물이 공존공생의 의미이다. 천지만물이 하염없이 생성운행하고 성취하는 우주의 지극한 존재의 이치가 바로 중화이다. 그래서 천지만물은 이 중화를 위해 자기를 지키고 작용케 하여 화목의 광장 조성에 동참하여야 한다. 이것이 자기의 존재를 보장받고 삶의 행복을 성취하게 되는 참된 가치이다. 김충열, 「김충열 교수의 중용대학강의」, 예문서원, 2007, p,127 참고인용.

5) 중심(中心)- 광범위한 인간관계의 질서와 회통에 대한 중요성과 조화와 균형의 기준점이 되는 것으로서 첫째는 자신의 도덕인격을 확립해야 하고, 둘째는 사람과 사람사이의 원만한 소통이고, 셋째는 천지만물과 함께 동참하여 조화와 균형으로 중화(中和)를 이루어내야 하는 것. 김충열, 「김충열 교수의 중용대학강의」, 예문서원, 2007, pp,123~124 참고인용.

그렇게 해서 우린 권력이 아니라도 행복할 수 있고 돈이 아니라도 행복해야하는 시대적 소명과 명제를 가지고 있다.

따라서 이 시대적 소명과 명제를 위해 이 시대의 지성과 식자, 각계각층의 사회지도층 또한 이 시대의 리더들이 함께 고민하고 풀어가야 할 숙제이다. 자신만 행복한 것이 아니라 우리가 함께 행복하지 않으면 나 또한 행복할 수 없다는 이타(利他)[6]의 정신과 소욕지족(少慾知足)의 교훈을 깊이 인식하고 성찰해야 한다. 그것이 바로 역지사지이고, 배려이고, 조화와 균형을 이루는 '정신문화의 근본적 가치' 이다.

그것을 알고 실천함이 바로 이 문제의 본질을 제대로 보고 이해하는 것이다. 깨어진 정신문화의 가치와 긍지를 새롭게 복원하는 길이다. 이런 정신문화의 중심을 수호하고 창달하는 일에 미래의 주역들은 함께 동참해야 한다. 그리고 의식 있는 신념과 행동의 실천이 수반되어야 한다.

이제 너무 비대해진 물질문화의 가치를 아낌없이 덜어내어 정신문화의 가치에 보태자. 그러면 더욱 많은 사람들이 조금은 덜 불행하고 조금은 더 많이 행복할 수 있으리라. 이것이 깨어진 정신문화의 가치를 복원하고 '잃어버린 삶의 균형 찾기' 라고 믿는다. 그것을 함께 소망해 본다.

---

6) 이타(利他)- 타인의 행복과 이익을 도덕적 행위의 가치와 목적으로 하는 생각이나 정신의 이론.

정성의 마음은 곧 인문학의 정신
The sincere heart, That is the spirit of the Humanities

誠을 파자풀이 하면 '언(言)'을 '이룸(成)'이다. 즉 말(言)을 이룬다는 의미이다. 이렇게 말은 나와 다른 사람과의 소통을 위한 정보 및 감정표현의 수단이다. 따라서 사람의 입을 통해서 나오는 말은 그 사람의 '생각과 감정 또는 의식'이다. 생각과 의식이 입(口)이라는 통로를 통해서 나오는 것이 말(言)이고 언어체계이다. 이 말로써 사람과 사람사이에 모든 의사가 표현되고 사용되고 있다. 말(言語)의 사전적 의미는 사람의 생각, 느낌 따위를 나타내거나 전달하는 데에 쓰는 음성, 문자 따위의 수단이다. 또는 그 음성이나 문자 따위의 사회 관습적인 체계로서 목구멍을 통하여 조직적으로 나타내는 소리라고 정의 하고 있다.

또한 언어학에서 보면 언어란? 말하기 또는 글쓰기의 형태로 나타나는 관습적 기호의 체계이다.[1] 인간은 언어를 사용하여 사

---

1) 언어, 언어학, 브리테니커 참고인용.

회집단의 구성원으로 활동하고 문화에 대한 참여자로서 의사 및 정보전달을 한다. 이 정의에 사용된 용어들을 검토해보면, '관습적'이란 언어, 기호와 그것이 표상하는 사물과의 사이에 아무런 필연적 관련도 없음을 의미한다. 그러나 언어가 표현과 소통의 '체계'임은 명백하다.

어린이의 서툰 말투는 비체계적이지만 말하는 법을 습득하면서 발음 가능한 소리 가운데 일부만을 사용하게 되고 그런 말에 체계가 질서 있게 자연적으로 배열된다. 글쓰기는 발화된 말의 계통적이면서 관습적인 체계이다. 기호란 사물 그 자체라기보다도 사물의 상징이다.

사람은 사회적 집단을 이루어 생존하고 자기가 속하는 사회 · 문화적 행동양식을 학습하여 거기에 동참시킨 것이다. 행동은 사람과 그 환경 사이의 상호작용으로 성립되고 언어도 환경에 포함된다. 말의 상호작용은 개인과 개인사이의 정보전달 체계이며 감정상태를 교류하는 소통체계이다.

L.A. 세네카는 루키리우스에게 보내는 편지에서 "언어는 정신의 얼굴이다"라고 기술했다. 또 M.홉킨스는 그에 연설에서 "언어는 사상의 그림이며 사본이다"라고 했다. 이 처럼 언어는 자신의 인격과 인간됨을 대신하는 대변자이다. 그러나 우리의 입을 통해서 나오는 말이라고 해서 모두 다 말(言)이 되는 것은 아니다. 진정한 말은 우리가 흔히 얘기하듯이 말이 말다워야 말로서 인정하게 되고 수긍하는 것이다.

예컨대 말이 사람의 생각과 감정, 의식이지만 머릿속에서만 만들어지는 생각과 의식은 차디차다. 감정이 느껴지지 않는다. 즉 온기도 없고 정성스러움의 마음이 없다. 그래서 말이란? 가슴속 깊이 뜨끈뜨끈한 심장을 돌아 나오는 생각과 의식이어야 한다. 그럴 때에 비로소 동화되어 진정한 말로서의 가치와 생명성(生命性)을 가지게 된다.

정성이 들어 있지 않은 말은 머리에서 만들어진 약아빠진 의식과 생각이다. 아무 감정 없이 작용하는 그 차디찬 우리의 생각과 의식은 느낌만으로도 알 수 있다. 이 약아빠진 의식과 생각은 손과 발, 가슴이 보이지 않는다. 이것은 실체가 드러나지 않는 유령 같은 말이다. 언행일치가 안 되는 말이다. 또한 온기가 더해졌다 해서 이것 또한 다 말이 되는 것은 아니다. 바른 생각이나 바른 의식이어야 한다.

바른 의식이나 생각이 전제되지 않은 약아빠진 말은 아무리 심장을 돌고 돌아 나왔다 해도 따뜻한 감정이나 말에 공감할 수 없고 무의미한 메아리처럼 공허한 말에 불과하다. 또한 그것은 잠시 심장을 돌아 나온 말이라 해도 그것은 금방 온기가 식게 마련이다. 그러므로 그런 생각이나 의식은 곧, 생각일 뿐이고, 먹어도 아무 맛이 느껴지지 않는 음식처럼 먹음의 즐거움이나 기분을 느낄 수 없는 먹음의 의식일 뿐이다.

이처럼 말은 말의 맛과 색깔 혹은 형체가 있어야 한다. 기계문명의 꽃이라 할 수 있는 로봇의 말소리처럼 인간의 말소리가 정보전달이나 형식적 체계만 이루고 있어서는 곤란하지 않은가? 이처럼 인간의 말이 얼마나 우리의 정서와 감정교류에 중요한 것인가를 알 수 있다.

따라서 우리의 말은 그냥 말이 아니다. 손과 발을 대동하고 가습이 보여야 한다. 민첩하지 못하고 조금은 느리더라도 뜨끈뜨끈한 심장을 돌고 돌아 나와서 갓 쪄낸 찐빵처럼 김이 모락모락 피어오르는 진정어린 성(誠=言+成)²⁾으로서 그 말 속에는 반드시 성심(誠心)이 담겨 있어야 한다. 이런 말이 성(誠)이다.

중용 제25장 원문의 말씀이다. '비자성기이기야, 소이성물야. 성기인야, 성물지야, 성지덕야, 합내외지도야. 고시조지의야(非自成己而己也, 所以成物也. 成己仁也, 成物之也, 性之德也, 合內外之道也. 故時措之宜也)'라 했다. 이 말씀은 '성(誠)은 나의 품성만을 이루고 그치는 것이 아니라 바로 만물의 품성도 함께 이루는 것이다. 먼저 나의 인애(仁愛)를 이루는 것이 만물을 성물(成物)토록 하고 지혜의 덕성(德性)이 되는 것이다. 성(誠)으로부터의 덕성(德性)은 안(仁愛)과 밖(知慧)을 합한 인간의 도리이고 어떤 때에 어떻게 시행되어도 마땅하다.'라는 뜻이다.

즉, 다시 말해 성(誠)이란? 사람 된 마음의 극진함이다. 심연 깊숙이 솟구치는 맑고 맑은 청량함이다. 그런 청량함 속에서 피어나는 생각이고 의식이다. 이것은 바른 생각과 맑은 의식으로 마치 다이아몬드와 같이 투명하고 결점이 없는 심(마음)의 상태가 곧 성(誠)이다. 이런 참신성의 성(誠=言+成)을 대할 때 우린 감동

2) 성(誠)- 성(誠)을 심(心)으로 말하면 본(本)이요, 도(道)를 리(理)로 말하면 용(用)이다. 지성(至誠)에 이른 자는 스스로 성덕(性德)을 이루어가고 그가 이루는 길도 스스로 열린다. 성(誠)은 어떤 일에 집중되어 그 일을 작용하게끔 한다. 성(誠)은 사물의 시작에서부터 이루어짐의 끝까지 간단없이 깃들어서 사물의 현상을 이루어지도록 한다(誠者物之終始). 따라서 시작에서 마침까지 성(誠)이 없으면 사물은 이루어질 수도 존재할 수도 없다. 이 성(誠)이 움직이게끔 하는 것도 중용(中庸), 중화(中和), 시중(時中)의 이치가 잘 맞추어져 조화를 이룸이다. 김충열,「김충열 교수의 중용대학강의」, 예문서원, 2007, pp,231~233 참고인용.

할 수 밖에 없다.

중용 제32장 원문의 말씀이다. '유천하지성(至誠), 위능경륜천하지대경, 입천하지대본, 지천지지화육. 부언유소의(唯天下至誠(至聖), 爲能經綸天下之大經, 立天下之大本, 知天地之化育. 夫焉有所倚)'이라 했다. 이는 '오직 이 세상엔 지성(至誠)만이 능히 천하의 대경(大經)을 경륜(經綸)할 수 있고, 천하에서 가장 중요한 큰 근본을 수립할 수 있으며, 천지간 만물화육의 도리를 알고 있다. 이밖에 따로 그 무엇에 의존할 바가 있겠는가.'이다.

이처럼 지성(至誠)은 우리의 삶에 근본을 지탱시키는 원동력이고 소통에 기운이다. 이 소통은 사람과 사람사이에 온기를 느끼게 하는 표현과 전달체계의 방식이다. 따라서 이 사람과 저 사람사이에 이루어지는 말이 말다워야 하는 것은 지극히 당연함이다. 그런데 이 세상엔 말 때문에 흥한 사람과 그 말 한마디 때문에 패가망신한 사람들이 역사적으로 얼마나 많았는가.

유태격언에 "인간은 말을 하는 법은 태어나면서 바로 배우게 되나 침묵하는 것은 여간해서 배우지 못한다."라고 했고, 영국격언엔 "말을 많이 하게 되면 후회가 늘고 말을 많이 듣게 되면 지혜가 는다."는 말이 있다. 이는 다 말의 중요성을 강조하는 말이다. 우리속담에도 "말 한마디에 천 냥 빚을 갚는다."는 말은 누구나 다 알고 있는 말이다. 그러나 누구나 다 그렇게 할 수 있는 말도 또한 아니다.

그럼에도 불구하고 우리의 말은 너나할 것 없이 매우 거칠고 건조하기만 하다. 거칠다 못해 매우 도전적이고, 위협적이고, 두렵기도 하다. 그런 말들이 우리의 일상과 현실에서 횡횡하는 것은 다반사이다. 그래서 차라리 꼭 필요한 말만 하게 하기위하여 옛 성인들은 말의 중요성을 일깨웠고 '침묵은 금이다.'라는 격언이 생겼다. 이것은 공연히 어설프게 실언을 해서 그 말로 인해 곤경에 처하지 말라는 뜻이다.

그러나 그렇다고 어찌 말을 하지 않고 살 수 있으랴. 우리의 마음 심해 한가운데서 발현되는 희로애락의 감정을 억누르고만 있을 수는 없다. 기쁘면 기쁜 대로, 슬프면 슬픈 대로, 억울하면 억울한 대로, 성내거나 웃을 수 있는 것이 또 인간이다. 이처럼 더러는 실수도 할 수 있는 것이고 어디 말이라도 편안하게 하고 살아야지 말도 내 맘대로 못하고 살 바에는 차라리 죽는 것이 났겠다. 라고 생각할 수도 있겠다.

그래서 사람이 가지는 권리의 기본권 중에 표현의 자유[3]가 나

---

3) 표현의 자유- 표현의 자유란? 아무런 억압 없이 자신의 의견이나 사상, 주장 따위를 외부에 나타낼 수 있는 자유로서 언론이나 출판, 통신 따위의 자유를 말한다. 사상의 자유는 인간의 내심에 들어 있는 세계관, 인생관, 정치적 신조의 자유이다. 이러한 사상이 내심에 머무르지 않고 외부에 표현될 때, 언론, 출판, 집회, 결사의 자유로 나타나며, 신앙의 문제와 함께 문제될 때는 종교의 자유로 나타나며, 진리구명의 문제가 될 때는 학문의 자유로 나타난다. 이렇듯 사상의 자유는 실제 모든 정신적·정치적 자유의 '원리적 기초'이며 '기본권 중의 기본권'이다. 이렇게 사상·표현의 자유는 다른 인권에 비하여 우월한 지위를 인정받는다. 개인의 표현은 개인이 자기실현을 하기 위한 가장 기본적인 활동이고, 국민의 언론활동은 국민이 정치적 의사형성에 참가한다는 의지로서 민주주의의 기본적인 조건이 된다. 한편 표현의 자유는 표현행위뿐만이 아니라 표현의 수령행위 그 사이의 정보의 유통과 커뮤니케이션의 과정을 보장하며 나아가 표현을 위한 정보수집행위도 보호의 범위에 포함하여 자유로운 정보의 유통을 총체적으로 보장한다. 결국 표현의 자유는 표현하는 '수단'인 매체에서 표현의 자유를 보장받을 권리도 함께 포함하는 개념인 것이다. 표현의 자유 제한- 표현의 자유가 위에서 살펴본 것처럼 가장 기본적인 권리이지만, 자신과 타인의 권리를 동시에 보호하고 공공적인 가치를 보호하기 위하여 어떤 조건 속에서는 제한될 수

라에 법률로 제정되어 있는 것이 아닐까. 그렇다. 전혀 틀린 말은 아니다. 말을 자유롭게 할 수 없는 사회는 또 다른 자유를 억압 받는 사회이다. 말을 자유롭게 할 수 있는 그런 세상이 살만한 세상이다. 말도 제대로 할 수 없는 세상이란 창살 없는 감옥이나 다를 바가 없다.

그렇다. 말은 편안하고 자유스럽게 하되 내가 아닌 이웃이나 다른 사람에게 피해가 가는 말을 해서는 안 된다. 그래서 표현의 자유에서도 국제협약(B규약)'의 18 · 19조의 각 3항에서는 사상 · 표현의 자유가 법률에 규정되고, 타인의 권리와 자유를 보호하기 위하여, 국가안보, 공공질서, 공중보건 또는 도덕을 보호하기 위해서는 필요한 경우에 제한 받을 수 있다고 못 박고 있다. 우리 헌법 제21조 제4항에서도 표현은 "타인의 명예나 권리 또는 공중도덕이나 사회윤리를 침해하여서는 아니 된다."고 명시되고 있다.

그러나 세상은 어떠한가? 그렇게 많은 말들이 세상이라는 무대 위에서 자유롭게 유희를 하고 있지만 말(言)은 말대로, 우리의 심(마음)은 심대로, 고삐 풀린 말이 되어 천방지축으로 날뛰는 세상이다. 특히 21세기 디지털문명이 가져온 말의 기능은 참으로 다양해졌다. 그러다보니 어떤 말이 진짜 말다운 말이고 어떤 말이 미덥지 않은 말인지 매우 혼돈스럽기도 하다.

있다. '시민적 · 정치적 권리에 관한 국제협약(B규약)'의 18 · 19조의 각 3항에서는 사상 · 표현의 자유가 법률에 규정되고, 타인의 권리와 자유를 보호하기 위하여, 국가안보, 공공질서, 공중보건 또는 도덕을 보호하기 위해서는 필요한 경우에 제한 받을 수 있다고 말하고 있다. 우리 헌법 또한 제21조 제4항에서 표현은 "타인의 명예나 권리 또는 공중도덕이나 사회윤리를 침해하여서는 아니 된다."고 명시하고 있다. 오픈지식, 표현의 자유란 무엇인가?, 참고인용.

그 대표적인 말들이 정치권의 말들과 언론의 말들이다. 그들은 말의 진실성과 사실성과는 관계없이 현란한 미사어구를 가지고 마치 그것이 참말인양 목소리를 높여서 상대의 기선을 제압하려 한다. 마치 말에 잔기술이 참말처럼 선민들을 혹세무민케 하고 다수를 상대로 사기를 치듯 마구토해내고 있지만 그런 말들 때문에 제대로 된 말들이 막말의 소용돌이에 휘말려 묻혀버리고 만다.

이렇게 말이 아닌 말이 난무하는 세태에 이 말들의 극치를 보여주는 대결의 장이 있다. 이름 하여 '나 꼼수'⁴⁾가 그 언쟁의 중심에서 한 때 세간에 뜨겁게 회자되고 있었다. 이렇게 말의 말들은 날로 급격하게 진화에 진화를 거듭하고 있다. 그러나 아무리 많은 말이 진화에 진화를 거듭해도 딱 하나 '불변의 법칙'이 있다. 그것은 말의 '참말'이다. 그래서 우린 옛 부터 우리가 상대에게 인정받고 상대를 설득하려면 머리로 말하지 말고 흔히 가슴으로 말을 해야 한다는 말을 많이 해왔다. 우리를 감동하게 하는 말 그것은 성(誠=言+成=心)으로써 믿음을 주는 말이다. 따라서 믿음이 없이 이루어진 말은 말이 아니라는 뜻이다. 때문에 우리의 마음과 감정을 표현하고 전달하는 말에는 성심을 다해 전해지는 뜨거운 감동이 충분히 담겨 있어야한다. 따라서 이것이 곧 성(誠)이고 심(心)이다.

우리의 가슴과 심장을 마구 뛰게 할 수 있는 말이다. 그런 말이 있다면 그런 말은 우리의 희망이자, 행복이다. 미국 역사상 말을

---

4) 나꼼수- '나는 꼼수다'의 줄임말이다. 나꼼수는 팟 캐스트라는 인터넷 매체를 통해 이용되고 있는 방송매체이다. 팟 캐스트라는 명칭은 아이팟(iPod)의 'Pod'과 방송이라는 의미의 'broadcast'의 조합에서 비롯되었다. 팟 캐스트의 초기 열풍은 전문 분야 프로그램들을 제작한 아마추어들로부터 시작되었다.

잘해서 세상을 바꾼 말이 있다. "나에게는 꿈이 있습니다. 그 꿈은 아메리칸 드림에 깊숙이 뿌리내리고 있습니다.", "이 세상에서 이루어진 모든 것은 희망이 만든 것이다"라는 이 말은 마틴 루터 킹의 말이다.[5] 그는 세상의 불의에 대해 폭력이 아닌 사랑으로 맞선 비폭력 무저항운동의 선봉장이다. 일찍이 간디의 사상에 감명 받은 마틴 루터 킹은 "폭력을 써서는 안 됩니다. 원수를 사랑하고, 백인들이 우리에게 어떤 고난과 차별을 해도 우리는 그들을 사랑해야 합니다. 그들의 죄를 용서해줍시다." 라는 말은 머리로 한 말이 아니다. 이 말은 그에 뜨거운 심장을 돌고 돌아 상대를 감동케 한 말이다.

비폭력 무저항주의 사상을 군중에게 성(誠=言+成=心)을 다해 호소함으로써 흑인 인권운동의 상징적 인물로 부각되었다. 1964년 공공장소에서의 인종차별대우 철폐와 고용 및 공공소유 시설물에서의 불법적 인종차별을 금하는 민권법이 통과되었고 그의 업적은 절정에 달했다. 그해 12월에 오슬로에서 최연소로 노벨 평화상을 수상한 미국 역사상 가장 위대한 인물로 평가받았다.

이처럼 성(誠)을 다해 감동을 주는 말에는 인종과 국적도 초월한다. 우리를 모두 기쁨으로 행복하게 할 수 있는 말 중의 말 참말(眞言)이다. 그것이 곧 성(誠)이고 마음의 극진함인 지성(至誠)이다. 이런 말이 가슴 속에 품은 뜨거운 심장을 돌고 돌아 세상 밖으로 나왔을 때 우리가 기분 좋게 웃을 수 있고 세상이 활짝 웃을 수 있다. 팍팍한 세상살이의 신산함 속에서도 말을 통해 많은 사람들에게 따뜻한 마음의 위로와 희망을 아낌없이 주신 분들이 계

5) 하워드 가드너, 「통찰과 포용」, 북스넛, 2008, p, 383

셨다면 우리나라엔 김수환 추기경님, 법정스님, 이해인 수녀님, 피천득 수필가님과 같은 분들이다.

미국 사회에서 정치, 경제, 사회, 문화 전반에 걸쳐서 현대인류 사회의 균형과 조화를 이루고 있는 위대한 인물이 있다면 그것은 서슴지 않고 '오마하의 현인' 워런 버핏이나 빌게이츠를 거명해도 좋을 것이다. 그리고 최근 한국을 공식 방문한 프란체스코 교황께서도 우리에게 체화된 섬김에 자세와 감동으로 뜨거운 감동의 메시지를 주셨다.

우리 한국사회에도 멀지 않은 장래에 그런 뜨거운 가슴을 닮은 사람이 나타날 것이라고 믿고 싶다. 늘 어렵고 힘든 사람들에게 희망의 불씨가 되어서 어두운 현실에 꿈과 희망을 심어주고 있는 희망제작소 상임이사인 박원순 변호사(현 서울시장)나 21세기 미래사회의 도전과 희망, 열정으로 IT산업에 대명사이고 아이콘인 서울대학교 융합과학기술대학원 원장인 안철수 교수(현 국회위원) 같은 분들이 있어서 21세기 미래사회의 큰 희망이 되고 있다.

이 분들은 말의 테크닉을 알지 못하는 분들이다. 일부 분수를 지키지 못하는 정치인들이나 언론인들과는 달리 철저히 계산되고 팽팽 돌아가는 머리에서 나오는 말을 모른다. 단 자신의 뜨거운 심장을 돌고 돌아 나오는 참된 말의 주인일 뿐이다. 오늘날 신자본주의와 황금만능주의 시대의 혼돈과 회오리 속에서도 조화와 균형으로서 그 중심을 잃지 않고 우리와 한국사회를 지켜내는 한국사회의 큰 버팀목이 될 수 있을 것이라는 고무적인 기대를 가져봄직도 하다. 그럼으로써 뜨거운 심장을 돌고 돌아 나오는 그런 온기가 오래오래 우리의 가슴과 이웃의 머리에 전이되어 함께 말과 말의 행복을 느낄 수 있고 진정한 삶의 성숙된 의미와 보람된 가치가 된다면 얼마나 좋은 일이 될 수 있을까?

그런 희망을 만들고 창조해 가는 것은 우리사회의 리더들이 얼마나 극진한 성심(誠心=사랑)을 갖고 합리적 사고와 의식의 중심을 지켜낼 수 있는가에 좌우 될 수 있다. 마틴 루터 킹이 하나님에 대한 개인적인 믿음과 사회운동의 연관성에서 감정 중심의 전통적 흑인교회에서의 자신에 대한 경험과 근대 개신교 신학자들 간의 심오한 이론 사이에서 타협점[6]을 찾으려고 했던 것은 그의 합리적 사고가 그 중심의 균형과 조화를 성(誠)으로 이루고 있었기 때문이다. 이렇게 균형과 조화란 중용의 합리성에 근거한 이론이다. 이는 현대문화사조에 바탕을 이룰 차돌 같은 인문학의 정신이다.

---

6) 하워드 가드너, 「통찰과 포용」, 북스넛, 2008, p, 365

'0'의 가치와 의미
The value and meaning of '0(zero)'

'중심(中心), 중도(中道)'는 0(零=zero)의 의미

우리의 삶과 세상은 크게 보아 3단계 영역으로 구분할 수 있다. 그 첫째는 현재(0)이고, 둘째는 앞으로 살아가야할 미래(+)이고, 셋째는 살아온 과거(-)이다. 잘난 사람이건, 못난 사람이건, 갓난 아이이건, 나이 많은 사람이든 모두를 막론하고 누구에게나 과거 없는 현재는 없고, 현재 없는 미래도 없다. 그리고 미래 없는 현재와 과거 또한 없다.

미래가 없는 현재와 과거란? 어쩌면 아마도 헤아리기 어려운 찰나(刹那)의 순간을 뛰어넘은 영혼(靈魂)의 세계일 것이다. 그곳은 영의 세계이지 인간의 세계가 아니다. 만일 내가 태어나기 전이었다면 전생은 과거였을 것이고, 내세는 미래였을 것이다. 그렇다면 영혼(靈魂)의 세계에 있어서도 인간의 세계와 같이 과거와 미래 사이에 현재가 있었을 법하다. 이렇게 어디든 '0의 영역'[1]은 존재한다.

따라서 중심, 중도, 중용은 '0'의 영역이다. 중심(가운데 마음)은 음수와 양수의 한가운데서 균형을 이루고 있는 중심점(中心點)이 바로 '0'의 자리이다. 균형은 양쪽의 끝으로부터 가장 가운데의 꼭짓점을 형성시키는 외부적 환경과 필수 조건을 가지고 그 중심으로 이끌어내는 물리적 함수이다. '0'은 무형적 무실체이지만 함수적 관계에서 최소의 제로(0) 함수를 만들어내는 이론이다. 따라서 0(零, zero)은 스스로 수의 값을 만들지는 못하지만 다른 수의 값을 만드는 것에는 절대적으로 기여하는 존재이다.

이처럼 인간의 삶에 3개 영역은 '+의 세계'와 '-의 세계'와 '0의 세계'이다. '0의 세계'는 +의 세계와 -의 세계가 독자적으로 이룰 수 있는 세계가 아니다. 모든 세계는 '0(현재=지금)의 세계'에서 출발한다. 0의 세계가 없는 +(미래)의 세계와 -(과거)의 세계는 존재할 수 없다. 이처럼 세상은 관계 속에서 유기적인 조화와 균형을 이룰 때에 비로소 창조될 수 있는 중심(0)의 세계가 조성되고, 이 중심의 세계가 행복을 갖게 하는 중심점(0)이고 균형점(0)이다. 그렇듯이 붓다의 중도(中道)는 유가의 중용(中庸)과 크게 다르지 않다. 이에 중용의 핵심은 어느 쪽으로든지 치우침이 없이 중정(中正)[2] 함인데 그 중정의 위치는 바로 '0'이다.

이 '0의 행복'은 붓다가 선에 들었다가 깨달음의 한 순간에서

---

1) '0'의 영역- 이운묵,「잠든 명사를 깨워 놀아보자」, 인문의 숲, 2013, pp, 123, 182~183, 참고인용.
2) 중정(中正)- 어느 한쪽으로 지나치거나 모자람이 없이 곧고 올바름 상태. 또는 그런 모양.

얻어진 느낌이고 행복의 세계이다. 그것은 몸과 마음의 균형
(Balance)을 하나로 이룬 시점이다. 붓다는 샤카족의 중심지인 카
필라 왕국(현재의 네팔)에서 국왕인 슈도다나의 장남으로 탄생했
다. 16세 때에 비(妃)를 맞고 라훌라라는 아들을 얻었다. 그러나
인간의 삶이 생로병사의 윤회와 고통으로 이루어져 있음을 깊이
자각하고 이것을 벗어나는 길을 추구하기 위하여 부귀영화가 보
장된 왕위와 가족들을 모두 버리고 29세 때 출가를 하여 두 선인
(仙人)을 만나 그들이 체득한 수행법을 따라 행하였다.

　그러나 그 수행법에 만족하지 못하여 깊은 산림으로 들어가 6
년간 고행을 했다. 그러나 고행이 무의미함을 알게 되었고 마침내
고행수도를 청산하고 비로소 중도(中道)[3]가 긴요한 이치임을 깨
달아 부다가야의 보리수나무 아래에서 선정에 들었고 그에 나이
35세 때에 완전한 깨달음을 성취하여 부처(붓다: 깨우친 존재)가
되었다. 이렇게 붓다는 인생의 단맛 세계에서 쓴맛의 세계로, 다
시 쓴맛의 세계에서 숙성과 성숙의 세계로 제3의 세계(0의 세계)인

---

3) 중도(中道)는 불교의 가르침에서 어느 한쪽으로 치우치지 아니하는 바른 도리
　를 말함이다. 고타마 붓다는 29세에 출가하여 35세에 깨달음을 얻어 불타로 될
　때까지의 6년간 그 대부분을 가혹한 고행의 길에 정진하였다. 그러나 그 고행도
　고타마 붓다에 있어서는 몸을 괴롭혀 고통스럽게 하는 것뿐으로서 참된 인생의
　문제해결엔 전혀 도움이 되지 않았다. 출가 전의 고타마 붓다는 왕자신분으로서
　물질적 풍요와 즐거움에 찬 생활을 보내고 있었으나 그러한 물질적인 풍족함만
　으로는 인간은 구원받지 못한다는 것을 알게 되었다. 그리하여 붓다는 출가 전
　의 쾌락(樂行)도 출가 후의 고행도 모두 한편에 치우친 극단이라 생각하고 그것
　을 버리고 고락 양면을 모두 떠난 심신(心身)의 균형과 조화를 얻은 중도(中道)
　에 비로소 진실한 깨달음의 길이 있다는 것을 스스로의 체험에서 자각하게 되었
　다. 성도(成道) 후 그때까지 함께 고행을 하던 5인의 비구(比丘)들에게 가장 먼
　저 설교한 것이 중도(中道)의 가르침이었다. 중도는 팔정도라고 하는 구체적 실
　천에 의해서 지탱되는 준엄한 도이다.　위키백과, 중도(中道), 참고인용.

중도(中道)의 깨달음을 발견했다. 그렇듯이 붓다의 중도(中道)는 유가사상의 중용(中庸)[4]과 크게 다르지 않은 그 맥을 같이하는 의미이다.

중용(中庸)에서 중화(中和)는 정(靜)에서 동(動)으로 발현하여 균형과 조화를 이루는 '0'의 개념이다. 따라서 중용의 핵심은 어느 쪽으로든지 치우침이 없이 중정함이다. 중용의 중(中)은 어느 쪽으로든지 치우침이 없는 것으로 불편불의(不偏不倚)이다. 지나치지도 모자라지도 않는 것으로 무과불급(無過不及)의 이치와 도리가 중용의 바탕을 이루는 핵심적 이론이다.

이렇듯 어느 쪽으로든지 치우침이 없는 불편불의(不偏不倚)나, 지나치지도 모자라지도 않는 것으로 무과불급(無過不及)은 좌와 우의 중간(中心) 또는 상단과 하단의 중간인 중단으로서 모두 '0'의 위치와 '0'의 상태를 의미함이다.

이것은 과거와 미래의 사이에 오늘(현재 · 지금=0)이다. 오늘 이 순간에 따라 우리의 삶이 행복할 수도 있고, 불행할 수도 있다. 그러나 본시 인간은 행복하기만 할 수도 없고, 불행하기만 할 수도 없다. 다만, 행복과 불행을 사이에 두고 좌우 혹은 상하의 '+와 -'의 세계(영역)를 왔다 갔다 할 뿐이다.

이렇게 '0의 세계'란? 인간의 삶에서 그 어디든 엄청난 가치로 존재한다. 어떤 사물에도, 어떤 생각이나 관념에도, 어떤 사물의

---

4) 박완식,「중용」, 여강출판사, 2005, p, 348 참고인용, '불편불의(不偏不倚)'라 함은 정자가 말한 재중(在中)의 의미이니, 감정이 발산하기 이전 미발(미발)의 상태로서 치우친(偏倚)바가 없음을 말함이다. 다시 말해 불편불의는 마치 사방 어느 곳에도 치우치지 않은 것으로서 이것은 마음의 본체요, 공간(地)에 있어서는 중앙이다.

도표 9-'0'이 갖는 시간과 장소의 의미

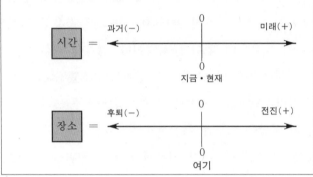

시간의 "0"은 '지금 또는 현재'이고, 장소의 "0"은 '여기'이다. 따라서 시간의 중심과 장소의 중심은 '지금과 여기'이다. 지금과 여기는 행복의 기준점(순간)이다. 또한 시간의 흐름 속에서 중요한 결정의 순간을 의미하는 적시적합의 시중이 바로 이 "0"의 순간이다.

작용에도, 어떤 사물의 형상에도, 어떤 관계와 관계 속에도 이 '0'의 중심점(지금=현재)이 존재하고 있다. 인간은 그것에 대한 의식이나 발견을 하지 못하고 살아가고 있을 뿐이다.

로마의 아우구스투스 황제시대에 활동한 뛰어난 서정시인 호라티우스는 "현재를 향락하라. 내일의 일을 그렇게 믿지 말라."고 했고, 그리스 철학자 크루시포스는 "과거와 미래는 존재하는 것이 아니고 존재했던 것이며, 현재만이 존재한다."라고 했다.

정치 · 경제 · 사회 · 문화 또는 나 개인이건, 어느 집단이건, 사물이 크건, 작건, 강대국이건, 약소국이건, 잘살건, 못살건, 인위적이건, 자연적이건, 먹는 음식이건, 들리는 소리건, 음악이건, 보이는 현상에서 보이지 않는 어떤 작용들까지도 모두 그 무엇을 막론하고 이처럼 '0'의 영역 중심점(지금=현재)이 없는 곳은 단, 하나도 없다.

즉, 잠을 자고 났는데 달콤한 꿈을 꾸었다면 +의 세계요, 단맛의 세계라 할 수 있다. 반대로 잡다한 꿈이거나 악몽을 꾸었다면 그것은 -의 세계요, 쓴맛의 세계라 할 수 있다. 그렇다면 잠속에서의 0의 세계는 과연 어디일까? 그것은 아마 악몽도, 길몽(吉夢)도 아닌 꿈을 꾼 듯한, 안 꾼 듯한, 그런 상태로서 아무런 장애 없이 잠을 자고난 숙면의 상태를 꿈속 '0의 세계'라 할 수 있을 것 같다.

즉, 다시 말해 +세계에서 -세계로, 또는 -세계에서 +세계로 전환되는 위치와 시점이 꿈속에서 0의 세계이다. 악몽이던 선몽(길몽)이던 꿈꾸는 시간이 길었다고 느껴지면 그것은 숙면이 아니다. 숙면이란? 깊이 잠들어 꿈을 꾸었는지, 안 꾸었는지 조차도 모르고 단숨에 잠을 자고나서 아주 짧고 덤덤해서 꿈을 꾼 기억조차도 없는 듯한 상태이다. 우린 숙면을 하고 났을 때의 기분은 몸과 마음이 매우 상쾌하고 날아갈 듯이 가벼움을 느끼게 된다. 즉 음식으로 말하면 숭늉과 같이 시원한 느낌의 맛이다.

예컨대 우리가 맵고 짠 음식을 그 자극적인 맛의 이끌려 땀을 뻘뻘 흘리면서 맛있게 먹은 경우와 음식이 맛이 없어서 쓴맛을 느끼면서 억지로 먹은 경우라면 전자는 +의 세계요, 후자는 -의 세계라 할 수 있다. 즉 단맛의 세계와 쓴맛의 세계이다. 그러나 단맛이나 쓴맛은 아니어도 밥맛[5] 이나 물맛 또는 숭늉 같이 어찌 보면 덤덤한 맛 같은 맛들이 있다. 이 덤덤한 맛들이 달거나 쓰거나

---

5) 붓다는 단맛(+)도 쓴맛(-)도 아닌 중도(0)의 '밥맛'을 통해 '없는 듯 있는', '없음의 있음'의 깨달음을 구한 것이다. 이규항, 「0의 행복」, 글누림, 2009, p, 85, 참고인용.

맵지 않은 덤덤한 맛이지만 이 맛은 물리지 않는 맛이다. 그리고 상쾌하고 개운한 맛이다. 이런 맛이 맛의 세계에선 진정한 참맛이랄 수 있는 '0의 세계'가 아닐까?

이처럼 인간의 삶에도 비록 덤덤하고 평범하지만 그 속에 우리의 행복이 있는 것이 아닐까? 바로 이런 맛이 0의 맛이고, 0의 세계이다. 이런 맛은 달콤한 맛과 쓴맛, 매운맛 등이 숙성되거나 순화되어서 부드럽게 된 맛이다. 이 덤덤한 맛은 단맛에서 쓴맛으로 넘어가는 순간의 맛이거나, 쓴맛에서 단맛으로 넘어가는 순간의 교차점(0=중심)에서 만들어지는, 창조되어지는, 발견되어지는 맛이다. 이런 맛이 맛의 중심점인 행복의 참맛이다.

바로 이런 것이 제3의 세계인 '0의 영역' 중심이 조화와 균형을 이루는 중도의 영역이다. 이처럼 몸과 마음의 균형과 조화를 이루면 삶의 평화와 행복을 느낌과 같은 이치이다. 그것은 인류가 지향하고 있는 미래(+)의 세계와 현재(0)의 세계와 과거(-)의 세계가 있음과 같다. 그러나 여기에서 '0의 세계'는 +의 세계와 -의 세계가 독립적으로 이룰 수 있는 세계가 아니다. 모든 세계는 '0(현재)의 세계'에서 출발한다. 0의 세계가 없는 +(미래)의 세계와 -(과거)의 세계는 존재할 수 없다.

이처럼 세상은 '+'와 '-'의 관계 속에서 유기적인 조화와 균형을 이룰 때에 비로소 행복한 미래가 창조될 수 있는 중심(0)의 세계와 행복을 느낄 수 있는 0(중심)의 세계가 병존하게 된다.

35년 동안 KBS에 아나운서로 활동하셨던 이규항 선생의 저서 「0의 행복」에서 붓다의 깨달음인 중도를 우리의 음식에 맛과 수학의 0을 키워드로 풀어내신 행복 론의 철학적 말씀에 깊은 공감이 간다. 이규항 선생께서는 오랜 병상생활을 통해 발견하고 깨달은 것이 '0의 행복'[6] 이라고 하였다. 그것은 단순한 기쁨과 희열에서 오는 일반적 행복론이 아니다. 고통과 괴로움의 시간과 즐거움과 기쁨의 시간 사이에서 과학적이고 합리적 이치의 경계를 자유스럽게 넘나드는 심오한 관조와 통찰만이 우리 인간의 삶을 관통할 수 있는 깨달음이라고 느껴진다.

앞에 도표-2에서 보았듯이 누구에게 있어서나 현재(지금, 여기=0)는 과거와 미래 사이에서 균형을 이루고 있는 중심(0의 위치)의 위치이다. 우리의 삶에서 하루는 24시간이고, 1시간은 60분이고, 1분은 60초이다. 따라서 하루는 총 86,400초이다. 그렇다면 1년은 365일, 10년은 3,650일, 100년의 인생은 36,500일이고, 3,153,600,000(36,500일×86,400초)초이다. 이렇게 길고 긴 시간의 삶을 한마디로 응축시킨 말은 무엇일까? 그것은 바로 "지금 여기(0의 자리)"[7] 라고 해도 무방할 것 같다. 과거와 미래가 '지금 여기' 인 현재(0)에서 출발하는 것이기 때문이다.

'0' 은 어느 한 순간 찰나의 시간이다. 그것은 '지금 여기' 가 없는 미래와 과거는 있을 수 없다. 우리의 삶에서 '지금 여기' 처럼 중요한 순간은 없다. 시간에서 과거는 내가 가질 수 없는 History(역사)요, 미래 또한 알 수 없는 Mystery(신비)이다. 그러므로 오직 믿을 수 있는 시간은 "지금 뿐이다(Now, it is only)이다"라는 말이 있다. 이처럼 누구에게나 현재(0의 세계)가 제일 중요한 시간이다. 따라서 '지금 여기' 에 내가 있고서야 나를 중심

6) 이규항,「0의 행복」, 글누림, 2009, p, 41, 참고인용.
7) 이규항,「0의 행복」, 글누림, 2009, p, 63, 참고인용.

으로 한 여타가있을 수있고 행복도, 불행도 비로소 여기로부터 시작되기 때문이다.

볼테르는 프랑스를 대표하는 시인이면서 계몽주의 사상가이다. 그는 "현재에서 미래가 태어난다."고 했고, J.W. 괴테는 "현재는 매력 있는 여신이다. 그러나 인간은 현재가 아주 가치 있는 것을 모른다."라고 했다. 이렇게 지금과 현재를 지켜내는 것은 미래나, 과거가 아니라 바로 '0'의 자리 중심(가운데 마음)이다.

이렇게 우린 나를 기점으로 한 왼쪽이 과거라면 오른쪽은 미래이고 왼쪽(-)과 오른(+)쪽의 중간은 중심(中)이고 바로 '영(0+零)'이 되는 것이다. 이렇게 '0'은 없음의 의미가 아닌 엄연한 있음의 존재이기도 하다. 이것은 불가 반야심경에 나오는 '물질이 공과 다르지 않고, 공이 물질과 다르지 않음(色不異空, 空不異色)'[8] 과 '물질이 곧 공이요, 공이 곧 물질이니(色卽是空, 空卽是色)와 같은 맥락의 의미이다. 현상계에 존재하는 모든 사물은 인연 따라 생겨났다가 언젠가는 사라지기 때문에 영원히 존재하는 것은 없다. 그러나 모든 것이 근원적으로 없는 무(無)의 상태는 아니다.

이 시대를 사는 현대인들의 삶에서 가장 큰 오류를 범하는 것의 특징 중 하나가 좌와 우는 분별을 잘하지만 그 좌우를 지탱하는 가운데인 중심(中心)[9] 을 전혀 보지 못한다는 것이다. 그러다보니

---

8) 무산 허회태, 「반야심경」, 아름나무, 2008, pp, 52~53, 참고인용.
9) 치중치심(治中治心)- 심(心)은 천지의 중(中)이요 일신의 주재자다. 따라서 마음을 다스리고, 중심을 다스리는 것은 한 뜻이다. 중심점(中心點)-조화와 균형의 기준점이 되는 것으로서 첫째는 자신의 도덕인격을 확립해야 하고, 둘째는 사람과 사람사이의 원만한 소통이고, 셋째는 천지만물과 함께 동참하여 조화와 균형으로 중화(中和)를 이루어내야 하는 것. 김충열, 「김충열 교수의 중용대학강의」, 예문서원, 2007, pp,84, 123~124 참고인용.

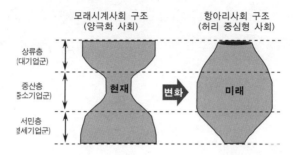

한국경제의 허리인 중산층이 무너지고, 중소기업이 무너졌다.

전체에서 몇 안 되는 일등주의에 매몰되고 그들만이 부각되고 대다수의 중간(中間=中心)부분에는 별 관심이 없다. 그로인해서 사회전반에 걸쳐 더더욱 심화되는 양극화의 현상은 전혀 우연의 일치 같은 현상이 아니다.

이 세상과 인간의 삶은 일등이나 오른쪽에 있는 사람들만의 것이 아니다. 그러나 그 중간(중심)이 무시되고 그 중심을 인정하지 않으려는 좌우들은 중심이 없으면 좌우도 존재할 수 없다는 법칙을 빨리 인식하고 습득해야 한다. 중심(균형점)이 앞으로 일보전진 할 때에 좌우나 선후도 미래를 향해 일보 전진할 수 있다는 사실을 알아야 한다. 때문에 미래사회의 트렌드는 '중심과 함께하는 균형과 조화'만이 문명창달의 목표를 안정적으로 변화시켜 갈 것이라 확신한다.

인간과 자연 사이의 관계
The relationship between man and nature

　과거와 미래의 경계엔 현실이라는 중심이 있다. 자연과 과학의 사이엔 사람(인간)이라는 중심이 있다. 인간이 문명을 내세워 과학의 편에 기울면 자연은 점점 약화되어 생명력을 잃게 된다. 그렇게 자연이 죽어 가면 결국 인간도, 과학도 무의미하다. 따라서 사람은 반드시 그 중심을 지켜야 한다. 그러나 오늘날 얼마나 인간과 자연의 관계가 잘못되어 가고 있는지? 참으로 우려스럽다.

　이와 같은 문제들은 우선 자연과의 관계뿐만이 아니라 사람과 사람사이의 관계까지 소원해지고 있다. 인간과 자연의 관계가 점점 서먹해지고 있다. 이대로라면 자연은 인간에게 더 이상 바라지도 않고 베풀지도 않을 것이다. 그것은 인간들이 점점 과학과 문명을 중시하는 가치관에 기인한 것이다. 또 과학의 편에 기울어서 자연을 등한시함으로 초래된 한 원인의 결과이기도 하다.

　자연의 모든 사물과 생명은 생멸(生滅)의 과정이 매우 자연스럽

도표 11-인간과 자연 사이의 관계

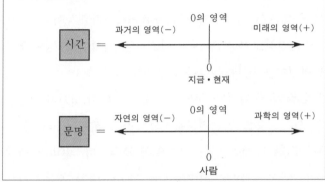

시간의 "0"은 '지금 또는 현재'이고, 문명의 "0"은 '사람'이다. 따라서 시간의 중심은 '지금·현재'이고, 문명의 중심은 '사람'이다. 지금과 여기는 행복의 기준점(순간)이다. 또한 시간의 흐름 속에서 중요한 결정의 순간을 의미하는 적시적합의 시중이 바로 이 "0"의 순간이다.

시간 =
0의 영역
과거의 영역(−) ◀————————▶ 미래의 영역(+)
0
지금·현재

문명 =
0의 영역
자연의 영역(−) ◀————————▶ 과학의 영역(+)
0
사람

다. 봄이면 잎이 돋고 가을이면 단풍들어 낙엽 지듯이, 매일매일 어둠을 가르고 여명이 오듯이, 해지고 어둠이 깃들면 달과 별이 세상을 밝히듯이, 바람의 손길이 자연의 생명을 어루만지듯이, 물이 아래로 흘러 흘러서 바다로 가듯이 자연스럽다. 이렇게 자연의 일상은 그렇게 일정한 속도를 유지하면서 깨어나고 또 잠든다. 그러나 사람만큼 매우 인위적이고 부자연스러움의 극치를 내달리는 존재는 자연 속에 없다.

프랑스의 철학자 B.파스칼(1623~1662)은 자연에 대해 이렇게 말했다. "자연은 그 모든 진리를 각각 그 자신 속에 간직하고 있다. 우리들의 기교는 그들의 한쪽을 다른 한쪽으로 가두어 두려고 한다. 그러나 그것은 자연적이 아니다."라고 했다. 그렇다. 자연적이지 않은 것은 인위적이거나, 물리적이거나 한 부자연스러움이다. 또 소박한 즐거움, 우정, 은둔 등에 관한 윤리철학의 창시자인 그리스의 철학자 에피쿠로스는 "자연에게 강제성을 가해서는 안 된다. 그 보다는 그것에 순종해야 할 일이다."라고 했다.

이것은 모두 인간에게 자연적이지 못한 부자연스러움과 인위적이거나, 물리적인 가해요소에 경종을 울리는 말이다. 이처럼 인간은 자연에 대해서는 엄청난 잔인하고 몹쓸 가해자이다. 그것은 모두가 다 문명창달이란 명분과 미명하에 과학으로 하여금 자연의 영역을 공격하여 침탈한 만행적 결과이다.

인간의 삶에서 과학과 문명창달은 필수이다. 그러나 인간의 욕망은 늘 안전속도를 지키지 않는 과속이 문제이다. 과속은 부자연스러움의 온갖 병폐를 만드는 시발의 근원이다. 순리가 아닌 온갖 편법을 야기하는 불순의 주범이다. 그것은 마치 자동차가 과속하면서 도로 위에 온갖 사고를 유발시키는 원인과 결과이다.

자동차가 과속하는 것은 결국 인간의 무분별한 행위와 넘치는 욕망에서 만들어지는 인위적 현상으로서 도리와 순리를 역행하는 결과이다. 때문에 사람은 자연에서 인간의 삶에 교훈을 얻는다고 하지만 그것은 말하기 좋아하는 사람들의 언어적 수사일 뿐이다.

실천과 행동이 수반되지 않는 과학과 문명 주도의 일방통행적 행태에서는 자연이란 별 볼일 없는 무가치한 것이고 정복되어질 존재일 뿐이라고 생각한다. 그러나 인류가 문명창달을 위해서는 과학의 가치가 절대적이다. 또 자연의 가치도 절대 무시하거나 버려서는 안 된다. 자연의 가치가 바탕을 이루지 못하면 인간의 삶은 균형과 조화가 깨지고 삶의 부조화와 불균형 속에서는 절대 행복도 담보되지 못한다. 인류의 합리적 문명창달과 균형과 조화를 위해서는 자연의 가치와 과학의 가치가 각각 50%씩 병행 유지 되

도표 12-인류 문명창달의 절대적 가치

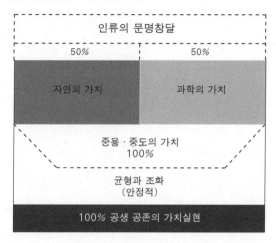

어야 부자연스러움을 벗어나 인간의 삶이 자연스러울 수 있다.

이렇게 부자연스러움이란 인간의 삶에서 그 중심을 흐리고, 그 중심을 보지 못함으로써 결국 그 중심을 잃게 하는 주범이다. 인간의 삶에서 이루어지는 일상의 과정과 현상에서 가장 합리적 행위가 이루어지는 과정이 자연스러움이고 순리라 할 수 있다.

이렇게 자연스러움이란 '알맞은 때에 알맞은 일체의 행위(時中)'[1]로서 삶의 문제를 역행하지 않고 순리에 맞춰서 풀어가는 것이다. 그러나 인위적 부자연스러움은 순리를 거스르고 문제의 해법을 제시하는 것이 아니라 더욱 많은 문제를 만들고 문제의 변종인 온갖 편법을 사람에게 전이시키고 양산하는 결과를 초래하게 된다. 이러한 현대사회의 병폐는 곳곳에서 무차별적으로 만들어져

---

1) 君子之中庸也, 君子而時中- 군자가 중용을 지킴은 군자는 알맞은 때를 가려 자연스럽게 일을 하고 견지하기 때문이다. 즉 군자는 행함에 있어 역행하지 않고 순리에 맞춰 행함이란 뜻이다. 중용, 제2장 원문 참고인용.

서 인간의 삶에 위협을 가하고 있다. 그래서 나폴레옹은 "자연이 아닌 모든 것은 불완전하다."고 했다. 그러한 문명의 대표적 불완전 사례를 짚어보면 보면 미국 발 금융위기가 그 대표적 사례이다.

미국 발 금융위기는 월가의 탐욕스런 금융 추종자들에 의해서 자행된 자본의 만행적 행위이다. 그들이 그런 결과가 초래될 것이라는 것을 진정 몰랐을 리가 만무하다. 그것은 자본의 작용과 현상을 굴절시키고 순리에 역행하는 부자연스러움의 방법으로 폭리를 취하려는 탐욕 자들에 의해서 만들어진 과속에 결과이다. 그로인해서 그들과 무관한 전 세계의 인류가 진정한 삶의 행복을 박탈당하고 고통을 감내해야했던 문명·문화적 불운을 겪어야 했었다.

그것을 미처 몰랐던 순진무구한 사람들이 그 부자연스러움의 고통을 겪고나서야 비로소 월가 탐욕 자들에 정체와 금융자본의 폭거를 비로소 인식하게 되었다. 하여 그들의 음모와 만행의 폭거를 규탄하는 시위가 전 세계로 확산되었던 것도 다시는 그런 문명사의 오류를 범하지 말자는 경고와 각성이다. 이제는 소수 강자들이 구태의식을 벗어나 다수를 생각하고 새롭게 인식되는 자연스러움의 의식전환이 필요하다.

과학이나 문명은 자연에 대하여 끝없는 도전과 정복을 꿈꾸는 대상으로 여긴다. 그래서 "자연은 인간을 싫어한다."고 R. 데카르트는 말했다. 그러나 자연은 과학이나 문명에 대하여 그렇게 관대할 수가 없다. 자연은 과학이나 문명이 아무리 애써 도전을 해도 그것을 탓하지 않고 다 받아준다. 그것은 우리를 낳아준 이 세상 어머니들의 가슴 같다. 자연은 참으로 위대하다. 아리스토텔레스는 "모든 예술, 모든 교육은 단순히 자연의 부속물에 지나지 않는다."고 했다. 때문에 우린 자연에 대한 인식의 전환이 필요하다.

법정스님께서는 "자연 앞에서 인간은 침묵의 의미를 배워야 한다. 그리하여 인간도 자연의 일부임을 알아차려야 한다."[2]고 생전에 교훈을 주셨다. 또한 영국의 등산전문가인 F.S. 스마이드는 《산의 정기》라는 저서에서 다음과 같이 말한다. "자연은 우리들로부터 떨어져 있는 것도 아니고, 훈련으로 정복되어야 하는 대상도 아니다. 그것은 우리들의 한 부분이며 만물에 이어진 아름다움과 장엄이다."[3] 라고 말했다.

이는 얼마나 문명과 과학이 물리적으로 자연을 정복하고 침탈하려는지 단적으로 잘 보여주는 따가운 지적이 아닐 수 없다. 자연의 숭고함과 위대함을 일깨우는 말이다. "당신은 어떻게 하늘을, 땅의 체온을 사고팔 수가 있습니까?"라는 이 말은 인디언 스와미 족의 추장 시아틀이 미국의 프랭클린 피어스[4] 대통령에게 보낸 편지의 내용이었다. 오래전 일이지만 인디언 추장 시아틀은 얼마나 정확하고, 진지한 자연의 통찰이고 인식인가.

이것은 오늘날 현대의 문명인들이 반듯이 깨달아야 묵시록과도 같은 메시지다. 인간은 자연이 자정의 능력을 잃지 않도록 해야 한다. 자연은 어느 정도는 과학문명의 응석정도로 포용하고 받아드리겠지만 그 위대하고 관대하기 이를 데 없는 자연도 이제는 너

---

2) 법정,「맑고 향기롭게」, 조화로운 삶, p, 166 참고인용.

3) 법정,「맑고 향기롭게」, 조화로운 삶, p, 167 참고 재인용.

4) 프랭클린 피어스(Franklin Pierce, 1804년 11월 23일~1869년 10월 8일)는 미국의 제14대(1853년~1857년) 대통령이다. 1855년 현재의 워싱턴 주에 해당되는 지역에 살던 인디언 스와미족 추장 시아틀에게 미국정부에 팔라고 강요했던 내용에 답변한 추장의 편지내용이다. 법정,「맑고 향기롭게」, 조화로운 삶, p, 169 참고인용.

무 많은 스트레스에 지쳐 있다. 스스로 조절하는 자정능력과 기능의 에너지가 빠르게 소진되어 가고 있다. 이대로 계속해서 양화적[5] 원인들이 그 분수와 중심을 지키지 않으면 자연은 더 이상 참기 어려운 상태가 되고 우리의 미래를 포기할지도 모르는 현실이다.

이처럼 현대사회의 문명은 자연이 실신하여 기절하는 사태는 막아야 한다. 그러기 위해서는 그 중심에 있는 인간들이 정신을 차리고 자연이 다치고 병들지 않도록 해야 한다. 그것이 너무 지나치게 과학 · 문명의 편에 기울지 말아야하는 이유와 당위성이다.

예컨대 인류문명에 있어서 문명창달의 순서가 최선이었다라고 한다면 지금의 현대문명의 역사는 이제 그 기조에서 자연수호의 방법으로 전환해야 한다. 자연을 먼저 살리고 문명창달을 이루는 것이 순서이다.

로마의 철학자 L.A. 세네카는 "우리들의 목적은 주지하는 바와 같이 자연에 따라 사는 것이다."라고 했다. 원래 인류의 삶에 목적은 과학을 위한것도, 문명창달을 위한 것도 아니다. 그러나 세상은 끝없는 도전과 창조정신으로 문명을 창달하려 한다.

그러나 그것이 인류의 행복을 유지, 보존하는 확실한 방법은 아니다. 그것이 문명과 자연 그리고 인간의 관계에서 그 괴리를 더욱

---

5) 양화적– 자연의 역사가 음화적(陰化的) 역사의 현상이라면 정복의 기반한 문명 · 문화는 양화적(陽化的) 역사의 현상이다. 자동차의 액셀러레이터가 양화적 기능이라면 브레이크는 음화적 기능의 과학적 시스템의 장치이다. 정복의 사상에 기반을 둔 유럽의 역사가 끝없는 정복과 착취와 힘과 진압의 역사라는 사실은 낱낱이 증명할 필요도 없다. 그러나 자연은 정복의 대상이 아니다. 정복의 대상이 될 수도 없다. 휘몰아치는 태풍과 폭우, 가뭄, 폭발하는 화산과 지진, 바다의 쓰나미를 어떻게 인간이 정복할 수 있단 말인가? 법정,「맑고 향기롭게」, 조화로운 삶, p, 166 참고인용. 본서(?) '문명창달의 근원' 재인용.

크게 심화시켜 '균형과 조화'를 이루지 못함이다. 즉 과학문명과 인간의 삶은 자연과의 조화로움 속에서 지속적인 균형발전을 이루어가야 한다. 그러나 자연과 과학문명이 균형과 조화를 이루기란 그리 쉽지는 않다.

하지만 어렵기만 한 것도 아니다. 그것은 이루고자 하는 인간의 의지여부에 달렸다. 문명은 문명대로, 자연은 자연대로 따로따로 가서는 곤란하다. 문명은 자연을 생각하고, 자연은 문명창달에 토대가 되어주어야 한다. 그렇게 해서 문명과 자연이 하나 되어 조화를 이룰 때 자연은 자연대로 그 아름다움을 유지하고 문명은 문명대로 더욱 아름답고 찬연하게 빛날 수 있다.

우리 인류가 진정 바라는 것은 무엇인가? 자연의 아름다움과 문명의 찬란함을 이루고 그 가운데서 양쪽의 아름다움을 함께 누리고자함이다. 그렇다면 그 아름다움의 중심이 어디에 있고 그 중심은 어떻게 존속되고 유지 될 수 있는가를 인식해야 한다.

그것이 필자가 《잠든 명사를 깨워 놀아보자》에서 기술한 '중심보기' [6]와 '중심 지키기' [7]이다. 다시 말해 '균형과 조화'를 이룸이다. 이것이 없이 인간은 절대 행복할 수가 없다. 인간의 삶에서 균형과 조화가 깨지고 불균형의 상태는 고통과 괴로움의 상태이다.

---

6) 중심보기- 이운묵,「잠든 명사를 깨워 놀아보자」, 인문의 숲, 2013, pp, 128~130, 참고인용. 풀어서 말하면 '가운데 마음보기' 이다. 중심보기는 현상을 바로 보고, 바로 이해하고, 바로 행동하는 것에 그 목적이 있다.

7) 중심찾기- 이운묵, 「잠든 명사를 깨워 놀아보자」, 인문의 숲, 2013, pp, 144~146, 참고인용. 문제의 핵심을 보고만 있으면 안 된다. 보고만 있어서는 문제의 해결이 되지 않는다. 그 안에서 잃어버렸거나 실종된 "중심" 즉 "가운데 마음"을 찾아내어야 한다. 어떤 관계의 주체와 주체의 연관과 기능 속에서 작용하던 본래의 현상을 회복하는 것이 잃어버린 '중심'을 찾는 것이다.

예컨대 가정에서 남편과 아내가 부부로서의 균형과 조화를 이루지 못하고 있다면 함께 있어도 함께 있는 것이 아니다. 부부로서의 일체가 아니고 늘 따로따로 혼자일 수밖에 없다. 이런 부부는 언제든지 가정이라는 소중한 행복의 보금자리를 깨트리고 말 개연성이 너무 크다. 이런 가정은 이 행복의 항아리가 깨지지 않도록 최선을 다해야 한다.

이처럼 인간의 삶에서 균형과 조화는 나 하나, 혹은 어느 한 쪽의 의미가 아니라 반드시 상대와의 관계를 전제하고 상대에게 나를 맞추어가고 배려하는 인간적 관계의 작용이다. 그렇게 하려면 나의 중심이 필요하다. 내가 좌우의 쏠림이나 고저에 파동이 거칠어지지 않아야 한다. 이와 같은 것은 모든 사물과의 관계에서 중심을 잡는 기준이다.

따라서 균형을 이루지 못하고 있는 중심은 중심이 아니다. 중심은 있어도 알맹이가 없는 껍데기에 불과하다. 중심이나 균형은 사물의 형상이기도 하지만 그 성질의 바탕인 본질이다. 무게의 중심은 그 함량과 성질까지를 포함한 의미이다. 우리사회에서 그 중심을 이루는 요소와 무리는 많다. 하지만 그 중심의 작용도 이루지 못하고, 균형도 이루지 못하는 중심은 그 중심이 없음과 같다.

W. 셰익스피어는 인간에 대하여 이렇게 말했다. "인간은 얼마나 위대한 걸작인가. 이성은 고귀하고, 능력은 무한하고, 행동은 천사와 같고, 이해는 신과 같다. 세계의 미요, 만물의 영장이다."라고 하였다. 또 아리스토텔레스는 "인간은 사회적 동물이다. 인간은 신이 아니면 동물이다."고 했다. 그러나 오늘날 인간이 이처럼 위대하고 신과 같으나 과학문명의 신만 믿고 자연의 순리에 역행

하는 것은 신에 대한 도전이요 교만이다. 따라서 자연과 과학문명
에 합리적 균형과 조화를 이루지 못함이다.

균형을 이루지 못하는 것은 혼이 없는 육신과 같다. 꽃나무이면
서 꽃을 피우지 못하고, 향기도 피우지 못함과 같다. 그런 꽃나무
는 아무 소용의 가치가 없다. 그런 꽃나무는 아무 소용에 가치가
없는 쑥부쟁이나 잡초와 별반 다르지 않다.

따라서 중(中)은 중화(中和)[8]를 이루고 변화하여 균형을 지속적
으로 이룰 때 아름다울 수 있고 그 가치를 지니게 되는 것이다.
균형은 이렇게 양화(陽化)의 일방적 독주가 아니다. 또한 음화(陰
化)의 일방적 점령도 아니다. 균형은 양화와 음화[9]의 가치가 자
연스럽게 공존하고 조화를 이루는 현상이다.

산에 나무가 없는 산을 생각해보자. 낯설고 황량하기가 이를 데
없다. 산이 산답지 않다. 자연의 부조화가 뚜렷하다. 이런 부조화
의 상태에선 조화로움의 아름다움을 발견할 수가 없다. 산은 많
은 생명을 생육하는 산실(産室)이다. 많은 생명들이 발육되는 삶
의 현장이다. 그런 현장에 나무가 없는 것은 하늘에 해와 달, 별,
구름이 없고, 바다에 파도가 없는 것과 같은 느낌이다. 왠지 주인
없는 빈집과 같은 느낌이다. 주인(자연)이 없는 빈집에 객(인간)

---

8) 중화(中和)- 항상 변화, 변동 속에서 가장 안정된 위치를 찾아 움직이는 중
을 말하는 것으로 중화는 일종의 자기조절기능과 같은 형평의 원리로서 균형
과 조화를 포괄하는 의미이다. 김충열,「김충열 교수의 중용대학강의」, 예문서원,
2007, p, 107 참고인용.
9) 음화(陰化)와 양화(陽化)의 두 개념은 충돌과 배척의 개념이 아니라 상호작용
의 의미이다. 따라서 순환성에 의해 조화를 이루며 하나의 유기체처럼 생기생동
(生氣生動)하는 현상과 작용의 원리이다. 양방웅,「중용과 천명」, 예경, 2006, pp,
62~63 참고인용.

이 마음 편히 머물기는 곤란하다.

우린 나무에 모습을 보고 바람이 노닐고, 오가는 상태를 느끼며 자연과 교감한다. 바람은 자연의 생명들이 숨을 쉬고 신명나게 춤 추게 하는 활동 에너지이다. 그리고 이 나무들은 자연에 주체인 산에 주인격(主人格)이다. 그런데 주인 없는 산은 역시 자연스럽 지 못하고 부자연스럽다. 왠지 불안감마저 든다. 사람이 사는 집 에 사람은 없고 텅 빈 공간에 잡동사니만 그대로 나뒹굴고 무거운 정적만이 침묵하고 있는 음산함과 같은 느낌이다. 그런 집에서 자 연의 생명이 생기광장(生起廣場)을 이룰 것이란 기대는 억측이다.

'못생긴 나무가 산을 지킨다.'고 했다. 잘 생긴 나무는 산을 지 킬 겨를이 없다. 잘 생긴 나무들은 사람들에 관심이 집중되는 대 상이고 일찌감치 뽑혀 나가서 인류의 문명창달에 동참해야할 사명 과 목적이 부여되었기 때문이다. 그렇다면 역설적이지만 굳이 모 든 나무가 잘 생길 필요는 없다. 사람도 마찬가지다.

세상이라는 현실의 산에서 모든 사람이 다 잘생기고 다 똑똑해 야 할 이유가 있을까? 당연히 그럴 필요는 없다. 잘생긴 나무로만 산을 채울 수 없듯이 이 세상도 못생기고 못난 사람이 더 많은 세 상이다. 따라서 이 세상도 잘난 사람들보다는 못난 사람들이 균형 과 조화 속에서 세상의 그 중심을 지켜가고 있다는 것을 똑바로 인식해야 한다.

원(圓)은 모든 문명창달의 근원

The Circle is the root of civilization development in the world

투톱(two top)의 기능과 원리

현대사회에 있어서 자동차는 인류가 개발한 최초 문명의 꽃 중에 꽃이다. 이렇게 자동차는 바퀴(○, 圓)문명의 가장 대표적 선두주자라 해도 과언이 아니다. 이 자동차 1대에 들어가는 각종의 부속품(○=구성원)들이 약 천여 개에 달한다고 한다. 이 부속품 하나하나가 오랜 기간 많은 과학자들과 엔지니어들의 피나는 노력과 연구 끝에 하나의 생명성(生命性)으로 탄생된 기술이고 자동차는 그 기술의 산물이다.

이렇게 많은 부품들 하나하나가 자동차라고 하는 세상 속에 없어서는 안 되는 중요한 구성요소(구성 부품)가 된 것이다. 큰 것에서부터 아주 작은 것에 이르기까지 각각에 모양도 각양각색이지만 어느 것 하나 중요하지 않은 것이 없다. 이것들이 각자 각각의 성질과 특성을 가지고 주어진 역할에 충실하여 이상이 없을 때 비로소 자동차라고하는 총집합체는 세상의 먼 미래를 향해 힘차게 달려갈 수 있다.

이것이 자동차라는 세상의 메커니즘이다. 원(圓,○)은 고대 그리스의 자연과학자 아르키메데스(BC 287~212)[1] 에 의해 발견되었다. 이처럼 원(圓,○)의 발견과 원의 변신은 인류사상 발견한 것들 중에 가장 위대한 발견이라고 해도 과언이 아닐 듯싶다. 현대과학 문명과 원(圓,바퀴)의 역사가 여기에서 시초가 되었으리라. 자동차는 이 원(圓,○)의 이론에 기초한 바퀴의 대혁명적인 발명이다.

이제 지구상의 인류는 이 원(圓,○)과는 떼어낼 내야 떼어낼 수 없는 밀접한 관계에 있다. 모든 에너지의 동력은 원(○,圓)이다. 물리학에서 뿐만이 아니라 수리학에서도 마찬가지요, 경제학에서도 마찬가지다. 이처럼 원은 우리의 일상적 현실에서 문명의 메커니즘 속에서 과학과 문명의 세포조직으로 활동하고 있다. 이에 우리의 일상과 함께 하는 이 자동차는 바로 이 원이 집약되어 있는 모든 기술의 총집합체이다.

인류는 이 원을 발견했지만 현대사회의 사람들은 이 원의 기능과 작용에 의존해서 살아간다. 아마도 이 원의 자아를 일깨워준 인간에게 은혜의 보답이라도 하려는 것이 아닐까? 이렇게 이 원의 힘은 위대하기만하다. 이런 힘의 또 다른 상징도 역시 원(○= 圓, 錢)이다. 이런 힘의 총집합체로 이루어진 것이 현대사회에서

---

1) 원(圓,○)-아르키메데스(BC 287~212): 그리스의 수학자 · 물리학자 · 기술자. 수학에서는 포물선 · 원 · 나선 · 구 등의 구적(求積) 문제, 물리학에서는 지레 원리의 해명과 무게중심 · 부력 등을 연구하였고 또 나선양수기 · 행성의(行星儀), 여러 가지 병기도 고안하였다. 출처: 열린백과, 오픈토리, 참고인용.

사람보다도 더 기하급수적으로 늘어난 것도 자동차의 역사이다.

그럼 이런 힘의 절대 원리인 자동차가 마음 놓고 길(道)을 달릴 수 있는 이유는 무엇일까? 그것은 바로 많은 구성○들을 작용케 하고 통제하는 투톱(two top)의 리더인 기능과 장치 때문이다. 이 투톱(two top)이 원의 자동차세상에선 절대적 권한을 가진 신적(神的) 존재이다. 이 자동차 안에 총집합체인 원들은 바로 이 투톱(two top)의 지시(directions)나 사인(sign)에 의해서만 주어진 책무(기능과 역할)를 성실하게 수행한다. 그의 명령에 의해 모든 원(○)의 총집합체인 자동차는 앞으로 전진 하거나, 멈추거나 혹은 뒤로 가거나 한다.

이렇게 그 막중한 책임을 지고 있는 투톱(two top)의 리더가 바로 액셀러레이터(accelerator)와 브레이크(brake)의 장치이다. 이 액셀러레이터는 전진의 지도자요, 브레이크는 제어의 지도자이다. 액셀러레이터는 양화(陽和=+)[2] 의 시스템이고, 브레이크는 음화

---

2) 양화(陽和)- 음양(陰陽)은 동양의 철학적 사고의 틀이다. 고대 중국인들은 모든 환경을 음양을 가지고 해석했다. 음(陰)은 여성적인 요소로 양(陽)은 남성적인 요소로 간주하였다. 음양은 동아시아 특유의 의미 중첩 방법으로 확장되었고, 다양한 분류의 기준과, 그 분류로 양분된 두 부분의 총칭이 되었다. 우주나 인간 사회의 현상은 하늘에 대해서는 땅이 있고, 해에 대해서는 달, 남에 대해서는 여, 기수에 대해서는 우수, 강에 대해서는 유(柔)가 있는 것과 같이 서로 상대적으로 파악할 수가 있다. 그것을 플러스(+)와 마이너스(-)로 환원시켜 플러스와 마이너스 교체 또는 소장(消長)의 변화에 의하여 우주 현상 및 인간 사회의 현상을 해석하려는 것이 음양사상이다. 이 음양사상은 상대적으로 사물을 파악한다는 점에서 과학사상으로서도 우수하고 또한, 철학적이다. 음양사상을 근간으로 인간 사회의 현상을 예측하고 판단하려고 한 것이 바로 '역(易)'의 생각하는 방법이다. 역학(易學)에서, 양화를 태극(太極)이 나뉜 두 기운 가운데 적극적이고 능동적인 면을 상징하는 철학적 범주. 밝음, 하늘, 해, 수컷, 더움 따위로 나타난다. 출처: 한국어 위키백과, 음양, 참고인용.

(陰和= -)[3] 의 시스템으로서 아버지와 어머니의 역할 같은 것
이다.

아버지는 매사에 능동적이고, 적극적인 반면 어머니는 아버지
의 뜻을 이해하고 수용해가는 소극적 주체이지만 아버지가 소홀
한 부분을 보완하고 조력하는 역할이다. 가정의 중심을 잡고 조화
를 이루는 것은 아버지보다는 어머니의 포용적 역할이 크다. 그러
다가도 아버지가 어떤 외적요인의 의해 과속하여 중심을 잃었거
나 흔들리면 바로 제어에 들어가 위험으로부터 가정과 가족을 보
호하고 지키려는 본능을 발휘하게 된다.

이것이 자동차로 말하면 음화의 시스템인 브레이크가 이에 해당
한다. 이렇게 가정으로 말하면 액셀러레이터는 남편(夫)이고, 브레
이크는 아내(婦)로서 가정의 중심적(중심체) 리더가 된다. 이 부부

---

3) 음양- 음양은 기본적으로 대립적인 성격을 가지고 있다. 그러나 서로 균형
을 맞추려는 성격을 가진다. 어느 한 쪽이 지나치게 강해지면 반드시 그 반작용
이 일어나 강한 것이 약해지고 약한 것이 강해진다. 양의 기운이 최고조에 이르
면 거기에서 다시 음의 기운이 생성되고, 음의 기운이 최고조에 이르면 그 순간
다시 양의 기운이 생겨나기 시작한다. 시소의 경우를 예로 들어보면 알 수 있
다. 시소는 양쪽이 번갈아 오르락내리락 하면서 균형을 맞추는데, 여기에서 올라가
는 것이 양이고 내려가는 것이 음이라고 보면 균형의 원리를 쉽게 이해할 수 있
다. 균형을 맞추기 위해 음양은 서로 끊임없이 돌고 돈다. 낮과 밤이 서로 교차
되는 것, 달이 차면 다시 기우는 순환을 되풀이하는 것, 또 1년의 사계절이 항
상 규칙적으로 순환을 하는 것 등이 음양의 순환을 증명해 준다. 음양은 구름에
의하여 생기는 음지의 그늘과 지평선에서 떠오르는 햇빛을 의미하는 글자로부터
유래되었고 후세에 그 의미가 점차 확대되어 낮과 밤, 밝고 어두움, 따뜻하고 차
가움, 가볍고 무거움, 맑고 탁함이라는 성질을 대표하게 되었으며 자연현상 외에
도 남과 여, 신체의 앞과 뒤, 5장과 6부, 기와 혈, 경맥의 음경과 양경, 약의 온
열과 한량 등으로 그 활용범위가 확대되었다. 역학(易學)에서 음화는 태극(太極)
이 나뉜 두 기운 가운데 소극적이고 수동적인 면을 상징하는 철학 범주로 어둠,
땅, 달, 암컷, 차가움 따위로 나타난다. 출처: 문화원형백과, 음양, 참고인용.

(夫婦)가 긴밀한 협력관계에서 가정은 문명의 세상을 향해 달려가게 된다.

세계는 크게 동양과 서양으로 양분되어 있다. 지구는 남극과 북극으로, 우주는 음과 양으로 상대적 관계 속에 이질적 요소를 가지고 있지만 결국은 둘이 아니라 하나의 관계이다. 동양은 음화의 형상으로 작용하는 바탕이요, 서양은 양화의 형상으로 작용하는 바탕이다. 서양문명은 '동적 문명'이요, 동양문명은 '정적 문명'이다. 북극은 양화적 기운인 플러스(+)요, 남극은 음화적 기운인 마이너스(−)이다. 우주의 양화는 빛(밝음)이요, 음화는 그림자(어둠)이다.

현대사회는 산업화의 터널을 지나 국제화, 세계화, 글로벌 경제의 과정을 지나오면서 과거 서구의 빛나는 과학문명의 얼굴로 거침없는 양화의 질주를 위해 노력한 지난 과거의 역사가 있었다면 21세기 현대는 음화인 느림의 미학으로 다소 속도조절이 필요한 시점이다.

그동안 앞만 보고 위험하게 과속하고 있는 원(○) 문명의 주도적 양화를 더 이상 방치하고 방임해서는 곤란하다. 이미 오래전부터 많은 양화적 요소들이 위험하고 무서운 질주로 인해 부작용이 우리사회의 전반에 걸쳐서 일어나고 있기 때문이다. 물론 양화의 전진을 하지말자는 것이 아니다. 전진의 과정에서 후퇴하자는 말은 더더욱 아니다. 다만 필자의 생각은 전진을 하되 국가와 국민을 위험에 빠트리지 않고 불행이나 불안감이 덜한 안정적 행복감을 갖기 위해서는 문명의속도 조절이 필요하다는 것을 강조함이다.

이러한 속도 조절을 위해서는 늘 한발 뒤에 물러서서 지켜보는 음화의 역할이 필수이고 이젠 음화가 양화의 지속적인 전진을 위해 한발 앞으로 나서 다소의 보조를 맞춰야 한다. 양화는 능동적이고, 적극적이다. 그러나 양화는 강하다고는 하나 음화를 이길 수는 없다. 또한 음화 역시 피동적이고 소극적이긴 하나 양화에게 져서는 안 되는 관계이다. 단, 음화는 양화의 속성을 이해하고 수용할 뿐이다. 양화는 자기의 제어 인식이나 기능이 부족하다. 때문에 자신도 모르는 사이에 과속이 되어 위험한 상황이 되어도 그것을 인식하지 못하고 양화적 본능에만 충실하기 때문이다.

서구문명의 양화적 본능은 미래에 대한 도전과 응전, 발전적인 역사관과 적극적인 개척의 정신이다. 과학기술을 통해 자연을 정복하고 그 자연 앞에 과학이란 이름으로 세상의 문명 속에서 군림하고 있다. 그 기세는 하늘을 향해 점점 높이 치솟아 오른다. 이렇게 서구문명의 양화는 인간의 삶과 환경을 너무 빠르게 변모시키고 있다.

동양의 문명은 서구문명의 양화적 본능에 비해 많이 느리다. 그리고 미래에 대한 도전이나 발전적인 역사관과 적극적인 개척의 정신도 부족하다. 또한 과학기술을 통해 자연을 정복하지도 못했고, 과학문명도 꽃피우지도 못했다. 변증법적인 발전도 이루지 못했다. 그러니 양화인 서구문명의 밀리는 것은 일부 당연한 논리이다. 하지만 꼭 그렇지만은 않다.

'중용' 제14장 원문엔 "군자소기위이행, 불원호기외(君子素其位而行, 不願乎其外)"[4] 라 하였다. 이는 의역하면 "군자는 그가 처한

---

4) 김충열,「김충열 교수의 중용대학강의」, 예문서원, 2007, P, 192, 참고인용.

현재의 상황과 주어진 여건에서 자기의 형편에 따라 분수에 맞게 살아간다. 즉 중용적 삶을 지켜갈 뿐, 그 밖의 어떤 염원도 하지 않는다."이다. 여기에서 그 어떤 염원도 하지 않는다는 것은 다시 말해 '나의 헛된 목적을 위해 그 어떤 악행도 하지 않겠다.'는 말이다. 좀 더 쉽게 말하면 '내가 잘 먹고 잘 살기위해 그 어떤 나쁜 짓도 하지 않겠다.'는 말과 같다.

이 얼마나 군자다운 면모인가. 이 얼마나 조용(정적)하면서도 결연한 정신의 자세인가. 이것은 음화의 내면적 윤리의식이다. 그리고 어머니의 단아한 성정과도 같다. 그러면서도 그 중심(가운데 마음)을 잃지 않으려는 군자다움의 강한 의지의 결연함이다. 이는 소위 소위자족(素位自足)하는 군자의 처세요령이다.

이것은 삶의 분수를 지켜서 경거망동하지 않고 절대 과속하지 않겠다는 자기 제어적(음화) 기능의 시스템이다. 자동차로 말하면 질주의 본능을 우선시하는 액셀러레이터가 아니라 언제고 위험한 상태에 노출되면 지체 없이 브레이크를 밟아 제어할 수 있는 정지의 장치이다. 그렇게 해서 양화의 기능을 잠시 제어하고 음화의 기능을 강화함으로써 흔들렸던 속도를 안정시키고 잃었던 중심을 되찾게 된다.

그러나 우리 인간의 본성은 문명의 양화적 본능과는 별개의 차원이면서도 인간은 문명의 양화적 본능에 매료(최면)되어 한없이 이끌려만 간다. 참으로 이해하기 어려운 아이러니다. 인간들은 자신들이 창조해낸 문명에 예속되어 자신들의 정체성과 신념마저도 망각하고 있는 것은 아닌지? 인간은 아무리 과학문명의 혜택을 누리고 살아도 자연의 본성을 버릴 수는 없다.

첨단 과학문명이란 것은 우리 인간들이 꾀를 내어 이룩한 성과이긴 하지만 결국 그 자연의 위대함과 경이로운 섭리엔 비교가 되지 않다. 하늘 높은 줄 모르고 우후죽순마냥 치솟는 아파트나 최고급 승용차가 우리 인간의 삶에 근원적 행복을 담보할 수 있는 것은 결코 아니다. 그럼에도 우리 인간들은 양화의 화려함과 매력에 눈이 멀고 사정없이 달려가는 본능적 질주에서만 삶의 즐거움과 가치를 두려한다. 하지만 결코 그런 것들이 행복을 보장하는 것은 아니다.

그 무서운 질주를 어떻게 제어할 것이지? 그것은 무엇인지? 어떻게 양화의 위험한 질주 속에서 인간이 누려야 할 삶의 행복과 가치를 회복하고 지켜갈 것이지를 진정으로 고민해야할 시기다. 그것은 인류의 미래가 아니라 당장 나의 문제요, 내 가족의 문제이다. 우리의 삶에 안전한 운행을 위해서는 현재 과속하고 있는 액셀러레이터를 더욱 세게 밟는 것이 아니라 속도를 줄이는 브레이크를 밟아서 더 이상의 과속을 예방하고 질주의 공포에서 벗어나야 한다.

그러기 위해서는 음화의 제어적 기능과 기술이 그 작용과 역할을 제대로 해서 튼실한 균형을 잡아야 한다. 각각의 음화와 양화가 둘이 아니고 하나의 자동차처럼 공영의 일체를 이루는 세상이었으면 좋겠다.

線과 圓의 관계에서 보는 모양, 색깔, 소리
The shape, color and sound in relationship of line and circle

중용(中庸)이나 중도(中道)에서 '0'에 위치란 어디일까? 또 '0' 의 모양이나 색깔, 소리는 과연 어떤 것일까? 선(線)은 실과 같이 가늘고 긴 것. 또는 어떤 사물에 경계를 두고 길게 이어져 있는 상태이다. 물론 선이라고 해서 다 가늘기만 한 것은 아니다. 선에 는 동아줄 같이 굵직한 선도 있고 매우 다양하다.

그러나 어떤 선이라도 반드시 양단(좌우,+−)이 있다. 그리고 좌 에서 우로(+에서 −로), 또는 우에서 좌로 이어지는 어느 한 전환 점(轉換點)이 있는데 그 곳이 바로 그 선의 중심이 되는 '0의 위 치(0의 영역)'이다.

이 '0'의 위치는 좌나 우 어느 방향으로든지 작용될 수 있는 조 절에 위치이다. 가령 +1년이란 시간의 선과 −1년이란 시간의 선 사이엔 반드시 시간의 전환점인 '0의 시간'이 존재한다. 이것은 모든 사물이나 인간에 의식의 세계에서도 +의 영역과 −의 영역이 있고 그 사이에 이 '0의 영역'이 있다. 그러나 이런 '0'의 영역들은 결국 선(線)의 시원(始原)으로 말미암은 것이다.

그것은 선의 길이가 길던, 짧던 관계가 없고 또한 선의 굵기 또한 굵던, 가늘던 아무 상관이 없다. 또한 선은 눈으로 보이는 것만 있는 것도 아니다. 사람과 사람의 관계가 그렇고 인연과 인연의 선이 그렇다. 이런 선은 눈으로는 절대 볼 수 없는 것들이다. 오로지 사물의 작용이나, 변화의 형상에 따라서만 그 인식이 가능하다.

또한 눈에 보이는 사물은 모두 색깔이 있다. 색깔에는 크게 나누어서 유채색과 무채색으로 그 선의 경계를 나눌 수 있다. 무채색(無彩色)은 무채색대로 검정색과 백색으로 경계를 이루고 있다. 유채색(有彩色)은 흰색과 검정색 계열의 색을 제외한 모든 색깔을 말한다. 유채색을 대표하는 색의 삼원색(減法混色)은 빨강(magenta), 파랑(cyan), 노란색(yellow)이다.

그리고 빛의 삼원색(加法混色)이 있다. 빛에서는 모든 색을 혼합하면 흰색이 된다. 그러나 빛의 색이 아닌 일반적 색에서는 모든 색을 혼합하면 검정색이 된다. 빛은 하늘의 색이다. 또한 일반적인 색의 삼원색은 땅의 색으로서 상징하지만 그 색깔들은 헤아릴 수 없이 다양하게 표현될 수가 있다. 이런 색을 혼합색이라 한다. 색의 삼원색은 색의 3요소라고 할 수 있는 빨강색, 파랑색, 노란색을 근본(根本)으로 그 각각의 경계를 두고 있다.

이렇게 무수한 색들이 있지만 이렇게 많은 색들 속에서도 중용적(中庸的)이거나 중도(中道)의 색은 그리 많지 않다. 색은 '빛의 삼원색'과 '색의 삼원색'을 혼합하면 과연 어떤 색이 될까? 궁금하지만 그것은 불가능하다. 즉 하늘의 색과 땅의 색은 근본적으로 본질이 달라 혼합이 불가능하다. 그냥 하늘과 땅의 경계가 있듯이 흑색과 백색이란 경계만 있을 뿐이다.

그러나 색의 삼원색은 삼원색의 요소라고 할 수 있는 빨강, 파랑, 노란색을 근본(根本)으로 많은 색을 창조할 수 있다. 삼원색은 모든 색의 중심을 잡아주는 기본색이다. 이 삼원색을 통하여 모든 색의 균형과 조화를 이룰 수 있기 때문이다. 따라서 모든 색들은 나름대로 고유의 아름다운 특색을 갖게 된다.

그러나 이렇게 많은 색깔 중에서도 대립적 관계가 뚜렷하고 경계도 뚜렷하지만 대립적 관계에서 합리적 균형을 이루려는 보완적 색을 만들어 가는 색이 색의 중도 · 중용의 색깔이다. 이 중도의 색을 '0의 색'이라 할 수 있다. 이 '0'의 색은 녹색(green = 노랑+파랑= 자연의 색), 청자색(red blue= 빨강+파랑= 이치, 섭리의 색), 금적색(yellow red= 노랑+빨강= 문명의 색)이다.

그리고 이 중도 · 중용 가운데서도 아주 단단히 응축된 핵으로서 그 색은 바로 검정색(black)이다. 이 검정색은 세상의 모든 색을 조건 없이 수용하는 어머니 같은 생명의 색이다. 모든 생명은 어둠 속에서 잉태하여 백이라고 하는 경계를 넘어 밝은 빛(세상)의 색(色) 속에서 생육되어 진다.

이 검정색에는 그 어떤 색을 더해도 검정색일 뿐이다. 그러나 흑과 백의 경계선(중용 · 중도=0의 위치)만은 분명하다. 이렇게 모든 사물과 색깔의 세계에도 경계선은 존재하고 있고 대립의 관계에 있으나 서로를 부정하지는 않는 합리성이다. 바로 그 경계가 중도적 균형과 조화를 이루는 '0의 세계'라고 이해하여야 한다.

그럼 '0의 소리'는 어떤 것인가에 대하여 알아보자. 이 세상은 온통 별의 별 사물들과 별의 별 소리들로 가득 찬 세상이다. 세상엔 사물 하나하나에 소리들이 허공에 주렁주렁 매달려 있다. 때론 웃음소리, 때론 울음소리로 묘사된다. 그런 소리들 때문에 반은 즐겁고 반은 짜증이 난다. 그런 소리들 속에서 즐거움이나 쾌락의 소리가 아닌 행복의 소리도 있다. 그 행복의 소리가 '0의 소리'인데 어떤 소리들인지 구체적으로 한번 생각해보자.

소리에도 크게 나누어서 자연의 소리가 있고 인위적인 소리가 있다. 대체적으로 자연의 소리는 크게 문제가 되지 않는다. 다만 천둥과 같은 소리의 문제만 빼고는 자연의 소리는 대체적으로 아름답다. 바람의 소리, 물 흐르는 소리, 새 소리, 풀벌레소리, 가축들의 소리, 비 내리는 소리 등이 그렇다.

그러나 인위적이거나 물리적인 소리가 문제다. 이 소리들은 문명과 문화의 얼굴로 치장을 하고 마구 기계음 또는 마찰음의 소리들을 쏟아낸다. 자동차소리, 열차소리, 지하철소리, 굴착소리, 자르는 소리, 붙이는 소리, 두들기는 소리, 박는 소리, 부수는 소리, 허공을 나는 비행기소리, 터지는 소리, 알리는 소리, 여야가 목청 높여 싸우는 소리, 배부른 소리, 배고픈 소리, 강자의 소리, 윽박지르는 소리, 공포의 소리, 편 가르는 소리, 진보의 소리, 보수의 소리, 전화벨소리, TV소리, 고성방가 소리, 등등 이처럼 짜증나고 고통스런 소리들로 이루 헤아릴 수가 없이 세상의 공간에 가득 채워져 있다.

그러나 이런 소리만 있는 것은 아니다. 아름다운 음악소리, 노래 소리, 칭찬의 소리, 웃음소리, 격려의 소리, 감사의 소리 등과 같은 매우 인간적인 소리들도 간혹 있으나 부정의 소리에 비해 긍정의 소리는 너무 적다.

하지만 조금은 위안이 되는 행복의 소리도 있다. 고음과 저음의 사이에 중음이 있다. 이 중음은 시끄럽지도 않고, 소리가 작아서 갑갑한 소리도 아닌 소리로서 시원한 느낌의 소리일 수 있다. 또는 추적추적 봄비 내리는 소리, 파란 이파리를 흔들고 지나는 바람의 소리, 졸졸졸 흐르는 시냇물소리, 낙엽이 구르는 소리 등과 같이 자연이 들려주는 소리가 있다. 또한 산사 법당에 모셔진 부처님의 미소와 박자를 이루는 처마 끝 풍경소리 같은 소리들은 중도/중용의 소리로서 이런 소리들을 '0의 소리' 또는 행복의 소리라 할 수 있다.

사물의 모든 소리들은 허공에다 각자의 소리 선을 긋는다. 그 소리들은 유성처럼 찰나의 선을 긋고 곧 지워진다. 때론 굵게 때론 가늘게 선을 긋고 울림의 경계를 만들고 사라진다. 이 처럼 선은 그냥 선이 아니다. 하나로 잇기도 하지만 하나를 둘로 나누어 경계를 두었다가 또 지우는 소리의 선(線)이 있다.

또 인간의 삶 속에는 선(線)을 빼고는 아무것도 생각할 수가 없다. 부모, 형제, 친인척, 친구, 선후배, 지연, 학연, 혈연, 남녀관계 등이 모두 그렇듯이 사람의 관계는 모두가 선(緣)에 의해서 움직이고 있다고 해도 과언이 아니다.

인류의 문명사에서 인간이 발명한 것 가운데 위대하지 않은 것은 하나도 없다. 어떤 인류학자는 인간이 발견한 것 가운데 가장 위대한 것은 '원(圓=○)'이라고 했다. 그 때부터 숫자와 바퀴문화

의 역사가 시작되었다. 사명대사의 스승인 서산대사께서는 400여
년 전에 일찍이 '○'에 대하여 「선가귀감(禪家龜鑑)」[1]에서 보배
와 같은 말씀을 남기셨다. 이것을 법정스님께서 알기 쉽게 풀이를
해놓으신 한 구절을 보자.

有一物 於此
從本以來 昭昭靈靈
不曾生 不曾滅
名不得 狀不得
유일물 어차
종본이래 소소영영
부증생 부증멸
명부득 상부득

여기 한 물건이 있는데
본래부터 한없이 맑고 신령스러워
일찍 나지도 죽지도 않았다.
이름 지을 길 없고 모양 그릴수도 없도다.

※ 법정스님께서 출가 후 첫 번째 지으신 저술(역자)

---

1) 이규항,「0의 행복」, 글누림, 2009, pp, 160~161, 참고인용.

본래 서산대사께서 이 원문을 알기 쉽게 설명을 하신 내용이다.

一物者 何物
'0' 古人頌韻
古佛未生前
凝然一相圓
釋迦猶未會
迦葉豈能傳
일물자 하물
'0' 고인송운
고불미생전
응연일상원
석가유미회
가섭기능전

한 물건이란 무엇인가?
'0' 옛 어른은 이렇게 읊었다.
옛 부처님이 나시기 전에
의젓한 둥그러미를
석가가 몰랐거니
어찌 가섭이 전할 수 있으랴.

이처럼 원(○)은 일상원(一相圓)이다. 여기에서 일상원(一相圓)은 일원상(一圓相)[2] 으로서 '0'이다. 하지만 그 중에서도 가장 위대한 것은 선(線)이다. 모든 사물의 형태 또한 선으로 묘사되고 있다.

─────────

2) 일원상(一圓相)- 원불교(圓佛敎) 교리의 궁극적인 표현, 참고인용. 이는 교조 소태산(小太山)의 대각(大覺)에 의하여 비로소 천명된 진리의 상징으로서 사유나 언설, 논리적 판단으로는 다 드러낼 수 없는 경지이다. 소태산이 깨달아 얻을 구경(究竟)의 경지를 일원상(0)으로 상징한 것이며, 이 일원상의 상징을 다시 문자로 함축시켜 표현한다면 '궁극적 진리'이다. 소태산은 처음으로 그 경지를 소박하게 표현했으나 교리형성 과정에서는 이를 다시 '일원상'으로 표현하기도 했다. "일원상은 부처의 심체를 나타낸 것이므로, 형체(形體)라고 하는 것은 한 인형에 불과한 것이요, 심체라고 하는 것은 광대 무량하여 능히 유와 무를 총섭(總攝)하고 삼세(三世)를 관통했나니 곧 천지만물의 본원이며 언어도단(言語道斷)의 입정처(入定處)라 유가(儒家)에서는 이를 일러 태극(太極) 혹은 무극(無極)이라 하고 선가(仙家)에서는 이를 일러 자연(自然)·도(道)라 하고, 불가(佛家)에서는 이를 일러 청정법신불(淸淨法身佛)이라 했다. 원리에 있어서는 조금씩 가는 길이 다르나 최후 경지에 들어가서는 모두 이 일원의 진리로 돌아간다. 일원상 진리는 3속성 9범주에 의하여 만물이 생성되며 현상화 한다. 3속성이란 다음과 같다. ① 태허성(太虛性) : 일원상 진리는 무엇에 얽매이지 않는 텅빈 속성으로 존재한다. 이 태허성은 다시 유일(唯一)·평등(平等)·명징(明澄)의 범주를 갖는다. ② 주변성(周邊性) : 일원상 진리는 막힘이 없다. 다 통할 수 있는 속성으로 존재한다. 이 주변성에는 무혈(無穴)·무여(無餘)·원만(圓滿)의 범주를 갖는다. ③ 순환성(循環性) : 일원의 진리는 '돌고 돌아 그침이 없다'는 뜻이다. 이 순환성에는 또한 무시(無始)·무종(無終)·인과(因果)의 범주를 갖는다. 소태산이 새롭게 제시한 일원상의 진리를 개념화하여 본다면 그 의미는 대략 다음과 같다. ① 우주만유의 근원적 존재인 일원의 진리는 궁극적으로 존재하고 있다는 것이며, ② 제불제성(諸佛諸聖)이 증득한 진리가 바로 이 일원의 진리라는 것이며, ③ 모든 존재는 하나하나 이 일원의 진리에 근거함으로써 상생상화(相生相化)한다는 것이며, ④ 범부중생도 수행을 통해서 이 일원의 진리에 계합(契合)될 수 있다는 것이며, ⑤ 만물이 각각 다르게 나타나 있지만 본성에 있어서는 부처와 범부의 구별이 없다는 것이며, ⑥ 일원의 진리는 일체의 분별과 차별과 변화의 언설을 초월하고 있으나 소소영영(昭昭影影)하게 모든 존재를 비추고 있다는 것이며, ⑦ 이러한 초월의 경지는 적적한 가운데 성성하고 성성한 가운데 적적하되 그 공적한 속에 영지(靈智)가 스스로 간직하고 있다는 것이며, ⑧ 일원의 진리는 이 '공적영지(空寂靈智)'에 의하여 현실로 나타나 작용한다는 것이고, ⑨일원의 진리는

도표 13-원은 기계문명과 바퀴문명의 역사

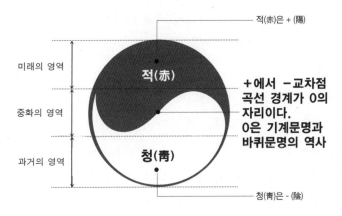

적(赤)은 + (陽)

미래의 영역

적(赤)

+에서 −교차점
곡선 경계가 0의
자리이다.
0은 기계문명과
바퀴문명의 역사

중화의 영역

과거의 영역

청(靑)

청(靑)은 - (陰)

안과 밖의 경계선

　적(赤)의 영역 = +기쁨(쾌락), 밝음, 온기, 단맛
　청(靑)의 영역 = −슬픔(고통), 어두움, 냉기, 쓴맛
　선(線)의 영역 = 중심의 영역
　　　　　　　　 기쁨, 슬픔감정 수수작용의 영역

따지고 보면 둥근 원(○)도 선에 의해서 생겨났다. 기계문명의 혁명이 원(圓=○)이었다고 한다면 그 시원(始原)은 이 선(線)일 수밖에 없다. 이처럼 선의 발견과 발명이 있었기에 비로소 바퀴문화의 대혁명이 창조 진화되었다.

이처럼 선은 어떤 모양이나 관계를 이어주기만 하는 것이 아니

동정 없이 '용사(用使)'하여 대소유무의 분별과 선악업보의 차별상을 나타내며, ⑩ 일원의 진리는 인간을 통하여 언어명상(言語名相)으로 다시 확연히 드러나게 된다는 것이며, ⑪ 일원의 진리를 체(體)와 용(用)의 관계로 설명하면 '변과 불변', '유상과 무상'으로 구분되나 실제에 있어서는 상즉불리(相卽不離)한 것이며, ⑫ 일원의 진리는 진공(眞空)을 체로 하고 묘유(妙有)를 용으로 하는 '진공묘유'의 조화력으로 우주만유를 생성한다는 것이며, ⑬ 일원의 진리는 언제 어디서나 상존(常存)하며 불변하고 순환무궁하다는 이론이다. 브리테니커, 참고인용.

다. 선은 어떤 사물의 관계와 관계를 잇기도 하지만 어떤 관계를 냉정히 단절하기도 한다. 어떤 관계를 하나로 묶기도 하지만 선은 나누기도 한다. 무수한 경계를 만들기도 하고 무수한 단절을 하기도 한다.

이것은 인간관계의 한 단면에서도 잘 나타나고 있는 현상이다. 여기에서의 단절은 또 다른 시작과 선(線=連)을 위한 단절이기도 하다. 좌우의 선이 그렇고, 상하가 그렇다. 양과 음(+와 -)의 선이 그렇고, 긍정과 부정의 선이 그렇다. 행복과 불행의 선이 그렇고, 기쁨과 고통의 선이 그렇다. 흑백이 그렇고, 선과 악의 선이 그렇다.

이렇게 모든 선들이 다 이어짐이 있고 또한 경계도 있다. 이것이 +이고, 저것이 -라면 이것과 저것의 경계점 사이엔 선의 존재 '0의 세계'가 있다. 이것이 불교적 붓다의 사상으로 보면 중도(中道)이고, 유교적 공자의 사상으로 보면 그것이 중용(中庸)[3]의 사상이다. 이처럼 선의 모양은 단순한 일직선이지만 모양은 변화무쌍하다.

이러한 선(線)의 중도나 중용은 '0의 자리' 또는 '0의 모습'이다. 인간의 생명 또한 천지우주에 찰나의 선을 긋고 태어나 한 세상 원(○=동그라미)을 그리며 살다 한순간 찰나의 선처럼 생을 마감한다. 하여 선이나 원은 인간의 삶과 너무 닮았다. 이처럼 생멸의 양단은 선으로 시작하고 선으로 끝을 맺는다.

---

3) 중용 제6장 원문- 執其兩端, 用其中於民. 이 말씀은 상충하는 말은 그 양쪽의 말을 다 듣고 이를 절충하여 백성들이 중도(中道)를 가도록 하셨지요.

'0'의 발명과 '0'에서 얻은 인류의 행복

The invention of the '0' and The happiness of mankind from '0'

오늘날 우리인류가 일상에서 사용하고 있는 아라비아 숫자와 영 (零=0=zero)은 약 1400~1500년 전 인도에서 발명되었다. 본래 는 1~9까지 아홉 개의 숫자뿐이었다. 마지막 '0'은 인류문명에서 참으로 위대한 발명이 아닐 수 없다. 그 후 숫자에 의한 수학과 기 하학은 문명사회의 철학과 내통하며 약속된 공리(公理)[1]의 틀 안 에서 행해지는 현대문명사 발전에 지적 유희의 주인공이 되었다.

따라서 수학이란 매우 실용적이지만 깊이 들어가면 그 보다는 오히려 철학에 더 가깝다. 그 과정에서 '0'은 인류문명사의 대단 한 발견에 주인공으로 대접 받아야 할 가치이다. 현대 컴퓨터산업 의 기술과 발전도 모두 이 '0'의 덕택이다. 이렇게 '0'은 현대사

---

1) 공리(公理)- 일반적으로 널리 통용되는 진리나 도리. 논리학이나 수학에서, 증명할 필요가 없는 자명한 진리로서 다른 명제를 증명하는 데 전제가 되는 원 리이다.

회뿐만이 아니라 미래사회에서는 더 더욱 그 가치가 빛나게 될 것이다. 그렇다면 과연 이 '0'은 누가 최초 발견했을까?

원래 숫자에서는 '0'이 없었다. 그러나 누가, 언제 '0'을 발견했는지 정확히는 알 수 없다. 하지만 학자들은 6세기경부터 인도에서 이 '0'이 발견돼 자릿값 기수법[2]을 사용했다고 추측하고 있다. 이렇게 인도에서 발명된 숫자는 차츰 아라비아로 전해졌고 그 후 유럽으로 전해졌다. 그래서 유럽 사람들은 아라비아 숫자라고 부르고 있지만 정확하게 말한다면 인도-아라비아 숫자라고 하는 것이 더 설득력 있다. 숫자가 이렇게 유럽에 알려진 이후 셈이나 수의 기록이 아주 편리하게 되었고 그 후로 유럽에 수리학(數理學)이 급속히 발달하게 되는 전기가 마련되었다.

1에서 9까지 아홉 개의 숫자와 '0'을 써서 10이 될 때마다 한 자리씩 올려가는 것을 생각해 낸 일은 매우 간단한 것 같지만 수리학에 있어서는 인류의 역사상 매우 대단한 발명이었다. 이 숫자 덕분에 현대인들은 가감승제(加減乘除 =덧셈, 뺄셈, 곱셈, 나눗셈)는 물론 이자 계산이라든가, 제곱근, 세제곱근을 구하는 등 복잡한 셈법까지도 쉽게 할 수 있게 되었다. 인도 사람들이 이집트나 그리스, 로마 사람들보다도 수천 년 동안 미처 할 수 없었던 고도의 산수, 대수 계산에 익숙해진 것은 오직 이 숫자 '0'의 발명 덕분 때문이라는 학설은 나름 설득력이 있다.

이런 '0'의 발견이 아무리 간단하고 하찮은 것처럼 보여도 이것이 문명사회의 발달에 얼마나 중요했을까는 오늘날 우리 현실에

---

2) 기수법(記數法)- 숫자를 사용하여 수를 적는 방법이다. 가장 널리 사용되는 것은 가감승제와 십진법이다.

서 충분히 미루어 짐작이 간다. 이 '숫자와 0'의 덕분 때문에 오늘날 문명사회의 계산법에 있어서 없어서는 안 되는 매우 중요한 산술법의 하나가 되었다. 이렇게 '숫자와 0'은 기능과 숫자를 표현하는 문자로서 과학문명의 꽃을 피우게 된 핵심적 역할을 하게 되었다.

현대 수학에서 0은 두 가지의 기능을 갖고 있다. 첫째로 18과 108 같은 것을 구별할 수 있게 해준다. 숫자의 위치가 자릿수를 의미하는 이런 표기법에서 '0'은 '비어 있는 자리'를 나타내고 있다. 기원전 바빌로니아 인들은 혼동을 피하기 위해 '0'의 사용을 권장하였고 그리스인들이 이것을 도입하여 지금과 비슷하게 생긴 기호(O/동그라미)를 정착시켰다고 한다.

그러나 이 '0'이라는 수에 더욱 깊고 중요한 의미가 담겨있다. 이것은 '0'이 숫자들을 구별하는 기능만 갖고 있는 것이 아니라, 그 자체가 고유한 수임을 간파했다. 1과 2가 고유한 수인 것과 마찬가지로 '0' 역시 엄연한 수로서 존재한다는 것이다. 즉 '아무것도 없음'을 나타내는 수이다. 이전까지는 전혀 구체화시킬 수 없었던 무(無)의 개념을 이 '0'의 등장과 함께 비로소 실제적인 기호로 표현할 수 있게 된 것이다.

현대를 사는 우리에게 '0'의 등장은 그다지 혁명적이지 않는 것으로서 그저 '별 볼일 없는 기호, 문자' 정도의 사건으로 보일런지도 모를 일이었다. 하지만 아리스토텔레스를 비롯한 고대 그리스의 위대한 철학자들도 이 '0'이 갖고 있는 깊고 심오한 의미를 눈치 채지 못했다고 한다. 아리스토텔레스는 이 '0'을 가리켜 '규칙에서 벗어난 수'라고 하였다고 한다. 이는 나눗셈에서 임의의 수를 '0'으로 나누었을 때 당시로서는 도저히 이해할 수 없는 수의 답과 결과가 발생되었기 때문이다.

이렇게 수리의 난점들이 비로소 6세기가 되어서야 '0'의 발견으로 인하여 해결되었고 인도 수학자들은 이 문제를 집요하게 파고들어 '무한대'라는 개념과 연결시켰고 7세기 때에 수학자 브라마굽타[3]는 '임의의 수를 0으로 나눈 몫'을 무한대의 수학적 '독립된 수'로서 정의하여 사용하였다 한다. 고대 그리스의 철학자 피타고라스도 '만물의 근원은 수(數)'[4]라고 주장했다.

그는 이 '수'를 토대로 자연의 오묘한 조화와 아름다움을 탐구하고 숭배하는 일단의 종교와 교파를 이끌었다고 한다. 피타고라스의 말처럼 수가 '만물의 근원'까지는 아니더라도 현대사회의 인간에 삶에서 피해갈 수 없는 필수불가결한 요소임에는 틀림이 없다.

이렇게 '0'의 발견'은 '연속성'이라는 두 가지의 큰 테마로 나뉘어져 있다. 하나는 수학적 차원의 '0'과 또 하나는 철학적 접근

---

3) 브라마굽타(Brahmagup 598~665경)- 고대 인도의 천문학자 중 가장 학식이 깊은 인물이다. 〈우주의 창조〉(628)에서 운문 형태로 힌두인의 천문학체계에 대해서 말했는데 2개의 장(章)에서는 수학에 관한 등차수열, 2차방정식, 그리고 직각삼각형·삼각형 및 4변형의 면적·표면적·부피체적에 관한 여러 기하학 정리에 대한 증명이 들어 있고 나머지 23개의 장은 천문학에 관한 일식(日蝕), 월식(月蝕), 행성의 합(合), 달의 위상(位相), 행성의 위치결정 등의 내용을 다루고 있다. 브리태니커, 인도 천문학자, 참고인용.
4) 피타고라스(Pythagoras)- 고대 그리스의 수학자·철학자·종교가이다. 그는 만물의 근원을 수(數)로 보았다. '피타고라스의 정리'를 비롯하여 삼각형의 내각의 합은 두 직각과 같다는 사실을 발견하고 이를 증명하였다. '피타고라스의 정리'는 직각 삼각형의 빗변을 한 변으로 하는 정사각형의 면적은 다른 두 변을 각각 한 변으로 하는 두 개의 정사각형의 면적의 합과 같다는 정리를 말한다.

에서의 '0'이다. 수학은 철학적 사유를 동반하는 이론에 바탕을 둔 수리학문이다. 수리적인 계산, 수리적인 실용성은 탁월한 기능이다. 이것이 요시다 요이치가 말하는 철학적인 수의 새로운 개념이기도 하다. 하지만 요시다 요이치는 수학 또한 고민하고 생각해볼 거리가 많은 아름다운 철학적 주제라고 말한 것은 단순히 수학이 실용적이고 편리한 도구가 아니라 깊이 있는 또 하나의 철학적 개념이라는 해석이다.

'0'부터도 그렇다. 사실 '0'을 말하는 순간 그것은 단순한 숫자가 아니라 그 이상의 의미를 가지고 있다. '존재'와 '비존재', '유(有)'와 '무(無)'가 그렇다. 그것은 인류가 기록을 남기기 시작할 때부터 그리고 그 전부터 고민해왔던 인간의 숙명적 주제이기도 하다. 그리고 오늘날 '0'은 '1'과 필연적 조우를 함으로써 디지털이라는 혁명적 문명의 이름으로 이 시대의 문화와 문명을 근본적으로 바꾸어 놓았다.

'0의 발견'에 저자 요시다 요이치는 다음과 같이 이 '0'에 대하여 저술하고 있다. "우리가 어릴 때 제일 처음 배우는 숫자는 1, 2, 3, 4와 같은 자연수다. 그 다음 0을 배우고 음수를 배우면서 정수로 넘어간다. 이후에 유리수와 무리수, 실수와 복소수를 배운다."라고 했다. 이렇게 우리가 숫자를 배우는 과정과는 달리 실제 '0'이 발견된 것은 수학사에서 나중의 일이다.

'0'의 개념이 없던 시기와 '0'의 개념이 생긴 후의 수학은 하늘과 땅 차이이다. 수학뿐만 아니라 과학과 문화, 철학 모든 분야에서 '0'이 존재하기 이전과 이후는 큰 차이를 보인다. '0'의 발견과 존재는 인류 문명사회의 커다란 전환점이 된 것이다. '0'의 발견으로 시작된 변화는 수학과 철학, 과학과 문학에도 큰 영향을 미쳤다. 고대 그리스의 수학자는 거의 모두가 철학자였다. 그리스의 수학은 철학과 결부되어 발전했기 때문이다. 철학 안에서 수학이 발전하고, 수학으로 과학이 발전하고, 인류의 문명이 발전했다.

이렇게 모든 분야가 서로 영향을 주고받으며 한 단계씩 도약하게 된 배경에는 '0의 발견'이 있었기 때문이다. "'0'의 발견은 '0' 이상의 발견인 것이다."라고 요시다 요이치는 이렇게 저술하고 있다. C.C. 콜턴은 "수학 공부는 나일강 강물처럼 미세한 것에서 시작하여 엄청난 것으로 끝난다."라고 했고, 영국의 유명한 수필가T.드 퀸시는〈雜記속의 칸트〉에서 "수학은 형이상학에서 시작한다. 그리고 그 궤도는 부단히 교차한다."라고 했다. 결국 이런 것은 모두 '0'의 발명 때문에 가능한 표현의 이론들이다.

세계적인 대수학자 카를 프리드리히 가우스가 2학년 때의 일이다. 수학선생이 학생들에게 "1에서 100까지 더했을 때 몇이 되는가?"라는 문제를 냈다. 그때 5분도 채 안돼서 가우스가 "답은 5050입니다."라고 답했다. 선생님이 놀라 되물었다. "1과 100을 양쪽에서 더하면 101이 되고, 99+2=101, 98+3=101, 97+4=101, ……이렇게 해서 50×101=5050입니다."라고 답했다. 그때 모두 놀라고 선생님도 혀를 내둘렀다. 그 후 선생님의 말대로 가우스는 세계적 대수학자가 되었다는 유명한 일화이다. 만일 그때 '0'의 발명이 없었다면 아마 가우스도 그렇게 빠른 계산은 불가능했을 것이란 생각이다.

보통 '0'하면 무(無)로 알고 있다. 그렇지만 '0'은 무(無)이면서 무한대(無限大)이다. 모든 것을 담을 수도 있고, 모든 것을 비울 수도 있다. 인도인의 '0'에 발견으로 인해서 수의 무한대로의 확대를 가져왔고 인간사고의 무한대로의 확대를 가져왔다.

이처럼 '0'은 불교의 공(空)[5]에 개념과 일맥상통(一脈相通) 한다. 즉 색불이공 공불이색 색즉시공 공즉시색(色不異空 空不異色 色卽是空 空卽是色)이다. 어찌 보면 지금의 디지털시대의 눈부신 발전도 인도인의 그 대단한 '0'의 발견에 따른 결실이라 아니할 수 없다. '0'과 '1'은 디지털시대의 2진법 부호이다. 한국사회의 미래 번영도 수학과 과학의 발전에서 찾아야 한다.

미래사회는 세상의 중심이 서양에서 동양으로 온다. 지금도 서서히 그 중심의 축이 이동하고 있다. 우선 21세 들어서서 아시아의 경제가 중심을 잃고 휘청거리는 서양경제의 중심을 잡아주고 앞에서 이끌고 있다. 멀지 않아 정치, 경제, 사회, 문화 모든 분야에서도 과거 서양적 중심의 축이 동양적 중심의 축으로 이동 될 것이란 것이 미래학자들 간에 예상되는 견해이기도 하다.

따라서 지금부터라도 준비를 서둘러야 할 때이다. 언제까지 서양. 중심의 사고에서 벗어나지 못하고 정신을 빼앗긴 문명의 식민지가 되어 놀아나야 되는가? 한 번 길들여진 정신의 식민지에서의 탈출은 참으로 오랜 시간이 걸린다.

미래 과학강국으로 발전하고 거듭나기 위해서는 과학의 인재육성에 국가가 지대한 관심과 과감하고 지속적 투자가 선행되어야 꿈 꿀 수 있는 희망사항이다. 그렇게 해서 아직 이 나라에 유일한

---

5) 공(空)- '色不異空 空不異色 色卽是空 空卽是色' 반야심경의 원문 중 일부이다. 이는 '물질이 공과 다르지 않고 공이 물질과 다르지 않으며, 물질이 곧 공이요 공이 곧 물질이니'와 같다.

노벨평화상에 이어 과학을 비롯한 많은 분야에서 노벨상의 주인 공들이 탄생되기를 간절히 소망해 본다. 이것만이 미래 인류사회 의 한국이 중심에 설 수 있는 바탕이 될 수 있고 이 나라의 국민 된 영광과 행복을 갖게 될 수 있기 때문이다.

이처럼 생존의 '이고득락(離苦得樂)'을 위해서는 진정한 이 시 대의 '행복 찾기(중도, 중용/0의 영역)'[6]를 해야 한다. 행복이란? 우리의 일상에서 느낄 수 있는 환희나 평온한 감정의 느낌이다. 이 느낌의 미학(美學)이 곧 행복이다. 행복은 잘 먹고, 잘 지냄의 일상이고 이 일상의 평온함에서 고요히 피어나는 꽃의 아름다움 과 은은한 향기이다.

또한 오늘을 산다는 것은 영원(○圓)처럼 균형과 조화로서 둥글 둥글하게 하루의 일상을 굴러감이다. 평화란? 균형과 조화로서 충 돌이 없는 중도(中道)의 상태(양극단 사이에서 '0의 상태'일 때)이 다. 이 '행복 찾기'는 '중심 찾기(0)'[7]를 통해서 '0/중도, 중용'으

6) 행복 찾기- 중도(中道)는 불교의 가르침에서 어느 한쪽으로 치우치지 아니하 는 바른 도리이다. 붓다는 출가 전의 쾌락(樂行)도 출가 후의 고행도 모두 한편 에 치우친 극단이라 생각하고 그것을 버리고 고락 양면을 모두 떠난 심신(心身) 의 균형과 조화의 상태에서 얻은 깨달음이 중도(中道)이다. 성도(成道) 후 그때 까지 함께 고행을 하던 5인의 비구(比丘)들에게 가장 먼저 설교한 것이 중도(中 道)의 가르침이었다. 중도는 팔정도라고 하는 구체적 실천에 의해서 지탱되는 도 이다. 출처: 위키백과, 중도(中道), 참고인용. 중용에서 '불편불의(不偏不倚)'라 함 은 정자가 말한 재중(在中)의 의미이다. 감정이 발산하여 작용하기 이전 미발(미 발)의 상태로서 치우친(偏倚)바가 없음을 뜻한다. 다시 말해 불편불의는 마치 사 방 어느 곳에도 치우치지 않은 것으로서 이것은 마음의 본체와 같다. 공간(地)에 있어서는 중앙에 의미이다. 인간의 삶은 크게 보아 3단계로 구분할 수 있다. 그 첫째는 현재(0)이고, 둘째는 앞으로 살아가야할 미래(+)이고, 셋째는 살아온 과 거(-)라고 할 수 있다. 박완식,「중용」, 여강출판사, 2005, p, 348 참고인용,
7) 중심 찾기- 중심 찾기란? 문제의 핵심을 보고만 있으면 안 된다. 보고만 있어

로 '조화와 균형(인간다운 방식)'을 이루는 길이다. 이것은 나만이 아닌 다수(모두)의 행복을 추구하는 사상이고 철학이기 때문이다. 이처럼 중도/중용(0의 세계)은 동서양을 막론하고 그 궁극의 지극한 진리요, 가치라고 할 수 있다. 이 가치가 '0의 행복'을 발견하고 소유토록 하는 중용의 마음(中庸心)으로서 곧 우리의 삶에 행복(happy medium)이다.

이처럼 인류가 발명한 많은 것 가운데 '원(圓=○)'의 발명은 참으로 위대하지 않을 수 없다. 붓다는 고행을 통해서 단맛의 세계에서 쓴맛의 세계로, 다시 쓴맛의 세계에서 숙성과 성숙의 세계인 제3의 세계(0의 세계) 중도(中道)의 깨달음을 발견했다. 이처럼 붓다의 중도(中道)는 유가사상의 중용(中庸)과 다르지 않다. 그 맥을 같이하는 의미로서 중용(中庸)에서 중화(中和)는 균형과 조화를 이루는 '0'(현상과 작용)의 개념이다.

이에 중용의 핵심은 어느 쪽으로든지 치우침이 없이 중정(中正)함에 의미로서 '0'의 영역이다. 중용의 중(中)은 어느 쪽으로든지 치우침이 없는 불편불의(不偏不倚)이다. 지나침이나 못 미침도 아닌 무과불급(無過不及)의 이치와 도리이다. 이것이 중용의 바탕을 이루는 핵심적 이론이다. 이렇듯 어느 쪽으로든지 치우침이 없는 불편불의(不偏不倚)나, 지나치지도 모자라지도 않는 무과불급(無過不及)은 좌와 우의 중간(中心)인 또는 상단과 하단의 중간인 중단으로서 모두 '0'의 위치와 '0'의 상태를 의미함으로 보는 것이 타

서는 문제의 해결이 되지 않는다. 그 안에서 잃어버렸거나 실종된 "중심" 즉 "가운데 마음"을 찾아내어야 한다. 어떤 관계의 주체와 주체의 연관과 기능 속에서 작용하던 본래의 현상을 회복하는 것이 잃어버린 "중심"을 찾는 것이다. 이운묵, 「잠든 명사를 깨워 놀아보자」, 인문의 숲, 2013, pp, 144~146, 참고인용.

당하다.

이처럼 중용(中庸)이나 중도(中道)에서 '0'에 위치란? 모양이나 색깔은 물론 '0'의 소리도 있다. 그러나 '0(無, 中=없음, 가운데)'은 선(線)에 의해서 이루어진다. 그러나 어떤 선이라도 반드시 양단(좌우,+−)이 있게 마련이다. 그리고 좌에서 우로(+에서 −로), 또는 우에서 좌로 이어지는 어느 한 전환점(轉換點)이 그 선의 중심이 되는 '0의 위치(0의 영역)'이다. 0의 영역은 좌나 우 어느 방향으로든지 작용될 수 있는 조절의 의식적 균형과 조화의 시스템이다.

가령 +1년이란 시간의 선과 −1년이란 시간의 선 사이 경계점엔 반드시 시간의 전환점인 '오늘, 지금, 여기'가 이 순간이라는 '0의 영역과 시간' 안에 존재하게 되어 있다. 또한 그 속에 밝음의 시간과 어둠의 시간이 하나의 선을 이루고 있다. 이처럼 모든 사물이나 인간의 의식세계에서도 +의 영역과 −의 영역이 있고 그 사이에 이 '0의 영역'이 존재한다.

인간의 삶은 크게 보아 3단계로 구분할 수 있다. 잘난 사람이건, 못난 사람이건, 갓난아이이건, 나이가 많은 사람이거나를 막론하고 그 첫째는 지금이라는 현재(0)가 있고, 둘째는 앞으로 살아가야할 미래(+)있고, 셋째는 살아온 과거(−)있다. 누구에게나 과거 없는 현재는 없고, 현재 없는 미래도 없다. 그렇듯이 '0'의 시간인 지금 현재가 얼마나 중요한 것인지를 알 수 있다.

이 '0'의 시간을 통해서 우리의 삶에 희로애락의 소리가 만들어진다. 아름다운 음악소리, 노래 소리, 칭찬의 소리, 웃음소리, 격려의 소리, 감사의 소리 등과 같은 매우 인간적인 소리들도 있으나 부정의 소리에 비해 긍정의 소리는 너무 적다. 허지만 조금은 위안이 되는 행복의 소리도 있다. 산사 법당에 모셔진 부처님의 미소와 박자를 이루는 처마 끝 풍경소리 같은 소리들은 중도 · 중용의 소리로서 이런 소리들을 '0의 소리' 또는 '0의 행복소리'라 할 수 있다.

이처럼 수의 개념과 철학의 경계를 넘나들게 한 '0'의 위대한 발명은 현대사회의 인류에겐 더 없는 큰 행복이 되고 있다. 이 모든 것(중용 · 중도)이 바로 학문과 인문정신의 완성이고 자기 자신을 완성시켜나감으로써 '0의 세계'에서 '행복에 삶'을 실현하게 되는 궁극의 가치가 될 수 있다.

중도의 문명과 문화 이해하기
To understand Civilization of moderation

고대 그리스의 철학자 헤라클레이토스는 "원의 둘레에서는 처음과 끝이 일치한다."라고 했다. 처음과 끝은 선의 양단이고, 선에 시작과 끝이다. 선은 경계이지만 경계의 접점에 양단의 영역(圓=○)이 존재함을 전제한 의미를 갖고 있다.

1923년에 노벨 문학상을 받은 아일랜드의 극작가이면서 시인인 W.B. 예이츠는 "중심이 편재하는 원을 신이라고 하면, 성인은 중심을 향해 가고, 시인이나 예술가는 모든 것이 윤회하여 오는 원주를 향해서 간다."라고 했다. 또 소설가이면서 언론인인 장용학 선생은 <원형(圓形)의 전설>에서 "……빵에서 자유까지 이것이 현대인이라는 원의 중심과 원주 사이의 거리이다. 과학자들이 보여 주고 있는 인간의 원은 그 중심이 현재의 원주 밖에 있다."라고 했다.

크게 보면 원에 관념은 세상이고 인간의 삶이다. 그 삶의 지향점은 중심과 원주이다. 이것은 중심에 중심으로서 중용과 중도의 영역으로 세상의 근본을 잡아주는 균형점이다. 그러나 현대인들은 문명을 일군 과학자들에 의해 원주의 밖에서 그 중심과 균형점을 잡지 못하고 있다.

우리가 일상적 생활에서 중도나 중용을 이해할 수 있는 문화적 사례를 살펴보자. 여기에 삼각형과 사각형 그리고 육각과 팔각이 있다고 하면 여기에서 중도는 육각이나 팔각이다. 육각이나 팔각이 완전(完全)한 것이라면 'O'은 온전(穩全)한 것이다. 육각이나 팔각은 0(中道)에 가장 가깝고 밀접한 관계이다.

사람의 몸이 섭취(input)와 배설(output)의 작용을 원활이 하여 섭취한 만큼 배설이 이루어진다면 몸은 완전한 균형과 조화를 이룬 노폐물 제로(0=中=건강)의 상태가 된다. 영국이나 인도 같은 나라는 건물을 0층부터 시작한다고 한다. 난초는 햇빛과 그늘이 반반인 반음·반양(半陰·半陽)의 상태를 제일 좋아한다. 사계절 중에 중도는 춥지(–)도, 덥지(+)도 않은 봄과 가을이다.

꿈을 꾸지 않는 무몽(無夢)의 상태가 제일 좋은 숙면(熟眠=0)의 상태이다. 음주 때의 즐거움(+)과 괴로움(–)이 있다면 다음날의 상쾌함은 무음주(無飮酒)의 상태이다. 축구 골키퍼의 목표는 No골로서 0지키기이다. 야구투수의 목표는 방어율 0이 목표이다. 산업재해의 0은 모두가 바라는 최상의 안전 목표이다. 맥주는 0도에서 숙성시킨다. 바람결에 바스락거리는 낭만적 낙엽에 소리는 데시벨 0이다.

인공위성이나 로켓발사의 카운트다운도 0의 상태(완벽의 상태)이다. 그라운드 제로(Ground Zero)는 폭탄의 낙하지점이다. 컴퓨터의 기본원리는 0과 1의 이진법(二進法)이다. 앞의 내용들처럼 [1] '0'의 대원칙이란? 인간의 삶인 일상에서의 중도·중용이 됨을 말함이다.

이것은 어찌 보면 없는 것이고, 어찌 보면 있는 것이다. 이것을 우린 '없음의 있음' 혹은 '있음의 없음' [2] 이라 한다. 이것은 +와 -, -와 + 사이에 중간부분 또는 중간구간을 '0의 구간', '0의 세계', '0의 영역'이라 할 수 있다. 이것을 또 다른 말로는 '제3의 세계', '제3의 물결'이라 할 수 있다.

우리가 선거 때만 되면 익숙하게 듣는 말이 있다. 여러 가지 추측이 난무하고 불투명한 상태에서 찬성표와 반대표간 격차를 놓고 지지율 상승과 하락에 대해서 여러 가지 리서치 분석을 통해서 인기도나 선거의 당락을 예측하기도 한다. 이때에 후보들이 신경 쓰지 않을 수 없는 부분이 바로 부동표(浮動票)에 대한 향방이다. 때문에 후보들은 이 부동표를 잡기 위해 마지막 순간까지 혼신의 힘을 기울인다. 이 부동표의 향배에 따라서 곧 당락이 결정되기 때문이다.

이처럼 이 부동표가 절대적으로 영향력을 끼치게 되는데 이때의 부동표가 진짜 민심(民心)의 기준이 되는 '0표'이다. 이 표는 후보나 정당과 특별한 관계나 영향력이 전혀 없는 지극히 객관적 입장의 정직한 지지표이다. 이 표가 0인 중도(中道)의 표인 것이다. 이 표는 무조건 +(찬성)하는 표도 아니고, 무조건 -(반대)하는 표도 아니다. 즉 후보의 참신한 정책과 진실한 인간성의 향배에 따

---

1) 이규항,「0의 행복」, 글누림, 2009, pp, 130~131, 참고인용.
2) 이규항,「0의 행복」, 글누림, 2009, p, 130, 참고인용.

라서 움직일 수 있는 중도 · 중용의 '0표' 이다.

이런 '0'의 정직한 지지표야말로 후보들에겐 최고 최상의 가치를 인정하고 평가하는 표란 것에 부정할 사람은 아무도 없을 것이다. 이런 표에 의해서 당선된 후보가 진정한 승리자이다. 만일 주변의 환경과 배경을 조건으로 당선한 후보는 진정성과, 공정성과, 정당성에서 매우 의심되는 당선자라고 미루어 짐작이 가능하다. 어쨌든 이런 후보는 당선이 되더라도 자칫 잘못하면 많은 지지자들을 실망시킬 우려가 매우 높고 실패한 정치지도자가 되기 쉽다.

그것은 그토록 중요한 중도 · 중용에 대한 민심에 가치를 제대로 반영하지 못했고 중심을 중시하는 중용의 도리에서 빗나갔기 때문이다. 이를 가리켜 소인반중용(小人反中庸)이라하고 소인지(반)중용야, 소인이무기탄야(小人之(反)中庸也, 小人而無忌憚也)[3] 라한다. 이 말씀은 중용 제2장 원문의 말씀이다. '소인은 중용을 못지킨다. 소인이 중용을 지키지 못함은 소인은 일을 함에 있어 거리낌 없이 자기 생각대로 하기 때문이다.' 라는 말씀이다.

이처럼 인간의 관계란 목적이 달성되고 가치가 소멸되면 소인처럼 행동하기 쉽고 점차 관심에서 멀어진다. 한때 잠시 생겼던 목적에 의한 관심과, 조건과, 배경 따위도 그 가치나 명분도 약화되고 마침내 소멸되기가 십상이다. 그래서 그 어떤 상황에서도 가치를 상실하지 않는 부동표(0)를 내 스스로 진정성을 갖고 창출해내

---

3) 중용 제2장 원문- 仲尼曰, 君子中庸, 小人反中庸. 君子之中庸也, 君子而時中, 小人之(反)中庸也, 小人而無忌憚也. 이 말씀을 직역하자면 다음과 같다. 공자께서 말씀하시길, 군자는 중용을 지키고, 소인은 중용을 못 지킨다. 군자가 중용을 지킴은 군자는 알맞은 때를 가려 일을 하고 견지하기 때문이다. 소인이 중용을 지키지 못함은 소인은 일을 함에 거리낌 없이 자기 생각대로 하기 때문이다.

야만 정치는 국민들로부터 인정받을 수 있다. 그런 정치의 생명성과 그 자질로 행복한 정의사회를 구현해 갈 수 있다.

이처럼 부동표는 알듯, 말듯 하지만 소리 높이지 않는 다수이고 이런 다수는 소리 높이는 소수보다 강하고 가치가 있다는 것을 정치지도자들은 빨리 인식해야 한다. 말은 하지 않지만, 말은 적지만 말의 무게는 그 어떤 것보다도 무겁고 크다는 것을 알아야 한다. 그래서 중도나 중용이 어렵다고 하는지 모르겠으나 우리의 일상에서 조금만 훈련이 되면 얼마든지 작은 것에서부터 큰 것에 이르기까지 응용의 실천이 가능하다.

그래서 중용이나 중도는 생활 속에 사상이요, 생활 속에 깃든 인문정신이라 한다. 바로 상황에 맞추어서 '균형과 조화'를 이루는 것이기 때문이다. 그것은 나만이 아닌 다수의 행복을 추구하는 사상이고 생활실천철학이기 때문이다. 바로 중도나 중용의 가치는 이런 것이다.

그래서인지 전 미국무부 크리스토퍼 힐 차관이 중용적 음식의 상징이고 그 대표 격인 순두부(중용·중도)를 즐겨 먹는다는 설도 있다. 우리 국민이 이것(0의 행복)을 어찌 모르겠는가? 맛의 미학(味學)은 이런 느낌이다. 느낌의 미학(美學)은 행복이다. 행복은 잘 먹고, 잘 지냄의 일상이고 여기에서 피어나는 꽃의 아름다운 향기이다. 그리고 오늘을 산다는 것은 영원(○圓)처럼 균형과 조화로서 둥글둥글하게 하루의 일상을 굴러감이다.

평화란? '균형과 조화'로서 충돌이 없는 중도(中道)의 상태(양극단 사이 0의 영역에 위치할 때)이다. 남북한 양단 사이에 이 휴전선(DMZ)이 양단의 충돌을 억제시키고 잠재우는 평화의 중립지대(中立)이다. 전술적 용어로는 휴전선 DMZ이지만 중용의 견지에서 보면 좌우 양단의 현상이 일체 작용하지 않는 곳으로서 마치 생명을 잉태하고 있는 어머니의 태반 속 같이 안온하고 평화로운 무풍지대(0의 영역=中立)이다.

　너와 내가 평화를 이루면 우리와 그들(집단과 집단) 사이에도 평화가 이루어지고 그들과 우리가 따로 없다. 이처럼 중도 · 중용은 동서양을 막론하고 지극한 궁극의 가치요, 진리이다. 이러한 진리와 가치가 0/원(圓)에서 발원(發源)됨을 생각하자. 이것이 행복을 발견하고 소유토록 하는 중용(中庸)의 참뜻이고 이것이 곧 크지도 않고 작지도 않은 중용적 행복(happy medium)[4] 이다.

---

4) 이규항,「0의 행복」, 글누림, 2009, p, 133, 참고인용.

병존하는 유형의 가치와 무형의 가치
The material and immaterial value is coexisting

세상은 크게 유형과 무형으로 나눌 수 있다. 유형엔 자연의 가치와 물질의 가치로 나룰 수 있다. 무형엔 시간의 가치가 있고 또 시간의 가치는 현실의 가치와 미래의 가치가 있다. 그러나 이런

도표 14-세상에 존재하는 유·무형의 존재적 가치

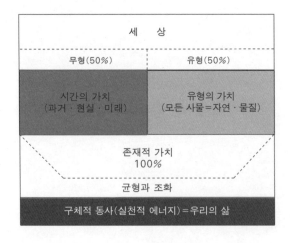

가치들이 모두 인류 문명의 가치이다. 이런 문명의 가치는 양화의 가치와 음화의 가치로 재 정의할 수 있다.

세계는 크게 동·서양으로 나뉜다. 지구는 남극과 북극으로, 우주에는 음과 양이 존재한다. 이런 것들이 모두 상대적 관계 속에 이질적 요소를 가지고 있지만 결국은 둘이 아닌 하나의 관계이다. 동양은 음화의 형상으로 작용하는 바탕이요, 서양은 양화의 형상으로 작용하는 바탕이다. 서양문명은 '동적 문명'이요, 동양문명은 '정적 문명'이다. 북극은 양화적 기운인 플러스(+)요, 남극은 음화적 기운인 마이너스(−)이다. 우주의 양화는 빛(밝음)이요, 음화는 그림자(어둠)이다.

인류 역사의 흐름도 음화인 모계의 전통에서 양화인 부계의 전통으로 계승되어져 왔고 금세기 들어서 다시 모계적 전통으로의 문화가 확산되는 조짐이다. 예컨대 한국의 가족제도를 보더라도 부계의 중심적 가족제도에서 모계적 가족제도를 혼합한 방향으로 중심이 점진 이동되었다. 이에 따라 사회도 남성 중심의 사회적 영역과 제도에서 벗어나 점진 여성의 사회적 영역에서의 활동과 역할도 매우 빠르게 확산 되고 있다.

이제 한국사회는 남성의 역할만으론 아무것도 이룰 수가 없다. 정치, 경제, 사회, 문화 모두를 불문하고 여성의 지적 수준과 역할이 오랜 기간 남성 중심의 사회에서 어렵게 그 균형과 조화를 이루는 단계에 와 있으나 아직도 서구사회의 경향에 비추어보면 이제 시작에 불과하다.

현재 이러한 문화적사회의 변천과 변화에도 결국은 음화의 문명을 지배하고 있는 양화의 문명이 있다. 이렇게 현대사회는 서구의 문명인 양화가 득세하고 있고 서구문명의 대명사인 자동차문화가 서구사회 양화의 정신에서 비롯된 양화의 문명이요, 문화이다. 이렇게 자동차는 서구문명의 대표적 상징물이다. 이것은 서구사회를 중심으로 한 양화의 강한 과학문명이 음화의 동양적 문화에 급격한 변화의 영향을 끼치게 되면서 양화의 서구문명의 지배가 모든 문화에 확대되었다.

정치, 경제, 사회, 문화 모든 것을 막론하고 이제는 서구사회의 문명과 문화가 아닌 것이 없다. 이미 정치도 조선 500년의 왕정제도는 역사의 뒤안길에서 멀어져 있고 지금은 서구사회의 정치제도(민주주의)가 깊게 뿌리내려져 있다. 한국경제도 자본주의 이론을 바탕으로 한 시장경제로 글로벌경제의 패턴에서 움직이고 있고, 사회제도 역시 유가의 윤리, 도덕적 사상과 관습은 기억하기 힘들고 서구사회의 제도와 틀로 바뀌어 있다. 우리의 문화는 전통문화보전 차원에서 유지 관리되고 있을 뿐 우리의 일상에서는 서구사회의 문화일색이고 나와 우리 이웃들로부터 멀어진지 오래다.

이렇게 서구사회의 양화가 이제는 동서양 구분 없이 지구촌 구석구석 어디든지 이념이나 국경을 초월하여 그 어떤 경계도 없이 종횡무진이다. 그것은 매스미디어(massmedia)와 같은 대중 매체의 발달과 눈부신 발전에 영향 때문이다. 따라서 우리사회의 의식이나 정신문화도 급격히 서구화 된 양화의 의식이 우리사회의 전체를 주도적 지배하에 이끌어 가는 상황이다.

이렇게 현대사회는 양화인 서구의 정복주의 문화와 강자가 지배하는 약육강식의 논리에 몰입하여 정글의 법칙을 만들고 그 속에서 죽기 아니면 살기의 생존경쟁을 해야 하는 상황이다. 오늘날 대중매체 예능 프로그램에서 앞 다투어 진행하고 있는 오디션프로그램(audition program)이나 서바이벌 프로그램(survival program)이 봇물처럼 유행하고 있다.

이는 강자 중에 강자를 뽑아 그의 우월성을 인정하고 칭송함으로써 또 다른 다수에게 용기와 희망을 갖게 한다는 매우 긍정적 의미와 요소를 갖고 있다. 그러나 일각에선 강자 중에 강자만을 지나치게 부각시킴으로써 많은 경쟁자들의 자질과 진정성을 왜곡하고 부정하거나 의심토록 유도되는 현상들에 대해 걱정이 앞선다. 그것은 마치 강자 중에 강자로서 최고의 1등이 아니면 안 되는 것이고, 1등이 아니면 진정으로 인정받지 못하고 모두가 무용의 가치로 전락할 수밖에 없다는 것처럼 인식되고, 착각하게 만들어버릴 개연성이 있기 때문이다.

이렇게 우리사회의 의식풍조가 지나치게 왜곡 확산되고 있는 것은 매우 우려스러운 현상들이다. 절대 강자만이 존재하고 지배하는 것은 맹수세계에서나 일어나고 볼 수 있는 현상이다. 그럼에도 맹수 세계의 현상을 인간의 세계에 적용하고 작용토록 하는 것들은 매우 잘못 된 착각의 난센스이다. 어떻게 인간의 본성이나 의식을 동물의 야성에 빗대어 인식할 수 있는 것인지. 반문하지 않을 수 없다. 그것은 굴절된 의식과 편향에서 비롯되어진 현상들이라고 해야 할 것 이다.

이렇게 절대 강자의 지배와 굴림 속에 종속되어지는 사회풍조 속에서 유가의 사상과 철학, 포용과 배려, 균형과 조화의 가치가 경시되고 점점 설자리를 잃고 역사의 기록과 인문정신에서 퇴색되어가는 현상은 사회 전체의 중심적 시스템과 메커니즘 (mechanism)에 균열이 생기게 마련이다. 이는 우리의 삶에 안정적인 가치가 흔들리고 혼돈이 생김으로써 동양의 미덕이라 할 수 있는 음화의 사회적 윤리와 도덕관념을 송두리째 허물고 인류사회의 미래와 행복이 담보되지 않는 불안을 더욱 증폭시킬 뿐이다.

이처럼 우리 한국사회도 지난 반세기 동안 서구사회의 양화적 관계개선과 대등한 위치를 확보하기 위해 불철주야 피나는 질주와 노력이 있었고 그로 말미암아 빛나는 과학문명과 문화를 창조하고 개척하여 서구사회와의 대등한 관계의 발판을 마련했다. 그러나 문제는 여기서 부터이다. 오랜 기간 오직 경제성장을 목표로 한 질주에 질주를 거듭함으로써 누적된 음화와의 괴리와 편차를 수정하지 못했다.

그것을 위해서는 음화의 제어기능을 통한 속도조절의 충고를 수용했어야 한다. 그것을 거부하면 자신의 통제가 어려워져 전복되거나 안전장치인 브레이크의 파열이 일어날 수도 있기 때문이다. 이런 양화의 현대적 고민에 해답은 과연 어디에 있을까?

가령 우리의 몸이 병이 났다. 현대 의학적 기술이 이제는 첨단 수준으로 최고의 경지를 달리고 있다. 그러나 현대의학의 모든 이름을 다 빌려도 우리의 병든 몸을 완전히 치료하지 못하는 경우가 왕왕 있다. 그래서 이 병원, 저 병원 전전하다 포기하고 현대의학인 병원에서 양방의 치료를 포기하고 한방치료로 전환하여 치료받는 경우가 많다.

우리는 주변에서 현대의학인 양방(병원)치료를 신뢰하지만 더러는 불치병으로 진단 받고 치료를 포기해야하는 경우도 많다. 그럴 때 마지막 희망을 걸어보는 것이 한방치료에 대한 기대다. 물론 한방치료가 양방치료보다 우수하다는 논리는 아니다. 다만 한방치료를 받고 효험을 본 환자들의 경험이 우리주변에서 많이 볼 수 있는 것도 사실이다. 이런 경우에 한방을 구시대적 의학이라고 치부하고 말 것인가?

현대의학이 과학적이라고는 하지만 자연물의 하나인 인간의 몸도 과학만으로는 안 되는 것이 있게 마련이고 능사가 아님을 증명한다. 그렇다고 또한 한방의술이 비과학적이라는 것도 아니다. 다만 질병의 진단과 치료의 접근방식이 달랐던 양방의 치료방법에 비해 한방치료가 질병의 진단과 치료방법의 접근 방식이 적중했기 때문이라는 생각이다.

이와 마찬가지로 우리사회가 갖고 있는 양화적 질병을 치료하는데 꼭 양화가 아니면 안 된다는 고정관념이야말로 문제의 본질을 제대로 볼 수 없는 걸림돌이 된다. 현대사회가 고도로 다원화 되고 다변화 하는 관계의 작용 속에서 발생하는 갖가지 병폐들이 만연하고 불치병이 되어 현대인의 삶과 행복을 위협하고 있는 것은 앞에서 언급된 바와 같이 잘못된 사회적, 문화적 진단과 처방의 결과로서 빚어진 불균형과 부조화의 현상이다.

이렇게 현대인의 삶은 다양한 문화적 변이가 발생하고 그로인해서 사회적 갈등과 양극화가 더욱 심화되고 있다. 우리사회의 불균형과 불평등 조장의 1등 공신은 빠른 문화적 변이와 진화가 주원인이다. 인류의 삶과 진화는 곧 문화이다. 그 문화의 속도와 시간성에 따라 온갖 갈등과 불균형의 괴리는 비례하여 커진다. 이런 진화는 자연적 현상에 의한 '유전적 진화'와 인위적 현상에 의

한 '문화적 진화'가 공존한다. 그러나 유전적 진화는 너무 늦고, 문화적 진화는 너무 빠르게 진행된다. 이 때문에 갈등과 불균형의 괴리가 심화되고 있다. 따라서 너무 빠른 '문화적 진화'의 과도한 속도를 적당히 제어함으로써 '유전적 진화'와의 갈등과 불균형을 축소하고 함께 병존하는 유·무형의 가치를 창출한다. 이렇게 현대인의 삶에 균형을 잡다보면 현재보다 더 많이 행복할 수 있다.

도표 15-문화적 변이가 이끄는 우리사회의 갈등과 불균형의 괴리

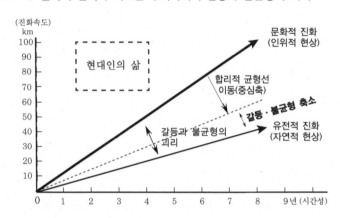

이처럼 우리사회의 불균형과 불평등 그리고 사회갈등의 병리적 증상들에 대해 양화적 치료가 불가능하면 이젠 음화적 한방치료를 고려해 볼 수도 있다. 이것이 자연 본래의 근원적인 본성의 가치를 지켜가는 합리적 지혜가 됨으로써 자연의 조화와 균형의 원리에 부합하는 가치가 될 것이다.

그런데 문제는 이 시대를 살아가는 현대인들의 정신적인 의식과 인식의 차이다. 요즘의 시대가 어느 때인데 한방이 무슨 소용이고, 중용과 같이 낡고 객해 묵은 학문을 어디에다 쓸 수 있을까? 라는 반문을 할 법도하다.

그러나 동적(動的)인 문제에서 비롯된 원인의 해결은 정(靜)에 있는 것이고, 정적(靜的)인 문제에서 비롯된 원인의 해결은 동(動)에 있다고 보아야 한다. 가령 많이 움직여서 생긴 관절에 통증은 관절에 안정을 취하는 것이 기본이다. 사람의 인체에서 양화의 혈맥은 동맥(artery-output)이고, 음화의 혈맥은 정맥(vein-input)이다. 동맥이든, 정맥이든 관계의 작용이 멈추면 그것은 곧 사망이다.

이렇게 나오고 들어가는 인 푸트와 아웃푸트가 균형과 조화를 이루어야 한다. 그러면 나와 상대의 작용이 원활해진다. 이렇듯 양화의 문명이 동적이라면, 음화의 문명은 정적이다. 동의 기질은 능동적이고 공격적이지만 정의 기질은 보수적이고 방어적이다. 동의 기운은 양화의 고기압(+)이고 정의 기운은 음화의 저기압(-)이다. 지구상에 자연의 생명체들은 이 양화와 음화의 균형적 에너지가 일정한 순환질서와 조화의 작용에 의해서 그 아름다운 자연의 현상을 지속적으로 유지, 생성시키고 있다.

우주의 시간은 정적인 가운데 동적으로 흐른다. 정적인 음화(어두움)와 동적인 양화(빛)가 절대적 상대의 관계를 맺고 있다. 그러나 상대가 없으면 정(음화)이든, 동(양화)이든 모두가 무의미하다. 서로가 본성의 기질은 달라도 상대를 인정하고 포용함으로써 하나(일체)의 생명성(生命性)을 확보하게 되는 것이다.

동양의 정신문화는 정적인 음화의 학문에 기초한다. 동양학문에 최고 정점은 고전에서도 중용이 최고의 자리에 있다. 이 중용의 학문이 이토록 위대하나 그것을 알지 못하면 아무 소용이 없다. 동양의 문화는 전통적 중용의 범주를 벗어나 서구의 극단적 물질문명과 과학만능주의에 현혹되어 모두가 부강을 추구하는 데만 몰입하고 정신을 쏟고 있다. 이것은 양화의 지배적 교육환경의 원인 때문이다.

　고전학문이 시대의 상황에 의해서 좀 밀렸다고는 하나 타의 추종을 불허하는 학문의 가치마저 완전히 상실 된 것은 아니다. 잠시 양화의 무성한 숲에 가려져 그 빛나는 광채를 발하지 못하고 있을 따름이다. 그러나 이미 미국을 비롯한 서방국가에서는 동양사상이나 인문학에 크게 관심을 기울이고 있다. 그러나 정작 우리는 우리의 심오한 사상과 인문학정신에 소중함을 잊고 있는 현실이 안타깝다. 이제는 현대의 많은 사람들이 그 학문의 진가를 발견할 수 있기를 희망한다.

中庸

원문 제1장~제33장

중용을 '명사'라고 하지만

중용은 이제 더 이상의 명사가 아닌 '동사'여야 한다.

이제부터 중용은 더 이상의 학문을 위한 명사적 고전

이 아니다.

중용은 한시도 인간의 삶을 떠나 있었던 적이 없는 생

활 속에 밀접한 생활실천실용사상이다.

'중용'이라는 고유명사에서 하루빨리 벗어나 현대

인들의 일상 속으로 들어와 실천되어질 때 인간의 삶

과 문명창조가 활발하게 이루어질 수 있다.

사물과 사물, 인간과 인간, 자연과 과학의 관계에서

중화를 이루고 불균형과 부조화의 현상을 새롭게 승

화, 변화 발전시키는 '동사적' 인문정신이 미래사회

를 담보할 수 있는 새로운 트렌드이다.

그것은 우리 인간이 추구하는 궁극의 목표인 쾌락이

나 행복도 명사가 아닌 구체적 '동사'에서 만들어지고

있기 때문이다.

중용 제1장

天命之謂性, 率性之謂道, 修道之謂敎
道也者, 不可須臾離也, 可離非道也.
是故, 君子戒愼乎其所不睹, 恐懼乎其所不聞.
莫見乎隱, 莫顯乎微, 故君子愼其獨也.
喜怒哀樂之未發, 謂之中, 發而皆中節, 謂之和.
中也者, 天下之大本也, 和也者, 天下之達道也.
致中和, 天地位焉, 萬物育焉!

천명지위성, 솔성지위도, 수도지위교
도야자, 불가수유리야, 가리비도야.
시고, 군자계신호기소불도, 공구호기소불문.
막현호은, 막현호미, 고군자신기독야.
희노애락지미발, 위지중, 발이개중절, 위지화.
중야자, 천하지대본야, 화야자, 천하지달도야.
치중화, 천지위언, 만물육언!

☞ **要約 內容**

하늘로부터 받은 생명이 성(性)이고, 그 성(性)에 따라 살아가는 것이
사람의 길(道)이고, 그 길(道)에 부합하도록 가르치는 것을 교(敎)라
한다.
삶에서 도라는 것은 잠시라도 그 길에서 벗어날 수가 없고
그 길에서 벗어난 삶은 사람의 길이 아니다.
따라서 군자는 삶에 대하여 더욱 경계하고 신중하여야 하며
들리지 않는 것들에 대해서도 두려워해야한다.

은밀한 것처럼 잘 보이는 것은 없고, 미세한 것처럼 잘 나타나는 것은
없다.

그러므로 군자는 혼자 있을 때도 삼가 행하게 된다.

기쁨과, 성냄과, 슬픔과, 즐거움이 발현되지 않은 상태를 중(中)이라
하고, 발현되어 모두 절도(節度)에 알맞게 된 현상을 화(和)라 한다.

중(中)은 세상에서 으뜸가는 근본이고, 화(和)는 세상에서 통용되는
일상의 도리(道理)이다.

중화(中和)에 이르는 것은 천지음양이 수수작용을 하여 만물을
길러내는 것이다.

【난자 참고】

命: 부여된 생명.
謂: 이르다. 일컫다. 가리키다.
性: 타고 난 본연(本然)의 성질, 천성, 천리(天理).
率: 따르는 것.
道: 본연에서 나온 바른 원리(법칙).
須臾: 잠시잠간에 사이.
睹: 보다.
莫: 없다는 의미로서 '無·亡·沒'자와 동의어로 쓰임.
乎: ……보다. 동사 뒤에 쓰이면서 '於'자처럼 비교를 나타냄.
隱: 어두운 곳.
微: 작은 일.
獨: 혼자인 것.
皆: 모두 다.
中: 미발의 상태.
節: 정도에 알맞게 하는 일이나 행동. 조화와 안정을 중시한 정신.
和: 희로애락이 발현되었지만 항상 평정심을 이루는 상태.
中和: 다른 성질이 섞이어 또 다른 중간의 성질이나 특성을 이루는
것. 감정이나 성격 등이 평정을 이루는 상태.

중용 제2장

仲尼曰, 君子中庸, 小人反中庸.
君子之中庸也, 君子而時中, 小人之(反)中庸也,
小人而無忌憚也.

중니왈, 군자중용, 소인반중용.
군자지중용야, 군자이시중, 소인지(반)중용야,
소인이무기탄야.

☞ **要約한 內容**

중니는 말씀하시길, 군자는 중용을 하고, 소인은 중용을 못 지킨다.
군자가 중용을 지킴은 군자는 알맞은 때를 가려 일을 하고
소인이 중용을 지키지 못함은 소인은 일을 함에 거리낌 없기
때문이다.

【난자 참고】

君子: 품행이 바르고 학문과 덕을 갖춘 사람.
中: 가운데를 이루는 중심.
庸: 평상적으로 특별한 일이 없는 때.
中庸: 과하거나 부족함이 없이 떳떳하며 한쪽으로 치우침이 없는 상태
나 정도. 동양 철학의 기본개념으로서《중용》에서 말하는 도덕론. 지
나치거나 모자람이 없이 도리에 맞는 것. 아리스토텔레스의 덕론에 중
심개념. 이성으로 욕망을 통제하고 지견에 의하여 과대와 과소의 중간
을 정립시키는 중심론.
時中: 알맞은 때, 알맞은 말이나 행동.
忌憚: 어떤 행동이나 일에 꺼림이 있는 것.
也: …하지요. …이다. …이오. 다른 글자의 보조로만 쓰이는 토.

중용 제3장

子曰, 中庸其至矣乎, 民鮮能久矣.

자왈, 중용기지의호, 민선능구의.

☞ 要約한 內容

공자께서 말씀하시길, 그 중용은 참으로 최고의 도리이다.
그런데 백성들이 이를 알지 못해 오래 지속하기가 어렵다.

【난자 참고】

至: 지극히 높고 위대함에 이르는 것(至高至善).
鮮: 드물다. 적다의 뜻.
矣: 어조사. 단정·결정·의문·반어의 뜻을 나타냄. 구 끝에서 다음
말을 일으키는 말.
能: 알고 있음.
久: 오래됨.
矣: 단정, 결정, 한정, 의문, 반어의 뜻을 나타냄. 다른 조사 위에
쓰이어 연관의 뜻을 나타나냄.

중용 제4장

子曰, 道之不行也, 我知之矣, 知者過之, 愚者不及也.
　　道之不明也, 我知之矣, 賢者過之, 不肖者不及也.
　　人莫不飮食也, 鮮能知味也.

자왈, 도지불행야, 아지지의, 지자과지, 우자불급야.
도지불명야, 아지지의, 현자과지, 불초자불급야.
인막불음식야, 선능지미야.

☞ **要約한 內容**

공자께서 말씀하시길, 도리가 행해지지 못함을 나는 알고 있다.
안다는 사람들은 욕심이 지나쳐서 그냥 지나쳐버리고 어리석은 사람들
은 그 도리에 미치지 못함 때문이다.
도리가 분명하게 드러나지 못함을 나는 알겠다. 뛰어난 사람은 지나치
고 그렇지 않은 사람은 그것에 미칠 수가 없어서다.
사람은 먹고 마시지 않을 수 없지만 음식의 참맛을 아는 이는 드물다.

【난자 참고】

道: 중용의 학문적 이치. 인륜관계에서 마땅히 지켜야 할 규범과 이치.
종교상의 근본이 되는 이치. 또는 종교적 수양. 만물을 만드는 원리 또
는 법칙.
賢者: 선량하고 재능이 뛰어난 사람.
不肖子: 어리석고 재능이 모자라는 사람.
肖子: 재능이 있고 착한 자식.
莫: 없다는 의미로서 '無·亡·沒'자와 동의어로 쓰임.

중용 제5장

子曰, 道其不行矣夫.

자왈, 도기불행의부.

☞ 要約한 內容

공자께서 말씀하시길, 그 도리가 잘 행해지지 못할까 걱정이다.

【난자 참고】

其: …의(관형격 조사), 추측이나 짐작의 의미.
矣夫: 문장의 끝에서 감탄을 뜻하는 조사 '~하구나'이다.

중용 제6장

子曰, 舜其大知也與, 舜好問而好察邇言, 隱惡而揚善,
　　執其兩端, 用其中於民, 其斯以爲舜乎.

자왈, 순기대지야여, 순호문이호찰이언, 은악이양선,
　　집기양단, 용기중어민, 기사이위순호.

☞ 要約한 內容

공자께서 말씀하시길, 순(舜)은 참으로 지혜로운 분이셨다.
순은 묻기를 좋아하셨고 대수롭지 않은 말에도 관심으로 살피시고
나쁜 것은 밝히지 않고 좋은 것은 밝혀서 알게 하셨지요.
그 양단을 잡고 그 양쪽이 상충하면 절충하여 백성들이 중도(中道)를
가도록 하셨지요.(배려와 포용이 포함 된 의미)
이것이 바로 순의 도리라 하는 것이지요.

【난자 참고】

舜: 요(堯)임금으로부터 왕위를 계승 받아 우(虞)나라의 임금이 되었
고 중국 유가 역사의 전설적인 성군(聖君)으로 모셔짐.
與: 감탄사로서 어기조사이다.
邇言: 대수롭지 않은 말. 수준이 낮은 것.
邇: 상대하다.
隱惡: 나쁜 것은 들추지 않고.
揚善: 좋은 것은 알리고.
兩端: 양 끝. 대립적 관계.
中: 배려와 포용으로 합리적(中道的) 절충.
斯: 이런 것이.
以: …써, …까닭에.　爲: …하다. 인정하다.

중용 제7장

子曰, 人皆曰予知, 驅而納諸罟擭陷阱之中, 而莫之知辟也.
　　人皆曰予知, 擇乎中庸, 而不能期月守也.

자왈, 인개왈여지, 구이납제고획함정지중, 이막지지피야.
　　인개왈여지, 택호중용, 이불능기월수야.

☞ 要約한 內容

공자께서 말씀하시길, 사람들은 '나는 다 알고 있어'라고 말하지만
막상 그물이나 덫 함정 같은 것에 몰아넣으면 그것을 피하는 방법을
모른다.
사람들은 '나는 지혜롭게 알고 있다'고 말하지만 막상 중용을 택해서는
이를 한 달도 지켜내지 못한다.

【난자 참고】

皆: 모두
予: 나와 같은 동의어.
驅而納: 몰아넣으면.
諸: 이 같은 것들.
罟擭陷阱: 그물, 덫, 잡히다. 함정에 빠지다.
辟: 방법
擇: 실천에 드는 것.
而: 이를.
不能: 행을 이루지 못한다.

중용 제8장

子曰, 回之爲人也, 擇乎中庸, 得一善, 則拳拳服膺,
　　而弗失之矣.

자왈, 회지위인야, 택호중용, 득일선, 즉권권복응,
　　이불실지의.

☞ 要約한 內容

공자께서 말씀하시길, 안회(顔回)는 중용을 실천함에 있어서 옳다는
확신을 얻으면 바로 그것을 꼭 움켜쥐고 가슴에 품고서 혹여 잃지나
않을까 걱정하며 지켰다.

【난자 참고】

顔回: 중국 춘추시대의 유학자(B.C.521~B.C.490)이다. 자는 자연
(子淵). 공자의 수제자로 학덕이 매우 뛰어났으며 공자의 총애를 받았다.
善: 옳은 것.
拳拳: 잃어버리지 않기 위해 손에 꼭 움켜쥐는 것.
服膺: 가슴에 품다.
弗: 않다. '不'자와 동의.

중용 제9장

子曰, 天下國家可均也, 爵祿可辭也, 白刃可蹈也,
　　中庸不可能也.

자왈, 천하국가가균야, 작녹가사야, 백인가도야,
　　중용불가능야.

☞ 要約한 內容

공자께서 말씀하시길, 세상이나 국가도 고루 다스릴 수도 있고, 벼슬
과 녹봉도 사양할 수 있으며, 시퍼렇게 날선 칼날도 밟을 수 있다.
그러나 중용의 길은 능히(마땅히) 가지 않으면 안 된다.

【난자 참고】

天下: 사람 사는 사회. 세상.
可均: 다스리는 것. 조화롭게 하는 것.
爵祿: 벼슬에는 공(公), 후(侯), 백(伯), 자(子), 남(男)으로 5등급이
있고, 봉록은 관리에게 지급되는 봉급이다.
辭: 청을 거절하거나 사직하는 것.
白刃: 번쩍번쩍 빛나는 예리한 도검.

중용 제10장

子·路問强.

子曰, 南方之强與, 北方之强與, 抑而强與.

寬柔以敎, 不報無道, 南方之强也, 君子居之.

衽金革, 死而不厭, 北方之强也, 而强者居之.

故君子和而不流, 强哉矯, 中立而不倚, 强哉矯.

國有道, 不變塞焉, 强哉矯, 國無道, 至死不變, 强哉矯!

자로문강.

자왈, 남방지강여, 북방지강여, 억이강여.

관유이교, 불보무도, 남방지강야, 군자거지.

임금혁, 사이불염, 북방지강야, 이강자거지.

고군자화이불류, 강재교, 중립이불의, 강재교.

국유도, 불변색언, 강재교, 국무도, 지사불변, 강재교!

☞ 要約한 內容

자로가 '강(强)한 것이 어떤 것인지'에 대해서 질문하니

공자께서 말씀하시길, 남방의 강함이냐, 북방의 강함이냐, 아니면 네
자신의 강함이더냐?

너그러움과 부드러움으로 일깨우고, 옳지 않은 행위에 대해서도 보복
하지 않는 것이 남방의 강함인데 바로 군자는 그런 곳에 머문다.

병기와 갑옷을 지닌 채 잠을 자도 죽을 때까지 싫증내지 않는 것이
북방의 강함이다. 그러므로 강자는 그런 곳에 머문다.

따라서 군자는 너그러움과 강함과도 잘 어울리나 속된 것에 휩쓸리지
않으니 이것이 강함을 바로잡아 세우는 것이요, 중용의 도리에 따라

어느 한쪽으로도 기울지 않으니 이것이야말로 진정한 강이니라.
나라에 도리가 확립될 때에도 이를 극복하려는 의지가 불변한 것도
강이요, 나라에 도리가 무너져 죽음에 이르러서도 불변하면 이 또한
진정한 강이니라.

【난자 참고】

子路: 중국 춘추 시대 노나라의 유학자(B.C.543~B.C.480). 성은
중(仲). 이름은 유(由). 자로는 자. 공자의 제자로 십철(十哲)의 한 사
람으로 정사(政事)에 뛰어났으며 공자를 제일 잘 섬겼다고 한다.
與: 의문 조사.
抑: 누를 수 없는, 그렇지 않으면.
而: 너(爾), 자와 같은 동의어.
敎: 일깨운다. 가르친다.
不報: 보복하지 않는 것.
衽: 몸에 지니다.
金革: 병기와 갑옷.
和: 관유(寬柔에 강함과 강강(剛强)의 강함.
流: 상황에 휩쓸림.
强哉矯: 강함에 진정성을 바로 세우는 것. 中立:중용의 도리를 세우는
것.
倚: 치우침, 편향, 의지하는 것.
塞焉: 극복하려는 의지.
焉: 어기조사

중용 제11장

子曰, 素隱行怪, 後世有述焉, 吳弗爲之矣!
君子, 遵道而行, 半塗而廢, 吳弗能已矣!
君子, 依乎中庸, 遯世不見知, 而不悔, 唯聖者能之!

자왈, 소은행괴, 후세유술언, 오불위지의!
군자, 준도이행, 반도이폐, 오불능이의!
군자, 의호중용, 둔세불견지, 이불회, 유성자능지!

☞ 要約한 內容

공자께서 말씀하시길, 외딴 곳(을 찾아서)에서 은거하면서 괴이한
이론과 행동으로 뒷날 자신의 이름을 전하려 기술하는 이가 있으나,
나는 그런 짓은 하지 않는다.
어떤 군자가 중용의 도리를 따라 실행하다가 중도에 포기하기도 하지
만 나는 잘할 수 있는 것을 절대 그만 두지 않는다.
참된 군자는 중용의 도리에 따라 삶을 사는 것이고, 설령 세상 사람들
이 알아주지 않아 속세에 은거하게 될지라도 후회하지 않는다. 이는
오직 성자만이 할 수 있는 것이다.

【난자 참고】

素隱: 인간세상과 동떨어진 곳(외딴 곳).
*素: 학자들 사이에는 '素'를 '索'자의 오류로 보는 견해가 있다.
爲之: 그런 짓.
遵道: 중용의 도리.
半途: 중간에.
廢: 그만둠.

能: 잘할 수 있는 것.
已: 그만두다. 중간에 그치다.
君子: 춘추 말년 이후 군자는 점차 도덕수양을 갖춘 사람을 두루
가리키는 말이 되었다. 예기 禮記〉곡례(曲禮)편에는 "많은 지식을
갖고 있으면서도 겸손하고, 선한 행동에 힘쓰면서 게으르지 않은 사람
을 군자라 한다."라고 되어 있다.
依: 따라 행함. 의지하여 행함.
遁: 속세에 은거.
見知: 알아 봄. 인정함.
能之: …할 수 있는 일.

중용 제12장

君子之道, 費而隱.
夫婦之愚, 可以與知焉, 及其至也, 雖聖人, 亦有所不知焉.
  夫婦之不肖, 可以能行焉, 及其至也, 雖聖人, 亦有所不能
  焉.
  天地之大也, 人猶有所憾. 故君子語大, 天下莫能載焉,
  語小, 天下莫能破焉.
詩云, 鳶飛戾天, 魚躍于淵, 言其上下察也.
君子之道, 造端乎夫婦, 及其至也, 察乎天地!

군자지도, 비이은.
부부지우, 가이여지언, 급기지야, 수성인, 역유소불지언.
  부부지불초, 가이능행언, 급기지야, 수성인, 역유소불능
  언.
  천지지대야, 인유유소감. 고군자어대, 천하막능재언,
  어소, 천하막능파언.
시운, 연비려천, 어약우연, 언기상하찰야.
군자지도, 조단호부부, 급기지야, 찰호천지.

☞ 要約한 內容

군자의 도리는 널리 쓰이고 작용(作用)은 무궁하나 그 실체의 모습은
매우 은미하다.
그것은 평범한 사람들도 충분히 알 수 있는 일이지만 그것이 지극함에
이르면 비록 성인일지라도 어떤 부분들에 대해서는 할 수 없는 것이
있다.

재능이 없는 평범한 사람들도 조금은 실천할 수 있는 일이지만 그것이
지극함에 이르면 비록 성인이라 해도 어떤 부분은 행할 수가 없다.
천지는 넓고 크지만 사람들은 오히려 어떤 부분에 있어서는 불안해한다.
하여 군자가 그 광대함에 대하여 말하되 세상엔 능히 실을 수 있는
것이 없고, 적게 말하면 세상엔 능히 깨트릴 수 있는 것이 없다.
시경에 '솔개는 날아올라 하늘에 이르거늘, 고기는 연못에서 뛰어올랐
다가 다시 못으로 돌아간다. 이 말은 높은 것에서부터 낮은 곳까지
선명하게 드러난다는 뜻이다.
군자의 도는 평범한 사람들로부터 시작하여 그 지극함에 이르기까지
세상 안에 뚜렷하게 드러나고 있다.

【난자 참고】

費: 쓰이는 영역이나 작용이 무한함.
隱: 대본(大本)의 정미(精微)함.
夫婦: 평범한 사람.
與: 충분히 及: 이르다.
所: 어떤 부분.
肖: 재능을 닮다.
猶: 오히려.
能: 어렵지 않게.
莫: 없다.
鳶: 솔개.
戾: 어그러지다.
造端: 시작의 뜻.
夫婦: 평범한 남자, 여자. 필부필부(匹夫匹婦)의 의미.
至: 지극함.
察: 뚜렷하게 드러남.

중용 제13장

子曰, 道不遠人, 人之爲道而遠人, 不可以爲道.
詩云 伐柯伐柯, 其則不遠, 執柯以伐柯, 睨而視之,
　　猶而爲遠.
　　故君子以人治人, 改而止.
忠恕違道不遠, 施諸己而不願, 亦勿施於人.
君子之道四, 丘未能一焉, 所求乎子, 以事父未能也.
　　所求乎臣, 以事君未能也, 所求乎弟, 以事兄未能也.
　　所求乎朋友, 先施之未能也.
　　庸德之行, 庸言之謹. 有所不足, 不敢不勉, 有餘不敢盡.
　　言顧行, 行顧言.
　　君子胡不慥慥爾!

자왈, 도불원인, 인지위도이원인, 불가이위도.
시운 벌가벌가, 기칙불원, 집가이벌가, 예이시지,
　　유이위원.
　　고군자이인치인, 개이지.
충서위도불원, 시제기이불원, 역물시어인.
군자지도사, 구미능일언, 소구호자, 이사부미능야.
　　소구호신, 이사군미능야, 소구호제, 이사형미능야.
　　소구호붕우, 선시지미능야.
　　용덕지행, 용언지근. 유소부족, 불감불면, 유여불감진.
　　언고행, 행고언.
　　군자호불조조이!

공자께서 말씀하시길, 도는 사람에게서 멀리 떨어져 있는 것이 아니다.
사람들은 도가 사람에게서 멀리 있다고 생각하지만 그렇다면 그것은
도라고 말할 수 없다.

시경에 이르기를 '도끼자루를 베네 도끼자루를 베네 그 법칙이 멀지
않네'라 하니

도끼자루를 쥐고 도끼자루 감을 자를 때 힐끔힐끔 흘겨보는데
그럼에도 불구하고 멀리 있다고만 생각한다.

그렇기 때문에 군자는 사람으로 사람을 다스리고 깨우치도록 할 뿐이다.

충서의 도리는 멀리 있는 것이 아니며 먼저 자신에게 베풀어서 자신이
싫어하는 것이면 남들에게도 행하지 않아야 한다.

군자의 도에는 네 가지가 있는데, 정작 나는 하나도 실천한 것이 없다.

자식에게 바라는 것처럼 부모를 모셔야 하는데 그렇게 하지 못했고,

신하에게 바라는 것처럼 임금을 섬겨야하는데 그렇게 하지 못했고,

아우에게 바라는 것처럼 형님을 존중해야 하는데 그렇게 하지 못했고,

친구에게 바라는 것처럼 친구에게 베풀어야 하는데 그렇게 하지
못하였다.

일상의 평범한 덕도 먼저 베풀고, 일상의 하찮은 말이라도 삼가고 또
삼가야 하며 남에게 베푸는 일에 부족함이 있고 힘써 노력하지 않으면
안 되며, 할 일이 남아 있다면 끝까지 마무리를 하는데 마땅히 최선을
다하지 않으면 안 된다.

말을 할 때는 그 말을 실천할 수 있는가를 되돌아보고, 행동을 할 때는
그것이 나의 말과 일치하는가를 되돌아봐야 한다.

군자라면 어찌 이를 독실하게 행하지 않겠는가.

【난자 참고】

以爲: 그렇다고 인정함의 뜻.
伐: 자르다.
柯: 도끼자루
睨: 곁눈질, 흘겨봄.
猶: 하물며, 그럼에도, 그래도
止: ~할 뿐이다.
忠: 가운데 마음. 즉 가슴 깊이 우러나오는 성심.
恕: 상대의 입장을 이해하는 마음이나 인애의 마음.
諸: 에게.
勿: 말아야한다.
人: 다른 사람.
施: 행하지.
丘: 공자의 이름. 자신을 낮추어 쓸 때 사용.
未: 없다.
能: 실천한 것.
所求: 바램.
乎: ~에게.
庸: 평상시, 일상.
德: 사람과 사람 사이에 베풀어지는 품성. 사물이 지니고 있는 고유의
품성. 각종 사물에 내재되어 있는 원리원칙의 바탕.
敢: 마땅히, 감히.
餘: 할 일.
胡: 어찌, 왜.
慥慥: 성실한 모습, 착실한 행동.

중용 제14장

君子素其位而行, 不願乎其外.
素富貴, 行乎富貴. 素貧賤, 行乎貧賤. 素夷狄, 行乎夷狄.
素患難, 行乎患難.
　君子無入而不自得焉.
在上位不陵下, 在下位不援上. 正己而不求於人則無怨.
　上不怨天, 下不尤人.
故君子居易以俟命. 小人行險以徼幸.
子曰, 射有似乎君子, 失諸正鵠, 反求諸其身.

군자소기위이행, 불원호기외.
소부귀, 행호부귀. 소빈천, 행호빈천. 소이적, 행호이적.
소환난, 행호환난.
　군자무입이불자득언.
재상위불릉하, 재하위불원상. 정기이불구어인즉무원.
상불원천, 하불우인.
고군자거이이사명. 소인행험이요행.
자왈, 사유사호군자, 실제정곡, 반구제기신.

☞ 要約한 內容

군자는 그가 처한 상황에 따라 위치에 맞게 처신하며, 그 밖의 일에
대해서는 바라지 않는다.
부귀하면 부귀한대로 살고, 빈천하면 빈천한대로 살고, 이적의 나라에
선 이적의 풍속에 적응하고, 환난에 처하면 환난에 적응하며 살아간다.
군자는 이렇게 어떤 상황에 처해서도 스스로 깨닫지 못하는바가 없다.

(군자는 어떤 상황에 처해서도 그 중심을 잃지 않기 때문에 적응하지
못하는 일이 없다.)
윗자리에 있으면서도 아랫사람을 업신여기지 않으며, 아랫자리에
있으면서도 윗사람에게 빌붙지 않는다. 어떤 상황에서도 자신을 바르
게 할 뿐, 곧 어떤 변명이나 원망도 하지 않는 것을 원칙으로 여긴다.
위로는 하느님을 원망하지 않으며, 아래로는 남을 탓하지 않는다.
그러므로 군자는 마음의 평정심으로 도리(천명:하늘의 이치)를
기다려 자연스럽게 현실에 임함과 같고, 소인은 현실을 거역하고 모험
을 하면서 요행을 기다림과 같다.
공자께서 말씀하시길, "활 쏘는 법도 군자의 도와 비슷하다. 즉 자신이
쏜 화살이 과녁에 맞지 않으면 돌이켜보고 그 원인을 자신 속에서
찾는다."라고 하였다.

【난자 참고】

素: 처한 상황.
位: 자리, 위치, 처지.
乎: ~대해서는, ~대로.
行: 산다.
入: ~에 들다.
自得: 흔들리지 않는 마음의 상태. 중심을 잃지 않는 것.
陵: 업신여김. '凌'자와 동의어.
援: 아첨하다, 아부하여 이롭게 한다. 빌붙다.
尤: 탓하다.
易: 자연스레
俟: 기다림.
命: 자연의 이치. 하늘의 도리.
失: 빛나가다.
諸: …에서.

正鵠: 과녁의 중심.
反: 돌이켜서.
求: 원인을 찾는다.

중용 제15장

君子之道, 辟如行遠, 必自邇. 辟如登高, 必自卑.
詩曰, 妻子好合, 如鼓瑟琴. 兄弟旣翕, 和樂且耽.
　　宜爾室家, 樂爾妻帑!
子曰, 父母其順矣乎!

군자지도, 피여행원, 필자이. 피여등고, 필자비.
시왈, 처자호합, 여고슬금. 형제기흡, 화락차탐.
　　의이실가, 낙이처노!
자왈, 부모기순의호!

☞ 要約한 內容

군자의 도(道)란? 먼 길을 가기 전에 알아야할 것은 반드시 가까운
데서부터 시작해야하고, 높은 곳에 오르기 전에 알아야할 것은 반드시
낮은 곳에서부터 올라가야 한다.
시경에 이르기를 "처자식의 화목함이 마치 거문고와 비파의 조화롭고
아름다운 소리 같네. 형제들이 이미 의기투합하고 또 즐겁기만 하네.
마땅히 집안이 모여 한 가족을 이루니 늘 처자식이 즐겁네."라는
말이다.
공자께서 말씀하시길, "부모님의 뜻대로 되어가니 참으로 기쁘다."라
고 했다.

【난자 참고】

辟如: 사전에 알아야 할 것, 깨달아야 할 것. '譬'자와 동의어.
自: …로부터.

邇: 가까운데.
卑: 낮은데.
好合: 화기애애함.
旣: 이미, 벌써.
翕: 한데 모이다.
眈: 즐겁다.
帑: 처자를 뜻하는 '孥'자와 동의어.
順: 뜻대로 되는 기쁨.
矣乎: …로구나.…로다.

중용 제16장

子曰, 鬼神之爲德, 其盛矣乎
視之而弗見, 聽之而弗聞, 體物而不可遺.
使天下之人, 齊明盛服, 以承祭祀.
洋洋乎如在其上, 如在其左右.
詩云, 神之格思, 不可度思, 矧可射思!

자왈, 귀신지위덕, 기성의호
시지이불견, 청지이불문, 체물이불가유.
사천하지인, 제명성복, 이승제사.
양양호여재기상, 여재기좌우.
시운, 신지격사, 불가탁사, 신가역사

☞ **要約한 內容**

공자께서 말씀하시길, 신명(神明)의 품성이야말로 참으로 대단하시다.
보려 해도 보이지 않고, 들으려 해도 들을 수 없지만 형체가 있는
만물에는 모두 그 영향을 끼친다.
하여 세상 사람들로 하여금 심신을 바르게 하여 새 옷을 입고서
제사를 받들게 하였다.
신명은 늘 충만함에 위에 있는 것 같기도 하고, 좌우에 있는 것 같기도
하다.
시경에 이르기를 '신명(神明)은 다다르지 않는 곳이 없고, 헤아릴 수도
없거늘 이를 어찌 소홀히 하거나 싫어할 수 있겠는가!'라고 하였다.

【난자 참고】

鬼神: 혼, 영혼, 신명.
神明: 하늘에 영과 땅의 영.
德: 사람과 사람 사이에 베풀어지는 품성. 사물이 지니고 있는 고유의
품성. 각종 사물에 내재되어 있는 원리원칙의 바탕.
盛: 덕의 품성이 가득 채워지다. 위대함, 대단함.
弗: 않고, 없고, 아니다.
遺: 기치다. 영향을 받다.
使: 하여금, 시키다.
齊明: 심신을 바르게 함.
承: 공경하여 받들다.
洋洋: 낟알이 잘 여물어 있는 모양. 많고 넉넉한 모양.
格思: 미침, 다다름, 오다.
度思: 헤아림, 추측함.
矧: 더군다나 또는 하물며.
射思: 싫어하거나 소홀함.

중용 제17장

子曰, 舜其大孝也與
德爲聖人, 尊爲天子, 富有四海之內.
宗廟饗之, 子孫保之.
故大德必得其位, 必得其祿, 必得其名, 必得其壽.
故天之生物, 必因其材而篤焉.
故栽者培之, 傾者覆之.
詩曰, 嘉樂君子, 憲憲令德.
宜民宜人, 受祿于天.
保佑命之, 自天申之.
故大德者必受命.

자왈, 순기대효야여
덕위성인, 존위천자, 부유사해지내.
종묘향지, 자손보지.
고대덕필득기위, 필득기록, 필득기명, 필득기수.
고천지생물, 필인기재이독언.
고재자배지, 경자복지.
시왈, 가락군자, 헌헌영덕.
의민의인, 수록우천.
보우명지, 자천신지.
고대덕자필수명.

☞ 要約한 內容

공자께서 말씀하시길, 순임금의 효성은 그야말로 대단하셨다.

덕성은 성인이시고, 존귀함은 천자이시고, 부유함은 사해에 가득했다.
종묘에서 제사를 드렸으며, 자손대대로 이와 같이 이어졌다.
그러므로 대덕에는 반드시 그 지위가 따르고, 반드시 그 녹봉이 따를
것이며, 반드시 그 명성을 얻고, 반드시 장수하게 되는 것이다.
그러므로 하늘은 만물을 낳고 기르며, 반드시 그 재능에 따라서 더욱
도탑게 된다.
그런고로 잘 심어진 것은 잘 가꾸어 주고, 잘못 된 것은 쓰러지게 그냥
둔다.
시경에 이르기를 '아름답고 즐거우신 군자님 그 큰 덕성이 널리
알려지시네.
마땅히 백성들을 잘 보살피고, 마땅히 현인을 잘 등용하시며, 하늘로
부터 복을 받으시네. 백성들을 보살피고 도와주니 스스로 하늘이
살펴주시네.'라고 하였다.
그러므로 대덕을 지닌 자는 반드시 천명을 받게 된다.

【난자 참고】

與: 대단하다, 좋아하다, 따르다, 베풀다.
四海: 온 세상.
饗: 연회나 잔치를 하다. 제를 올리고 주음을 대접하다.
保: 보존되어 이어지다.
故: 그러므로, 어떤 원인에 따른 결과.
得: 따르게 됨, 얻게 됨.
因: 따라서, 의해서.
材: 재능과 덕성.
篤焉: 더욱 도타워진다.
培: 잘 가꾸다.
覆: 뒤집히다, 쓰러지다.
嘉: 뛰어나다, 훌륭하다.

樂: 유쾌함.
憲憲: 널리 알려지다.
令: 큰, 우두머리.
宜: 마땅히 于: …에, …로부터.
保佑: 돕다.
申: 살핌.

중용 제18장

子曰, 無憂者, 其惟文王乎
以王季爲父, 以武王爲子. 父作之, 子述之.
武王纘大王 · 王季 · 文王之緒, 壹戎衣而有天下,
　身不失天下之顯名,
尊爲天子, 富有四海之內, 宗廟饗之, 子孫保之.
武王末受命, 周公成文武之德, 追王大王 · 王季,
　上祀先公以天子之禮.
斯禮也, 達乎諸侯大夫, 及士庶人.
父爲大夫, 子爲士, 葬以大夫, 祭以士 · 父爲士, 子爲大夫,
　葬以士, 祭以大夫.
期之喪, 達乎大夫, 三年之喪, 達乎天子, 父母之喪,
　無貴賤, 一也.

자왈, 무우자, 기유문왕호
이왕계위부, 이무왕위자. 부작지, 자술지.
무왕찬대왕 · 왕계 · 문왕지서, 일융의이유천하,
　신불실천하지현명,
존위천자, 부유사해지내, 종묘향지, 자손보지.
무왕말수명, 주공성문무지덕, 추왕대왕 · 왕계,
　상사선공이천자지례.
사례야, 달호제후대부, 급사서인.
부위대부, 자위사, 장이대부, 제이사 · 부위사, 자위대부,
　장이사, 제이대부.
기지상, 달호대부, 삼년지상, 달호천자, 부모지상,

무귀천, 일야.

공자께서 말씀하시길, 근심걱정이 없는 사람은 문왕뿐이다.
이로써 왕계는 아버지가 되시고, 이로써 무왕은 아들이 되신다.
아버지가 왕업의 토대를 이루었고, 아들이 이를 계승하였다.
무왕이 태왕과 왕계 그리고 문왕의 왕업을 승계하여 한 번 무기와
갑옷을 갖추어 입고서 세상가운데 있었는데 자신은 그 명성을 잃지
않았다. 존귀함은 천자였고, 부유함은 온 세상 안에 가득했고, 종묘에
서 제사를 지냈으며, 자손들은 이것을 지키고 보존하였다.
무왕은 노년에 천명을 받고 천자가 되었으며, 주공에 이르러서야
문왕과 무왕의 덕업을 이루었다. 제왕으로 태왕과 왕계의 시호를 추가
부여받고, 선조의 제사 명단에 올려 천자로서의 예를 갖추었다.
이런 예절은 제후, 대부, 사인 및 모든 사람에 이르기까지 통용되었다.
아버지가 대부이고, 아들이 사인(士人)이면 대부의 예로써 장례를
치루고, 제사는 사인의 예로서 지냈으며, 아버지가 사인이고, 아들이
대부라면, 장례는 사인의 예로써 치루고, 제사는 대부의 예로써 지낸다.
방계친속에 대한 1년 상은 대부까지만 통용이 되고, 직계친속에 대한
3년 상은 천자에게만 통용되었으나, 부모상의 경우는 귀천의 구별
없이 모두 같다.

【난자 참고】

惟: 오직, 생각.
武王: BC12세기 주나라(周)의 창건자이며 제1대 황제.
文王: 중국 주나라 무왕의 아버지이다. 이름은 창(昌). BC12세기경
은나라 말기에 태공망 등 어진 선비들을 모아 국정을 바로잡고 융적

(戎狄)을 토벌하여 아들 무왕이 주나라를 세울 수 있도록 기반을 닦아 주었다. 고대의 이상적인 성인군주의 전형으로 꼽힌다.

以: 이로써, 이 같이.

太王(大王): 문왕의 조부.

作: 기반, 토대.

述: 잇다, 계승하다.

續: 잇다.

緖: 왕업(王業)의 승계.

戎衣: 무기와 갑옷.

天下: 세상가운데, 전쟁터.

四海: 온 세상.

饗之: 제사를 지냄.

末: 노년, 나이 들어.

周公: 무왕의 아들 성왕이 어려 주공(무왕의 동생)이 섭정을 하면서 예악과 문물제도를 만들었다.

上: 올리다.

先公: 선조.

斯: 이것

期: 1년.

達: 통용되다.

一也: 하나 처럼 똑 같다. 모두 같다.

중용 제19장

子曰, 武王 · 周公其達孝矣乎
夫孝者, 善繼人之志, 善述人之事者也.
春秋修其祖廟, 陳其宗器, 設其裳衣, 薦其時食.
宗廟之禮, 所以序昭穆也, 序爵, 所以辯貴賤也, 序事,
　所以辯賢也,
旅酬下爲上, 所以逮賤也, 燕毛, 所以序齒也.
踐其位, 行其禮, 奏其樂, 敬其所尊, 愛其所親,
　事死如事生,
事亡如事存, 孝之至也.
郊社之禮, 所以事上帝也, 宗廟之禮, 所以祀乎其先也.
明乎郊社之禮, 禘嘗之義, 治國其如示諸掌乎

자왈, 무왕 · 주공기달효의호
부효자, 선계인지지, 선술인지사자야.
춘추수기조묘, 진기종기, 설기상의, 천기시식.
종묘지례, 소이서소목야, 서작, 소이변귀천야, 서사,
　소이변현야.
여수하위상, 소이체천야, 연모, 소이서치야.
천기위, 행기례, 주기락, 경기소존, 애기소친,
　사사여사생,
사망여사존, 효지지야.
교사지례, 소이사상제야, 종묘지례, 소이사호기선야.
명호교사지례, 체상지의, 치국기여시제장호

공자께서 말씀하시길, 무왕과 주공은 효성이 매우 지극한 분이시다.
생각건대 효라는 것은 선인의 뜻을 잘 계승하고, 선인의 사업을 잘
펼치는 것.
봄, 가을 제사 때에 조묘를 수리하고, 종기(宗器)를 꺼내어 진설하며,
상의(裳衣) 를 꺼내어 진열하고, 제철의 음식을 바치는 것이다.
종묘에 예절이 있는 것은, 바로 소목(昭穆)의 순서를 정하기 위함이요.
헌작에 순서가 있는 것은, 바로 관직의 높고 낮음을 분별하기 위함이
요. 제사 일에 순서가 있는 것은, 자손들의 재능을 분별하기 위함이요.
아랫사람이 윗사람에게 술 잔을 올리는 것은, 윗사람의 권위가 아래까
지 미치게 하기 위함이요. 연회(宴會)때 에 머리빛깔에 따라 자리를
정하는 것은, 나이에 따라 장유유서(長幼有序)의 분별을 하기 위함
이다. 순위에 따라 마땅히 서야할 위치에 서서, 제사의 예절에 따라
행하고, 제례악을 연주하며, 마땅히 존중해야 할 분을 공경하고, 마땅
히 친근해야 할 사람을 사랑 하고, 돌아가셨을 때에 시신모시기를
살아계신 것처럼 모시며, 제사 때엔 돌아가신 분 섬기기를 살아계신
분처럼 하시니, 이것이 바로 효도의 지극함이 되는 것이다.
교외에서 천지신명께 드리는 제례는 곧 상제를 섬기는 것이요. 종묘에
서 드리는 제례는, 곧 자기 조상에게 올리는 제사이다.
교외에서 천지신명께 올리는 제례와 종묘에서 여름과 가을에 조상에게
올리는 제사 의 뜻에 밝으면 나라를 다스리는 일은 손바닥을 보듯
쉬운 일이다.

【난자 참고】

達: 여러 갈래로 통하는 길, 뛰어난 것에 의미.
夫: 무릇, 생각하건대.

善: 옳게, 잘, 긍정적으로.

人: 선인.

述: 펼침.

祖廟: 조상의 신위를 모시는 사당(祠堂).

陳: 손질 하다.

宗器: 종묘 제사 때 쓰는 제기.

裳衣: 선조들이 남겨 놓은 의복.

薦: 올리다.

時食: 제철에 나는 음식.

所以: 그런 까닭에, 곧.

昭穆: 신주를 모시는 순서.

辨: 분별하다.

旅酬: 여러 사람에게 술을 잔에 부어 돌리거나 술잔을 주고받는 것.

逮: 미치다.

賤: 아랫사람.

齒: 나이

其: …해야 한다.

郊: 성 밖. 교외

禘嘗: 여름과 가을 종묘에서 지내는 제사.

중용 제20장

哀公問政.
子曰, 文武之政, 布在方策, 其人存則其政擧,
　其人亡則其政息.
人道敏政, 地道敏樹. 夫政也者, 蒲蘆也.
故爲政在人, 取人以身, 脩身以道, 脩道以仁.
仁者人也, 親親爲大, 義者宜也, 尊賢爲大. 親親之殺,
　尊賢之等, 禮所生也.
在下位不獲乎上, 民不可得而治矣.(※20장 17절에 나오는 오류)
故君子, 不可以不脩身. 思脩身, 不可以不事親. 思事親,
　不可以不知人.
　思知人, 不可以不知天!

애공문정.
자왈, 문무지정, 포재방책, 기인존즉기정거,
　기인망즉기정식.
인도민정, 지도민수. 부정야자, 포로야.
고위정재인, 취인이신, 수신이도, 수도이인.
인자인야, 친친위대, 의자의야, 존현위대. 친친지살,
　존현지등, 예소생야.
재하위불획호상, 민불가득이치의.(※20장 17절에 나오는 오류)
고군자, 불가이불수신. 사수신, 불가이불사친. 사사친,
　불가이불지인.
　사지인, 불가이불지천!

애공이 정치에 대하여 물으니, 공자께서 말씀하셨다.

문왕과 무왕의 정치는 방책으로 문헌에 잘 기록되어 있고 뒷날에
그것을 실천할 인재가 나오면, 곧 그 정치가 실현될 것이고, 그런 인재
가 없으면, 곧 그 정치는 사라지고 말 것이다.

사람의 도는 정치에 빠르게 나타나고, 땅의 성질은 나무에 빠르게
나타난다. 이처럼 정치란 것은 창포와 갈대 같은 것이다.

그러므로 정치란 것은 인재에 달려 있고, 인재를 취하는 것은 자신의
수양에 달려 으며, 자신을 수양하는 것이 이 도리에 있고, 도리를
실천하는 것은 인(仁)에 있으며, 인이라 함은 사람다운 것이며, 가장
가까운 일가친척을 사랑하는 것이 가장 중요하다. 의(義)라는 것은
마땅한 것이며, 어진 사람을 존경하는 것이 중요하다.

일가친척을 사랑함에 있어 원근(遠近)을 두고, 어진 이를 구분하는
것은 여기에서 예절을 생기게 하기 위함이다.

하위에 있으면서 윗사람의 신임을 받지 못하면, 백성을 다스리기가
불가능한 것이 다. 따라서 군자는 수신하지 않을 수가 없는 것이고,
수신을 하려면 부모부터 잘 섬기지 않을 수가 없고, 부모를 잘 섬기려
한다면, 인륜(人倫)을 알지 않을 수가 없고, 인륜을 알려면,
천륜(天倫)을 모르면 안 되는 것이다.

【난자 참고】

哀公: 공자시대 때의 노(魯)의 임금.
布: 기록되어 있음.
方: 종이가 아닌 목판에다 글을 쓴 것.
策: 대나무에 글을 쓴 것.
擧: 실행되다.
息: 소멸되어 없어지는 것.

殺: 친척의 촌수에 구별을 뜻함.
事: 섬기다. 모시다.
親親: 가족이나 가까운 친척을 사랑함.
大: 중요하다.
等: 구분함.
獲乎: 신임을 얻다. 인정을 받다.
思: …하려면.
知人: 인륜을 아는 것. 사람의 도리를 아는 것.
以: 그렇기 때문에.
知天: 천륜을 아는 것. 하늘의 이치를 아는 것.

天下之達道伍, 所以行之者三. 曰 君臣也, 父子也,
　夫婦也, 昆弟也, 朋友之交也, 伍者天下之達道也.
　知仁勇三者, 天下之達德也.
　所以行之者一也.

천하지달도오, 소이행지자삼. 왈 군신야, 부자야,
　부부야, 곤제야, 붕우지교야, 오자천하지달도야.
　지인용삼자, 천하지달덕야.
　소이행지자일야.

☞ **要約한 內容**

세상에 통용되는 도리는 다섯이고, 이것을 행하는 방법은 세 가지이다.
이른바, 군신·부자·부부·형제·붕우 사이의 관계이다. 이 다섯
가지가 세상에 통용되는 도리이다. 지·인·용(知·仁·勇) 삼자는
세상에서 사람이 마땅히 지녀야 할 품성이며 달덕(達德)이니, 이것을
행하는 도리는 모두 같은 것이다.

道: 도는 길이다. 도에는 하늘에 의하여 행해지는 천도와 사람에
의하여 행해지는 인도가 있다.
德: 도를 행하는 객관적 실천능력.
一也: 모두 같다.

或生而知之, 或學而知之, 或困而知之, 及其知之一也.
　或安而行之, 或利而行之, 或勉强而行之, 及其成功一也.
子曰 好學近乎知, 力行近乎仁, 知恥近乎勇.
知斯三者, 則知所以脩身, 知所以脩神, 則知所以治人,
　知所以治人, 則知所以治天下國家矣!

혹생이지지, 혹학이지지, 혹곤이지지, 급기지지일야.
　혹안이행지, 혹이이행지, 혹면강이행지, 급기성공일야.
자왈 호학근호지, 역행근호인, 지치근호용.
지사삼자, 즉지소이수신, 지소이수신, 즉지소이치인,
지소이치인, 즉지소이치천하국가의!

☞ **要約한 內容**

혹자는 태어나면서부터 그것을 알고, 혹자는 배움에서 그것을 알고,
혹자는 곤경에서 그것을 알게 되나, 결국 알게 되는 것은 모두 같은
이치이다. 혹자는 편안함에서 그것을 실행하고, 혹자는 이로움에서
그것을 실행하게 되며, 혹자는 억지로 힘써 실행하는데, 결국 그것이
성공에 이르러서는 매한가지이다.
공자께서 말씀하시길,'배움을 좋아하면 지혜(智慧)에 가까워질 수
　있으며, 힘써서 행하면 인애(仁愛) 함에 가까워질 수 있고,

부끄러움이 무엇인지 알면 참된 용기(勇氣)에 가까워질 수 있다.'라고
말씀 하셨다. 이 세 가지를 아는 자는, 곧 수신(修身)하는 바를 알고,
이렇게 수신하는 방법을 알면, 곧 사람을 다스리는 방법을 알게 되는
것이고, 사람을 다스리는 방법을 알게 되면, 곧 세상에서 국가를
다스리는 방법을 알게 된다.

【난자 참고】

或: 어떤 경우, 어떤 사람.
困: 어렵게, 어려움.
及: ～에 이르러.
勉强: 마지못해, 억지로 함.
知: '智'이다.
恥: 부끄러운 것.
斯: 이것.

凡爲天下國家有九經. 曰 脩身也, 尊賢也, 親親也,
　敬大臣也, 體群臣也, 子庶民也, 來百工也, 柔遠人也,
　懷諸侯也.
脩身則道立, 尊賢則不惑, 親親則諸父昆弟不怨,
　敬大臣則不眩.
　體群臣則士之報禮重, 子庶民則百姓勸, 來百工則財用足,
　柔遠人則四方歸之, 懷諸侯則天下畏之.

범위천하국가유구경. 왈 수신야, 존현야, 친친야,
　경대신야, 체군신야, 자서민야, 내백공야, 유원인야,
　회제후야.
수신즉도립, 존현즉불혹, 친친즉제부곤제불원,

경대신즉불현.

체군신즉사지보예중, 자서민즉백성권, 내백공즉재용족,
유원인즉사방귀지, 회제후즉천하외지.

☞ 要約한 內容

무릇 천하국가를 다스림에는 아홉 가지 원칙이 있다. 이것은 곧
자신을 수양하는 수신과, 현인을 존중하는 것과, 친족들이 화목한
것과, 대신들을 공경하는 것과, 군신을 내 몸처럼 돌보아주는 것과,
백성을 자식처럼 사랑하는 것과, 기공을 위로하는 것과, 멀리 있는
사람을 잘 대해주는 것과, 제후들을 따뜻하게 품어주는 것들이다.
수신을 함으로써 곧 도리를 세울 수 있고, 어진 사람을 존경함으로써
곧 미혹함에 빠지지 않는다. 친척을 가까이 사랑함으로써 곧 백부 · 숙
부 · 형제들로부터 원망을 듣지 않는다. 대신을 공경함으로써 곧 현혹
되지 않고, 모든 신하를 내 몸처럼 돌봄으로써 곧 선비들이 예를
갖추어 보답하는 것이며, 백성들을 사랑함으로써 곧 백성들은 더욱
힘써 일하며, 기공들을 많이 옴으로써 곧 쓸 재물들이 풍족해진다.
멀리서 오는 사람을 환대함으로써 곧 사방에서 사람들이 다시 돌아올
것이며, 제후들을 품고 달래줌으로써 곧 천하의 경외(敬畏)스런
마음이 퍼지게 된다.

【난자 참고】

爲: 다스림, 통치하다.
經: 원칙. 불변하는 것의 의미. 베를 짤 때 날줄을 말함.
脩: 수양함.
體: 내 몸처럼 여김.
來: 위로함.
柔: 부드럽게 잘 대해줌.

懷: 위로하고 달래줌.

立: 바로 세움.

惑: 미혹함.

眩: 침침하여 현혹됨.

報: 신하의 보답.

重: 갖춤.

子: 사랑함.

勸: 힘써 일하다. 부지런함.

來: 오게 하다.

百: 많이.

工: 공업에서 일하는 종사자.

足: 재물이 풍족함.

柔: 부드럽고 환대함.

諸侯: 일정한 영토를 가지고 그 영내의 백성을 다스리던 사람.

畏: 경외한 마음.

齊明盛服, 非禮不動, 所以脩身也. 去讒遠色, 賤貨而貴德,
　所以勸賢也.

尊其位, 重其祿, 同其好惡, 所以勸親親也. 官盛任使,
　所以勸大臣也.

忠信重祿, 所以勸士也, 時使薄斂, 所以勸百姓也.
　日省月試, 旣稟稱事, 所以勸百工也.

送往迎來, 嘉善而矜不能, 所以柔遠人也. 繼絶世, 擧廢國,
　治亂持危, 朝聘以時, 厚往而薄來, 所以懷諸侯也.

제명성복, 비예부동, 소이수신야. 거참원색, 천화이귀덕,
　소이권현야.

존기위. 중기록, 동기호악, 소이권친친야. 관성임사,
　소이권대신야.

충신중록, 소이권사야, 시사박렴, 소이권백성야.

　일성월시, 기품칭사, 소이권백공야.

송왕영래, 가선이긍불능, 소이유원인야. 계절세, 거폐국,

　치란지위, 조빙이시, 후왕이박래, 소이회제후야.

☞ **要約한 內容**

몸과 마음을 정결하게 하고 예복을 갖추며 예절에 어긋남에 경거망동
하지 않으면 이 같은 것이 수신하는 방법이다. 남을 헐뜯지 않으며
여색을 멀리하고, 재물을 탐하지 않고 덕을 귀하게 여기면 바로 이
같은 것이 현인을 따르는 방법이 된다.

지위를 높여 주고, 녹봉을 후하게 주며, 고락을 함께하는 것 바로
이 같은 것이 부모, 형제 가족을 사랑하는 방법이 된다. 관리를 많이
임용하여 부리는 것 바로 이 같은 것이 대신을 따르는 방법이 된다.
신의가 있고 충성하는 사람에게 봉록을 많이 주는 것 바로 이 같은
것이 중신들을 따르게 하는 방법이 된다. 알맞은 때에 알맞게 사역(使
役)하고, 세금을 감해주는 것 바로 이 같은 것이 백성을 사랑하는
방법이 된다. 매일 살피고 매월 시험하여, 그 성과에 상응하는 보수를
주는 것 바로 이 같은 것이 기공들을 격려하는 방법이 된다.

기쁨으로 오가는 사람을 맞고 보내며, 잘 한 것은 격려해주고 능력이
부족하여 모르고 잘 못한 것은 불쌍히 여겨 도와주면 바로 이 같은
것이 먼 곳에 있는 사람을 다시 모이게 하는 방법이 된다. 대가 끊어졌
으면 후사를 잇게 하고, 망하는 나라를 일으켜 세우고, 혼란을 막아
위기를 돕고, 때 맞추어 방문할 때에 갈 때는 후하게 하고 올 때는
가볍게 하는 것 바로 이 같은 것이 제후들을 격려하고 달래는 방법이
되는 것이다.

齊明: 마음을 가다듬고 정결하게 함.

盛腹: 예복을 갖춤. 非:아니면.

動: 움직임, 경거망동함.

以: 이 같은 것.

去讒: 헐뜯지 않음. 비방하지 않음.

色: 여색.

勸: 따르는 방법, 권하다.

重: 후하게.

好惡: 고락, 즐거운 일과 슬픈 일.

同: 함께 하다.

親親: 가족, 부모형제.

盛: 많이.

時: 알맞은 때에 알맞게.

使: 사역하다. 부리다.

薄斂: 세금을 적게 거둠.

旣稟: 매월 주는 관봉.

稱事: 성과에 보답.

嘉: 칭송하다.

矜: 가엽게 여기다.

世: 대, 혈통.

擧: 일으켜 세움.

聘: 방문하여 안부를 묻다.

凡爲天下國家有九經, 所以行之者一也.

凡事豫則立, 不豫則廢. 言前定則不跲, 事前定則不困,
　行前定則不疚, 道前定則不窮.

在下位不獲乎上, 民不可得而治矣. 獲乎上有道,
　不信乎朋友, 不獲乎上矣.

信乎朋友有道, 不順乎親, 不信乎朋友矣. 順乎親有道,

反諸身不誠, 不順乎親矣.
誠身有道, 不明乎善, 不誠乎身矣!
誠者天之道也, 誠之者人之道也. 誠者不勉而中, 不思而得,
　從容中道, 聖人也.
誠之者, 擇善而固執之者也.

범위천하국가유구경, 소이행지자일야.
범사예즉립, 불예즉폐. 언전정즉불겁, 사전정즉불곤,
　행전정즉불구, 도전정즉불궁.
재하위불획호상, 민불가득이치의. 획호상유도,
　불신호붕우, 불획호상의.
신호붕우유도, 불순호친, 불신호붕우의. 순호친유도,
　반제신불성, 불순호친의.
성신유도, 불명호선, 부성호신의!
성자천지도야, 성지자인지도야. 성자불면이중, 불사이득,
　종용중도, 성인야.
성지자, 택선이고집지자야.

☞ **要約한 內容**

무릇 천하국가를 다스리는 데는 아홉 가지 준칙이 있고 그것을
실행하는 방법은 모두가 같은 방법이다.
모든 일은 미리 준비가 되어 있으면 성공할 수 있고, 미리 준비 되어
있지 않으면 곧 실패하게 된다. 말도 사전에 준비되어 있으면
실언하지 않고, 일도 사전에 계획되어 있으면 난관에 부딪치지
않으며, 행위를 함에 있어서도 미리 순서와 안배가 이루어져 있으면
병폐가 없게 되며, 해야 할 도리에도 사전에 준비되어 있으면 곤궁에

처하지 않게 된다. 아랫자리에 있으면서도 상부에 신임을 얻지 못하면, 백성을 옳게 다스릴 수 없다. 윗사람의 신임을 얻는 방법에 있어서는, 먼저 친구의 신뢰를 받지 않으면, 윗사람의 신임도 받을 수가 없다. 친구의 신뢰를 얻는 방법이 있는데, 부모를 잘 섬기지 않으면, 친구로부터의 신뢰도 얻을 수 없다. 부모에게 효도하는 방법이 있는데, 자신을 돌아보아서 만일 지극정성이 부족했다면, 부모에게 효를 다했다고 볼 수가 없는 것이다.

자신의 마음가짐에 지성을 간직하는 방법이 있는데, 분명하게 선에 이르지 못하면, 자신의 마음속에 지극정성이 있다고 볼 수가 없다. 성(誠)은 하늘의 도리이고, 성(誠)을 이루는 것은 사람의 도리이다. 성(誠)한 자는 힘쓰지 않아도 마음속에 있고, 생각하지 않아도 얻어지며, 자연스럽게 중용의 삶을 사는 사람을 성인이라 한다. 성(誠)을 행하려는 사람은 선으로 가는 가장 좋은 길을 선택하여 그것을 굳게 밀고 나가는 자이다.

【난자 참고】

凡事: 모든 일.
豫: 미리 준비하고 갖춤.
則立: 성공하다.
跲: 오류를 범하다.
疚: 마음 괴롭다. 부끄럽다.
道: 도리, 방법.
親: 부모.
順: 유순하여 효도하다.
善: 하늘의 본성. 더할 수 없이 선한 것. 지고지선(至高至善).
誠: 하늘의 본성. 꾸밈없이 진실 된 사람의 품성.
從容: 유연하고 여유롭다. 자연스럽다.
中道: 중용의 도리.
固執: 굳은 의지.

博學之, 審問之, 愼思之, 明辯之, 篤行之.
有弗學學之, 弗能弗措也. 有弗問問之, 弗知弗措也.
　有弗思思之, 弗得弗措也.
　有弗辨辨之, 弗明弗措也. 有弗行行之, 弗篤弗措也.
　人一能之, 己百之.
　人十能之, 己千之.
果能此道矣, 雖愚必明, 雖柔必強.

박학지, 심문지, 신사지, 명변지, 독행지.
유불학학지, 불능불조야. 유불문문지, 불지불조야.
　유불사사지, 불득불조야.
　유불변변지, 불명불조야. 유불행행지, 불독불조야.
　인일능지, 기백지.
　인십능지, 기천지.
과능차도의, 수우필명, 수유필강

☞ 要約한 內容

널리 배우고, 자세히 물으며, 깊이 생각하고, 사리분별에 밝으며,
돈독하게 행한다.
배우지 않은 것이 있으나 배우려한다면, 능하지 않고서는 멈추지
말아야한다. 묻지 않은 것이 있어 물으려한다면, 알지 않고서는
멈추지 말아야한다.
생각지 않은 것이 있어 생각하려한다면, 얻지 않고서는 멈추지
말아야한다. 분별치 않은 것이 있어 분별하려한다면, 분별치 않고서는
멈추지 말아야한다. 실행치 않은 것이 있어 실행하려한다면, 독실치
않고서는 멈추지 말아야한다.

다른 사람이 하나를 할 수 있을 때, 나는 백을 하고, 다른 사람이
열을 할 수 있을 때, 나는 천 번이라도 해야 한다.

과연 이런 방법으로 학문을 실천한다면, 비록 어리석은 재질이더라도
반드시 총명해질 것이며, 비록 연약한 기질이라도 반드시 강해질 수
있다.

【난자 참고】

之: 앞에 것을 가리키는 타동사의 목적어.
辨: 분별, 사리 판다.
弗: '不'자와 동의어.
措: 멈추다. 그만두다.
一能: 한 번에 하는 일.
果能: 실천, 행함.
道矣: 방법, 학문의 길.
雖: 비록, 그러나, ~하더라도.
愚: 뛰어나지 못함.
柔: 여리다. 보잘 것 없는 재능.

중용 제21장

自誠明, 謂之性. 自明誠, 謂之敎.
誠則明矣, 明則誠矣.

자성명, 위지성. 자명성, 위지교.
성즉명의, 명즉성의

☞ **要約한 內容**

스스로 빛나 정성스러움으로 밝아지는 것을 성의 작용이라 하고
밝음으로 말미암아 정성스러워지는 것을 교화라 한다.
정성스러움은 곧 밝아지고 밝아지면 곧 지극한 정성스러움이 된다.

【난자 참고】

自: ~로 말미암아.
誠: 지극한 정성. 말을 이룸(마음을 돌아 나오는 말).
性: 타고난 본성, 받은 성품.

중용 제22장

唯天下至誠, 爲能盡其性. 能盡其性, 則能盡人之性.
　能盡人之性, 則能盡物之性.
　能盡物之性, 則可以贊天地之化育.
　可以贊天地之化育, 則可以與天地參矣.

유천하지성, 위능진기성. 능진기성, 즉능진인지성.
　능진인지성, 즉능진물지성.
　능진물지성, 즉가이찬천지지화육.
　가이찬천지지화육, 즉가이여천지참의

☞ 要約한 內容

오직 세상에서 지극한 정성스러움만이, 타고난 그 성덕(性德)을
완전히 다할 수 있다. 자기의 성덕을 다할 수 있어야만, 곧 남의
성덕도 다할 수 있다.
남의 성덕을 다할 수 있어야만, 곧 만물의 화육도 다할 수 있다.
만물의 성덕을 다할 수 있어야만, 곧 천지간 만물의 화육을 도울 수 있다.
이렇게 천지간 만물의 화육을 도울 수 있어야만, 곧 천지와 함께
문명창달이 나란히 공존할 수 있다.

【난자 참고】

盡: 완전히, 충분히 발휘하다.
化育: 낳고 기르는 것.
贊: 돕다.
參: 나란히 섬.'공존함', '함께 섬'

중용 제23장

其次致曲, 曲能有誠.
誠則形, 形則著, 著則明, 明則動, 動則變, 變則化.
唯天下至誠爲能化.

기차치곡, 곡능유성.
성즉형, 형즉저, 저즉명, 명즉동, 동즉변, 변즉화.
유천하지성위능화.

☞ 要約한 內容

그 다음은 은미함에 한 부분을 이루게 되고, 은미함을 거듭하다가
마침내 지성을 이루게 된다.
지성은 곧 형상이 생겨나고, 형상은 곧 현저해지고, 현저함은 곧
밝아지고, 밝아짐은 곧 움직이고, 움직임이 일면 곧 변화하게 되고,
변화하면 곧 화육하게 된다.
그러므로 오직 세상에는 지성(至誠)만이 만물을 화육할 수 있다.

【난자 참고】

其次: 그 다음. 아직 성(誠)이 지극함에 이르지 못한 자.
致: 애쓰다. 달성하다.
曲: 미세하게, 아주 작게.
形: 밖으로 나타냄.
著: 밖으로 나타나서 크게 드러냄.
動: 살아남.
變: 양적 변화.
化: 질적 변화.
化育: 자연이 만물을 생성시켜 기름.

중용 제24장

至誠之道, 可以前知.
國家將興, 必有禎祥.
國家將亡, 必有妖孽.
見乎蓍龜, 動乎四體. 禍福將至, 善 必先知之,
　不善 必先知之.
故至誠如神.

지성지도, 가이전지.
국가장흥, 필유정상.
국가장망, 필유요얼.
현호시귀, 동호사체. 화복장지, 선 필선지지,
불선 필선지지.
고지성여신.

☞ 要約한 內容

지성(至誠)에 이르면 도리를 터득하고, 앞일을 먼저 알 수 있다.
국가가 장래에 흥하려 할 때에는, 반드시 상서로움이 있다.
국가가 장래에 망하려 할 때에는, 반드시 흉조의 조짐이 있다.
이런 것은 시귀(蓍龜) 점괘로 알아 볼 수 있고, 사람들의 움직임으로
알 수 있다. 화복이 장차 생기려 할 때에는 선(福)이 반드시 먼저
알고, 선(福)이 아닌 것도 반드시 먼저 알게 된다.
그러므로 지성은 이 처럼 신명(神明) 스럽다.

【난자 참고】

可: 가히.
禎祥: 상서로움, 길한 징조.
孼: 첩의 소생. 화근.
蓍: 점을 치는 풀대.
龜: 거북 껍질.
妖孼: 흉조.
四體: 두 팔과 두 다리로서 사람의 몸을 말한다.

중용 제25장

誠者自成也, 而道自道也.
誠者物之終始, 不誠無物. 是故君子誠之爲貴.
誠者, 非自成己而已也, 所以成物也. 成己仁也, 成物之也,
性之德也,
　合內外之道也. 故時措之宜也.

성자자성야, 이도자도야.
성자물지종시, 불성무물. 시고군자성지위귀.
성자, 비자성기이기야, 소이성물야. 성기인야, 성물지야,
성지덕야,
　합내외지도야. 고시조지의야

☞ 要約한 內容

성(誠)은 스스로 이루는 것이고, 도(道)는 스스로 인도하는 것이다.
성은 만물의 시작과 끝이며, 성이 아니면 만물도 없다.
이런 까닭에 군자는 성을 아주 귀하게 여긴다.
성은 스스로 나의 품성만을 이루고 그치는 것이 아니라, 만물의 품성
도 이룬다. 나를 완성시키는 것이 인(仁)이라 하고, 남을 완성시키는
것은 지(知)라 한다. 성으로부터 덕성(德性)은, 안(仁愛)과 밖(知慧)
을 합한 도리이고, 그러므로 어떤 때에 시행되어도 알맞은 것이다.

【난자 참고】

誠: 지극한 정성. 말을 이룸(참된 마음에서 나오는 말).
成: 성기(成己)와 성물(成物)을 가리킴.

462 이자견 저자견

物: 자기를 제외한 모든 것.
仁: 사랑과 자애로움.
知: 지혜, 알고 깨우침. 內:인애.
外: 지혜.
時: 수시, 언제 어느 때.
措: 시행하다. 조치하다.
宜: 알맞다. 적합하다.

중용 제26장

故至誠無息, 不息則久, 久則徵, 徵則悠遠, 悠遠則博厚,
　博厚則高明.
博厚所以載物也, 高明所以覆物也, 悠久所以成物也.
　博厚配地, 高明配天, 悠久無疆.
如此者不見而章, 不動而變, 無爲而成,
　天地之道, 可一言而盡也.
　其爲物不貳, 則其生物不測.
　天地之道, 博也, 厚也, 高也, 明也, 悠也, 久也.

今夫天, 斯昭昭之多, 及其無窮也, 日月星辰繫焉, 萬物覆焉.
今夫地, 一撮土之多, 及其廣厚, 載華嶽而不重,
　振河海而不洩, 萬物載焉.
今夫山, 一卷石之多, 及其廣大, 草木生之, 禽獸居之,
　寶藏興焉.
今夫水, 一勺之多, 及其不測, 黿鼉蛟龍魚鼈生焉,
　貨財殖焉.

詩云 維天之命, 於穆不已.
　蓋曰, 天之所以爲天也. 於乎不顯, 文王之德之純.
　蓋曰 文王之所以爲文也, 純亦不已.

고지성무식, 불식즉구, 구즉징, 징즉유원, 유원즉박후,
　박후즉고명.
박후소이재물야, 고명소이복물야, 유구소이성물야.

464 이자견 저자견

박후배지, 고명배천, 유구무강.
여차자불현이장, 부동이변, 무위이성,
　천지지도, 가일언이진야.
　기위물불이, 즉기생물불측.
　천지지도, 박야, 후야, 고야, 명야, 유야, 구야.

금부천, 사소소지다, 급기무궁야, 일월성신계언, 만물복언.
금부지, 일촬토지다, 급기광후, 재화악이부중,
　진하해이불설, 만물재언.
금부산, 일권석지다, 급기광대, 초목생지, 금수거지,
　보장흥언.
금부수, 일작지다, 급기불측, 원타교룡어별생언,
　화재식언.

시운 유천지명, 어목불이.
　개왈, 천지소이위천야. 어호불현, 문왕지덕지순.
　개왈 문왕지소이위문야, 순역불이.

☞ 要約한 內容

그런 까닭에 지성(至誠)은 쉼이 없고, 쉼이 없으므로 곧 오래 지속되
고, 오래 지속됨은 곧 징험으로 나타나고, 징험은 곧 멀리 계속되고,
멀리 계속됨은 곧 넓게 도타워지고, 넓게 두터워지니 곧 높고 밝다.
넓고 두터우므로 만물을 실을 수 있고, 높고 밝음으로 만물을 덮을 수
있고, 영원하므로 그런 까닭에 만물을 이룬다.
넓고 두터움은 땅이고, 높고 밝음은 하늘이며, 유구함은 무한한
시간이다.

이와 같음은 드러내려 하지 않아도 저절로 밝게 보임이고, 움직이지
않아도 절로 변화되며, 하려함이 없어도 절로 이루어짐이다.

천지의 도(道)는, 한 마디로 말한다면, 그 물(物)이 둘이 아니며, 곧
그 만유생성은 측량이 안 된다.

천지의 도(道)는 넓고, 두텁고, 높고, 밝고, 멀고, 오랜 것이다.

이제 저 하늘을 보면, 빛들이 얼마나 많이 빛나고 있나, 그 무한대에
이르러서는 해, 달, 별, 은하수들이 주렁주렁 매달려 있고, 그 성체들
로 이루어진 공간으로 만물을 덮고 있다.

이제 저 대지를 보면, 한 줌의 흙이 모여 한 없이 넓고 두텁게
형성되었고, 오악(伍嶽)을 싣고도 무겁다 하지 않고, 하해와 같은
강이 흘러가도 새어나감이 없으며, 만물은 대지가 편안키만 하다.

이제 저 산을 보면, 한주먹만한 돌들이 많이 모여서, 그 광대함에
이르고 있는데, 초목이 자라고, 금수들이 살며, 금은보화가 매장되어
있다. 이제 저 물을 보면, 한 움큼의 물이 많이 모여 그 헤아 릴 수
없게 되었고, 거기에는 거북, 교룡, 어별들이 살아가고 있는데, 풍부한
먹을 거리와 번식을 한다.

시경에 이르기를 "하늘의 운행이 영원하고, 만물에게 주는 명(命)도
그침이 없네."

이것이 하늘이 하늘 된 바이다.

"오호라, 저리도 밝고 빛나고 있는데, 문왕의 성덕 (聖德)과 순수함이다.
이것이 문왕을 문(文)이라 칭송하는 까닭이니, 하늘의 명(命)이 영원
하듯이 이 또한 하염없다.

【난자 참고】

故: 그런 까닭에.

徵: 징험, 징조.

博: 넓다. 풍부하다.

所以: 원인, 까닭.

高明: 하늘, 무한한 우주.

載: 싣다. 충만하다.

覆: 덮다. 뒤집다.

配: 맞추다. 짝을 이루다.

疆: 끝, 한계, 경계.

無疆: 무한한 시간.

見: 나타내다.

章: '彰'과 동의어. 밝다, 빛나다.

爲: 하려함.

測: 헤아리다.

昭昭: 밝고 밝음.

繫: 주렁주렁 매달려 있음.

焉: (하늘)장소를 나타내는 뜻.

一撮: 한 줌.

多: 모여.

華嶽: 중국 오악의 하나인 화산의 설이 있으나 화산과 악산 둘을 모두
이르는 말.

伍嶽: 중국의 이름난 다섯 산. 타이산 산(泰山山), 화산(華山), 헝산
산(衡山山), 항산 산(恒山山), 쑹산 산(嵩山山)을 이른다.

振: 흘러가다.

卷: 한 줌, 한 주먹.

黿鼉蛟龍: 큰 자라, 악어, 교룡, 자라.

於: '오!'하는 감탄사.

穆: 화목, 찬란히 빛남.

중용 제27장

大哉聖人之道. 洋洋乎發育萬物, 峻極于天.
　優優大哉 禮儀三百, 威儀三千.
待其人而後行, 故曰苟不至德, 至道不凝焉.
故君子尊德性而道問學. 致廣大而盡精微. 極高明而道中庸.
　溫故而知新, 敦厚以崇禮.
是故, 居上不驕, 爲下不倍. 國有道, 其言足以興.
　國無道, 其黙足以容.
詩曰 旣明宜哲, 以保其身, 其此之謂與.

대재성인지도, 양양호발육만물, 준극우천.
　우우대재 예의삼백, 위의삼천.
대기인이후행, 고왈구부지덕, 지도불응언.
고군자존덕성이도문학. 치광대이진정미. 극고명이도중용.
　온고이지신, 돈후이숭례.
시고, 거상불교, 위하불배. 국유도, 기언족이흥.
　국무도, 기묵족이용.
시왈 기명의철, 이보기신, 기차지위여

☞ 要約한 內容

위대하도다. 성인(聖人)의 도여. 천지 가득 만물이 발육되어 도처에 두
루 충만하니, 이 또한 하늘처럼 높고 숭고하다. 넉넉하고 풍족함이 정
말 대단하고, 예(禮)의 항목이 삼백 가지에 이르고, 예의 세목이 삼천
종이네.
그와 같은 사람을 기다려 뒷날 행해질 것인데 그러나 만일 덕성이

지고한 사람이 나오지 않으면, 그 위대한 도는 응결되어서 더 이상 실행되지 않는다.

그러므로 군자는 덕성을 존중하고 학문에 정진해서, 광대함과 정미함에 모두 이르고, 고명한 경지에 도달하여 중용(中庸)의 도리를 잘 지켜야한다. 옛것을 배우고 익혀 새로운 것을 알고, 소박한 심성을 두텁게 하고 예절을 숭상해야한다.

이런 까닭에 위에 있어도 교만하지 않고, 아래에도 배반하지 않아야 한다. 나라에 도리가 있을 때에는, 그 옳은 말과 행동으로 벼슬을 할 수도 있다. 나라에 도리가 없어진 때에는 그 침묵하는 자세로 어쩔 수 없음을 받아들여야한다.

시경에 이르기를 "세상 이치에 밝아야 자신을 잘 보호할 수 있다"라는 말이 있는데 그런 것이 바로 이를 말함이다

【난자 참고】

哉: 어조사.
洋洋: 도처에 충만한 상태, 많음을 이르는 말.
峻: 매우 크고 높다.
優優: 넉넉하고 모양.
禮儀: 존경의 뜻을 표하기 위한 예절.
威儀: 몸가짐 따위에 대한 세세한 예절.
苟: 진실로, 만일.
凝: 엉기다.
倍: 배반하다. '背'자와 같은 동의어.
足: 행동, 실천하다, 가치를 두다.
興: 입신양명, 벼슬을 하다.
容: 받아들임, 수용함.
謂: 가리키다, 설명하다, 일컫다.
與: 감탄의 어기조사.

중용 제28장

子曰 愚而好自用, 賤而好自專. 生乎今之世, 反古之道.
　如此者, 災(烖)及其身者也.
非天子, 不議禮, 不制度, 不考文.
今天下車(不)同軌, 書(不)同文, 行(不)同倫.
雖有其位, 苟無其德, 不敢作禮樂焉.
雖有其德, 苟無其位, 亦不敢作禮樂焉.
子曰 吳說夏禮, 杞不足徵也, 吳學殷禮, 有宋存焉.
　吳學周禮, 今用之, 吳從周.

자왈 우이호자용, 천이호자전. 생호금지세, 반고지도.
　여차자, 재급기신자야.
비천자, 불의예, 부제도, 불고문.
금천하차동궤, 서동문, 행동륜. 수유기위, 구무기덕,
　불감작례낙언.
수유기덕, 구무기위, 역불감작예낙언.
자왈 오열하례, 기부족징야, 오학은례, 유송존언.
　오학주례, 금용지, 오종주.

☞ 要約한 內容

공자께서 말씀하시길, 우매한 사람은 꼭 자기주장이 옳다하고, 비천한
사람은 제 멋대로 행동하는 것을 좋아하며, 현세에 살면서도 예부터
전해져오는 도리를 거스를 때가 있다.
이와 같은 자들은 그 화가 자신에게 미치게 됨을 알아야 한다.
천자가 아니면, 의례를 만들 수 없고, 법도도 제정할 수 없으며,

문서도 고증할 수도 없다.

이제 세상은 수레의 궤가 같고, 서책의 글이 같으며, 행위의 윤리도 같다.

비록 그 위가 있더라도 진실로 덕이 없으면, 감히 예약을 제정할 수가 없다.

(여기서는 '不'자가 빠진 듯하다. 그리고 해석도 '수레의 궤가 같지 않고, 서책의 글도 같지 않고, 행위의 윤리도 같지 않다.'로 재해석 되어야 할 듯하다.)

비록 그 덕이 있더라도 진실로 위가 없으면, 또한 감히 예약을 제정할 수가 없다.

공자께서 말씀하시길, 나는 하(夏)나라의 예법을 말할 수 있으나, 기 (杞)나라에는 증거가 부족하다. 나는 은(殷)나라에서 예법을 배웠으며, 송(宋)나라는 그것을 보존하고 있다. 나는 주나라의 예법을 배웠으니, 지금은 그것을 쓰고 있고, 그래서 나는 주나라의 예법을 따르는 것이다.

【난자 참고】

愚: 어리석음.
好: 옳다, 바르다.
自用: 자기의 생각, 자기의 주장.
賤: 지위가 낮은 것.
自專: 자기 마음대로 함, 제멋대로 하는 일.
生乎: 삶, 살아감.
今之世: 현세, 지금의 세상.
反: 되돌아 감.
及: …이르다.
考文: 문헌이나 유물 따위의 증거를 밝힘, 문서에 대한 증명.
軌: 수레의 바퀴.
位: 권한 있는 자리.
苟: 진실로.
說: '悅'자와 동의어. 좋아한다.
徵: 증거.
用: 사용되다, 통용되다.

중용 제29장

王天下有三重焉, 其寡過矣乎!
上焉者, 雖善無徵, 無徵不信, 不信民弗從.
下焉者, 雖善不尊, 不尊不信, 不信民弗從.
故君子之道, 本諸身, 徵諸庶民, 考諸三王而不繆,
　建諸天地而不悖.
　質諸鬼神而無疑, 百世以俟聖人而不惑.
質諸鬼神而無疑, 知天也. 百世以俟聖人而不惑, 知人也.
是故, 君子動而世爲天下道, 行而世爲天下法,
　言而世爲天下則.
　遠之則有望, 近之則不厭.
詩曰 在彼無惡, 在此無射, 庶幾夙夜, 以永終譽.
　君子未有不如此, 而蚤有譽於天下者也.

왕천하유삼중언, 기과과의호!
상언자, 수선무징, 무징불신, 불신민불종.
하언자, 수선부존, 부존불신, 불신민불종.
고군자지도, 본제신, 징제서민, 고제삼왕이불무,
　건제천지이불패.
　질제귀신이무의, 백세이사성인이불혹.
질제귀신이무의, 지천야. 백세이사성인이불혹, 지인야.
시고, 군자동이세위천하도, 행이세위천하법,
　언이세위천하즉.
　원지즉유망, 근지즉불염.
시왈 재피무악, 재차무사, 서기숙야, 이영종예.

군자미유불여차, 이조유예어천하자야.

임금이 세상을 다스림에 있어 세 가지 중요함이 있는데, 그것을
갖추면 과오를 줄일 수 있어요!

옛 시대의 것은 비록 좋다고 하더라도 검증할 수가 없고, 검증할 수가
없으니 믿지 않고, 믿지 않으니 백성들은 따르지 않는다.

근래 것은 비록 훌륭해도 높여지지 아니하고, 높여지지 아니하니 믿지
않고, 믿지 않으니 백성들이 따르지 않는다.

그러므로 군자는 도를 행함에 있어, 먼저 덕성의 바탕이 자신에게
있는가를 모든 백성으로부터 검증 받아야 하고, 삼대에 걸쳐 상고해
보아도 착오가 없어야 하며, 세상 어디에 세워도 어긋남이 없어야
한다.

모든 신께 물어봐도 의심할 것이 없다는 것은, 천도에 부합됨을 아는
것이고, 백년을 기다려 나타난 성인에게도 의심스럽지 않으면, 사람의
도리에 부합됨을 아는 것이다.

이러한 까닭에 군자의 움직임은 그것이 바로 세상의 도리가 되고,
그것을 행하면 바로 세상의 법도가 되며, 무슨 말을 하면 그것이 바로
세상의 법칙이 된다.

그러므로 멀리에 있어서도 곧 우러러보게 되며, 가까이에 있어서도
싫어하지 않게 된다.

시경에 이르기를 "저기에 있는 사람도 미워함이 없고, 여기에 있는
사람도 싫어 하는 사람이 없다. 거의 새벽부터 밤까지 힘들게 애쓴
결과 오래오래 명예스럽게 마치셨다."라고 하였다.

군자가 이와 같이 하지 않고서는 일찍이 명예로움을 세상에 가지게
된 자는 없었다.

【난자 참고】

王: 다스림, 통치하다.
三重: 의례, 제도, 고문(儀禮, 制度, 考文)
寡: 적다, 줄이다.
過: 실책, 과오.
上焉: 옛 시대의 예법이나 제도.
善: 좋음, 훌륭함.
徵: 검증, 증명함.
弗: '不'자와 동의어.
下焉: 근대의 예법이나 제도.
君子: 성인의 덕을 갖춘 사람.
本諸: 덕성의 바탕.
諸庶民: 모든 백성.
考: 상고해 봄.
繆: 착오.
悖: 거슬리다.
俟: 기다리다.
質: 묻다.
是故: 이런 까닭에.
惡: 증오, 미워하다.
射: '厭'자와 동의어, 싫어함.
庶: 거의.
幾: 위태롭게.
夙夜: 새벽, 온 종일.
終: 생을 마감, 마치다.
蚤: '早'자와 동의어.

중용 제30장

仲尼祖述堯舜, 憲章文武. 上律天時, 下襲水土.
辟如天地之無不持載, 無不覆幬.
辟如四時之錯行, 如日月之代明.
萬物竝育而不相害, 道竝行而不相悖. 小德川流, 大德敦化.
　此天地之所以爲大也.

중니조술요순, 헌장문무. 상률천시, 하습수토.
벽여천지지무부지재, 무불복도.
피여사시지착행, 여일월지대명.
만물병육이불상해, 도병행이불상패. 소덕천류, 대덕돈화.
　차천지지소이위대야.

☞ 要約한 內容

공자께서는 요임금과 순임금을 으뜸으로 본받으며, 문왕과 무왕이
세운 법도를 본받았다. 위로는 하늘의 운행법칙에 순응하고, 아래로는
물과 흙의 품성에 맞추시었다.
비유컨대 천지처럼 실리지 않은 것은 없고, 덮어 감싸주지 않은 것도
없다.
비유컨대 사계처럼 번갈아 운행됨과 같고, 해와 달이 교대로 빛을
발하는 것과 같다.
만물은 함께 화육되지만 서로를 방해하지 않고, 도가 함께 실행되지만
서로 어긋남이 없다.
작은 덕성이 시냇물처럼 흐르지만, 큰 덕성은 돈독하게 변화를 이룬다.
이런 것이 바로 천지의 위대함이다.

【난자 참고】

仲尼: 공자님.
祖述: 으뜸으로, 근본적으로, 선인의 뜻을 받들고 본받다.
憲章: 법도, 제도.
律: 법칙, 순응, 실천하다.
時: 때, 자연의 운행.
襲: 인습, 본받다.
辟: '譬'자와 동의어. 예컨대, 비유하다.
如: 처럼, 같이.
覆幬: 덮어 가림.
四時: 사계절.
錯行: 번갈아 바뀌다.
代: 교대, 번갈아.
幷: 함께, 나란히 하다.
害: 방해하다.
道: 우주 작용의 이치.
悖: 어긋나다.
小德: 자신과 남을 구별하여 일체를 이루지 못하는 작은 덕성.
大德: 자신과 남의 구별을 초월하여 남을 자기처럼 소중하게 대하는
상태.

중용 제31장

唯天下至聖, 爲能聰明睿知, 足以有臨也, 寬裕溫柔,
　足以有容也.
發强剛毅, 足以有執也. 齊莊中正, 足以有敬也. 文理密察,
　足以有別也.
溥博淵泉而時出之. 溥博如天, 淵泉如淵. 見而民莫不敬,
　言而民莫不信, 行而民莫不說.
是以聲名洋溢乎中國.
　施及蠻貊, 舟車所至, 人力所通, 天之所覆, 地之所載,
　日月所照, 霜露所墜, 凡有血氣者, 莫不尊親.
　故曰配天.

유천하지성, 위능총명예지, 족이유임야, 관유온유,
　족이유용야.
발강강의, 족이유집야. 제장중정, 족이유경야. 문리밀찰,
　족이유별야.
부박연천이시출지. 부박여천, 연천여연. 현이민막불경,
　언이민막불신, 행이민막불설.
시이성명양일호중국.
　시급만맥, 주차소지, 인력소통, 천지소복, 지지소재,
　일월소조, 상로소추, 범유혈기자, 막불존친.
　고왈배천.

☞ 要約한 內容

오직 세상에서 지극함에 이른 성인만이 총명과 예지의 능력을 갖출 수

있고, 온 누리에 사람과 만물을 대신해서 인문세계 창달을 위해 임할 수 있다.

너그럽고 넉넉하며 온화하고 부드러우매, 근본적으로 그 품안에 모두를 포용할 수 있다.

강건하고 굳세어서, 근본적으로 결단력을 잡고 추진할 수 있다.

몸가짐이 단정하고 장중하며 중정하여, 근본적으로 그를 아는 사람은 존경심을 갖게 된다.

학문의 이치를 정밀히 관찰하여, 근본적으로 시비와 혼란을 분별할 수 있다.

두루 넓고 깊은 못에 샘물 같다. 늘 멈춤이 없으며, 두루 넓음은 마치 하늘같고, 샘물의 깊음은 연못에 심원함과 같다.

백성들이 보고 존경하지 않는 사람이 없고, 말씀을 듣고 백성이 믿지 않는 사람이 없으며, 행동하면 백성들이 기뻐하지 않는 사람이 없었다.

이 때문에 그 명성이 바다처럼 넘쳐나서 모든 곳으로 파급되었다,

남·북쪽 변방까지 그 영향이 미치게 되고, 배와 수레가 이르는 곳이나, 사람이 다니는 곳이나, 하늘이 덮은 곳이나, 대지가 떠받치고 있는 곳이나, 해와 달빛이 비추고 있는 곳이나, 서리와 이슬이 내리는 모든 곳에서도, 무릇 혈기를 지니고 있는 사람으로서, 그를 존경과 친애하지 않는 사람이 없었다. 그러므로 하늘과 짝했다고 하는 것이다.

【난자 참고】

爲: ~지니다, ~갖추다.
足以有: 근본적으로 ~할 수 있다.
臨: 임하다. 나아가다.
容: 포용하다, 용납하다.
執: 결단력을 잡다.

齊: 단정함.
敬: 공경하다, 존경하다.
文理: 학문의 이치.
密察: 세밀한 관찰.
別: 구별, 분별하다.
時: 늘, 때대로.
出: 멈춤이 없음.
見: '現'자와 같은 동의어.
莫: 없다.
是以: 이 때문에, 그렇기 때문에.
溢: 가득차 넘치다.
中國: 모든 곳곳.
施: 펼치다. 발휘되다.
蠻: 남방민족,
貊: 북방민족.
隊: 내리다. 떨어지다.
故: 그러므로.
配天: 하늘에 비견하다.

중용 제32장

唯天下至誠, 爲能經綸天下之大經, 立天下之大本,
　知天地之化育.
　夫焉有所倚.
肫肫其仁, 淵淵其淵, 浩浩其天.
苟不固聰明聖知, 達天德者, 其孰能知之.

유천하지성, 위능경륜천하지대경, 립천하지대본, 지천지
지화육.
　부언유소의?
순순기인, 연연기연, 호호기천.
구불고총명성지, 달천덕자, 기숙능지지?

☞ 要約한 內容

오직 천하의 지극한 정성스러움만이, 천하의 대경(大經)을 능히 경륜
(經綸)할 수 있고, 천하에서 가장 중요한 큰 근본을 수립할 수 있으며,
천지만물화육의 도리를 주관하게 된다.
대저 그 무엇에 의존할 수 있겠는가. 그의 인자함은 매우 정성스럽고,
그의 심원함은 깊고 깊어 지극히 고요하고, 그의 천도(天道)는 매우
넓고 넓어 무변광대할 뿐이다.
진실로 본래 총명예지하여 천덕(天德)을 달통한 성인만이 그 지성(至
誠)의 이치를 능히 알 수 있다.

【난자 참고】

誠: 정성스러운 마음. 참된 말을 이룸.

大經: 큰 일. 최고의 준칙. 사람이 지켜야 할 큰 도리. 가장 근본이
되는 경전. 중국의 유교 경서 가운데 당나라 때에 진사(進士) 시험과
목으로 채택되었던 《예기》와 《춘추좌씨전》을 통틀어 이르는 말.

經綸: 세상을 다스림. 큰 포부를 갖고 어떤 일을 조직적으로 계획함.

焉: 어디, 어찌, 누구, 어떻게.

倚: 의존하다. 의지하여 기대다.

肫肫: 매우 정성스러운 모양. 성실한.

其: 어기조사.

淵淵: 깊고 깊은 모양.

浩浩: 매우 넓고 넓은 모양.

苟: 진실로.

固: 본래.

孰: 누구. 무엇이.

之: 첫 구에 '唯天下至誠'을 가리키는 의미.

중용 제33장

詩曰 衣錦尙絅. 惡其文之著也, 故君子之道, 闇然而日章,
　小人之道, 的然而日亡.
　君子之道, 淡而不厭, 簡而文, 溫而理, 知遠之近,
　知風之自, 知微之顯, 可與入德矣.
詩云 潛雖伏矣, 亦孔之昭. 故君子內省不疚, 無惡於志,
　君子之所不可及者, 其唯人之所不見乎.
詩云 相在爾室, 尙不愧于屋漏.
　故君子 不動而敬, 不言而信.
詩曰 奏假無言, 時靡有爭.
　是故君子 不賞而民勸, 不怒而民威於鈇鉞.
詩曰 不顯惟德, 百辟其刑之. 是故 君子篤恭而天下平.
詩云 予懷明德, 不大聲以色. 子曰 聲色之於以化民, 末也.
詩曰 德輶如毛, 毛猶有倫. 上天之載, 無聲無臭, 至矣.

시왈 의금상경. 오기문지저야, 고군자지도, 암연이일장,
　소인지도, 적연이일망.
　군자지도, 담이불염, 간이문, 온이리, 지원지근,
　지풍지자, 지미지현, 가여입덕의.
시운 잠수복의, 역공지소. 고군자내성불구, 무오어지,
　군자지소불가급자, 기유인지소불견호.
시운 상재이실, 상불괴우옥루.
　고군자 부동이경, 불언이신.
시왈 주가무언, 시미유쟁.
　시고군자 불상이민권, 불노이민위어부월.

시왈 불현유덕, 백벽기형지. 시고 군자독공이천하평.
시운 여회명덕, 불대성이색. 자왈 성색지어이화민, 말야.
시왈 덕유여모, 모유유륜. 상천지재, 무성무취, 지의.

☞ 要約한 內容

시경에 이르기를 "비단 옷을 입고 위에 홑옷을 걸치네."라 했으니
그것은 문채가 드러남을 싫어하고 꺼리기 때문이다.
그러므로 군자의 도리(道理)는, 어둠 속에서 흐릿하나 날로 선명해지
고, 소인의 도리(道理)는, 처음(목적)엔 선명하나 날로 흐려진다.
군자의 도리는 담담해도 까칠하지 않으며, 쉽고 간단해도 고상하며,
온화해도 체계가 있고, 멀리가려면 가까운데서 시작됨을 알며, 바람이
이는 느낌마저도 자신에게서 비롯됨을 알고, 은미한 징험에서 나타날
현상을 안다면, 가히 달덕(達德)의 길로 들었음이다.
시경에 이르기를 "잠겨서 비록 숨어 있지만, 이 또한 잘 드러난다."하
였다. 그러므로 군자는 스스로 내면을 살펴서 병폐가 없어야하고,
마음에 부끄러움과 걸림이 없어야 한다. 군자에게도 가히 미치지
못하는 것이 있는데, 그것은 오직 남에게 보이지 않는 일이다.
시경에 이르기를 "네가 집에 홀로 있을 때 보아도, 오히려 부끄러움이
집밖으로 새나가지 않아야한다. 그러므로 군자는 행동을 보이지
않아도 공경하며, 말로 표현하지 않아도 믿고 따르는 것이다.
시경에 이르기를 "말없이 신의 강림을 성대히 받들어 모시니, 이런
때에 사람들은 다툼이 있지 않았다."고 하였다. 이러므로 군자가 상을
내리지 않아도 백성들은 힘써 일했으며, 화를 내지 않아도 백성들은
도끼보다도 더 두려움을 갖는다.
시경에 이르기를 "드러내지 않음은 오직 덕(德)일 뿐, 제후들은 그 덕
을 본받으려 하네."하였다. 이러므로 군자의 독실한 겸공(謙恭)이

천하를 태평하게 하였다.

시경에 이르기를 "나는 밝은 덕성을 품었으므로, 큰소리와 표정이
필요 없네."라고 말씀하셨다.

공자께서 말씀하시기를 "호령으로 백성을 다스리고 교화시키는 것은,
가장 뒤떨어진 방법이다."라고 말씀하셨다.

시경에 이르기를 "덕(德)은 터럭과 같고 터럭은 가볍고 미세해도
모양이 있다.

하늘은 만물을 생육함에, 소리도 없고 냄새도 없으나 오로지 지고지선
(至高至善) 뿐이시네."라고 하였다.

【난자 참고】

尙: 걸치다, 위에 덧입다.

絅: 홑 겉옷.

惡: 꺼림, 싫어함.

文: 무늬, 화려한 문채.

著: 드러남.

故: 그러므로, 본래.

闇: '暗'자와 동의어. 어둠. 흐리다.

章: 뚜렷함.

的然: 선명함, 환하게 드러나는 모양.

亡: 없어짐, 흐릿함.

厭: 까칠하다, 싫어하다.

簡: 쉽고 간단함.

理: 체계적, 조리가 있다.

自: 시작의 근원.

與: 보냄, 도와줌.

孔: 잘, 매우.

昭: 밝음, 드러남, 뚜렷하다.

疢: 괴로움. 마음의 고통.

惡: 나쁜 것, 싫어하다. 증오함.

相: 관찰하여 보다.
尙: 또한, 오히려, 아직.
愧: 부끄러운 것. 양심에 거리낌.
屋漏: 집안 서북쪽으로 구석지고 음습하여 곳.
假: 성대한, 신의 강림.
奏: 아뢰다. 받들다.
靡: '無'자와 동의어. 없다.
威: 두려움.
鈇鉞: 큰 도끼, 형을 집행할 때 쓰는 무기.
不: '丕' 크다. 동의.
惟: 오직. 다만.
百辟: 제후.
刑之: 그것을 본받다.
不顯: 드러나지 않음, 위대한 광명.
懷: 그리워함.
末: 말단, 뒤떨어짐.
輶: 가벼움.
倫: 무리, 모습이나 모양.
載: 싣다. 만물을 생육함.
至矣: 지고지선.

중용 제1장~제33장 원문

【참고 인용】

　중용 제1장~제33장 까지 원문과 한자어 뜻 인용에 있어서는 중용 관련 많은 책을 참고하였으나 그 중에서도 김충열,「김충열 교수의 중용대학강의」, 예문서원, 2007, 113p~274p 까지. 양방웅,「중용과 천명」, 예경, 2006, 42p~482p 까지. 류영모 · 박영호,「공자가 사랑한 하느님」, 교양인, 2010, 43p~484p 까지. 박완식,「중용」, 여강출판사, 2005, 580p~665p 까지. 이기동,「대학 · 중용강설」,성균관대학교출판부, 1991, 107~267p 까지 함께 참고인용 되었음을 밝혀둡니다.

인문의 숲 고전 004

정치 · 경제 · 사회 · 문화로 보는 『중용』

이자견 저자견 爾者見 狙者見

You see the same people
who also like to see the monkey

초판 인쇄 2014년 10월 10일
초판 발행 2014년 10월 15일

지은이 이운묵
발행인 유순녀
펴낸곳 도서출판 인문의 숲
출판등록 제 2013-000002호 (2013. 01. 09)

우편: 153-863
주소: 서울특별시 금천구 시흥대로53, 3-303(시흥동, 현대빌라)
전화: 02-749-5186
팩스: 02-792-5171
메일: inmuns@daum.net

ⓒ 이운묵, 2014

ISBN 979-11-86069-00-4 03150

정가: 23,500원